重庆市出版专项资金资助

重庆近代新闻传播史稿
(1897—1949)

蔡斐 ◎著

重庆出版集团 重庆出版社

图书在版编目(CIP)数据

重庆近代新闻传播史稿(1897—1949) / 蔡斐著. —重庆:重庆出版社,2016.9

ISBN 978-7-229-11621-7

Ⅰ.①重… Ⅱ.①蔡… Ⅲ.新闻事业史—重庆—1897—1949 Ⅳ.①G219.277.19

中国版本图书馆CIP数据核字(2016)第239124号

重庆近代新闻传播史稿(1897—1949)
CHONGQING JINDAI XINWEN CHUANBO SHIGAO (1897-1949)
蔡 斐 著

责任编辑:曾海龙
责任校对:何建云
装帧设计:卢晓鸣

重庆出版集团 出版
重庆出版社

重庆市南岸区南滨路162号1幢　邮政编码:400061　http://www.cqph.com
重庆出版社艺术设计有限公司制版
重庆天旭印务有限责任公司印刷
重庆出版集团图书发行有限公司发行
E-MAIL:fxchu@cqph.com　邮购电话:023-61520646
全国新华书店经销

开本:787mm×1092mm　1/16　印张:26.75　字数:396千
2017年1月第1版　2017年1月第1次印刷
ISBN 978-7-229-11621-7
定价:53.50元

如有印装质量问题,请向本集团图书发行有限公司调换:023-61520678

版权所有　侵权必究

序 言

周 勇

新闻传播，是一个国家和城市变迁发展的历史记载，是一个区域的时代特征最生动的脚注。

重庆是一座具有悠久历史、灿烂文化和光荣传统的城市。20世纪后半叶以来，重庆的历史学有了长足的进步，出版了上千部著作，发表了上万篇文章，完成了一批国家和省市的重要项目。可以说，初步形成了重庆地方史研究体系，研究领域日益扩大并向纵深发展。特别是通史研究有突破性进展，专史研究不断深入，城市史研究取得了巨大成就，断代史研究尤其是抗日战争史研究成果丰硕，人物研究取得重要成果。但是，对近代重庆新闻传播历史的研究却缺乏重量级的成果，甚为遗憾。现在，《重庆近代新闻传播史稿(1897—1949)》与《重庆近代报业图史选编(1897—1949)》两本书的出版，将终结这一学术尴尬，具有奠基的意义，着实是一件值得庆贺的事情。

这两部著作于我个人而言，也有一点渊源。2010年，我在担任中共重庆市委宣传部常务副部长期间，就建议将《重庆新闻传播史》列入重庆市哲学社会科学规划重大招标项目，得到有关部门的同意。2011年，西南政法大学新闻传播学院赵中颉教授领衔的团队中标课题，开始了这一领域的研究。赵中颉教授是中国新闻史学会会员，也是西南政法大学新闻传播学院的创办人，在中国新闻史研究领域有着独特的建树。在西南政法大学当年举行的的项目开题会上,我提出"总体规划,抓好两手"的建议。我认为,《重庆新闻传播史》的立项即意味着这项研究正式提上了日程,从而开启了这项宏大的事业。作重庆新闻传播史的研究,不是简单地写一本书,而是要把重庆新闻传播史作为一个研究方向,一项可以终身从事的事业。因此,要按照一套多卷本的《重庆新闻传播史》的思路,进行总体规划,分步实施。这就需要"一手抓资料、一手抓队伍"。在项目实施的过程中,既出成果,又出人才。我还希望西南政法大学全球新闻传播学院把重庆新闻传播史的研究作为自己的特色和方向。

五年过去了,赵中颉教授圆满地完成了课题研究,我提出的建议,更是有了可喜的进展,我们已经看到了《重庆近代新闻传播史稿(1897—1949)》《重庆近代报业图史初编(1897—1949)》这两部著作。同时,新的研究队伍也成长起来了,这两本书的作者蔡斐就是其中的代表。

蔡斐同志,或者叫蔡斐同学更为恰当些,是赵中颉教授的硕士研究生,也是我正在西南大学指导的博士后研究人员。这种学缘,与前述课题的由来,好像是一种命运的安排——要让这位年轻人承担这样的历史使命。

蔡斐出生于江苏省东台市,那是中国新闻传播史奠基人戈公振先生的家乡,秉承着对戈公振先生的尊重和对新闻史的热爱,2001年,他考入西南政法大学新闻传播学院,来到重庆读书。重庆,这座中国新闻史上的重镇,为他的学术研究提供了成长的沃土,也使蔡斐一直致力于将新闻学与历史学进行深度融合研究。在赵中颉先生的指导下,蔡斐逐步登堂入室。2008年,蔡斐跨学科考入了西南政法大学的法学专业,在龙宗智教授门下攻读博士学位。他的博士论文《1903年:上海苏报案与清末司法转型》引起了我的注意。这篇文章是新闻学、历史学、法学的多学科交融的成果。其中,1903年上海苏报案的主角邹容,也是我多年研究的对象。1983年,家父周永林先生曾主编《邹容文集》一书,此后我也一直从事辛亥革命史研究。2011年我在家父《邹容文集》的基础上,将30年来新发现的邹容著作补入其中,编成《邹容集》。而这一时期蔡斐对邹容的研究也引人注目,他提出了一个全新的命题——邹容的社会主义信仰,这是他基于新发掘的苏报案庭审档案史料、新闻报道等综合考察得出的结论。蔡斐搜罗了存世的有关邹容与苏报案的大部分史料。后来,我们合作写过两篇论文,并将这批史料汇编为《邹容与苏报案档案史料汇编》(两卷,重庆出版社2011年出版),在学术界引起轰动。说来也巧,1983年我从四川大学本科毕业时,毕业论文就是《论〈渝报〉》(《社会科学研究》1983年第6期),这是我学术生涯的起点。没想到,今天《渝报》又成为蔡斐从事近代重庆新闻传播史的研究起点。

这种学术上的机缘契合,让我和蔡斐的关系进一步加深。2012年,他已经被深圳报业集团博士后流动站录用。在得知我在西南大学招收历史学博士后的消息后,他果断放弃了南方优厚的物质待遇,随我在西南大学中国抗战大后方研究中心潜心治学,研究方向为抗战大后方新闻史。

《重庆近代新闻传播史稿(1897—1949)》与《重庆近代报业图史初编(1897—1949)》,作为蔡斐同学前期的研究成果,加入了抗战时期重庆新闻传播活动的丰富内容。两部书的写作,前后耗费了整整五年的时间,他在资料收集与整理,历史分类、描述、归纳方面下了很大的功夫,给我们呈现出一个清晰的重庆近代新闻时空场域。虽然他谦虚地将本书命名为"史稿",而不是"史",但这两本书的意义却是值得总结的。

第一,《重庆近代新闻传播史稿(1897—1949)》是对1897年《渝报》创刊起来近代重庆新闻传播史的第一次系统深入的考察、全景式的梳理,他所概括的这一时期重庆新闻传播活动具有开端、发展、繁荣、调整四个阶段,具有原创性。19世纪末20世纪前期,重庆与时代同行,对中国历史作出了巨大的贡献——重庆历史上经过三次"直辖",在中国历史发展的关键时刻发挥着举世瞩目的作用;近代以来,在中国历史的若干重大时刻,重庆代表着中国,成为中国近代史上城市发展的一种类型;它被融入了世界历史发展进程,成为一座在近现代世界历史上扮演过重要角色的中国城市。因此在中国诸多大城市中,身处西部的重庆,它的历史与中国和世界历史紧紧相连。此前,《重庆文史资料》《重庆报史资料》《抗战时期重庆的新闻界》《重庆市志·报业志》等资料的出版,为本书的写作提供了不可或缺的资料基础。但是缺陷也是显而易见的,或零散、或陈旧、或偏于某个阶段、或只记述不论述,尤其缺乏对近代重庆新闻传播活动的整体性研究。我的研究方向是中国近现代史,此前在宣传主管部门工作,现在又担任重庆市新闻工作者协会主席、重庆市地方史研究会会长。我感到,不论从历史学还是从新闻学的角度来观察,学术界对重庆新闻史的研究是与重庆这座伟大城市的新闻传播活动在历史上的坐标是不相符合的,这也是一直困扰我的问题。现在,这两部著作的出版,可以说是填补了研究的空白,也大大丰富了中国新闻传播史的内容。

第二,《重庆近代报业图史初编(1897—1949)》是第一部有关重庆近代报业的图像历史。中国史学有图史结合的传统,"图,经也;文,纬也。一经一纬,相错而成文。"[①]历史影像是近代以来记录人类社会历史的重要载体,也是历史研究的重要资料。近年来,历史影像的大量发掘,为传统史学研究提供了新的史料和新的方式,在深化历史研究、推动史学现代化的过程中,历史影像越来越发挥着不可或缺的作用,影像史学应运而生。在可以预测的将来,普遍运用影像资料来解读和研究历史,将与我们今天运用档案文献文物解读和研究历史一样,给古老的历史学提供新的研究方法,注入新的时代气息,从而让人们更加接近历史的真实,获得进一步深刻的认识。蔡斐的这部著作力求图史兼重,以图为史,让读者通过生动的图片和适当文字,形象地了解近代重庆报业的多元面孔。尽管只选编了不到200种报纸,但我知道蔡斐在史料搜集方面花费的巨大心血是难以言说的。重庆近代史上报纸众多,但不少只是昙花一现,存世量稀少,这对"图史"的编辑是很大的难题。为了让图史更加丰富,蔡斐先后与国

---

① (宋)郑樵《通志·图谱略》:"图,经也;书,纬也。一经一纬,相错而成文","古之学者为学有要,置图于左,置书于右,索象于图,索理于书"。

家图书馆、重庆图书馆、上海图书馆、四川图书馆等机构,与古玩藏家、网上卖家等个人取得联系,或复印,或购买,获得了不少稀缺资料,有些甚至是第一次与当代读者见面。本书的出版,既能形象展示历史,相信也会激发更多的读者产生对重庆近代报业活动的兴趣,是历史研究从书斋走向大众很重要的成果形式。

第三,《重庆近代新闻传播史稿(1897—1949)》与《重庆近代报业图史初编(1897—1949)》的写作,涉及多个时期、多种报刊、多元政治,综合性强,难度也大。对此,蔡斐同志坚持用唯物史观来认识和记述历史,尽最大努力把历史结论建立在翔实准确的史料支撑和深入细致的研究分析之上。他一方面以严谨的治学精神,通过点面结合、划段梳理,提炼不同时期重庆新闻传播事业的主要内容、典型代表、发展规律与基本特征,史观正确、史料翔实、史论恰当;另一方面又以开阔的学术视野,注重新闻传播活动与同时期政治、经济、文化、军事等诸领域的联系,力求用"历史上的报刊"来反映"报刊上的历史"。换言之,这两部著作对观察近代重庆的新闻传播事业有所裨益,对了解重庆这座城市的发展变迁也具有重要价值,对中国新闻史研究多有贡献,这也是全书重要的创新之处。

第四,更让我看重的是,《重庆近代新闻传播史稿(1897—1949)》与《重庆近代报业图史初编(1897—1949)》的出版,能让人看到重庆史学界沉心静气、严谨求实的治学精神与关照现实、指引未来的学术传统,正在薪火相传,更让人看到了青年学人踏踏实实探索前行的步伐。史学研究是一项冷板凳式的工作,容不得半点急躁。这两部著作,如果从项目立项起算,有6年时间;从蔡斐开始新闻史研究,已经10年有余;单就文稿修改,就耗时两年多。记得2014年5月,我就与杨清明教授、赵中颉教授、张瑾教授、黄晓东研究员、王志昆研究员、赵文丹副教授、刘大明博士等齐聚西南政法大学,专门研讨这两部书,大家都提出了不少好的意见,这些意见都体现到两书的多份修改稿中。其间,我还多次与蔡斐讨论过如何在这两部著作中体现和达到"中国立场、国际视野、学术标准、一流水平"的问题。现在看来,在一次次的修改补订中,蔡斐同学正向这个目标一步步靠近。

　　公允地说,这两本书作为系统研究重庆新闻史的起步之作,还存在着不少问题。一是史料有待进一步搜集。史学在很大程度上就是史料学,综观全书,尽管作者对重点报刊、重大事件、重要人物作出了分析评价,但许多重要的史料还是缺乏的。比如《巴蜀日报》《崇实报》《夔光报》《重庆四川日报》只有残件,《场期白话报》《团悟日报》《壁报》(创办人朱德)、《新社会日报》《建设日报》一直未能寻见实物。因此,两书的出版只能算是起点,希望作者坚持不懈地致力于近代重庆新闻传播史的研究,这是在研究对象上的要求。二是考察有待进一步深入。两书是对近代重庆新闻传播活动的宏观扫描,这也注定了对个案的研究未能深入。同时,即便能够仔细阅读新闻文本,其生产的逻辑也待进一步探寻。当然,这需要更多的档案史料来支撑。希望以这两本书为基础,分阶段对重点报刊作出再研究,有些报刊如《新蜀报》《华西教会新闻》甚至可以直接成为个案研究的对象,这种"挖深井"的做法,研究深度自然会拓展下去,研究的人才会真正地站立起来,这是在研究路径上的希望。三是创新有待进一步提升。蔡斐是一个很勤奋,能创新的年轻学者。在这两部书中,他注入了媒介生态学的因子,即注重新闻传播与城市社会多元因素之间的互动。不过,这一创新模式还有待进一步提升。从整体来看,这两部著作还没有脱离传统新闻事业史的研究范式。我希望在下一步的研究中,蔡斐能够在更宽广的社会历史背景下关照新闻史,体现出新闻与社会、理论与历史、新闻史与城市史的融合。这一方向,需要对近代重庆城市发展的多领域、多层面的理解,也需要多学科知识的融会贯通,难度很大。但这也是年青学人可以努力出彩的方向。

　　知易行难。我知道,上述的这些问题,蔡斐同学也曾努力过,甚至为了史学研究而放弃了很多迅速"成功"的机会。他个人兴趣广泛,在新媒体研究和司法制度研究方面均有很好的前期成果和发展潜力。但是,困扰他的问题不少，比如史料的查找，一些图书馆、一些档案馆就是不开放馆藏资料，一些报纸档案在上世纪八九十年代还有存载，现在却无法寻觅，这些因素制约了他相关研究的开展。

令人欣慰的是，蔡斐同学在研究重庆新闻传播史的研究上，努力开拓创新，坚定不移前行。他在这两本书的基础上又做了两项工作，一是主持整理了《近代重庆报纸提要》和《近代重庆期刊提要》，对重庆近代数千种报刊作出提要整理，这是一项庞大工程；二是开始清末重庆报刊(1897—1911)的阶段性研究，并从报刊与城市互动的角度开展大众传播、城市空间与现代性启蒙的综合考察，这是研究方法的继续创新。在我为他作序的时候，又传来他申报的《抗战大后方新闻史研究(1937—1945)》获得国家社科基金立项的好消息。

新闻是历史的现场，历史是新闻的背景。学术研究是一个继往开来的过程，需要时间的付出、精力的投入，更需要学人的坚守。无论是《重庆近代新闻传播史稿(1897—1949)》、《重庆近代报业图史选编(1897—1949)》，还是随后将要出版的《近代重庆报纸提要》、《近代重庆期刊提要》、《大众传播、城市空间与现代性启蒙——以清末重庆报刊为中心的考察》(暂定名)、《中国抗战大后方新闻史》，我相信，这都只是蔡斐同学学术研究的阶段性成果，也只是重庆新闻史研究的来源之一。时代需要更多的好学者，学界需要更多的好成果，希望越来越多的"蔡斐们"投入到重庆新闻传播史的研究中来。

周　勇

2016年10月18日

目 录

序 言 ··· 周 勇 1

绪 论 新闻传播史研究：中国与重庆 ······················· 1

第一章 起步与多元：近代重庆新闻传播事业的开端 ············ 12
  第一节 重庆历史上第一份报纸《渝报》 ······················· 13
    一、宋育仁与《渝报》 ··································· 13
    二、《渝报》的发行与经营 ······························· 15
    三、《渝报》的新闻特征 ································· 16
    四、《渝报》的主要内容 ································· 18
    五、《渝报》与维新运动 ································· 19
  第二节 近代重庆的教会报纸 ······························· 26
    一、基督教教会报纸《华西教会新闻》 ·················· 26
    二、天主教教会报纸《崇实报》 ························ 30
  第三节 重庆留日学生的新闻传播活动 ······················· 34
    一、邹容与《革命军》 ··································· 35
    二、李肇甫与《鹃声》 ··································· 39
  第四节 重庆近代革命报刊的兴起 ··························· 42
    一、杨庶堪与《广益丛报》 ······························ 43
    二、《广益丛报》主要的政论内容 ························ 46
    三、《广益丛报》对科学技术的传播 ······················ 51
    四、《广益丛报》与重庆近代文学 ························ 53
    五、卞小吾与《重庆日报》 ······························ 57

六、《重庆日报》的言论、新闻、副刊与广告 …………………… 60
第五节　重庆近代商务报刊的出现 …………………… 66
一、《重庆商会公报》概况 …………………… 67
二、《重庆商会公报》的经济主张 …………………… 68
三、《重庆商会公报》的政治观点 …………………… 70

第六节　开端时期重庆新闻传播事业述评 …………………… 71
一、出现时间上,国人自办报刊早于外人办报 …………………… 72
二、办报方式上,报刊与相关机构紧密相连 …………………… 74
三、形态内容上,逐渐向现代报纸的特征过渡 …………………… 76
四、办报宗旨上,众多报纸主张倾向鲜明突出 …………………… 77

第二章　发展与进步:重庆新闻传播事业的巩固发展阶段 …………………… 80

第一节　政党报刊与军阀报刊 …………………… 80
一、民国初年的政党报刊 …………………… 81
二、各级军阀出资创办的报纸 …………………… 82

第二节　中国共产党领导下的报刊 …………………… 86
一、周钦岳与《新蜀报》 …………………… 87
二、萧楚女与《新蜀报》 …………………… 90
三、《四川日报》及开展的斗争 …………………… 93
四、轰动一时的《新社会日报》 …………………… 95

第三节　商办报刊、民办报刊与区县报刊 …………………… 97
一、《商务日报》:重庆商办报纸的典型代表 …………………… 98
二、《国民公报》:重庆民办报纸的典型代表 …………………… 105
三、晚报的大量出现 …………………… 109
四、区县报刊的出现与发展 …………………… 114

第四节　通讯社等其他新闻事业 …………………… 121
一、通讯社事业的发展 …………………… 122
二、新闻团体的建立 …………………… 123
三、新闻教育机构的建立 …………………… 125

>　　四、广播电台的建立 …………………………………………… 126
>　第五节　巩固发展阶段重庆新闻传播事业述评 ………………… 127
>　　一、与政治的跌宕起伏密切相连 ………………………………… 128
>　　二、政党报纸、商办报纸、民办报纸三足鼎立 ………………… 131
>　　三、通讯社等新闻事业开始萌芽和发展 ………………………… 135

第三章　繁荣与全盛：重庆新闻传播事业的繁荣阶段（上） ………… 137
　第一节　国民党系统的报纸 ………………………………………… 138
　　一、以《中央日报》为代表的国民党党报 ……………………… 138
　　二、以《扫荡报》为代表的国民党军队报纸 …………………… 146
　第二节　迁渝的民间报纸 …………………………………………… 151
　　一、高扬自由主义旗帜的《大公报》 …………………………… 151
　　二、顺应时代进步潮流的《新民报》 …………………………… 160
　　三、以拥护国策为己任的《时事新报》 ………………………… 167
　　四、坚持抗日立场的宗教报纸《益世报》 ……………………… 172
　第三节　以《新华日报》为代表的中国共产党报纸 ……………… 176
　　一、《新华日报》与抗日民族统一战线的建立 ………………… 176
　　二、《新华日报》与中国共产党的声音传达 …………………… 181
　　三、《新华日报》对民主政治与言论自由的推动 ……………… 186
　　四、《新华日报》对人民疾苦的关心 …………………………… 188
　　五、《新华日报》的历史功绩 …………………………………… 195
　第四节　战时重庆的地方报纸 ……………………………………… 199
　　一、《商务日报》的蜕变与回归 ………………………………… 199
　　二、《新蜀报》的言论与副刊 …………………………………… 204
　　三、《国民公报》的抗日宣传 …………………………………… 209
　第五节　战时重庆若干特殊报纸 …………………………………… 213
　　一、媒介奇观《重庆各报联合版》 ……………………………… 214
　　二、学生报纸《中国学生导报》 ………………………………… 221
　　三、战时重庆的区县报纸 ………………………………………… 224

第四章　繁荣与全盛：重庆新闻传播事业的繁荣阶段(下) …………… 230

第一节　广播事业与新闻摄影事业 ………………………… 230
一、广播事业在重庆的恢复 …………………………………… 231
二、较有影响力的广播活动 …………………………………… 235
三、重庆广播事业的发展与言论的倒退 ……………………… 239
四、新闻摄影事业的停滞与发展 ……………………………… 241

第二节　外国驻华新闻机构及在渝外国记者 ……………… 248
一、外国驻华新闻机构及在渝外国记者概述 ………………… 248
二、在渝外国记者研究：以白修德为例 ……………………… 259

第三节　战时重庆新闻学教育的发展 ……………………… 269
一、重庆新闻学教育情况概叙 ………………………………… 269
二、重庆新闻教育的教育思想 ………………………………… 273
三、重庆新闻教育的师资配置 ………………………………… 275
四、新闻教育的课程设置 ……………………………………… 277
五、重庆新闻教育的学生实践 ………………………………… 279

第四节　战时重庆新闻团体和新闻学研究 ………………… 281
一、战时重庆新闻团体 ………………………………………… 281
二、战时重庆新闻学研究 ……………………………………… 289

第五节　新闻事业的经营管理创新 ………………………… 299
一、报纸定位差异化 …………………………………………… 300
二、编辑方针鲜明化 …………………………………………… 301
三、新闻报道特色化 …………………………………………… 302
四、版面编排丰富化 …………………………………………… 303
五、聘用人才择优化 …………………………………………… 303
六、发行方面结合化 …………………………………………… 304
七、报纸经营股份化 …………………………………………… 305

第六节　繁荣阶段重庆新闻传播事业述评 ………………… 307
一、抗战时期重庆新闻传播事业得到迅猛发展 ……………… 307
二、多元繁荣的背后存在着激烈的对抗斗争 ………………… 311

三、围绕抗战大局显示出极强的战斗性 …………………… 314
　　四、呈现出初步的国际交流发展形势 …………………… 318
　　五、为国际反法西斯战线的建立和胜利作出了贡献 …………… 322

第五章　收缩与转型：重庆新闻传播事业的调整阶段 …………… 329
　第一节　重庆新闻界进行的斗争与受到的迫害 …………………… 330
　　一、重庆新闻界争取和平民主自由的斗争 …………………… 330
　　二、国民党新闻事业的掠夺与扩张 …………………… 337
　　三、《新华日报》的战斗与撤离 …………………… 341
　　四、《挺进报》与"《挺进报》事件" …………………… 345
　第二节　调整阶段重点媒体概况 …………………… 348
　　一、兴盛时期的重庆晚报 …………………… 349
　　二、《世界日报》的"一波三折" …………………… 355
　　三、民主同盟的机关报《民主报》 …………………… 357
　　四、国共两党在渝通讯社简况 …………………… 360
　　五、民营广播事业得到发展 …………………… 363
　第三节　调整阶段重庆新闻传播事业述评 …………………… 364
　　一、新闻传播事业在收缩后得到一定发展 …………………… 364
　　二、新闻界的生存环境日趋恶劣 …………………… 366

附录 …………………… 369
　一　近代重庆报纸名录（1897—1949） …………………… 369
　二　近代重庆通讯社名录（1920—1949） …………………… 390
　三　现当代重庆新闻传播的体系与实践 …………………… 402

绪　论　新闻传播史研究:中国与重庆

中国新闻传播史研究,几乎是与中国近代新闻传播事业的诞生同步开始,进入研究者的视野中的。

经考证,最早的文章应是 1834 年 1 月[①]《东西洋考每月统纪传》刊登的《报纸论略》,该文"简略地向中国读者介绍了欧洲报纸产生的历史与现状"。[②] 较早对中国新闻事业进行专门研究的文章还有:英国传教士马礼逊的《京报分析》,王韬的《论日报渐行中土》,《申报》刊登的《论中国京报异于外国新报》、《上海日报之事》,梁启超的《报馆考略》,章士钊的《苏报案纪事》等。当然,这些文章中只有相关的一些文字论及中国新闻传播史,不全面亦不系统。

较为系统地论述中国近代新闻传播事业的是 1895 年李提摩太的《中国各报馆始末》、1901 年梁启超的《中国各报存佚表序》、1909 年胡汉民的《近年中国革命报之发达》以及 1917 年姚公鹤所写《上海报刊小史》。[③] 这些文章都注意到了中国古代报刊与近代报刊的本质差别,启发人们去思考中国古代新闻事业的起源与变迁,关注到以新式报刊为代表的近代新闻事业,由此产生了中国新闻事业史的研究。姚公鹤的《上海报刊小史》是我国最早的新

[①] 时间考证参见李秀云:《第一篇新闻学专文到底何时刊出?》,《新闻爱好者》,2004 年第 2 期。
[②] 徐培汀、裘正义:《中国新闻传播学说史》,重庆出版社,1994 年版,第 114 页。
[③] 1917 年 6 月开始,姚公鹤的《上海报业小史》在《东方杂志》第 14 卷 6 号、7 号、12 号上连载,并作为附录收入《上海闲话》一书,于同年出版。参见宋素红:《新闻史学的过去、现在与未来——对新闻史研究的量化分析(1834—2004)》,《当代传播》,2006 年第 1 期。

闻传播史论著,是新闻史学研究从不自觉向自觉转变的标志,标志着中国新闻传播史独立研究的起步。这也是中国地方新闻传播史最早的一本专著。不过,处于起步阶段的中国新闻史研究线索模糊,史料单薄,质量不是很高。

1927年,戈公振的《中国报学史》出版。这是我国第一部系统的新闻传播史专著,系统全面地介绍和论述了中国新闻传播事业发生发展的历史。全书汇集了大量的第一手材料,通过丰富翔实的材料、严谨的考证将汉唐到五四运动前中国报刊的历史进行了概括总结,勾勒出了中国新闻事业产生发展的清晰脉络,确定了中国新闻史研究的内容。"《中国报学史》作为第一本由中国人编写的研究中国报刊史的研究专著,其出版标志着中国新闻传播史系统研究的开端,代表了旧中国报刊史研究的最高学术水平,为中国新闻事业史的研究作出了开拓性的贡献"。① 在中国新闻学教育史上,《中国报学史》的诞生具有划时代的意义。在全书的绪论部分,戈公振开宗明义地提出:"所谓报学史者,乃用历史的眼光,研究关于报纸自身发达之经过,及其对于社会文化之影响之学问也。"② 此前,还没有一个学者能够像戈公振这样明确地提出将报业史作为研究对象,也正因为戈公振这种筚路蓝缕的开路精神,《中国报学史》在近代中国新闻史上第一次确定了报刊史是一门值得研究的学科。并且,也正是直到《中国报学史》的诞生,新闻学的学科框架体系才宣告建构完成,新闻学教育的三大分支才最终找到了自己的学术源头。

1927年后,中国新闻传播史的研究在形式上展现出全面铺开之势,通史、地域史、断代史、人物史、专题史等方面的专著纷纷问世。据统计,解放前,我国出版的新闻传播史专著不下50种,绝大多数是1927年后的作品。③ "这一时期的新闻史研究,在新闻史的各个领域都有所开拓,取得了不少成果,初步奠定了我国新闻史研究的基础。"④ 这些论著,具有代表性的如项士元的《浙

---

① 蔡斐:《戈公振新闻教育思想研究》,《青年记者》,2007年第17期。
② 戈公振:《中国报学史》,(台北)学生书局,1982年版,第10页。
③ 另据统计,从1919至1949年的30年间,共有59部新闻史著问世,其中抗战爆发前27部,抗战期间20部,解放战争期间12部。由此可见,两次战争均没有对中国新闻史学研究造成太大的影响。参见曾宪明:《中国新闻史研究的回顾与展望》,《湖北大学学报》,2000年第11期。
④ 方汉奇:《新闻史上的奇情壮彩》,华文出版社,2000年版,第23页。

江新闻史》、张友渔的《日本新闻发达史》、马星野的《英国之新闻事业》、谢六逸的《国外新闻事业》、赵敏恒的《外人在华的新闻事业》、黄天鹏的《新闻记者外史》、吴宪增的《中国新闻教育史》、如来生的《中国广告事业史》、程其恒的《战时中国报业》等。其中,项士元的《浙江新闻史》是继姚公鹤的《上海报业小史》之后又一部地方新闻史的专门论著。

1949年到1978年,新闻史研究继续在海峡两岸同时进行,但成就都不大。① 大陆研究的重点在1919年五四运动以来的中共领导的革命报刊和进步报刊的历史。这部分历史在解放前尚未有人研究过,这在一定程度上弥补了我国新闻史研究的一大空缺。但受"左"的影响比较深,对古近代报刊史和现代同期其他类型的新闻事业的研究不足,还谈不上对我国新闻史研究的全面开展。

1981年,方汉奇先生的《中国近代报刊史》问世。② 在这部50余万言的著作中,作者先就"中国早期的报纸"为题,对我国自唐代以来的新闻事业进行了必要而简略的阐述,随后将上自1815年下迄1919年100年间我国新闻事业发展的状况进行整体描述。该书的出版,在华文新闻学界曾经引起一定轰动,也受到了国外新闻学界的注意,被公认为是自《中国报学史》之后"50年来第一部有影响的新闻史专著",被学界评价为"这部著作篇幅之巨大,内容之丰富,材料之厚实,建构之完整,都是同类著作所未有的。它的问世,成为中国新闻史研究的新突破。"③

自《中国近代报刊史》开始,中国新闻史研究走上了不断前进的道路,结出累累硕果。"以《中国当代新闻事业史》为代表的断代史,以三卷本的《中国新闻事业通史》为代表的通史研究,以《中国现代广播简史》、《新华日报史》为代表的专题史,以《邓拓传》为代表的人物史,以三卷本的《中国新闻事业编年史》为代表的编年史等等新闻史著述在以后的十余年间相继问世,填

---

① 史媛媛:《从戈公振到方汉奇——在中国新闻史研究的两座高峰之间》,《新闻爱好者》,2001年第5期。
② 方汉奇:《中国近代报刊史》(上下册),山西人民出版社,1981年版。
③ 丁淦林:《20世纪中国新闻史研究》,《复旦学报》,2000年第6期。

补了我国新闻史研究中的一个个空白,呈现出前所未有的繁荣景象"。① 中国新闻史研究真正走向了全面、深入开展的新里程。其中,中国社会科学院新闻研究所韩辛茹先生的《新华日报史》着重记载了1938—1947年间《新华日报》在国统区的战斗经历,而大部分时间恰好发生在当时的陪都重庆。

地方新闻传播史,一直是新闻传播史的重要组成部分。同样,研究地方新闻传播史,对于拓展地方史的研究内容具有填补意义。一部地方新闻传播史,可以加深了解地方,特别是城市及其结构、功能、地位和作用的演变。这不单纯是因为"今天的新闻就是明天的历史",更重要的是,新闻传播体系的建构与实践本身反映出整个城市政治、社会、经济和文化等格局的变迁。

重庆作为中国历史上尤其是在近代历史上具有重要地位的城市,拥有丰富的文化内涵,是中国新闻传播史上的一大重镇。研究重庆新闻传播史,具有十分重要的价值。

对于重庆新闻传播史而言,相关研究成果不多。1949年前的研究,除杨丙初先生在《新蜀报》第四千号发表的《重庆报业小史》和程其恒的《战时中国报业》中有关"重庆"的一节外,所见不多。1949年后的研究,最集中的是重庆日报新闻研究所编的《重庆报史资料》(1—20辑)、重庆报业志编委会编的《重庆市志·报业志》、重庆市地方志编纂委员会编的《重庆市志·广播电视志》、重庆抗战丛书编纂委员会编的《抗战时期重庆的新闻界》、重庆师范大学张育仁教授的《重庆抗战新闻与文化传播史》、厦门大学曹立新副教授的《在统制与自由之间——战时重庆新闻史研究(1937—1945)》。此外,四川省地方志编纂委员会编的《四川省志·报业志》,四川大学王绿萍教授的《四川近代新闻史》、《四川报刊五十年集成(1897—1949)》,中国社科院新闻研究所编的《新闻研究资料》、《新闻与传播研究》,政协重庆市委文史资料研究会编的《重庆文史资料》,王文彬先生的《中国现代报史资料汇辑》,陈铭德与邓季惺的《〈新民报〉春秋》,吴廷俊的《新记〈大公报〉史稿》,方汉奇的《〈大公报〉百年史》都有相关的内容。

---

① 史媛媛:《从戈公振到方汉奇——在中国新闻史研究的两座高峰之间》,《新闻爱好者》,2001年第5期。

其中,《重庆市志·报业志》和《四川省志·报业志》作为地方志,梳理出重庆近代报业的名录和基本介绍,这是一项开创性的基础研究。①《重庆市志·广播电视志》则对重庆市广播电视的发展作出梳理。《抗战时期重庆的新闻界》、《重庆抗战新闻与文化传播史》、《在统制与自由之间——战时重庆新闻史研究(1937—1945)》、《四川近代新闻史》②属于断代史研究,侧重1897—1920年之间及1937—1945年期。《〈新民报〉春秋》主要是对新民报系的考察和回忆,其中有不少内容是关于《新民报》(重庆版)的。《新记〈大公报〉史稿》、方汉奇的《〈大公报〉百年史》中有相当内容关注了重庆时期的《大公报》。《中国现代报史资料汇辑》中对重庆新闻界也有相当的梳理。

《重庆报史资料》、《新闻研究资料》、《新闻与传播研究》、《重庆文史资料》则汇集了一大批当年的新闻工作者的回忆,堪称"活化石"。如周钦岳、高天、张志渊、温田丰、赵铭彝等对《新蜀报》的回忆,陈彝荪、吴克煊、邹知白、勾一平、艾白水、李光儒、陈荷夫等对《国民公报》的回忆,王国华、李良政、刘迪明、皮钧陶等对《世界日报》的回忆,周文钦、徐淡庐、徐鸣亚、温少鹤、李时辅、温田丰对《商务日报》的回忆,陈铭德、邓季惺、姚江屏等对《新民报》的回忆,田际明、樊胞明等对《时事新报》的回忆,陆诒、艾白水等对《新华日报》的回忆,王文彬、袁尘影、许任飞、陈云阁等对《大公报》的回忆,冯克熙等对《民主报》的回忆,沈醉、陈兰荪等对《新华时报》、《中央日报》、陪都记者联合会的回忆,张志渊、沈剑虹等对战时外国记者的回忆,吴子见、刘镕铸、文履平等对《挺进报》的回忆,谢爽秋、沈杰飞、李哲愚等对《扫荡报》的回忆,黄子谷等对《四川日报》的回忆,李半黎等对《川东报》的回忆,岚声、刘乐杨等对《西南日报》的回忆,丁孟牧等对《济川日报》以及重庆小报的回忆,方土人等对塔斯社重庆分社的回忆、葛思恩等对重庆新闻学院的回忆、阳子寿等对中央通

---

① 史、志都是记述描写历史的书籍。史:是以探索与总结某区域或某行业历史发展规律为基本任务的著述。志:是记载某行政区划范围内、某个领域内自然和社会、历史与现状的综合资料著述。史体,主要记述历史,一般以时间、事件、人物等线索,倾向于纵向的发展,通过对历史现象的分析、研究,探索历史发展的客观规律,故论述是史书的主体。志体,寓褒贬于叙事之中。有时也追溯过去,但主要的是记载现状,就是把事物横向分门别类地记载,只有记载而不论述。
② 该书中的近代只到1920年代,不是截至1949年,参见王绿萍:《四川近代新闻史》,四川大学出版社,2007年版。

讯社重庆分社的回忆,熊明宣等对中国青年记者学会的回忆……这些资料,多为作者的亲身经历,是无法再行复制的宝贵财富。

在对重庆新闻传播史的零散研究中,也出现了一批代表性的成果。如周勇与何承朴有关《渝报》的研究,龙伟有关《华西教会新闻》的研究,周勇与王志昆等有关邹容与《革命军》研究,匡珊吉有关《广益丛报》、《崇实报》的研究,刘立凯有关《鹃声》的研究,姚谨有关《商务日报》的研究,徐文静有关《新蜀报》的研究,肖鸣锵有关《四川日报》的研究,张谨有关《重庆各报联合版》的研究,段勃与陈娟有关《新闻记者》杂志的研究,张耀谋有关《重庆近代报刊的出现与现代文学的发生》的研究,蒋晓丽有关《重庆的新闻业与城市的近代化》的研究,徐文永有关《清末重庆报业发展与巴渝社会变迁》的研究,赵中颉有关抗战时期重庆新闻学教育的研究,蔡斐有关乔冠华国际述评和红岩烈士新闻活动研究,黄贤虞有关解放前重庆晚报和通讯社的研究,汪学起与是翰生有关国民党中央广播电台的研究,武燕军等有关抗战期间外国记者在渝活动,刘扬有关浦熙修重庆时期新闻通讯的研究,雷漪有关张友鸾抗战时期新闻写作理论与实践的研究,王炬有关战时重庆的报业竞争的研究,王文彬有关解放前重庆报业的梳理,张爱杰等人有关白修德的研究,赵丽华有关《中央日报》副刊的研究等,都是非常有益的研究成果。

这些研究,整理了大量的基础性史料,搜集了许多当年新闻人的回忆,产生了一大批专项史、个项史的成果。尤其值得称道的是,《重庆报史资料》诞生于20世纪80年代,这是一项卓有远见的工作,为后人的研究提出了不可或缺的帮助和指引。《四川近代新闻史》对1920年以前的重庆报界作出了系统研究,特别是王绿萍教授有关早期《重庆日报》的研究,应该是国内唯一的。《重庆抗战新闻与文化传播史》作为有关重庆新闻传播史的最新系统研究,对1937—1945年期新闻事业的梳理十分细致,剖析亦是非常深刻。《在统制与自由之间——战时重庆新闻史研究(1937—1945)》考察了抗战时期国民政府新闻统制策略,较为真切地还原了中国新闻事业的"战时形态",并以国民政府战时新闻统制政策为中心,考察抗日战争时期国民政府、大后方地区的媒体和报人,围绕着新闻统制与言论自由而展开的权力争夺和话语交锋,并借此窥探新闻自由与民主政治,以及大众传媒与变革社会中的政治秩序、现代化的复杂关系。

有关重庆地方新闻传播史的研究,目前主要成果集中在1949年前。这是可以理解的。毕竟,新闻史是关于历史的科学。历史需要沉淀,更需要远距离的观察。现当代重庆新闻传播还处于发展和变革中,且因为政治等敏感因素不便作出结论性的评价。而此前有关重庆近代新闻传播的专项史、个项史的成果,已经为重庆近代新闻传播通史的产生创造了条件。目前应该是完成《重庆近代新闻传播史稿(1897—1949)》部分的时候。

当然,完成这样一项研究,必须澄清几点:

第一,通史与分项史(包括专项史、个项史)的关系。总的来说,通史与专项史、个项史是一个相互推动、有益补充的关系。

这一点,曾宪明先生给出了很好的解释,"两者的关系是'源'与'流'的关系,即基础研究与最终成果的关系。分项研究是通史的基础,是通史之源和通史之本。分项史的研究越充分,通史成果就会更系统更完善从这个意义上讲,个项史的研究是重要层次的研究。但'源'的最终归宿必然是'流',通史无论从纵向时间上和横向空间上都表现了分项史无法比拟的容量,它是分项史研究的终极目的和最终结果,其价值和意义也是巨大的,因而通史研究是高层次研究。"[①]所以,当前述的成果已经丰富到一定程度时,《重庆近代新闻传播史稿(1897—1949)》的诞生是"水到渠成"的事情。这也说明,《重庆近代新闻传播史稿(1897—1949)》的完成,貌似洋洋大观,实际上都是前期研究成果的铺垫。没有这些成果,此处的近代重庆新闻传播史不可能完成。[②]反过来,近代重庆新闻传播史完成后,其中的偏差和不足必然会反馈到分项史的研究中去,从而会加强个项史和专项史的研究。在这个意义上,分项史研究与通史研究的互动关系,是促使新闻传播史学不断发展的动力,《重庆近代新闻传播史稿(1897—1949)》也只是重庆新闻传播史研究的一个阶段性

[①] 曾宪明:《中国新闻史研究的回顾与展望》,《湖北大学学报》,2000年第11期。
[②] 特别需要说明的是,前述的各项成果在本项目的研究中被充分吸收。如果在引证中有所疏漏,请及时指出,方便修订出版时能够有效更正。

成果。

第二,有关研究的区域范围问题。重庆作为共和国最年轻的直辖市,历史上的行政区划几度变迁。针对项目研究时间上(1897—1949)的跨度,本研究的地区范围特框定在现重庆市(即1997年直辖后)的区域范围。

重庆史称渝州。崇宁元年(1102年),改渝州为恭州,后升恭州为重庆府。元、明、清三代,重庆府为四川行中书省(元)、四川布政使司(明)、四川总督(清)管辖。辛亥革命后,1913年,四川军政府废府设道,以道统县。废重庆府,置川东道,以川东道领导巴县、江津县、长寿县、城口县、綦江县、南川县、永川县、荣昌县、铜梁县、合川县、江北县、奉节县、巫溪县、巫山县、云阳县、万县、涪陵县等36县。1929年,重庆编制为国民政府二级乙等省辖市。1936年,重庆改设四川省代为管理的一等院辖市。1939年5月,重庆升格为甲等中央院辖市。1937年11月,国民政府定重庆为战时首都。1949年11月30日,重庆为西南大区代管的中央直辖市。1954年7月,西南大区撤销,重庆市从直辖市降为省辖市,并入四川省。1983年,永川地区八个县并入重庆市。1996年9月15日,中央批准重庆市代管四川省万县市、涪陵市和黔江地区。1997年3月14日,第八届全国人民代表大会第五次会议审议通过将原四川省重庆市、万县市、涪陵市、黔江地区合并,恢复重庆直辖市的议案。[①]这也是本项目研究的地理区域范围。

第三,有关近代重庆地方新闻传播史的分期问题。将按照重庆新闻传播事业的内在规律,提出开端、发展、繁荣、调整四个阶段的划分方式。

具体而言,1897—1911年,为重庆新闻传播事业开端时期;1912—1937年(抗战爆发前)为重庆新闻传播事业发展时期;1937(抗战爆发后)—1945年(抗战胜利前)为重庆新闻传播事业繁荣时期;1945(抗战胜利后)—1949年(重庆解放前)为重庆新闻传播事业调整时期。这一划分,契合近代重庆新闻传播事业的发展规律。同时,也与中国新闻传播史与中国革命史历史时期划分一致,并且这四个阶段呈现出不同的特征,是符合近代重庆新闻传播规

[①] 参见周勇:《重庆通史》(第一、二、三卷),重庆出版社,2002年版。

律的。当然,这里的划分不是故意与中国革命史历史时期的划分靠拢。综观重庆近代新闻事业,实则与政治的关系太过紧密,特别是重庆新闻传播事业因抗战兴衰的这一历史阶段,因此这一划分是相对合理的。[①] 同时,我们也强调,重构新闻传播史研究并不意味着废弃革命史的框架,更不是要现代化叙事自言自语。所谓重构,就是摒弃先前意识形态,或出于政治宣传而不真实的部分,尽量还原历史,尽量不带政治的或其他功利色彩,让近代重庆新闻传播史可以真实再现,可以理解品鉴,可以多角度解读。当然,这种时间上的划分,很容易出现"编年史的思维",这也是研究中力求摆脱的地方。

第四,有关近代重庆新闻传播史研究的层次问题。这是关系到整个研究学术水准的关键之处,也是研究过程中着力思考的一个问题。

德国哲学家黑格尔在其《历史哲学》一书中认为,观察历史有三种方法:即"原始的历史"、"反省的历史"、"哲学的历史"。[②] "原始的历史"即以史实的梳理考证为要务,重在逼近或还原历史真相;"反省的历史"强调对历史的理解与反思,注重史实的解释与推测,研究层面由史料考证上升到理论层面;"哲学的历史"是历史研究的较高境界,强调对历史的考察,即"通过具体的历史来表达并帮助人们理解历史中所包含的普遍或一般的哲理"[③]。研究过程中,我们也试图从基础的史料出发,积极自省,发现和寻求影响近代重庆新闻传播事业的规律,但从目前的研究来看,这些努力和探讨是初步的,有的还是不成熟的,许多地方亟待以后进一步深入地研究与修正。这也是本书命名为"史稿"的重要原因。

还有一个重要的问题,即中国新闻传播史学的研究目前偏好"新闻社会史",这是一个很好的研究态势,就是寻求新闻事业与社会的关系,这是学界近年来从戈公振《中国报学史》中寻求的被遗忘的传统。然而,一个无意中被忽略的问题是"去政治化"的研究成为流行。实际上,学术研究中"政治化—

---

①有学者将近代重庆新闻报刊从诞生到1945年抗战结束,划分为三个阶段,即1897—1911年是兴起阶段;1912—1938年是巩固阶段;1939—1945年是繁荣阶段。这一划分,基本上与本研究一致。参见重庆抗战丛书编纂委员会:《抗战时期重庆的新闻界》,重庆出版社,1995年版,第4页。
②黑格尔:《历史哲学》,上海书店出版社,2001年版,第1页。
③刘昶:《人心中的历史——当代西方历史理论述评》,四川人民出版社,1987年版,第338页。

去政治化—再政治化"的思潮是几番起伏,这也促使《重庆近代新闻传播史稿(1897—1949)》在研究中着力寻找新闻史中的新闻媒介、新闻事件与当时的政治经济背景、社会文化状况等方方面面的互动联系。同时,我们不否认新闻与政治的联系,并强调整个研究是以马克思主义新闻观作为指导原则的。

进行重庆新闻传播史研究,是重庆新闻传播界几代人的愿望。20世纪80、90年代,《重庆日报》新闻研究所的文履平、张天授、肖鸣锵、邓宣、范委等前辈呕心沥血汇编了《重庆报史资料》(1—20辑)。1991年,中国新闻传播史权威方汉奇先生与肖鸣锵交流时说,"重庆的新闻史志研究,对整个中国新闻史志的研究工作,具有重大的意义"。[1] 1992年,新闻学前辈甘惜分先生曾寄语重庆新闻史研究人员,"十分希望重庆新闻界的同志们写出一部《重庆新闻史》,那是有重大意义的"。[2] 1995年,文履平、肖鸣锵主编了《抗战时期重庆的新闻界》,对抗战民族统一战线中的重庆新闻界作出叙述。世纪之交的2000年,文履平、肖鸣锵、朱亿、邓宣等人又主编了《重庆市志·报业志》,这是重庆新闻传播史的第一部系统论著。2004年,西南政法大学赵中颉教授出版《中国新闻事业史纲》。2006年,重庆交通大学姚谨副教授提出,"应该重视重庆新闻史的研究;继续抢救挖掘相关史料;更新观念、开阔视野,拓展范围、深入局部,全面深入地推进这一研究"。[3] 2010年,重庆市委宣传部在重庆市哲学社会科学第三批重大项目中设立了《重庆新闻传播史》的专门项目,这是重庆市对地方新闻传播史学研究重视的重要表现。

2011年6月10日,《重庆新闻传播史》项目开题会在西南政法大学召开,时任重庆市委宣传部常务副部长周勇作出指示,"重庆新闻史是中国新闻史的重要组成部分。该项目的立项标志着重庆的新闻史研究正式提上日程,是一个研究方向的开始,也是一项可以终生研究的事业。这个课题的研究一是要总体规划,分步实施;二是要循序渐进两手抓,一手抓研究队伍,一手抓

---

[1]《方汉奇同志谈修新闻志》,《重庆报史资料》,第9辑。
[2] 甘惜分:《寄语重庆新闻史研究的同志们》,《重庆报史资料》,第10辑。
[3] 姚谨:《关于重庆新闻史研究的几点思考》,《重庆交通学院学报》,2006年第3期。

资料;三是要先易后难,先粗后细,先远后近"。①

　　循着这一思路,整个研究以尊重史实、注重文本,强调历史主义为学术原则,始终坚持论从史出、史论统一,突出问题,将历史的叙述与逻辑的演绎相结合作为研究方法,对近代重庆新闻传播史部分展开讨论,并对新中国成立后重庆新闻传播史则作了简要梳理,最后还附录了《重庆报纸一览表(1897—1997)》、《重庆通讯社一览表(1920—1949)》。

　　还是如前所述,《重庆近代新闻传播史稿(1897—1949)》的完成,看上去是对近代重庆整个新闻传播活动的梳理与总结,实际上都是前期研究成果的铺垫,以及前辈学人的贡献。没有这些成果,本研究不可能完成。笔者所作的,只是一个稍稍的总结,是对近代重庆新闻传播史一个小小的注脚。同时也希望,《重庆近代新闻传播史稿(1897—1949)》完成后,其中的偏差和缺失会积极反馈到分项史的研究中去,为学界提出问题和批判研究提供"靶子",从而加强个项史和专项史的研究,在整体上推进重庆新闻传播史的研究层次。

---

① 王晓丽:《赵中颉教授领衔重庆市社科重大课题项目〈重庆新闻传播史〉开题》,西南政法大学新闻网,http://news.swupl.edu.cn/Article/ShowArticle.asp? ArticleID = 10384

第一章　起步与多元：
近代重庆新闻传播事业的开端

1891年，重庆开埠，这是重庆近代化历程的起点。

重庆的开埠极富帝国主义侵略特征。如果说1876年的《中英烟台条约》使得英国获取了进入中国西南地区的法律依据，那么，1891年重庆的开埠，则是西方势力最大限度地从中国沿海和长江中下游地区推进到中国的西南的腹心地带。

对于这一历史的深刻转变，学界一般认为，重庆开埠在加深重庆半殖民地半封建社会的同时，也在客观上促进了重庆的近代化历程，刺激和推动了重庆城市整体功能的进步，这其中就包括近代新闻传播事业的产生和发展。当然，这种产生和发展的力量并非遵循纯粹外发型的"刺激——反应"范式，恰如陈旭麓先生在《近代中国社会的新陈代谢》一书中提出的，"中国近代是一个动态的、新陈代谢迅速的社会，中国近代社会的新陈代谢在很大程度上是由于接踵而来的外力冲击，又通过独特的社会机制由外来变为内在，推动民族冲突和阶级对抗，表现为一个又一个变革的浪头，迂回曲折地推陈出新"。[①] 可以说，重庆近代传播事业的产生与发展是内部因素和外来影响相互作用的历史产物。

值得指出的是，重庆近代新闻传播事业中的这种内部因素的表现形式更

[①] 陈旭麓：《近代中国社会的新陈代谢》，上海人民出版社，1992年版，序言。

加明显，这突出地表现在重庆第一份现代报刊《渝报》是国人自办报纸，而许多沿江沿海地区的第一份现代报刊往往是外人创办。

第一节 重庆历史上第一份报纸《渝报》

一、宋育仁与《渝报》

宋育仁（1857—1931），字芸子，号芸岩，晚号复庵、道复，四川自贡（原属富顺县）人，光绪进士，授翰林院庶吉士。中国早期资产阶级改良主义思想家，被誉为四川历史上"睁眼看世界"第一人，重庆维新运动倡导者。1894年任出使英法意比四国公使参赞，着意考察西方社会、经济、政治制度，著有《泰西各国采风记》。宋育仁积极策划维新大计，回国后参加维新组织"强学会"，主讲"中国自强之学"，主张君主立宪。1896年经由翰林院编修张百熙上奏朝廷，保举回川兴办商务、矿务，创办四川第一批实业公司。

宋育仁所处的时代正是中国封建社会向半封建半殖民地社会蜕变加剧，民族危机空前严重的时代。经历了两次鸦片战争、太平天国起义和中日甲午战争之后，整个中华民族已经是满目疮痍。这让完成了从传统士大夫向新式知识分子转型的宋育仁开始进一步思考该如何救亡自强。

在重庆担任商务总局监督后，宋育仁认识到只是搞好商务不能解决国家富强的根本问题，还应当积极创办报纸，大造舆论，传播新学，振奋人心，鼓动变法。1897年10月下旬，他首先在重庆创办了《渝报》。次年宋育仁被聘为四川尊经书院的山长，来到成都，不久就组织"蜀学会"，并用学会的名义，在1898年5月上旬出版了《蜀学报》。

《渝报》是重庆新闻传播史上第一家近代报刊，也是四川新闻传播史上第一家近代报刊。四川早期报人傅樵村1903年评价说，"在前十年，并无人看过报，所见者，不过坐省刻的京报，自家打的电报，官场送的抄单。到丁酉年（1897年），富顺宋芸子先生，在重庆办商务开《渝报》，四川人才知道商务二字,成都人才知道报纸的样子,此为《渝报》时代之四川。"①

《渝报》旬刊册装,川贡土白纸木板雕印,竖排,每页26行,每行23字,每期双面30余页。用丝线装订成册,体积略大于新闻纸的十开本,有边线栏,中缝双鱼尾形,印报名、页码。严格说来,《渝报》在形态上还处于古代报刊向近代报刊过渡的雏形阶段,并不是现代意义上的报纸。

《渝报》馆最初设置在重庆白象街,后迁至夫子池来龙巷。最初计划铅字排印,后因印刷设备不能及时到渝,改为木印。② 前后共出版16期,其中第16期为第1—15期的分类汇编。

宋育仁在官府有职位,《渝报》却系民办,所需资金由同人捐集,并根据捐助的份额给予阅报的优惠。"捐助百两以上者,每年送阅报五份;五十两以上者,每年送阅报三份;三十两者,每年送阅报一份。均无报费。"③考虑盈利分红及最初吸纳资金的需要,还规定"捐款一时无多,如愿照集股份例入银者,以一百两为一股,每股给息折一份,盖用本局图记,每两对年认官息一分,年终凭息折给付利银。"④

从《渝报》第1期刊登的记录来看,初期的《渝报》共收到捐助3350两,此后陆续还有个人和单位捐助。其中,宋育仁自捐白银1000两、黄肇青捐1000两、陈紫钧捐400两;白腊公司、尊经书局、蓬州崇实学堂等执业单位也有捐助。更多的捐助源于个人,如潘季约、陈时利、陈时政、陈际甫、邹怀西等20余人。在不到一年的时间里,《渝报》共收到社会捐资白银4600余两,这一数字是可观的,足以支付一年的印刷费用。

《渝报》馆由宋育仁任总理,杨道南任协理,潘清荫、梅际郁任主笔,此外还聘有编纂、翻译、缮校、司账、排字等一应职工,均聘定足数,且所有人员的"办事程度……由总理拟定,以便照行"。⑤ 由此可见,《渝报》的组织管理具

---

①傅樵村:《四川开官报说》,《启蒙通俗报》,1904年10月。
②有关《渝报》的研究,参见何承朴:《四川第一家近代报刊——渝报》,《新闻研究资料》,1983年第2期;周勇:《论〈渝报〉》,《社会科学研究》,1983年第6期。
③《渝报章程》,《渝报》,第1期。
④《渝报章程》,《渝报》,第1期。
⑤《渝报章程》,《渝报》,第1期。

有了近代报馆的架构。

二、《渝报》的发行与经营

发行方面,《渝报》由古代的"官报"内部送发,改为私费订阅,读者对象已不仅是各级官吏,而是社会读者,只要有9钱银子,就可以买到一份《渝报》。

除报馆零售外,还接收订户,其办法在第1期刊登的《渝报章程》中有明确规定:"先交银十两者,送报五年;先交洋银十元者;送报三年;先交银三两者,送报一年;先阅后交银者,每年银三两六钱,闰月照加。折购者每册九分。""先阅后交费者,本城满一月,外境送满三月,皆须收费,始行续送,以示限断。"

《渝报》在省内外设有派报处,最高时曾达到52处。省内有成都、嘉定、叙州、夔州、绥定、顺庆、保宁、潼川、龙安、雅州、宁远、资州、绵州、邛州、眉州、泸州、酉阳、忠州、富顺、涪州、合州、江津、永川、长寿、万县、梁山26处;省外有京城、天津、南京、上海、苏州、山东、山西、河南、陕西、甘肃、安庆、江西、饶州、杭州、福建、武昌、汉口、沙市、宜昌、长沙、广东、桂林、梧州、云南、贵州、遵义26处。发行面遍及中国大部分重要城市。

为方便读者订阅,《渝报》还经常在报纸上公布各代派处人员姓名、地址,并给各地工局、信局、商店愿代派报者,"二十份以上只收费九成,五十份以上只收费八成"的优惠,以求得进一步扩大销售量。

不过,由于当时交通邮传不便,以及技术设备的落后,加上《渝报》的发行周期相对较长,新闻不新成为报馆面临的问题,而且订报费也不低。当时,《渝报》曾征订十两银送五年报,结果发行起来很难。宋育仁便随即改为三两订一年,后来再降为二两六钱订一年,以尽量争取订户。

报馆除编印出版《渝报》外,"凡有关经世时务,中外交涉条约诸书,皆宜印"。还开展"代发《官书局汇报》、《时务报》、《万国公报》,并印发各种时务书或新译外国书,及刻近人新著"①的业务。以后还代派了湖南的《湘学新报》,最后连澳门的《知新报》也曾应允代派。同时从第9期开始广告刊登业务,开四川报纸登广告之先。

三、《渝报》的新闻特征

《渝报》在样式上与当时流行的《时务报》类似,都为册装,处于古代报刊向近代报刊过渡的雏形阶段,但是新闻特征已经十分明显。

《渝报》副主笔梅际郁在《渝报》第1册《说渝报》中,就著文阐明出版《渝报》主要是为了传播新闻,"四川僻在西南,重庆虽属通商剧镇,而山峻流塞",消息闭塞,京沪报纸邮寄逾月,并且很少登载四川消息,"于是则渝报之兴"。"重庆据长江之上游,通滇黔之孔道,见闻较确,采访非难。凡地方之肤腠,民气之嚣静,岁时之丰歉,市价之浮落,有关时务者,莫不博采舆情,快登报录,俾乡塾里肆咸知"。②此外,《渝报》还在全国和四川各地48处聘有特派员,"各就其地,托一友人,采访要见,按月函知"。③可见,《渝报》从创办之初就十分重视新闻的采写。

在新闻形态上,《渝报》已不是古代报刊的"公报体"。新闻既有三言两语的简讯,也有夹叙夹议的长篇报道,如德军侵占我胶州湾的报道就长达两千多字,寓作者爱憎分明的感情于报道之中。第7期的《四川商情答问》一文,采用一问一答形式,针对当时四川商务存在的主要问题,逐一予以阐明,通篇不拘形式,生动活泼,是四川近代报刊史上最早的答记者问。

在版面设计上,新闻不仅按地区分别编排归栏,并且从第3期开始,每条新闻都编辑有标题,后来基本固定为四字一题,其目的在于提示内容,如第13期外省新闻有"俄船窘况"、"教士受伤"、"整顿海防",本省新闻有"创设快轮"、"法增教堂"、"万州试事"、"学堂将开"等。新闻写作多以叙述性的平铺直叙形式进行。

---

① 《渝报章程》,《渝报》,第1期。
② 转引自何承朴:《四川第一家近代报刊——渝报》,《新闻研究资料》,1983年第2期。
③ 《渝报章程》,《渝报》,第1期。

在新闻内容上,除第 1 期没有刊发新闻外,2—15 期的《渝报》共刊发新闻 170 条,其中报道国内外和全省各地兴办新学、办厂等有关维新变法的新闻共 83 条,占整个报道的一半,报道西方势力对我国的侵略动向及有关的新闻达 65 条。

本地新闻报道上,《渝报》能够及时捕捉本地新闻重点,并能够追踪报道,如整修云阳境内长江新滩。这里以在重庆近代化进程中具有重要意义的关于放足运动为例。《渝报》对在渝的各个地方关于放足风气的点点滴滴都有关注和记载:

"天足渝会启:矜全同气斯谓深仁,渝除积习斯谓大勇,中国女子缠足之风,沿之为至千百年……今则运会将转,公理渐明,即闺阁亦悟其非,愈宜因势而广为利导,受约同志采近章可依据者订为简例十余条。(巴县潘清荫撰)天足渝会简明章程:一、入会者女不得缠足,子不得娶缠足之妇。二、入会者女年十岁以上已缠足者愿否解放听其自便,十岁以下均一律放足……"(《渝报》第 9 册)

"远人助会:渝中开天足会推广之初,华人尚意存观望。昨英牧师嘉立德将所刊放足歌百册,送局代为散布。"(《渝报》第 14 册)

"会议天足:英商立德乐之夫人,外中国女子缠足一事,颇为感怀。于三月二十一日,招集伊国教士男女,及渝郡开会,诸绅董同至……俾众人皆明其理,庶风气当易于转移。"(《渝报》第 15 册)

此外,在其他新闻编译的内容选择上,也从新闻接近性的角度选择了与四川和重庆有关的内容。如第 5 期译载《日本领事论重庆现情》,第 7 期刊载了张百熙奏请筹办四川矿务商务的奏折,第 8 期刊载了四川总督鹿传霖筹办商务的奏折,第 10、11 期译载了《中法新汇报》的《重庆开埠情形》一文。

值得一提的是,在《渝报》上还第一次出现了图表。第 15 期宋育仁撰写的《车里界议》一文,介绍了 1894 年中英滇缅界约签订以来英国进行一系列阴谋活动,建议清王朝应及早同英法两国谈判,文后专门附录了滇缅边界车里地段的地图。这张地图虽然是木刻的,但图文并茂的形式却是当时四川新闻史上的第一次。

四、《渝报》的主要内容

《渝报》在编辑上,"首谕旨恭录、宫门钞全录,次折奏摘要,次外国报择录,此后另页起首先列题,依题叙录本局新论时务一二篇,次录川省物价表,渝城物价表,次另页起,首附中西有关政务各书,并各种章程,以纸数为断,次届接续前篇"。①《渝报》第一册栏目有"谕旨恭录"、"折奏录要"、"译文摘录"、"渝城物价"。"所录折奏、洋报,但录原文,不参论断。凡当道姓名、地方琐屑,概不涉笔,以避毁誉之嫌,杜赇贿之弊"。第二册起,增加"蜀事近闻"栏。从第三册起,增加"各省近闻"和"外国近闻"栏,"蜀事近闻"改为"本省近闻"。最重要的变化就是增加新闻,尤其是本地新闻的比重。

根据何承朴的统计,《渝报》1—15期共选登奏折33件,除第13期两件为四川总督奏请增加边陲兵力,防止少数民族"作乱",以及报告四川1897年全省各地遭受自然灾害的情况和第10期川督奏请缓征一些地区的某些项目的钱粮以外,其余奏折有奏请在京城及各省开设教习自然科学的新学堂的10件;有建议在全国和四川积极筹办商务和工矿的14件;有提出筹款办法和理财之道的4件;有主张筹办书局,广印新书,传播新学及西方先进科学技术的2件。

《渝报》共刊发该报同仁撰写或本省人撰写的论文共30篇。其中从理论上深入阐述变法维新的重要意义的论文有7篇,专门论述兴办新学重要性的4篇;结合四川实际论述强兵利器,创办工厂,开采矿山的8篇;介绍中外报刊历史和现状以及创办《渝报》宗旨的文章4篇;研究川东救灾办法的3篇;具体介绍中英有关滇缅边界的历史和现状的1篇;借用孔子之言批驳反对变法言论的4篇。

《渝报》共摘译外国报刊(其中大都是转摘自京沪地区的报刊)的文章38篇,主要有以下几方面的内容:有10篇介绍欧美和日本等国重视报刊和书籍的印行工作;有8篇介绍各国积极兴办学校情况;有8篇介绍外国人研究重

---

① 《渝报章程》,《渝报》,第1期。

庆、成都、西藏的现况文章；有9篇是外国人论中国的人口、财政、铁路、海关以及通商口岸存在的问题及改进办法；有3篇分别介绍英、美、俄的军事的武器兵力。

《渝报》共刊发了新闻170条，其中报道国内外和全省各地兴办新学、办厂等有关维新变法的新闻共83条，占整个报道的一半，报道帝国主义国家对我国的侵略动向及有关的新闻达65条，这主要是由于1897年农历十一月发生了轰动中外的德军强占山东胶州湾事件。《渝报》抓住这一事件，积极报道各国动向，以引起国人注意，增强变法的决心。

《渝报》发表外国人撰写的专论4篇，篇章不多，但篇幅较长。罗柏村著的《公法总论》，全文约11000多字，连载4期。文章一方面对清廷无限的皇权从侧面予以抨击，另一方面扩大国人视野，并适应清廷开放政策的需要，以便同各国交往有所遵循或借鉴。李提摩太著的《生利分利之别论》一文，长达8000字，连载4期。另外有李佳白撰写的《筹款论》、哲美森的《华英谳案定章案》。这里特别值得一提的是，李提摩太、李佳白和傅兰雅（《公法总论》的译者）都是上海的"广学会"的主要成员，他们希望满清政府有某些改革，以便扩大商业，推广教务。但在客观上，他们对促进当时的清廷上层变法维新运动起了一定的推动作用。比如，李提摩太译的《泰西新史揽要》等书，给中国的维新派以理论武装，提供了变法维新的根据，同时，由于不少人用汉文字著书，介绍西方学术和科学技术，改变了一部分士大夫轻视异教和西学的成见，对推动这部分人参加维新运动，无疑起了积极的作用。

五、《渝报》与维新运动

《渝报》的创办，宋育仁明确指出，"先生之所以定民志也，今约同志论撰博采而必反于经纶列者凡四端：一曰教，二曰政，三曰学，四曰业。"[①]即教化、政论、学问、实业。梅际郇在《说渝报》中也指出，"夫其开报之利与阅报之益必曰：究新学、达下情、振陋风、存公议、动众耻。凡所论说，皆天下之大务，救

---

① 《学报序例》，《渝报》，第1册。

时之良言"。① 这些宗旨,与维新变法的理论机理与实际行动是一致的。

(一)《渝报》在维新运动中的贡献

《渝报》是四川维新派的舆论阵地。《渝报章程》中开宗明义,"为广见闻,开风气而设"乃是报纸创立的初衷。以上的所有这些,进一步明确说,就是为了配合维新运动在四川地区的展开,其内容主要是围绕以下几个问题进行的。

第一,鼓吹维新变法,提倡"托古改制"。《渝报》对维新变法的鼓吹,集中体现在宋育仁的《时务论》的一文,该文前后刊载7期,旁征博引,纵论古今,详尽地论述必须从政治、经济、文化、教育、军事等方面进行改革,以批驳后党鼓吹的"祖宗之法不可变"的谬论,说明变法是适应变化了的情况,不变则有可能亡国。

宋育仁多次重申"伸民权"、"民为主",实行"君民共治"的观点,并特别推崇西方的议会制度。他认为,"政非议不成,议非众不公",只有实行西方的议会制度,"君不能黩武、暴敛,逞刑,抑人才,进佞幸;宫不能怙权固位,枉法营私,病民蠹园"。所以"议院为其国政之所在,即其国本之所在,实其国人才之所在"。中国要富强,必须推行议会制度,并"选士于商",让新生资产阶级参与政治。

"托古改制"是当时维新变法领导人康有为提出的指导思想,也几乎是当时维新人士一致的口号,《渝报》同仁也不例外。宋育仁在第1期《复古即维新》一文里,一开始便是:"今天下竞言变法,不必言变法也,修政而已。天下竞言学西,不必言学西也,论治而已。天下竞言维新,不必言维新也,复古而已。"归结是:"故今日救时之务,必先复古学校之制"。换言之,就是明确提出,维新不是不要中学,实际上是复古代已有的学问,要使变法能贯穿古今,就必须学习中西之学,学习西方现代知识是为富国强兵,学习中学以维根本。主笔潘清荫在第2期《经史之学与西学相为贯通说》中也指出,中国传统经史之学和西方学说是融会贯通的,进一步为"托古改制"提供可行性论证。

---

①《说渝报》,《渝报》,第1册。

同时，宋育仁还对洋务派提出了批评。当时，中国近三十年的洋务"新政"开始破产，宋育仁在反思洋务运动，批判洋务派思潮的基础上提出了师法西洋的主张，应当经由"器"（坚船利炮等）而及于"制"（政治体制等）。他批评洋务派学习西方的模式，是"未闻其道，欲一切易中国以洋法，不求其意，惟称其法；不师其法，惟仿其器"。

第二，揭露西方势力对中国的侵略。《渝报》创刊之际，正是晚清内外交困之时，西方帝国主义对清政府虎视眈眈，瓜分中国之势已成——"英专我权利，俄植我兵枢，伐管我船政，德据我铁路，中国脂膏，若辈们所欲逐也"。

《渝报》第8期《德驻华公使论胶州湾事》详细介绍了德国驻华公使透露的关于强占山东胶州湾的经过。报道赤裸裸供认："为我今日计，亟宜与中国分定疆界，且宜以我兵力权势挟制中国，驱策中国，责其迅速成此铁路（指胶济路），其铁路既成之后，即我之铁路。是中国直我之外府也，是中国直我之工头也，是中国即我之印度也。我先从此下手，即日后各国议分中国，而我已占先著，各国亦无如我何矣。"这8期《渝报》上还报道了沙俄同德、法合谋"欲将中朝壤地瓜分"的事情。

结合四川实际，《渝报》进一步要求当局尽快变法图强，以避免帝国主义侵略，"全蜀之大，地利之广漠，物产之富饶，为外人所垂涎，欲攫取者久矣……英使法使倭使，相继来迫，索立口岸，唾骂我官吏，折勒我人民，莫敢与之抗也……全川百六十州县，皆蔽择之区，任彼族之且渔且猎"，"吾为此布，请与邦人诸友，念之危之，于眉睫之前，揭奎蔽之大，日利权，日边事"。

宋育仁对帝国主义的觊觎之心早有戒备，《渝报》第13期所载他在甲午战争前一年所撰的《守御论》："为今日之策，宜用全力以保朝鲜，惩日本，而大治军旅以重边防。东则守在吉林、奉天，立新营，督团练，因开垦为屯田，以备进兵规复朝鲜之路，为持久困倭之计，西则以开矿代屯田，益兵西藏、青海，而增重镇于四川西南，以为西藏后应，南与云南之甲，互为声援，内令四川全省，举办团练，以备更代征调，南则按云南之甲，阴制英法交窥之路，且令广西移营于边，以资望守。其海口重立海军，则南北洋须联合一气，而归重旅顺、威海卫、烟台，三为犄角，以护天津，无恐京师……上下兢兢，知敌国之环窥，面不敢苟安于无事,而后可相安于无事。"这一论说,在光绪十九年即向清廷提出,不能不说是未雨绸缪,可惜未能引起重视。

第三,提倡兴学校办科学以启民智。兴办教育一直是《渝报》的重点。第2期"奏折录要"就刊登了《李侍郎端棻推广学校折》、《总署议复李侍郎推广学校折》,同时译文择录的4篇外论,都是介绍外国教育的,分别是《论学校》、《外国学校数目》、《外国学校费用》、《伦敦学校岁报》。其中,《论学校》一文,把当时中国的教育实际同美法德等国的教育具体作了对比:"中国十八省,统计每百人中能识字记事者约不过十余人;而泰西各国统计每百人中能识字记事者,德国约有九十四人,美国约有九十人,英国约有八十八人,法国约有七十八人,俄国约有四十一人",经费方面,"泰西各国的学院经费尤称充足,一每年需银计美国八千万、法国二千万、德国亦在二千万左右、英国一千六百万、俄国一千三百万"……"虽所费较多,而成就甚大。"而我国当时用在教育方面的经费却"不足百万",仅及美国八十分之一。对此,宋育仁就此专门撰写《原学校》一文(第2、6、8期连载),主张改革科举制度,废除八股试贴,兴办新式学校。"学术之衰久矣,自以大卷试贴白折课翰詹,而幸获者多,空疏者众。国计安危,民生休戚,或茫然而无知。言之而不切,则欲益而反损。"对此,《渝报》一再呼吁教育制度的改革,主张参照西式教育体制建立各级新式学校(小学、中学、大学),实行专业教育("分科而课业"),并且力求"所教即所学"。因为只有教育二字,中国方可转弱为强,除此之外,没有第二个办法。

重视科技也是《渝报》的一大亮点。该报从第5期起连载的《生利分利之别论》一文,借助外国人的口吻指出如果中国不尽快推广科一学技术,则"无生色也"。"中国有四百兆人,每年必增人四百万,十年以后,即增四十兆,积之既久,地狭人稠,其何以为生哉"。"办法之一,就是行新法,务使原地中所有土产,日渐增加",否则"万万无生机之可望矣"。第6期刘书晋的《生财非敛财说》一文,着重论述了学习科学技术的重要。文章说:"西人之理财,首重乎尽地之力,其次则使天下无可弃之物,无不用之人,因以其全灌输天下,而获其奇赢以自饶。故生财之道不能不取于化学、机器。……今为中国策生财之道,莫先于富中国之民;欲富中国之民,莫先于塞漏卮;欲塞漏卮,莫先于尽天下之地力,欲尽天下之地力,莫先于从事化学、机器。"

第四,鼓励建立工厂开采矿藏以挽利权。宋育仁盛赞西方国家"以商立国,以富为本"的经济政策,据此,《渝报》在经济上也提出了一套发展民族工商业的可行建议,其目的就是"保地产,占码头,抵制洋货,挽回权利"。

根据四川的实际情况,《渝报》第6期刊载吴光奎筹扩商务的奏折,建议"在重庆设立商务局,联络商民,招集股份,择衡要之地,开设织纺绸布等厂,购买机器,通力合作";并就"产石油地方,用西法开采,聘洋匠炼制火油,用机器制造洋烛,贩卖内地,转运出口",以挽利权。奏折还建议创建制造玻璃工厂,以敌洋产,而辟土货。这些建议由于切实、具体可行,日后大都陆续兴办起来。

开矿也是《渝报》一直呼吁的重要问题。具体操作上,《渝报》提出首先要改变洋务派的官办独占的办法,改为官商合办;其次,主持人员要是业务内行。第10期的《川督鹿开办冕宁金矿及试办各矿产情形片》和第7期的《四川官商合办矿务章程》,都强调这两点。对在四川开矿的地点及具体办法,也有很好的建议。第7期就建议,"拟购挖洞、起重、提水、破石、熔化硫磺铁金各机器并炉,先行开办宁远麻哈、紫谷编各矿",购备各国之矿学、地学、化学、算学等一切有益矿务诸书,及各国有关档案,如有些地方不便官商合办,应准许"士民集股享由总局洽示开办"。

为了推动维新活动的深入开展,《渝报》还通过新闻报道,大力宣扬已办的新兴事业的优越性,用事实进一步开拓朝野各界人士的眼界。如第2、3期连续报道重庆所设的火柴公司,"日见畅销,入股者分息颇厚,制造土货抵制外货,此不过仅见一端",还报道玻璃公司"由于所造货源品已较旧式为良",市民购买甚多,现正"加意推广,更求质量进一步提高,以谋出境",使外商的玻璃不得打入重庆市场。

(二)《渝报》的不足

《渝报》的鲜明特色是为四川变法大造舆论。所刊文章大都旗帜鲜明、主张强烈、言之有物,感情充沛。所发倡议大都抨击势必、高言改革,意欲变法图强。尽管重庆的半封建半殖民化进程较之长江下游晚了近20年,但在思想文化变革的诉求和政治理想鼓与呼的层面上看,《渝报》和上海、北京这些维新改革中心保持着同步的对话与交流。它实现了和全国,特别是上海、北京的维新改良派的所办报刊的对接和呼应,每期都代派至全国26个省,并且还及时从其他同仁报刊那里转载有价值的新闻,建立了政治宣传的全国性互动关系。因此,《渝报》在政治诉求与办报模式上具有超越地域的特点。

19世纪末期的维新运动,是资产阶级要求民权的运动,而当时领导运动的资产阶级,还没有成长为一个有力的阶级。参加运动的各派系,意见也不尽相同。

从《渝报》的宣传宗旨来看,它和康有为、梁启超一派是遥相呼应的,并且对康、梁的言行是积极支持的。宋育仁1898年春调任成都尊经书院院长后,在成都创办的《蜀学报》上,曾连续刊载了《康有为呈请代奏及时发愤革旧图新折》;第四期还转载了《南海康先生保国会序》,宋育仁在《序》的后面,还加了赞扬康有为的跋语。康、梁系资产阶级维新派代表,幻想通过拥护光绪,用孔教教义为变法辩护。因此在这一点上,《渝报》的宣传上也反映出对皇权、孔教的认识有很大的局限性。即便是宋育仁推崇的西方议会制度,所论的不过是"效法西方资本主义政治制度,在不根本触动封建统治基础的前提下,要求政治改良",①其话语背景,仍然不离中西文化之争,所谈所论仍然是"复古改制"的老调重弹。

《渝报》对外国传教士的认识也有偏颇。来华的西方传教士,情况复杂,不能否认有少数确实是希望中国发展强大,但不排除某些人是为帝国主义侵华服务的。而《渝报》却认为四川一些地方发生的教案,主要是中国加入教会的"教民入教有恃无恐,任意鸱张……因此民教之争皆中国从教奸民所为,非外国教士之本意也"。②《渝报》在刊登这项"相安"告示的后面,特作了如下《本馆附注》:"此示持论平正详明,近日川民仍有不知时局,轻启衅端,而转自托为忠愤者,巫录于报中,绅人需有劝导之责者,盖为雄诵而浅喻之。"

---

① 周勇主编:《重庆通史》第二卷,重庆出版社,2002年版,第562页。
② 《川东前任张蒻青观察谕民教相安示》,《渝报》,第9期。

由于宋育仁等终究是科举之后再出洋考察洋务,虽然对自然科学有益于富国强兵有一定认识,但思想中根深蒂固封建迷信东西不可能自行消失,所以《渝报》也有不少宣扬迷信活动的新闻,十六期中曾出现过4则。第2期头条消息,就是宣传"渝中九月往后,阴雨连绵,农人难布冬粮,当事将设坛祈祷苍天,早日放晴"。第11期题为《祭告大鱼》的消息,报道"盘沱滩有大鱼食溺者,洋匠拟用水雷轰之,关道任观察以鱼虽水族,未尝不可以诚相感,中商方伯廉访及总办盐局夏观察,仿昌黎驱鳄鱼故事,撰文致告,投以牲事,或可叶中孚之吉,而为民去患也"。这些新闻在客观上都起了传播封建迷信的作用。

《渝报》出至光绪二十四年三月下旬(1898年4月下旬),因宋育仁受廖平、吴之英之邀到成都任尊经书院山长而停刊,共16期。5月,原《渝报》主笔潘清荫在《渝报》基础上,改办《渝州新闻》,社址为原《渝报》馆址,"日出一小幅。寥寥数事,略具体而已"。①

潘清荫在《增发通俗报缘起》中说明了办报的初衷,"旬报(指《渝报》)移设省门,略变其旧例,渝中专为通俗之言,日出一纸"。② 实际而言,《渝州新闻》成为《蜀学报》在重庆的分版,它负责为《蜀学报》采访云、贵、川东的新闻,两报"按期交换,互相寄发",在新闻业务上与《蜀学报》有着非常紧密的联系。《渝州新闻》内容"开首敬列广训直解,次采中外及本省近闻。次纪农学、工学之新术,商务、洋务之浅言",③通俗易懂,发行面也有所扩大。但《渝州新闻》出版未久,"是年八月政变,中外震动,舆论尤噤不敢发,区区小报又于是时停止"。④ 前后出版4个多月,即因戊戌政变而终止。

值得指出的是,《渝州新闻》虽只是"日出一小幅",却是近代重庆和四川白话报和日报的雏形,意义深远。

---

① 《巴县志报馆》卷7,转引自《四川辛亥革命史料》(下),四川人民出版社,1981年版,第28页。
② 潘清荫:《增通俗报缘起》,《渝报》,第15期。
③ 潘清荫:《增通俗报缘起》,《渝报》,第15期。
④ 《巴县志报馆》卷7,转引自《四川辛亥革命史料》(下),四川人民出版社,1981年版,第28页。

第二节　近代重庆的教会报纸

近代来华传教的传教士，在传教方式上迥异于此前的一个重要方面，就在于通过积极创办报刊，作为新兴的媒介和传播手段进行传教。中文近代最早的报刊，如《察世俗每月统计传》（马六甲）、《特选撮要每月纪传》（巴达维亚）、《天下新闻》（马六甲）、《蜜蜂华报》（澳门），几乎都由外国传教士创办编辑的，甚至整个中国近代报刊的发轫与启动都与外国传教士密切相关。中国沿海口岸城市近代报刊的发展史鲜明地说明了这一状况。

随着西方天主教、基督教先后在重庆的传播，传教士们也先后创办了自己的报纸《华西教会新闻》（基督教）、《崇实报》（天主教）。

一、基督教教会报纸《华西教会新闻》

（一）《华西教会新闻》的创立

1897年，基督教在中国的传教领域被划分为华南、华中和华西三个教区。华西各差会为避免传教领域的重叠和传教力量的分散，决定联合布道。1899年1月，华西各差会在当时华西传教的中心城市重庆召开首次宣教大会，72位传教士与4位来访者与会。会议通过《睦谊协约》，划分了传教区域，并成立了负责协调教会关系的华西差会顾问部，确立了差会之间联合协作的合作精神。

在此次会议上，与会传教士对圣公会利用通函来加强圣公会内部传教士之间的联系留下了非常深刻的印象。他们迫切感到需要一种类似的媒介来调整各差会之间的关系以增强合作。[1] 大会讨论并决定为传教士们出版一份新闻通讯类的杂志，陶维新夫人被要求负责这份杂志的编辑和发行。大会考

---

[1] *The West China Missionary News*, The West China Missionary News 1938, No.2, p7.

虑到当时的具体情况,不可能像圣公会那样通过传教士游历的方式来传递信息,决定寻找一个中心和负责人接收来自各个传教站通信者的信息,再把收集的这些信息分类整理,最后以邮寄的方式分发出去。杂志的具体工作则由华西差会顾问部负责,杂志的名称和定价由华西差会顾问部第一次会议讨论决定。

1899年1月23日,华西差会顾问部第一次会议决议将杂志命名为《华西教会新闻》(The West China Missionary News),并规定定价为每年0.5两白银。同时,重庆被选定为出版中心,陶维新夫人被任命为主编。此外,各地传教站的编辑和通信者也同时被任命,他们被要求给《华西教会新闻》提供当地的新闻。

1899年2月,《华西教会新闻》在重庆出版第1卷第1期。[①] 初版的部分期数是手写稿,内容包括:社论、华西传教士大会报告、华西顾问部记录、外国儿童学校(消息)、重庆新闻。正刊之后,还附有一个长达6页的增刊,记载了首届华西传教士大会对传教领域划分与写作的决议。1900年,华西传教事业遭遇到了历史上最为严重的危机,大批的传教士因为义和团运动和四川境内不断发生的教案被迫逃往东部沿海口岸城市,《华西教会新闻》也于同年8月前后迁至上海出版,直到半年之后才又重返重庆出版。1906年5月,华西差会顾问部年会决议将《华西教会新闻》作为华西顾问部的机关刊物,此后,所有与华西差会相关的重要通告和信息都通过该刊发布。1907年,成都开始成为华西传教的中心。同年1月,《华西教会新闻》由重庆迁至成都出版,直至1943年底停刊。

(二)《华西教会新闻》的内部管理

《华西教会新闻》最初由华西差会顾问部负责,后来在华西差会顾问部下设出版委员会,改由出版委员会负责《华西教会新闻》的出版工作。《华西差会顾问部细则》规定出版委员会由三人组成,其中两人应该分别是杂志的主

[①] 关于 The West China Missionary News 的出版时间和出版地点,新闻史上有不同的说法,如方汉奇先生认为是1901年创刊于成都,叶再生先生认为1898年创办于重庆。根据四川大学龙伟先生的最新考证,应为1899年2月创刊于重庆,详文见《有关〈华西教会新闻〉出版时间与出版地点的考证》,《中华文化论坛》,2004年第2期。

编和经理。委员会负责所有与《华西教会新闻》相关的出版事宜,重大事宜则与华西差会顾问部下设的当地分部协商决定。1937年9月24日,华西差会顾问部执行委员会决定终止差会顾问部的运作,决议由各差会各任命一名代表组成新的华西教会新闻出版委员会负责华西教会新闻的出版工作,华西教会新闻出版委员会的工作一直持续到杂志停刊。

在《华西教会新闻》内部,1901年1月8日举行的出版委员会第一次会议上,决定将《华西教会新闻》的具体工作分为出版、管理与编辑三个部门,以减轻编辑的负担,让他们专心于该刊的编辑工作。陶维新负责出版工作,希斯罗普负责商业管理,陶维新夫人除继续担任主编外,还被授予委任各地编辑的权力,并负责编辑部总体工作。

这一时期的《华西教会新闻》有大量文章涉及到教育、文学、青年等方面内容,差会因此添设了五位专职编辑。但专职编辑并不能代替撰稿作者成为信息的来源渠道。《华西教会新闻》的时事消息大部分都依靠该杂志在各传教站的编辑和通讯记者来采写。因此,报纸委任了各传教站的传教士担任其外地编辑和通讯记者。例如,1904年7月,杂志就有来自顺庆、成都、重庆、叙府、万县的新闻。1905年7月,报纸则有来自自流井、嘉定、雅州、潼川的消息。1906年9月,《华西教会新闻》公布的各地编辑名单共有26名编辑,遍及华西26个行政单位,其中24个都在四川。编辑人数以内地会为最多,共14人。可以补充的是,《华西教会新闻》作为基督教的内部刊物,重要岗位都是由外国传教士担任,只有杨少荃等少数中国基督徒参与了编辑。

(三)《华西教会新闻》的发行与印刷

《华西教会新闻》只在教会内部发行,对象为海外西方人士和在华的基督教传教士,因此,发行量不大。1903年,杂志发行量为222册,1904年达到230册。1914年,《华西教会新闻》的发行量达到400册,但这一数量一直到30年代末、40年代初仍不见增长,每月的出版量基本保持在450册以内。这大约450册的订购费用是《华西教会新闻》工作费用最为重要的来源。

无奈之下,《华西教会新闻》只得通过刊登广告和获得捐助的方式来补充经费收入,但两者都很有限。

《华西教会新闻》最初系手写,后改为铅字印刷。1904年起,由重庆龙门浩书社负责印刷。1905年,书社与广益公司合并为华英出版公司,《华西教会新闻》遂也移交华英出版公司。1907年《华西教会新闻》迁往成都出版后,改由华英书局承印。

(四)《华西教会新闻》的价值

《华西教会新闻》是西南地区最早以英文出版的近代报刊,是重庆最早的宗教报纸,也是近代四川出版时间最长的报刊。

《华西教会新闻》的创办初衷旨在加强华西各教会之间的联系,交流传教信息从而加强相互协作。在当时信息传递不畅的条件下,《华西教会新闻》的流通在某种意义上起到了发布决议、传送文件的效用,因此几乎所有差会都将《华西教会新闻》作为重要文件置于案头,成为华西传教士信息交流的平台和相互联系的纽带。用学者龙伟的概括就是,"《华西教会新闻》作为华西差会顾问部的机关刊物,是华西地区基督教差传工作的权威指南和时代见证"。[①]

从另一方面来看,《华西教会新闻》由于地处中国西部,也成为区域历史的忠实记录者和沟通西部中国与世界的重要桥梁。

《华西教会新闻》留存下来的大量地方史料对新闻史、华西传教史、华西社会史等相关领域的研究具有极其重要的价值。《华西教会新闻》以独特的方式记录了自20世纪初以来四川的风俗与社会状况,同时也刊载了邻近的地区,如西藏、贵州和云南的相关文章和报告。如1901年的第1、2期合刊中,刊载有名为《华西地区的少数民族部落》文章,对华西地区的少数民族作出较为仔细的介绍。1911年1月,内地会茂尔夫妇在其《漫游西藏边境》的文章中则对该地区进行了很有价值的地理测量。加拿大传教士穆里儒讨论了《中国的丧葬风俗》。作为以刊载华西各教会报告、消息、传教活动为主的教会刊物,《华西教会新闻》成为华西差会传教事业的时代见证者,也成为西部地区当时忠实的历史记录者。

[①] 龙伟:《珍贵的文献 研究的宝库:〈华西教会新闻〉概述》,《华西教会新闻》,国家图书馆出版社,2013年版,第15页。

其次,《华西教会新闻》的报道既涉及到各传教团体在华西兴办教育、设立医院、从事社会救济等方面的具体工作与详细活动,也涉及了西部中国的政治经济、人文地理、风土人情及社会状况等方面的内容。在栏目的设置上,《华西教会新闻》每期都会有一个较为固定的栏目,用以刊载来自各地的消息。报纸还曾大量刊载传教士的游记,系统介绍四川的历史和丧葬习俗,以及重庆、成都等地的社会和工业状况。此外,在最初的一段时间,刊载的消息多集中在成都、重庆、万县等大中城市,随着基督教势力的不断扩张,渐次出现各个县镇的消息。这些消息大部分正是通过传教士在当地眼见耳闻,再以书信的方式寄给编辑部,然后得以刊发。这些来自中国西部,尤其是底层的消息都将有助于西方人更深刻地了解西部中国,认识西部中国,成为沟通西部中国与世界的重要桥梁。

二、天主教教会报纸《崇实报》

最早进入重庆地区的西方宗教是天主教。1640 年,法国耶稣会士利类思率先入川。1702 年,重庆第一座天主教堂光华楼圣堂开办。以重庆为中心的川东地区,逐渐成为四川天主教传播最盛的地区。

天主教代表的是法国势力。第一次鸦片战争之后,英美等国教会势力也不甘落后,纷纷来到重庆,与法国教会角逐,争夺四川和西南。英美教会势力崛起后,法国在人数和地域上的优势逐渐丧失,转而利用其已经建立的庞大传教网络,大量建立文化、慈善机构,同时创办了机关报《崇实报》。

(一)《崇实报》的创办

《崇实报》1904 年创刊,地址在重庆通远门外曾家岩圣家书局内。该报办报经费由教会出资,经济实力雄厚。其发行渠道完全依靠教会系统,除在重庆发行外,四川省内各天主教堂都代为零售,全国各省教会也都订有该报。报纸以册报形式出刊,宣纸或毛边纸铅印线装,每期四页八面,分别用中、法两种文字印刷,其印刷质量在当时重庆各家报刊中是最为精美。

《崇实报》每期四页八面,中缝印有报名、期数、页码等,编排、版面与其他报纸亦有不同,无标题、无标点、字号为小四宋,文直排,到了后期才有简单的标题。1920年代初开始扩大篇幅,最多时达八页十六面,篇幅增加了一倍。

《崇实报》最初的创办者为法国传教士古洛东与雷龙山。初为半月刊,1906年改为周刊,年出刊50号。古洛东1866年由巴黎外方会派来中国,在重庆从事传教活动,曾任重庆巴县水鸭宕小学修院院长、沙坪坝大修院院长等职,并兼办圣家书局,1930年左右去世,葬于重庆南岸观音山。在办报过程中,古洛东写了《圣教入川记》一书,1918年由圣家书局出版,主要供川东教区的教徒阅读。该书记述了法国天主教在重庆四川等地的发展过程。《崇实报》另有法文副刊,由中国神父唐若翰任总编辑,后有王泽溥、李树声等人继任。

对于办报宗旨,《崇实报》自称"以开通人民智识,传递确实信息之用","为社会服务,庶教内敦外各界人,得阅于心身有益之新闻,于世界及我国有关重要消息,以副阅报诸君之雅意"。①

为了扩大天主教的影响,近代的传教士着重将天主教中国化,在融合儒学和天主教教义上下功夫,在中西文化中找到结合点,以缓和、消弭中国人民对天主教的敌对情绪,进而吸引人们加入天主教。例如他们宣传,"中国尧舜禹汤文武周公孔孟所奉的真儒教,都是与天主教同出一源",并把天主教解释为"天下万民的公教"。他们还对孔子思想进行牵强附会的解释:"孔子言祭之以礼的道理,我们后世的人都错讲了。在孔子之意,不是祭亡人,实是为亡人祭天主。因为祭献之礼,只可以享造物真主,造物主就是儒家的上帝。"②还说中国人敬祖宗、供牌位,"都是虚妄或不合于理"。认为供牌位"当由父推公,由公推祖,辈辈推到人类启祖一代,才算周全。请问人类从何来呢?必是从造物主来的。造物主就是天主。我们教友供天主牌,就算是供万代祖宗牌。敬祖宗,可有比天主教更敬得周全的吗?"③清末新学起,破除迷信提倡科学之时,《崇实报》又打着提倡文明,反对迷信的招牌,把"多神教"、"释道方士"称为"迷信异端",认如"稗莠不除,则嘉禾不植;驽骀不去,则良骥不长"。

----

① 《新闻学论丛》第2集,《四川大学学报丛刊》第29辑,第117页。转引自隗瀛涛主编:《近代重庆城市史》,四川大学出版社,1991年版,第789页。
② 《孝敬俚言》,《崇实报》,第5年第29、32号,1909年8月27日、9月7日。
③ 《孝敬俚言》,《崇实报》,第5年第29、32号,1909年8月27日、9月7日。

扫除异端"是为我国新宗教之一助焉"。①

《崇实报》具体停刊时间不详，现存最晚一期是1933年9月8日出版的第29年底34期。② 前后出版长达29年，从未中断，并能按时出刊，是重庆在辛亥革命之前创办的报纸中，出版时间最长的一家。同时该报也是天主教在西南各教区中历史最久、影响最大、发行量最多的报纸。

(二)《崇实报》的主要内容

《崇实报》的内容大致分为三个部分：(1)政论部分(主要是对中国政治的评论)；(2)新闻部分(国内外、省内各地的新闻，以政治新闻为主)；(3)宗教部分(宗教教义和教务活动的报道)。除此之外，其余部分的栏目大致有广告、谕旨恭录、社说、小言、时评、京师要闻、中外要闻、国外消息撷要、本埠新闻、渝埠见闻录、省抄、省内短简、西学、来函、重庆银元牌示等。

《崇实报》虽然是天主教川东教区的机关报，大量的新闻报道和言论却表明，该报热衷的却是对中国政事和中国内政的评价。

1909年清政府调查户口，规定"凡奉他教民人，均须注明某教名目"，这本是极正常之事。法国政府却大做文章，向清政发出照会，称调查户口是"趁此欺凌教民，诸所为难"。"地方有司，时常对待教民不合公理，以调查为词，售其欺凌手段。以致百姓疑惧，实与公安有碍。请饬停止。"③当时在中国的天主教报刊也随之大造舆论，向清政府施压。《崇实报》跟着起哄，全文转载上海《汇报》的《论调查教堂之可异》一文，另外还发表了《论调查户口注意宗教之非》，说民政部"歧视教民"，"视教民为异国民"，"侵夺教民奉教自由"，这样做"既足以动教民之恶感情，且足以启人民的客观念。而龃龉之情，反抗之力，未有不酿成祸胎而不止者"。④

《崇实报》对中国的进步力量抱有敌视态度，如1911年四川爆发保路运

---

① 《论迷信为进步之阻力》，《崇实报》，第6年第2号，1910年2月14日。
② 《崇实报》设有政论、宗教及教务活动、京师要闻、世界新闻、西学等栏目，辛亥革命之后增加了新闻报道和新闻评论的分量。由于有教会的财政支持，直至1949年10月停刊。参见周萍萍：《1879—1949年间的天主教中文报刊》，《开放时代》，2010年第12期。
③ 《照会照录》，《崇实报》，第5年第41号，1909年11月19日。
④ 《论调查户口注意宗教之非》，《崇实报》，第6年第2号，1910年1月23日。

动,四川总督赵尔丰屠杀革命群众,造成流血惨案。《崇实报》第 7 年第 33 号刊登《成都警耗》一文,称"官民相斗两日,互有损伤"。后来,全川保路斗争风起云涌,《崇实报》很少报道;重庆保路同志协会停止活动的报告,则全文刊登。

第一次国内革命战争时期,该报和帝国主义、北洋军阀站在一起,发表了大量反对革命共和,反对共产党的消息和文章。1925 年 8 月,第 20 年第 33 期发表《留比公教中国学生复旅法各团体联合会函》,攻击共产党是"口言共产,而实倾压他人财产"。1926 年 8 月,第 22 年第 29 期发表《游戏文章》中又说:"无产而提倡共产者,名为共产,实为分产。"同年 5 月 7 日第 16 期在《石润碧警告学界》中说:"喜欢新名词的人,毫不审查自己国家的情况,动辄就急急步趋马克斯所倡的共产主义。""我们中国是患贫,中间的分别,不过大贫小贫。若要共产,就无产可共。""空讲马克斯的理想主义,也是枉费工夫,终无良好的结果,徒自扰乱国家耳。"①1925 年 3 月 13 日第 9 期全文刊登北洋政府《取缔共产党暂行办法》。该报还经常以赞赏的口吻报道当局逮捕、杀害共产党人的消息,反对孙中山和他领导的广州革命政府。

1930 年代后,《崇实报》对中国的政事特别关注,对国民党"剿共"尤为热心。1932 年底红四方面军入川创建川陕革命根据地,《崇实报》接连发表《周道刚等电各将领共平赤贼》、《李宇杭等请各军息争》、《市商会电请各军协防赤祸》等大量文电。它要求四川军阀"立停内战,回师剿共",对四川军阀"剿共"不力大为不满。②

1933 年初,日军大举向长城进犯,参与"剿共"的国民党军队纷纷要求北调抗日。《崇实报》却在这时刊登蒋介石在江西的谈话,坚持要"先安内,后攘外",并斥责北上抗日的国民党军队,"近日在赣剿匪各师,多以抗日请缨为名,纷请北调,见异思迁,分心怠志,殊非军人所当出此"。"赣中各师所作剿共工作,比其抗日尤为重要。""剿共工作尚不能确实完成,又何论抗日耶?"③

---

①《宗座代表刚总主教对中华学生之演讲》,《崇实报》,第 21 年第 20 期,1925 年 5 月 29 日。
②《言论》,《崇实报》,第 29 年第 5 期,1933 年 1 月 20 日。
③《蒋中正在赣之言说》,《崇实报》,第 29 年第 15 期,1933 年 4 月 28 日。

1933年5月,冯玉祥、吉鸿昌发起成立抗日同盟军。《崇实报》大加指责并散布失败主义情绪。认为"(塘沽协定签字以后,)服从中央之部队,乃应命撤退,双方即停止敌对行为,暂行回复战区秩序。殊张垣之冯,独标抗日之旗帜,以故平津虽告安定,而察绥仍在风声鹤唳之中。"①

上述的内容表明,《崇实报》虽号称是一份宗教报纸,实际上与政治大大有关。此外,为了给帝国主义侵华活动提供情报,该报特别注意中国政治、军事情况的收集。比如,1909年就连载中国《现任职官一览表》,从清朝中央政府到地方大员,无一缺漏。1910年刊载《各省咨议局局议长副议长人名录》,1925年登载中国军队概数。次年又载《西北军所受损失之调查》、《北伐军兵力之调查》等等。

第三节　重庆留日学生的新闻传播活动

1895年中日甲午海战的惨败,让清末中国的有识之士不禁思索:为什么以煌煌天朝自居的大清帝国会败给同文同种的蕞尔小国日本？结论是日本学习西方比中国有效。日本自明治维新以来,开始走上资本主义道路,国力日渐强盛。当时的中国,经历了第一次鸦片战争的惨败,虽因推行"洋务运动"出现了"同治中兴"的局面,却终究是昙花一现的虚假表象。当一个回光返照的腐朽帝国,遭遇一个喷薄欲出的近代国家时,较量的结局不言自明。

19世纪末和20世纪初,留学日本成为当时中国青年学生中的时尚。他们的目的就是借鉴日本人学习西方的经验,进而学习先进的西方文化,学成回国之后能够拯救多灾多难的祖国。1901年,四川首次选派官费留日学生,重庆籍的就有陈崇功、胡景伊、龚秉权等,著名的重庆籍资产阶级革命家邹容在同学杨庶堪、朱必谦等人的支持下,也在这一年自费留学日本。1905年到

---

①《茗余闲谈》,第24期,1933年6月16日。

1906年间,全国留日学生达到8000余人,当时四川成为派遣留学生最多的省份之一,重庆籍的就有童宪章、李肇甫、淡春谷、刘可经、许行怿、曾果能、冉献琛、曾福慧等。此外,还有部分重庆籍学生留学欧美,远赴英、德、法、奥、俄等国,但数量比留日学生要少得多。这些重庆籍的留学生在留学期间,不但接受了西方资产阶级民主思想,而且通过各种渠道、采取各种措施积极宣传,将民主共和作为挽救中华民族危亡的主要手段。

一、邹容与《革命军》

邹容(1885—1905),原名桂文,又名威丹、慰丹、绍陶,四川巴县(今重庆市)人。邹容自小就表现出与同龄人不同的气质。他在少年时代就展现出敢于同旧社会决裂的激进态度,既不愿接受虚伪的封建道德礼教,又坚决拒绝参加科举考试。戊戌时期,他开始接受西学,对激进的维新思想家谭嗣同十分崇拜,"常悬其遗像于座侧,自为诗赞之"。1901年,邹容离开重庆,踏上东去的征途。他先在上海广方言馆停留补习日语,次年九十月间到达日本神田区同文书院学习。邹容一到日本,就被这里如火如荼的爱国救亡气氛所感染,于是,他给自己改名为"邹容",隐含从此"容颜改变、脱胎换骨"的寓意。

在日本,邹容全身心投入到为改变中国命运的读书学习中去。据同时期抵日的鲁迅回忆:"凡留学生一到日本,急于寻求的大抵是新知识,除学习日文,准备进专门学校之外,就是赴会馆跑书店,往集会听演讲。"[①]除修习地理、历史、医学等功课外,邹容广泛阅读了西方资产阶级革命理论和历史,包括卡莱尔的《法国革命史》、密尔的《论自由》、卢梭的《民约论》、孟德斯鸠的《万法精理》,还有美国独立战争史等。

邹容对孟德斯鸠的"有限政府理论"和卢梭的"主权在民论"十分欣赏,把他们的学说视为"起死回生、返魄还魂之宝方",摘录其精要,对照中国现状进行思考,这成为日后他写作《革命军》的理论指导。当时的邹容还萌生了要

[①] 鲁迅:《因太炎先生而想起的二三事》,《且介亭杂文末编》,《鲁迅全集》(第六卷),人民文学出版社,2005年版,第577页。

当"卢梭第二人"的宏愿,"执卢梭诸大哲之宝幡,以招展于我神州土"。①他痛感国人大多尚未醒悟,希望赶写一本宣传革命的书以唤醒国人,并坚信"文字收功日,全球革命潮"必将到来。这本书就是后来的《革命军》。

《革命军》共7章2万字,主要论述中国革命的正义性、必然性和紧迫性。邹容在书中一针见血地指出:中外反革命势力给中国造成的民族危机,是中国人民不可不革命的根本原因。因此,他在书中直接论证要革命,不要改良。他大声呼唤国人行动起来,"作十年血战之期,磨吾刀,建吾旗,各出其九死一生之魄力"前赴后继,"掷尔头颅,暴尔肝脑",与清王朝"相驰骋于枪林弹雨之中,然后再扫荡干涉尔主权"的"外来之恶魔",建立"凡为国人,男女一律平等,无上下贵贱之分"的"自由独立"的"中华共和国"。邹容在文末大声呼喊:"中华共和国万岁!""中华共和国四万万同胞的自由万岁!"

值得指出的是,邹容的共和国方案,前承《兴中会宣言》,后启《同盟会纲领》,彻底摒弃了资产阶级改良派的君主立宪方案,回答了革命的根本问题,是政权问题。《革命军》全书崇尚自由、鼓吹革命,尤其是对封建专制制度进行了无情的鞭挞,提出了推翻满清政府,反对外来干涉,建立独立自主"中华共和国"的政治纲领。

现在看来,《革命军》之所以能深刻影响近代中国的政治进程,除了思想内容符合资产阶级民主革命需要外,最为重要和直接的原因是它符合了当时中国社会的需要,即为近代中国的屈辱设置了一个有效的宣泄口,它把中国内受满洲压制,外受列强驱迫的危险境地公布于众,将中国历史上长期潜伏的种族观用革命的方式表达出来,号召人民奋起"与尔之公敌爱新觉罗氏,相驰于枪林弹雨中"。②

《革命军》在中国近代史上影响巨大。邹容"要革命,不要改良"的观点对当时的青年极富鼓舞力和引导力,吴玉章的说法就是一个典型代表,"我当时读了邹容的《革命军》等文章以后,我在思想中就完全和改良主义决裂

---

① 邹容:《革命军》,转引自《邹容文集》,重庆出版社,1983年版,第43页。
② 邹容:《革命军》,转引自《邹容文集》,重庆出版社,1983年版,第74页。

了。"①鲁迅先生在多年后也回忆道,"便是悲壮淋漓的诗文,也不过是纸片上的东西,于后来的武昌起义怕没有什么大关系。倘说影响,则别的千言万语,大概都抵不过浅近直截的革命军马前卒邹容所做的《革命军》。"②

孙中山先生很早就注意到《革命军》的影响力。1903年,他亲自携带《革命军》前往檀香山进行革命宣传,并将重建的革命组织定名为"中华革命军",以记邹容之功。他在致友人函中称:"此书感动皆捷,其功真不可胜量。近者求索纷纷,而行箧已罄,欢迎如此,旅檀之人心可知。"③次年,孙中山赴美国旧金山,刊印1.1万册分寄美洲、南洋各地。1906年10月,孙中山又给新加坡的同盟会员寄去《革命军》样本,嘱咐:"海外各地日来亦多进步,托东京印《革命军》者有数处。兹就河内日志印就者寄上一本,照此版式……从速印之,分派各处,必能大动人心,他日必收好果。"④如此,《革命军》一时风行海内外。甚至武昌起义前,在武昌的革命士兵中几乎人手一册,其影响可见一斑。

1903年,《革命军》激进的论调,尤其是中国必须进行革命的鼓动,使得《革命军》很快被清政府列为逆书,清政府特地电告各地官员,"近时市中所出《革命军马前卒》及《浙江潮》等书,谤毁宫廷,大逆不道,着即严拿究办等因。遵即发出四百里排单,通饬各属一体查禁,以除反侧而正人心"。⑤这也是"苏报案"的直接导火索。

《苏报》1896年6月26日创刊于上海,创办人是胡璋,后转给落职官员陈范。陈范聘汪文溥为主笔,一度致力于保皇立宪的宣传。1902年起,陈范逐渐倾向革命,《苏报》态度也明显转变。该年冬特辟"学界风潮"专栏,公开支持学生的爱国运动和革命活动,并约请中国教育会和爱国学社成员撰写评论,成为两个革命团体的讲坛。

1903年起,《苏报》言论日趋激烈。同年3月,邹容回到上海,进入爱国

---

①吴玉章:《从甲午战争到辛亥革命前后的回忆》,《辛亥革命》,人民出版社,1961年版,第59页。
②《杂忆》,《鲁迅全集》(第一卷),人民文学出版社,1981年版,第318页。
③《复某友人函》,《孙中山全集》(第一卷),中华书局,1985年版,第227页。
④《致张永福函》,《孙中山全集》(第一卷),中华书局,1985年版,第295页。
⑤《饬禁逆书》,《申报》,1903年6月11日。

学社。5月27日,《苏报》聘请爱国学社社员章士钊任主笔。一个多月内,先后发表了《哀哉无国之民》、《客民篇》、《驳革命驳议》、《杀人主义》等十几篇具有强烈民主革命色彩的评论;刊登《读革命军》、《革命军序》等文,大力推荐邹容的《革命军》。同年6月29日,《苏报》又以显著位置刊出章太炎的著名政论《康有为与觉罗君之关系》,嘲笑光绪皇帝,对革命发出热情的礼赞。

1903年6月9日,《苏报》刊出章士钊所著《读革命军》一文,"卓哉!邹氏之《革命军》也,以国民主义为主干,以仇满为用,驱以犀利之笔,达以浅直之词,虽顽懦之夫,目睹其事,耳闻其语,则罔不面赤耳热,心跳肺张,作拔剑砍地,奋身入海之状。呜呼!此诚今日国民教育之一教科书也。"①同日又在"新书介绍"栏目加以介绍,"其宗旨专在驱除满族,光复中国。笔极犀利,文极沉痛,稍有种族思想者,读之当无不拔剑起舞,发冲肩竖。若能以此书普及四万万人之脑海,中国当兴也勃焉,是所望于读《革命军》者。"②

1903年6月,经清政府与上海公共租界工部局多次交涉,章太炎等人被捕入狱。7月1日,邹容自行前往上海公共租界巡捕房投案。7月4日的上海申报以《会党自首》为题报道了邹容的主动投案:"昨报纪周镕拘入捕房一节,兹悉周镕系邹镕(容)之误。当龙、章诸人被拘后,邹即至四马路老捕房自行投到,捕头以真假未辨,办未遽允收。邹乃自称:'我非邹镕(容),岂肯自投罗网?'捕头因准收押,于昨日饬七十二号西探密司依的协同华探赵银河,将邹容解送公堂。"③这就是中国新闻传播史上著名的"苏报案"。

苏报案前后审判长达近一年时间。此间,会审公廨先后多次开庭审理,中外双方交涉不断,围绕对邹容和章太炎是否重判争议重重。清政府最初幻想引渡邹容等人进入华界审判,后提出"监禁免死"的方案,但都遭到西方列强的反对。1904年5月21日,上海会审公廨议定"邹容监禁二年,章炳麟监禁三年,罚作苦工,以示炯戒"。1905年4月3日,邹容瘐死狱中,年仅20岁。

---

①章士钊:《读革命军》,《苏报》1903年6月9日。张篁溪在《苏报案实录》中称此文为章士钊所作,章士钊在《苏报案始末记叙》中亦自承认。
②《新书介绍》,《革命军》,《苏报》1903年6月9日。据考证,此文内容和用语与《读革命军》相近,应是章士钊所作。张篁溪认为此文是章炳麟所作,应是与《序革命军》一文混淆。
③《会党自首》,《申报》,1903年7月4日。

二、李肇甫与《鹃声》

1905年9月,川籍同盟会员雷铁崖、董修武、李肇甫等人在日本东京成立革命团体鹃声社,并创办了白话文杂志《鹃声》。

《鹃声》纯用白话行文,通俗易懂,为四川近代在国外出版的第一份革命刊物。《鹃声》以强烈的反帝爱国思想和民主主义思想为特色。封面题有"发明公理,拥护人权",第2期扉页刊有邹容遗像,试图通过宣传,唤起四川及全国同胞挽救民族危机,建设新的中国。

《鹃声》在创刊词中引用了古诗句:"子规夜半犹啼血,不信东风唤不回",以表明同仁的恳切态度和坚定信心。《鹃声》的宗旨是"望我们四川人,听了鹃声二字,就想起了亡国的惨历史,触目惊心"。指出要把"如何造成新国家,救我们四百兆同胞的法子,一期一期的说了出来,哀鸣于我七千万伯叔兄弟之前"。[①]

重庆人李肇甫是《鹃声》杂志的主要创办人之一。李肇甫,字伯申,九龙坡区华岩镇人。其父李凤九,曾任直隶省(今河北省)通县知事。青年时代的李肇甫,深受逐步传入中国的西方资产阶级思潮的影响,特别喜欢学习西方法律,以为这是改革的政治基础。1905年,李肇甫留学日本,入明治大学学习法律。是年8月20日,中国同盟会成立,李肇甫首批入盟,担任同盟会总部书记部书记。此后,他积极地参加同盟会在日本组织的各项活动和斗争。

1906年,他与四川同盟会员雷铁崖、董修武等人在日本东京创办《鹃声》月刊,猛烈抨击清王朝,大张旗鼓地宣传资产阶级民主革命思想。1907年,李肇甫率领留日学生冲进清政府驻日公使馆,大闹特闹,显示了革命青年的斗争精神。以后,他遵照孙中山的指示,联络四川会党人物参加革命。1910年回国后,又与杨沧白、张培爵组织重庆同盟会核心——乙辛学社。1940年11月,张群任四川省政府主席,李肇甫应张群之邀为省政府委员兼省政府秘书长,后任重庆《国民公报》董事长。

[①]《说鹃声》,《鹃声》,第1期。

《鹃声》杂志的主要内容有三方面：

(一)揭露了帝国主义侵略中国的野蛮行为。《鹃声》对列强扩大侵略，妄图瓜分中国的罪恶，表示了极大的义愤和誓死抵抗的决心。它明确指出："中国今日所处的地位，危险得很"。①"近十年来，日本割我台澎；德国的东洋舰队占据胶州湾；俄国也登时占领旅顺口、大连湾；英国占去威海卫和九龙湾；法国则占去广州湾；它们还在中国任意划分势力范围，企图把中国瓜分净尽。东三省是我国神圣领土，日、俄两国竟在中国的领土上开战，使我同胞死伤生命上十万，损失财产六千万余。"②"俄国战败后，又图我新疆、外蒙，并进窥甘肃。英国又图我西藏，进而窥川。"列强还在中国建筑铁路，开采矿山，任意践踏我国土地，掠夺我国物质资源。《鹃声》反复说明了国家危难的情况，号召人民速醒，起而反抗。它强调指出，为了挽救国家危亡，就要发扬"民气"，增强"爱国心和团结力"，"中国是中国人的中国"，③"故使欧米(美)、日本人而据吾国，吾虽死亦必攘之"。④

(二)《鹃声》极力主张排满革命，希望"推倒满政府"，四百万兆人"共建新国家"。对于反对推翻清政府的保皇派，进行了有力的抨击，表现了对他们的深切痛恨。它指出："皇者何？载湉也。载湉者何？满虏之酋也。保之者何？康、梁也。康、梁者何？汉奸也。苟为保之？保其永主中夏，亡中国于万世也。载湉据中国，康、梁遁海外，恶乎保之？不能保者，康、梁之势也；不能保而必保者，康、梁之心也。春秋诛心。故康、梁可杀，而凡附合康、梁者，皆在可杀之列。"⑤不过，《鹃声》一方面宣传西方资产阶级民主自由思想，反对专制制度；另一方面又强调发扬孔子的攘夷思想，这在再兴第一号所载《中国已亡之铁案说》一文表现得非常明显，即中国要实行法兰西式的革命，要建立民主共和国，但又必须坚持孔子的攘夷主义。虽然作者把攘夷和排外作了区分，他讲的攘夷主义实际上是民族主义，但对孔子思想的封建落后性却缺

---

① 复汉：《亡国灭种问题之解释》，《鹃声》，第2期。
② 抱关子：《呜呼财产——呜呼生命》，《鹃声》，第2期。
③ 思蜀：《说民气》，复汉：《亡国灭种问题之解释》，第2期。
④ 铁铮：《中国已亡之铁案说》，《鹃声》，再兴第1号。
⑤ 铁铮：《中国已亡之铁案说》，《鹃声》，再兴第1号。

乏应有的认识。资产阶级革命派反对专制,主张革命,而对封建思想作了妥协。这也是《鹃声》的时代局限性。

(三)《鹃声》非常关心四川的处境。《鹃声》创刊前后,《民报》曾登出《四川鹃声白话紧要广告》,称:"四川僻在西陲,交通不便,政治界之疾苦,呼号莫闻,本社有鉴于此,愿代七千万同胞尽喉舌之责,提倡民气,保护人权。凡有能将四川贪官污吏惨无天日之不法行为调查确实,函告本社,必有哭诉于我四百兆同胞之前,以凭裁判。"①

在当时,列强在四川周围窥藏、图滇、图新疆、甘肃,使四川日危。而人民却还熟睡未醒。因此,《鹃声》表示希望学界负起木铎之责,唤醒同胞,救国于危亡。鹃声社的启示就曾指出:"西藏失,云南危,新疆、甘肃偷活于俄人鼻息之下。回首父母之乡,来日大难,惶惶不可终日。而一般多数之同胞,大梦未觉,熟睡犹酣。木铎之责,舍我学界同志,其谁任之。"②当然,把救国之责寄托在学界有其片面性,但是在当时情况下,由于专制统治的压迫,人民尚未觉醒,由爱国学生首先震起木铎之声,唤起国民觉醒,是很有积极意义的。

此外,《鹃声》每期还辟有文苑栏,载有若干篇诗歌。这些诗歌也和其他文章一样,都是有关国家民族命运的,思想性很强。它们或惊呼国家危亡,山河破碎,催人猛省;或怒斥列强欺凌,清廷腐败,鼓舞人民斗争;或抒发爱国思想,革命情怀;有的表示"生平最爱法国史",有的颂扬"巴郡邹容震虏廷",有的提出"我来欲招中国魂"。

在当时的编辑部同人看来,推翻满清政府是中国唯一的出路,也是所有人的呐喊,正如《鹃声再兴发刊词》中所说:"今之恶劣政府,处炎炎欲绝之时,犹且负隅不服,非得多数之报章,以群伸其罪,而唤起人心,则推倒之势尤不易易吾党也……抑鹃声者,蜀之亡国之遗恨也。今满虏亡中国,则中国全体皆鹃声矣!"③鹃声四起时,也是革命大兴时。

---

①《四川鹃声白话紧要广告》,《民报》,1905年11月26日。参见方汉奇主编:《中国新闻事业编年史》(上册),福建人民出版社,2000年版,第363—364页。
②《热心筹蜀者鉴》,《鹃声》,第2期。
③《鹃声再兴发刊词》,《鹃声》,再兴第1号。

由于《鹃声》爱国思想突出,"主张革命排满最激烈",①清政府有关官员惊呼:"此报若行,将乱中国。"②对之必欲置之死地而后快,严饬驻日公使予以封禁。川督锡良也发告示严禁,"有藏者则比室株连,获主笔则就地正法"。③

在清政府的严厉禁止下,《鹃声》在1905年9月出版第1期,11月出版第2期后,被迫停刊。1907年春末夏初复刊,更名为《后鹃声》,出刊几期不详,语言也从白话文改成文言文。其中,复刊号主要登载了《再兴发刊词》、《中国已亡之铁案说》、《檄告蜀人当先天下与光复军》两篇长文,并译载了日本人写的《支那革命家章炳麟》一文。

第四节 重庆近代革命报刊的兴起

20世纪初年,随着留学生爱国运动的兴起与新型知识分子群体的形成,各种新思想、新观念、新知识如浪如潮,猛烈地冲击着在近代化的历史进程中起步较晚的重庆。为了顺应时代的大趋势,推进重庆的发展转型,一批有着共同利益和政治追求的重庆籍的近代资产阶级知识分子走到一起。

和其他地域一样,近代重庆的知识分子群体也需要一个舆论宣传的阵地来为他们的理想鼓呼。现代报刊就扮演了这样一个角色。"现代报刊发展过程中,其重要的媒介功能之一,就是使知识分子相互联结,在报刊的旗帜下共同完成他们的理想"。④ 于是,他们成立学社,创办报纸,宣传革命,把现代报刊与知识分子变革运动联姻联系在一起,先后创办了《广益丛报》和《重庆日

---

① 冯自由:《中国革命运动二十六年组织史》,商务印书馆,1948年版,第117页。
② 《恽毓鼎奏片》,《历史档案》,1982年第2期45页。该《奏片》称:"臣顷见日本新来《鹃声》报第一册,专以叛国革命为宗旨,其指斥污蔑之语,臣不敢言,亦不忍言。及究其报之由来,乃东洋四川会馆官费留学生所撰。"
③ 转引自刘立凯:《鹃声》,丁守和主编:《辛亥革命时期期刊介绍》(第1集),人民出版社,1982年版,第556页。
④ 周海波、杨庆东:《传媒与现代文学之间》,中国社会科学出版社,2004年版,第7页。

报》。

一、杨庶堪与《广益丛报》

杨庶堪(1881—1942),字沧白,晚号邠斋,四川巴县人,中国民主革命的先行者,政治家。杨庶堪自幼通读经史子集家著作,博学强记,少年时代就文笔出众,人称"奇才",曾考取重庆府试第一名,入县学为生员。甲午以后,杨庶堪痛感"国事积弱,胡清窃政"。他深受近代先进思想家"师夷长技以制夷"思想的影响,也入日本领事馆学习英语及西学,以"备游学欧美,充其识量"。因此,尽管他具有相当扎实的旧学功底,很有希望走上读书做官的仕途道路,但他"不欲以科第进取,举孝廉方正亦不应"。在重庆日本领事馆学习时,杨庶堪结识了邹容。邹容虽然比他小四岁,但其蓬勃向上的精神与离经叛道的言行,已远近闻名,许多学生都不敢与邹容接触,而杨庶堪偏偏与邹容一见如故,十分亲近。邹容留日的消息给杨庶堪以鼓舞,他也想与邹容同赴日本,继续共同探索救国之道。但因父母皆老,他又无其他兄弟姊妹,不便远行。转而与同学朱蕴章等人帮助邹容排除阻挠,并从经济上予以资助,使邹容得以冲破束缚,赴日留学。不久,朱蕴章也赴日本考察军政制度。此外,曾中光绪癸巳(1893年)举人,后来担任《渝报》副主笔的梅际郁,以及朱之洪、董鸿词等人,在戊戌以后也逐渐抛弃改良主张,由爱国进而走上了革命道路。

1903年,首批留日的巴县学生陈崇功回到重庆。不久,朱蕴章、童宪章等人也从日本归来。他们在日本结识了不少进步青年,对日本资本主义制度有了更多的了解,并且受到孙中山先生革命思想的熏陶和留日学生反帝爱国运动的锻炼。当时,整个资产阶级,特别是小资产阶级知识分子正处在从爱国到革命的转变之中,各地革命力量正在积聚,纷纷准备成立革命小团体。留在重庆的杨庶堪等人一直在暗中进行活动,等待时机。刚回重庆的留日学生也跃跃欲试,一展抱负。他们的归来,给重庆的进步青年带来了新的信息和新的活力,产生了新的希望。同年,由杨庶堪、梅际郁二人首倡,联合重庆的革命青年,秘密成立了重庆也是四川第一个资产阶级革命小团体——公强会。

公强会以"寻求富国强兵之道为标志,以启迪民智为作用","树立革命思想"。会员主要是工商业中的青壮年和知识分子。最先有吴骏英、朱之洪、朱蕴章、童宪章、董鸿诗、董鸿词、陈崇功、李时俊、胡树楠、江潘等人加入,"均一时俊彦"。他们常会盟于重庆五福宫桂香阁。会中活动通常以会员轮流作东,设酒聚饮为掩护,暗中传阅介绍国内各种新书报,谈论光复大计。1903年,邹容的《革命军》在上海出版,震动了全国,也极大地鼓舞了家乡的进步青年。重庆青年"亦得邹容所草《革命军》,阴相传阅,昌言无忌"。公强会加紧宣传资产阶级新思想,"倡言革命",使革命排满的思想日益深入人心,一时间"先后加盟于'公强会'者,日以浸盛"。以公强会为核心,逐渐形成了重庆资产阶级革命派。

1903 年,具有进步思想的朱蕴章、杨庶堪向正蒙公塾的商人们建议:"广市新出书报杂志,并辑录诸报及杂志中新说,汇为《广益丛报》,以树新风,振民气",①这个建议得到了正蒙公塾商人们的赞同与支持。

1904 年 4 月,《广益丛报》创刊,这是四川地区最早的集纳刊物。《广益丛报》每旬出一册,社址为重庆上都邮路(今重庆市渝中区民权路)。从创办之日起,直到 1912 年,在重庆连续出刊 9 年而未中断,目前能见到的最晚一期是 1912 年发行的 287 号。

《广益丛报》的领导机构开始由杨庶堪、胡树楠主持,以后又由吴骏英、周家桢主持,下设有编辑处、印刷部和发行所。由于当时重庆市民对新闻的需求量日益增大,并开始重视新闻的时效性,因此,《广益丛报》有了专门采访新闻的记者。在 1912 年被袁世凯在四川的代理人胡景伊杀害的朱山就是当时《广益丛报》的专业记者。除了自己的记者外,《广益丛报》也聘用驻外省和北京的兼职记者,为该报及时提供准确的外省新闻。

《广益丛报》的发行一律采取订阅方式,概不零售。每年共出版 32 期,全年订费四元六角,外埠加全年邮费七角。自 1903 年创刊至 1909 年停刊,订费均无变化。刊物主要发行区域是四川省内各县,在成都、嘉定、泸州、顺庆、

---

① 陈新尼:《重庆早期的革命思想与组织》,《四川保路风云录》,新华出版社,1985 年版,第 110 页。

自井、憧川、江津、遂宁、梁山、资州、永宁、富顺、万县、涪陵、内江、开县、温江、间中、蓬州、犍为、黔江、威远、渠县、合川、雅州等五十多个县均设有代派处。省外设代派处者只有山东、云南、贵州少数几省。出到186号时，省内外代派处增至74处。同时，这家刊物与各报刊也有较密切的联系，如《国粹学报》、《东方杂志》、《政艺通报》、《新民丛报》、《教育世界》、《中外日报》、《时报》等十余种报刊，该报均代为经售。另外，《广益丛报》也刊登一些广告，雇主多系工商企业，如重庆富川造纸厂、西药商店、人寿保险公司及英商李白洋行等。

根据该刊历年所登启事及致订户的通知，可以估计《广益丛报》一般年份的销数不超过一千份，最多时大概近千份。读者主要是出身地主和工商业者家庭的知识分子、官吏、士绅，而以青年教师、学生和工商界人士较多。

《广益丛报》的内容栏目，在前期分为上编、下编、外编、附编，在后期改为上编、中编、下编、附编。

上编统称为政事门，设粹论、谕旨、文牍、国政、国计、萃评、纪闻、章疏、国魂、国际等目录；

中编统称为学问门，分学案、教诠、生理、地学、女学、法意（司法）、史髓、实业、武学、理科、哲微、医学等栏目；

下编统称文章门，分国风、短品、小说、国粹等；

附编称为丛录门，分杂录、杂俎、图表、来稿、调查、丛书、专件、新章等。

总的来说，《广益丛报》无论是在内容上还是在新闻业务上，都较《渝报》等前期报刊大大前进了一步。它集新闻、时事、政治、学术、文艺、科普为一炉，属于综合性的文摘类期刊，内容的广度和深度也略胜《渝报》一筹。1907年6月，《广益丛报》曾刊载一篇读者来信，称赞报纸"为救亡图存之先声，作振兴实业之号角，充新知博文之传人，实各界民众之好友"。[①]

1906年，《广益丛报》后为重庆同盟会支部机关报。1911年11月20日，重庆宣布独立，以同盟会重庆支部成员为主组成的蜀军政府，先后创办了《皇汉大事记》和《国民报》作为机关报。《广益丛报》完成了历史任务，于1912

[①] 转引自董谦：《〈广益丛报〉——重庆革命党人的舆论阵地》，《新闻研究导刊》，2011年第10期。

年停刊。可以说,在清王朝的封建专制下,《广益丛报》不能像留学生在国外办报刊那样,倡言革命无所忌讳,但它敢于揭露腐败的政局,宣扬学习西方,号召推行民主,提倡发展实业,振兴中华,传播新学的进步思想,推动了重庆革命形势的发展。《广益丛报》前后持续办报九年,是整个四川地区出版时间较长、内容最为丰富、影响最大的刊物。

二、《广益丛报》主要的政论内容

《广益丛报》继承了《渝报》政论性强的特点,在它的重头内容——政事门中,大多数文章都忧国伤时,有感而发,兼容了中国资产阶级各个政治派别的观点,刊物先后转载的文章作者,既有革命党的著名人物章炳麟和冯自由等;也有改良派的领袖人物康有为和梁启超等;还有立宪派的名人张享和蒲殿俊等;此外尚有如杨度、严复、王国维、吴虞等诸多名家。同时,《广益丛报》又有较为明显的革命倾向,这在1906年同盟会重庆支部成立后更加明显。辛亥革命后,《广益丛报》的政治倾向明朗化,成为四川革命党人的喉舌。

就《广益丛报》主要的政论内容而言,大致有以下几个方面:

(一)抨击清政府的内政外交政策

《广益丛报》首先把矛头对准外务部,在《论今日之外务部》、《论政府今日之政策》、《论媚外为自困之道》、《外务部为国民之公敌》[①]各文中说:"子欲知外务部之性质乎?凡外人之所好,好之;外人之所恶,恶之。此之谓外务部。"外务部之责任,"只有欢联各国之一方面,惴惴焉惟以触忤烈强为惧。但使终其任,勿伤外人之感情,已为上好之外交家矣"。因此,"自设立外务部以来,吾国主权,丧失于若辈之手者,不知凡几。遇有交涉,不惜费全国之民气,以见好于外人。外人知其然也,乃是利用我政府,以压制我国民。……盖外人固明明以傀儡待政府,而政府亦明明以傀儡自居也"。所以政府的对外改策就是"以媚外为宗旨","夺国民之权利,以为外交之赠品"。难怪人们要怀疑外各部官员"必非华产",由此得出结论,"外务部乃是国民之公敌"。

---

① 参见《广益丛报》第166、157、160、213号。

对于清政府企图用"预备立宪"的幌子来欺骗人民,对抗革命的企图,《广益丛报》发表了《专制祸》、《政府无意与立宪》、《论伪立宪足以召乱》、《幻想之宪政》、《锄民论》、《论立宪为加赋之代名词》等文章,揭露清政府"以立宪为名,行专制之实"的丑恶嘴脸。政府"日言庶政公诸舆论,而实则锁藤封扃,不欲民知,甚于专制之日也。日言收回权利,扶植民气,而实则奉承外人,惟恐不至,压抑清议,无所不用其极也。日言兴教育,励实业,清财政,而实则遇事敷衍,且亟亟保持旧法,拥护积弊,不遗余力也……盖凡有关立宪之政治,不惟有名而无实,而实反其道而行之"。因此,要想政府放弃专制政体,转向立宪政体,无异于"与虎而谋皮,与雉而谋跱,必不可得之事也"。①

(二)反对封建思想和封建文化

反对封建思想和封建文化一直贯穿《广益丛报》始终。如《国粹说误解之足以训至亡国论》认为"自秦汉以来,政体专制,学术思想日趋于空漠,至宋、明而益甚。物质的文明,无复可言者。至今日而欲与欧人竞,彼以其实,我以其虚,乌往而不败也。故欢迎欧洲文化,研究各种有用之科学,应用之于实际,实为今日之要图"。因此,中国想要发展,不走向灭亡,必须"效仿西人,一变旧制,为转亡为存之计"②。

儒家学说是封建社会政治思想的核心,孔子则是代表人物。《广益丛报》在第245号发表了吴虞的《辨孟子辟杨墨之非》,他把儒家学说视为"禁锢人之思想"的"教主之专制",指出儒家的"严等差,贵秩序","于霸者驭民之术最合,故霸者皆利用之,以宰割天下,愚弄黔首"。③第99号蒋观云《君不君尔汝而已矣》一文,更借助蒋观云的向至高无上的君主权威提出挑战,提出以民为天的思想,认为"对治君之事,不以天而以人。盖百姓一天也,以一国之百姓,监督其君,鞭策其君。故文明国人,人人握有一天之权,即由人起而代天,而为天下之事者"。④

宗教迷信是封建统治阶级用以维护君主权力,掩盖阶级压迫,麻痹人民

---

①《论伪立宪之足以召乱》,《广益丛报》,第187号。
②《国粹说误解之足以训至亡国论》,《广益丛报》,第237号。
③吴虞:《辨孟子辟杨墨之非》,《广益丛报》,第245号。
④蒋观云:《君不君尔汝而已矣》,《广益丛报》,第99号。

斗志的鸦片,是套在人民身上的精神枷锁。《丛报》发表了大量通讯报道、论文文章,小说诗词,痛加揭露。比如,他们写道:宗教迷信乃是"束缚思想之一大魔窟也","迷信之盛衰与国民之智愚为反比例"。因为"宗教与学问,不能相容者也。学问贵思想,宗教贵迷信;学问贵征实,宗教多蹈虚。是故无论何国,凡鬼神之迷信深者,则国民之知识必陋,此理之所必至者也。吾国数千年来学问不进之故,皆由于迷信鬼神。不仅如此,中国君权与神权相混合,有胶结不可解之势。君主利用神权以助专制之虐焰,罚曰天罚,讨曰天讨,位曰天位。在在假天之名,以行暴戾恣睢之实。下民亦群焉奉之,以为神圣不可侵犯"。这种"假天以愚民,利在一时,而害及万世"。① 因此,"此弊一日不除,则中国一日不可救"。②

对于妇女所受的封建压迫,《广益丛报》深表同情,特辟"女学"一栏,专门登载有关妇女问题的论著。这些论著,主张男女平等,提倡女权,反对压迫妇女;提倡天足,反对缠足,提倡婚姻自主,反对包办,买卖婚姻,反对储婢纳妾;提倡女子自立,反对依赖丈夫;提倡女子和男子一样有同等受教育的权利等。《论中国家族压制之原因》一文揭露了封建家族制度对妇女的压迫。"若汉代以降,惑于三纲之说,不曰,一与之齐终身不改,则曰,饿死事小失节事大。……自名节之说行,而妇女之非命而死者众矣。"③《创立女界自立会之规则》写道:"天地以阴阳生物,本无偏重,为男为女,各有应尽之义务,应享之权利,何尝轩轾其间哉!吾支那之女子,何独无本(权)利乎?何独无义务乎?而乃卑贱若是。"④中国应该像"文明之国,男女有平等之权利"。⑤《论婚姻之弊》一文指出封建婚姻制度的六大弊害:"男女不见"、"父母专婚"、"媒妁之言"、"聘仪奁赠"、"早聘早婚"、"繁文缛节"。因此,应该提倡婚姻自由,"为同胞男女辈辟一片新土,破坏男女之依赖,推倒专制之恶风,遏绝媒妁之干涉,斩芟仪文之琐屑",将"婚姻自由权,搜而献之于我青年男女同胞一万万

---

① 《中国宗教流弊论》,《广益丛报》,第 130 号。
② 《论中国风俗迷信之害》,《广益丛报》,第 160 号。
③ 《论中国家族压制之原因》,《广益丛报》,第 40 号。
④ 《创立女界自立会之规则》,《广益丛报》,第 113 号。
⑤ 《论文明先女子》,《广益丛报》,第 190 号。

自由结婚之主人"。①

此外,《广益丛报》还积极介绍西方民主共和的思想,主张推行西方的民主政治。同时,差不多每期都有介绍自然科学知识的文字,还有一些反对八股文、开办学堂、提倡实业方面的内容。

(三)大力宣传资产阶级民主革命

公开宣传革命党的纲领,介绍革命党的历史,歌颂为革命献身的志士,这是《广益丛报》突出的特点。

同盟会成立后,孙中山在《民报》上正式提出了民族、民权、民生三大主义,作为同盟会领导革命斗争的纲领。《广益丛报》立即转载了《民报》第四期发表的冯自由《民生主义与中国革命之前途》一文。该文详细介绍了孙中山的民生主义,对民族主义和民权主义也作了简单介绍,第一次将三民主义在四川公诸报端。同时积极主张推翻满洲贵族的反动统治,要求实现平等自由,改善民生,在中国建立资产阶级共和国,这些都是有革命意义的。

1908年,《广益丛报》连载了《革命党史》。《革命党史》包括"革命党之勃兴"、"革命党之联络"、"(革命党)各派之主张及领袖"、"革命党之反对"等项内容。这篇文章在清政府黑暗统治下的四川公开发表,对于揭露清政府对革命党的歪曲,澄清民众对革命党人的误解,帮助群众了解革命党及其政治主张,起了良好的作用。

《广益丛报》还热情赞颂为革命捐躯的仁人志士,经常登载其英勇事迹和遗作等。革命党人万福华,刺杀前广西巡抚王之春未遂而被清政府杀害。《丛报》特载《万福华传》以记之。传记写到:"(荆轲)以一身为人天下报仇,虽身死咸阳,亦足褫强秦之魄,而君事适与相类,志虽未达,然汉士遗黎,惕然知俄人弗足恃,联俄之谋,或可稍寝,则君功为不朽矣!"②陈天华蹈海身亡以后,《丛报》马上登载了充满爱国热忱和革命思想的《陈天华绝命书》的全文,并附事略,简介了陈天华的革命经历,称陈天华为烈士,把陈天华所著《猛回头》、《警世钟》、《最近政见之评决》、《国民必读》、《最后之方针》、《中国革命

---

① 《论婚姻之弊》,《广益丛报》,第82号。
② 《万福华传》,《广益丛报》,第70号。

史论》等开列出来,向读者推荐。女革命家秋瑾被清政府杀害以后,《丛报》为此发表了大量文章诗词。主要有:《记大忞学堂秋瑾被杀事》、《秋女士遗事》、《秋女士传》、《秋女士遗诗》、《哀秋瑾案》、《联合禀唐揭示秋瑾罪案》、《挽秋女士七律二首》、《吊秋女士》、《吊越女七绝二章》等。

其中,专辟《哀秋瑾案》,文中对秋瑾之死大加赞扬,"秋瑾无当死之罪,而处以必死之刑,则凡类于秋瑾者,皆可杀也"。秋瑾一案表明,清政府视人命若草菅,并非偶然。"嘉定屠城,扬州十日,杀人若草菅,又何有于一女士"。"彼热衷于利禄者,日将窥伺巾帼,耽耽然欲以吾辈碧血,而染其高冠顶子矣!"由此可见,清政府叫嚷立宪之虚伪性:"呜呼!秋瑾死矣!政府之立宪与否?官吏之良心有无?不必问矣!"杀害秋瑾,并不能扑灭革命,"是亦为女界树一革命旗帜耳"。"自杀秋瑾一案起,吾辈魂飞魄荡,恨无两翼乘欧风而去,以脱此于专制野蛮政府之下"。①

(四)支持保路运动,维护新生政权

1911年夏,四川发生保路运动。《广益丛报》以满腔热忱支持保路运动的开展。它先后发表了《川粤汉铁路借款合同》、《铁路国有评议》、《川粤汉铁路借款合同之研究》、《盛宣怀压制争路之计划》、《讨盛宣怀檄》、《从严对待抗收干路之由来》,湖南《学宪关于抗收干路之示谕》,湖北《鄂督对待争路者之手段》等文章文件,揭露清政府夺路卖国,镇压川、湘、鄂、粤保路运动的罪行。《丛报》还登载了湖南《争路风潮》、《粤人争路之声势》、《成路乱事志略》、《关于铁路要电之一束》、《保路同志会详志》、《女子保路协会成立》等消息电文,报道各地保路运动发展的情况。这些情况表明,辛亥革命前夕,《丛报》的革命倾向,已经越来越明显。不过,那时立宪派也不断利用这个阵地,发表了不少鼓吹君主立宪的文章。

武昌起义以后,宣传革命成为《丛报》的中心内容。它对广东、广西、湖北、湖南、浙江、江苏、安徽、福建、云南、贵州等省的独立,对上海、厦门、宁波、绍兴、烟台、重庆、成都等各大中城市的光复,均有较详细报道。

---

① 《哀秋瑾案》,《广益丛报》,第144号。转引自匡珊吉:《广益丛报》,丁守和主编:《辛亥革命时期期刊介绍》(第1集),人民出版社,1982年版,第312页。

1911年11月,革命党人在重庆发动了武装起义,推翻了清王朝在重庆的反动统治,建立蜀军政府。《广益丛报》为此发表一篇充满革命激情的《欢迎蜀军政府成立祝词》的"号外",并接连刊登了《重庆复汉纪略》、《蜀军政府各部人员》、《蜀军政府成立后之告示汇录》、《蜀军政府讨满檄文》、《蜀军政府各部职员薪俸及司役工资数目单》、《军政府成立后之见闻录》、《蜀军政府文告汇录》、《蜀军政府宣言》、《蜀军都督之公布》等蜀军政府发布的号令及文件,成为蜀军政府的临时机关报。

三、《广益丛报》对科学技术的传播

《广益丛报》一直站在重庆地区宣传科学思想、传播科学知识的最前列。对于科学技术的传播,可以用"不遗余力"来概括,不仅有关科学技术的论文数量多,而且介绍的内容也更加丰富多彩,介绍的近代科技信息具有新知识多、系统性强的特点,对推动重庆近代科学思想的养成及科技实务的发展具有引领性价值。[①]

在综合性科学和综合性实业或工业论述方面,1904年4月第34号有《中国近代科技期刊源流(1792—1949)》、《论理科与群治之关系》(连载数期);1904年6月第40号有《实业与人生之关系》;1905年6月第73号有《论中国实业家宜注重森林之利》和《论中国工业之前途》(连载数期);1905年7月第76号有《泰西事物发明者年表》(连载数期);1905年7月第77号有《浙江工艺传习所试办章程》;1908年11月第186号有《论中国宜广设格致学堂》等。

在物理学、化学方面,1905年11月第89号有谢洪赉的《化学概论》;1906年9月第117号有《无线电报说略》;1907年8月第143号有荣县萧湘的《无机化学序言》、《无线电报之发明家》;1908年3月第161号有青来的《电气化学工业》(连载数期);1908年9月第181号有《水性利用论》;1908年10月第184号有《轻气球之构造及飞升法》;1908年11月第187号有《照像光学之大要》;1909年11月第217号有《土壤之理化学》;1910年3月第226号有渠县

[①]《广益丛报》对科学技术的传播,参见姚远:《中国近代科技期刊源流》,山东人民出版社,2008年版。

蓝经惟的《大气中碳酸瓦斯之量有关于人类之卫生说》；1910年4月第228号有蓝经惟的《海水对于大气与碳酸瓦斯之一定割合为调节作用》；1910年7月第317号有蓝经惟的《中学堂博物学科之理化的智识》；1910年11月第249号有《答徐君兆熊研究无声枪说》；1911年4月第261号有蓝经惟的《石灰》（连载数期）；1911年6月第269号有《天线电信说》等。其中，日本早稻田大学高等师范部和理化研究科毕业的渠县蓝经惟的几篇化学论文，在专深程度上很能代表当时日本和中国归国学者的研究水平，其研究方法上也开始注重实验室工作。

在生物学方面，1903年第2号有《植物学》（连载）；1907年8月第143号有《论研究园艺植物学为中国今日之急务》；1907年12月第154号有《论微生物为时疫之起源》；1908年3月第161号青来的《尔雅虫名今释》（连载5期）；1909年10月第215号有《动物利用篇》（连载3期）等。

在地学方面，1903年5月第3号有《纪地球学》、《地水月相关》、《晴雨预知》；1903年5月第4号有镇海虞道钦译述的《矿物界论》；1904年4月第34号有《地理与国民性格之关系》；1905年9月第82号有《中国舆地大势论》（续数期）；1906年3月第99号有咀雪的《地理学札记》（续数期）；1906年7月第110号有康有为的《论五海三洲之文明源土》和《欧洲十一国游记序》；1907年8月第144号有《地理教授法》（连载数期）；1908年10月第183号有《中国地理文明之传播》等。

在农学方面，1910年3月第227号有《肥料学略论》；1910年4月第230号有《土壤论》等，另有大量论述普通农学或农业的文章。

在医学方面，1903年6月第5号有《肺力之增大》、《全体奇观》、《呼吸统计》、《男女脑髓之轻重》；1904年1月第29号有《将来人类之进化》、《食物消化时刻表》；1904年6月第40号有《卫生学概论》（连载数期）；1904年8月第44号有张竹君女士的《卫生讲习会演说》和《美国军医公会章程》；1905年3月第65号有胶州高仲珊的《戒烟化液丸说》；1906年10月第119号有《医学疑难解》（续载2期）；1906年12月第122号有《医学改良臆说》（续载2期）；1907年5月第132号有遂宁覃松龄来稿《医学刍言》；1907年6月第138号有《论国民宜有医学思想》;1907年9月第147号有张惰爵的《病之历史观》(连载2期);1907年12月第157号有《医科应用论》(连载5期);1908年1月第160号有汪与准的《创立制药会社为当今讲求实业之要务》;1908年3月第161号有晴崖编译的《生理与饮食物之关系》(附《卫生检查法》,连载5期);1909年3月第194号有《乳儿之卫生》;1909年第200号有遂宁魏德斋来稿《奉告种牛痘人家俚语》;1909年12月第219号有《中西医论脉之得失》;1910年第222号有丁福保的《鼠疫病因疗法论》(连载2期);1910年4月第230号有《人类生活之现象》(连载4期);1911年7月第270号有丁福保的《创伤谈》;1911年10月第277号有织孙的《取缔医生说》;1911年第278号有《论工厂宜注意卫生》等。

其他科技报道还有水能生火、空气成冰、显微新镜、火酒新制、海水电传、松制假棉、电光暖物、吸水机器等。

四、《广益丛报》与重庆近代文学

《广益丛报》开重庆报刊刊载小说之先河,在重庆城市现代化转变过程中,第一次以报刊的形式开拓了属于重庆的文学公共空间。这相比《渝报》较为单一的政论说教和有限的关于西方文明的介绍,给近代重庆人民以切身的新时代体验,传播了现代气息,也给人们带来的巨大的思想冲击。

据不完全统计,自1903年5月16日—1912年1月18日,《广益丛报》刊载的小说有81种。

小说篇名	作者(依原刊署名)
新罗马传奇	署"中国之新民"(梁启超)
新中国未来记	标"政治小说",未署名
马贼	标"侠客谈之一",署"冷血"(陈景韩)
中间人	标"短篇小说",署"竞公"
张天师	标"短篇小说",署"(包)天笑"
歇洛克来游上海第一案	署"冷血",(陈景韩)戏作

续表

小说篇名	作者(依原刊署名)
长乐老	署"隐伶汪笑侬"
学究剧新谈	署"山东济南报馆"
卖国贼	未署名
二十世纪西游记	未署名
肉券	署"(英)沙士比亚,闽县林纾、仁和魏易译"
仇金	未署名
扫迷帚	未署名
越裳亡国史	署"越裳亡命客巢南子述,饮冰叙"
中国历史小曲	未署名
秦良玉遗事	未署名
新新新法螺天话……科学之一斑	署"东海觉我(徐念慈)戏译"
爱国猪	未署名
中国大睡眠家	未署名
游赤壁	未署名
孔子升为大祀记	未署名
剑花传	未署名
青衣行酒	未署名
立宪万岁	未署名
洗心梦	署"扪刃"
独角会	标"科学小说",署"虹飞"
英王之三问	未署名
一纸书	署"(英)葛威廉著"
陶南雪	署"(英)葛威廉著"
三王少年	未署名
支那戒烟传奇	未署名
英雄魂	未署名
双烈殉路	未署名
夫妇殉国记	未署名
某学生与某教员	未署名

续表

小说篇名	作者（依原刊署名）
美少年	未署名
文明怨	未署名
某县令名	未署名
憨赣僧	未署名
谁之罪	未署名
支那新之新鬼剧	未署名
纪香国群花欢迎水仙事	未署名
中国女豪杰	署"思绮斋藕隐"
世界龙王大会议	未署名
新鼠史	未署名
鸳鸯家	未署名
铁血姊妹	未署名
渐进化	未署名
新儿女英雄传略	署"（日）长田偶得著，山阴霞若氏译"
小足捐	未署名
冤史	未署名
天上大审判	未署名
火刀先生传	未署名
教育普及之模范	未署名
华工魂	未署名
沙介臣团圆记	未署名
自由神	未署名
许子参禅	未署名
秦火余灰	未署名
凌波影	未署名
文明配	未署名
黄天荡	标"录国语"，未署名
学生一妻	署"术"
金戒指案	未署名

续表

小说篇名	作者（依原刊署名）
玉佛缘	未署名
大罗夫名	未署名
一粒沙	未署名
电世界	未署名
亡国恨传奇	未署名
画符娘	未署名
明珠宝剑	未署名
亡国恨	未署名
佛无灵	未署名
百合魔	署"泣红"
鲜李范晋殉国传奇	署"陆思煦"
儿女英雄传	未署名
井底骷髅	署"少芹译"
樱花恨	署"慰元"
碧血花	署"非吾"
奇情侦探	未署名
霜钟怨	未署名

《广益丛报》刊载小说正是在小说空前繁荣的时代。晚清小说在那样的特殊年代里最大限度地发挥了舆论传播和思想启蒙的作用。各种新体裁小说诸如"政治小说"、"社会小说"、"哲理小说"、"历史小说"、"教育小说"、"科学小说"、"侦探小说"、"军事小说"、"国民小说"、"滑稽小说"等层出不穷，这些小说的产生本来就不是为传世而作的，它们往往源于启蒙知识分子"醒世"和"觉民"的政治追求，"它的目的，就是创造一个公众参与的思想舆论空间，使现代文明的观念得到传播和讨论。"[1]

传媒与文学具有天然的紧密关系。近代报刊为晚清文学提供了崭新的

---

[1] 杨联芬:《"新"之启蒙与公众舆论》,《明清小说研究》,2003年第4期。

载体、媒介和文本,它们不仅极大地拓展了近代文学的传播空间,使社会对文学特别是通俗文学的需求大增,促进了小说的繁荣,而且"1900 年前后的报刊杂志,只要是有关小说文章,无不充满开启民智、裨国利民、唤醒国魂之类极其功利的字眼,小说被视为政治启蒙、道德教化乃至学校教育的最佳工具"。①

特别是作为一份与政治密切相关的报纸,《广益丛报》对于小说类型的选择带有明显的政治目的,为自己的变革理想服务,但是这种主观上为自己政见的表达寻求有力的审美形式的意图,客观上开启了小说从传统文学边缘处境突进到了中心位置的意义,对于重庆现代文学的发生而言,则不是边缘与中心的问题,而是从无到有的文学空间开创的问题。

五、卞小吾与《重庆日报》

卞小吾,名鼒,字小吾,重庆江津人,富有爱国主义精神和朴素的民主主义思想。青年时期,他由江津来到重庆,结识同盟会党人杨庶堪、朱之洪、董宪章等,成为至交好友。1902 年,卞小吾前往北京、上海考察。他在北京见当道"诸大老皆暮气已深","非木偶即汉奸"。转游上海,时值"苏报案"发生,邹容、章太炎下狱。卞小吾曾亲往狱中探望,与邹、章密商革命,认为"清政府与帝国主义已在密切配合,一致对付革命党人,上海同北京一样,应暂避其锋,而西蜀地处边陲,交通不便,民智未开,大有用武之地。急宜回川图之"。②他又与《中外日报》记者汪康年、马君武、谢无量,以及革命党人冯自由、章士钊等人结识,常参加蔡元培、吴稚晖领导的爱国学社每周在张园举行的演讲会,立志反清。

苏报案中,《苏报》馆主陈范(字梦坡)捐产办报的做法,对卞小吾的影响很大。1904 年,他赶回重庆,变卖祖产,得银 6000 多两,作为办报经费。

1904 年 10 月 17 日,重庆新闻传播史上最早的日报——《重庆日报》正

---

① 杨联芬:《晚清至五四中国文学现代性的发生》,北京大学出版社,2003 年版,第 25 页。
② 司马金城:《巴山顶上大声呼 如此江山曷早图——卞小吾创办重庆日报及报纸的舆论影响》,《新闻研究导刊》,2010 年第 11 期。

式出版。社址设定远碑街(今民生路重庆宾馆处),另在白象街东华公司(为卞所办的火柴厂)设发行所。主要工作人员(主笔、编辑、采访、发行等)有卞小吾、肖九垓、燕子材、周拱极等,卞小吾亲自采访新闻,撰写报道及评论,报上一些言词犀利的社论,大多出自他的手笔。其他编采人员亦大多是思想激进的爱国志士,他们所写文章,对清王朝的种种腐败,尽情揭露,竭尽抨击,而对挣扎在死亡线上的广大人民的忧患疾苦,反抗斗争,则是详尽报道,深表同情。

为打破清政府对报纸出版的阻扰,卞小吾邀请日本报人竹川藤太郎出任《重庆日报》主干。竹川藤太郎,日本山梨县山梨市人,曾在上海创办过《上海新报》、《上海周报》,对中国青年反满爱国活动,向来同情,被称为"是一位真正了解民主主义的人"。担任社长后,对《重庆日报》给予了极大的热情,亲自撰写了发刊词,提出"新报是进化之先锋先驱,而搬运精神之食粮舟车也,思想开通之津梁也……于是乎《重庆日报》生焉,诸君夫起,起而利用此舟车津梁"①。竹川藤太郎是位严谨且富有热情的新闻人,他参与到《重庆日报》所有的办报活动中,并积极承担对外责任。《重庆日报》创刊后,外界不明真相,很多人以为是日本人在重庆办的一家报纸。

1904年10月17日的这张四开四版土宣纸印刷的《重庆日报》,版面编排基本接近现代报纸。报纸均用4号或5号铅字排版,文字不标点,但标点处是空白。一版:论说与要闻;二版:日俄战争消息;三版:本埠新闻和国际国内新闻;四版:文化娱乐与广告。

《重庆日报》从第8期改为四开白纸活字印刷,单面印制,每日出4小张,即4版。每版分上中下三批,每批文字自右至左竖排,版心外均用一粗一细的文武线为边框。报名"重庆日报"四字为手写体,从右至左书写,横排在版面上方正中,十分醒目。右边报眼处印有报价,左边报眼处是广告价目、报社主干竹川藤太郎,以及发行所、发卖所、账房地址。

现在看来,《重庆日报》的外在形态十分简易,但在当时却有着重大意义,

---

①竹川藤太郎:《发刊之辞》,《重庆日报》,1904年10月17日。

它开创了重庆、四川地区报业现代化的先河。此前,1904 年的四川,还处于报、刊不分的年代,报纸通常都是以刊的面貌出现的。虽然此前傅樵村办的《算学报》,潘清荫办的《渝州新闻》均"日出一纸",但都以单张的形式出现,并不具有现代报纸的特性。当时就全国而言,在新闻事业较为发达的一些大城市,"册报"与"张报"同时并存,在新闻事业落后的四川占统治地位的仍然是"册报"。比《重庆日报》晚出半个月的地方官报《成都日报》,虽以"张"的形式出现,但仍保留着浓重的册报痕迹。它的编排延续了册报的格式,仍按照谕旨、宫门抄、辕门抄、殊批恭录等的模式。《重庆日报》则完全摆脱了"册"的形态,与自 1897 年《渝报》以来重庆和四川出版的所有报刊在内容、编排、印刷等方面,都有着质的区别,具有现代形式的报纸样式。

《重庆日报》创刊之时,日发行量仅 500 份,及至翌年(1905 年)4 月,已增至 3000 多份,在重庆以外有 22 个销售点,包括北京、上海、宜昌和东京。这也从侧面说明了该报当时的受欢迎程度。1905 年,《重庆日报》转载《苏报》消息,标题是《老妓颐和园之淫行》,指名揭露西太后那拉氏在颐和园筹备祝寿大典的极其骄奢淫逸的罪行。川督锡良认为,《重庆日报》把慈禧太后比为老妓和《苏报》骂光绪为小丑,同样大逆不道。[①] 但鉴于《重庆日报》主干竹川藤太郎外国人的身份和竹川与日本驻渝领事馆关系密切等原因,不得不放弃对卞小吾迫害的想法。

1905 年 4 月,竹川藤太郎因患肺结核离开重庆。《重庆日报》在卞小吾的主持下言论日趋激烈,对民主革命大肆宣传,先后登载《政治与民族》、《中国的三权》、《外国干涉言论权的警告》、《论中国不患无真维新而患无真守旧》、《论禁遏言论自由之可畏》等文章,引起清政府重庆当局的严重不满。1905 年 6 月 1 日,清政府秘密拘捕卞小吾,《重庆日报》随即被查封。1908 年 8 月 5 日,卞小吾被戕毙狱中,伤七十三处。对此,《衡报》刊出《惨无天日的四川》,揭露清政府杀害卞小吾的罪行,愤怒指出:"此等官吏,亦世界所未

[①] 这一说法普遍流行于各类有关《重庆日报》的文献中。但是,据王绿萍教授的考证,《重庆日报》在第 125 号"中外汇报"栏中,以"宫廷秘史"的题目报道了西太后欲修理园亭,以资颐养的报道,内容简单,没有评论,只有 103 字,也没有注明录自何报,以后也未见任何报道。参见王绿萍:《四川近代新闻史》,四川人民出版社,2007 年版,第 230 页。

有"。辛亥革命后,蜀军政府追认卞小吾为"辛亥革命烈士"。他也是重庆第一个为新闻事业献身的烈士。

六、《重庆日报》的言论、新闻、副刊与广告

现代报纸,除外在形态的具体要求,言论、新闻、副刊与广告四大元素,是衡量一份报纸是否是现代标志的必要条件。相比此前重庆的报纸,《重庆日报》在外在方面,改变了"册"(如《渝报》和《广益丛报》)的形态,也改变了"日出一张"(如《渝州新闻》)的单张形式,而且言论、新闻、副刊与广告四大元素都已具备,是重庆和四川地区第一份现代报纸。[①]

(一)《重庆日报》的言论

《重庆日报》很重视言论,在现在能看到的162期中,发表了136篇言论性文章,有的还连载八九期。这些言论性文章涉及办报观点、商务改革、儿童教育、大众教育、妇女教育、留学问题、川汉铁路、男女平等、婚姻自由、西藏问题、日俄战争、反清言论、中国人当自强等诸多方面,每日至少一篇,安排在一版或二版位置。这些言论反映了办报人的立场,观点鲜明,贯彻始终,成为报纸的灵魂。

《重庆日报》从1904年10月17日创刊到1905年4月9日出版至第162号,在竹川藤太郎主持的五个多月中,总的来说言论比较温和,避免触怒清政府当局。言论的内容偏重在商业改革、教育改革、川汉铁路集款、妇女问题、日俄战争、发扬中华民族优良传统等方面。篇名如《四川人快看》、《商人快看》、《戒烟说》、《为父母快看》、《女教改良》、《男女平权说》、《读德国人之日俄交战观评》。

1903年11月,清政府允许铁路商办。由于帝国列强觊觎中国的铁路,清政府仍借款修筑铁路,企图出卖筑路权。争川汉铁路修筑权成为四川人民热议的话题。《重庆日报》为四川人民争取自己的筑路权不遗余力,不惜版面。除《四川人快看》指出不应借钱筑路外,提醒川人警惕英、法动态外,从30期

[①] 该部分内容参考了王绿萍:《四川最早的现代化报纸〈重庆日报〉》,《新闻春秋》(第十二辑)。

始,连续在 30 期、31 期、34 期连载《四川铁路的要紧》,大声呼号:"铁路关系人民的身家财产,国家的兴衰成败,自己能修,这利就是很大的。假如恍恍惚惚、糊糊涂涂的把这铁路给别人修了,这个国家就成了呆物了……";"四川的铁路,不但关系到四川的存亡,硬是关系到中国的存亡。不但四川人该打主意,硬是中国全国人亦该打主意了。"①此后,又刊登《重庆铁路议会的意见》、《敬告我四川同胞》、《铁路集议观感》等文章。即便是竹川重病卧床,他仍写下《与锡制军论川汉铁路书》,为争筑路权,向川督进言。

1905 年 4 月 9 日,竹川因病回国以后,报纸在下小吾主持下的近两个月中,政论明显加强,言论趋于激烈,发表了《政治与民族》、《中国的三权》、《外人干涉言论权之警告》、《又兴文字狱》、《剪发辫问答》、《论禁遏言论自由之可畏》、《论中国无耻之徒》、《可惜中国之民权》等文章,从反对科举、剪发辫,到言论自由,无不带有煽动性。字里行间,矛头所向,直指清王朝。报纸变得锋芒毕露,显现出棱角和造反精神,给人以无所畏惧之感。如下小吾在撰写的社论《剪发辫问答》中指出,"(剪发辫)是放之四海而皆准的真理,对此毫不在意……(辫子)全没有好处,尽是缺点"。《告应试诸君》则向参加科举考试的各位呼吁,"现在不是进行自私自利无用学习的时候了,赶快觉醒!"《论禁遏言论自由之可畏》则疾呼:"夫舆论而可禁也,秦始皇帝之法律即当传万世而无穷,至今为偶语弃市可也……日复一日,汉族之四万万同胞,必将皆如寒蝉仗马,噤不发声,终遂成为雪窖冰天,鸟绝人灭而后已。呜呼!亡中国者,岂必瓜分乎,此其起点矣。"②

《重庆日报》无论是在竹川主持之下,还是下小吾主持之下,都表现出强烈的反传统意识,反映了辛亥革命早期激进的革新思潮,对打破四川社会的沉寂局面有着深远的影响,这是维新时期的报刊所无法比拟的。而这一切正是通过报纸言论体现出来。《重庆日报》的言论表现了现代报纸的战斗力和影响力,有着举足轻重的地位,所以称言论是"报纸的灵魂"并不夸张。

---

① 《四川铁路的要紧》,《重庆日报》,第 34 期。
② 《论禁遏言论自由之可畏》,《重庆日报》,第 160 期。

(二)《重庆日报》的新闻

《重庆日报》的新闻报道主要是两个新闻栏目,"中外汇报"和"巴蜀大观",报道国内外和四川及重庆本地新闻,占报纸一版至一版半的篇幅。每天的新闻从五六条、七八条至30余条不等,一事一条。当时新闻写作不够简练,一条消息长的可占半版,短的则只有二三十字。新闻报道往往新闻要素交代不够清楚,或被忽略,消息来源也大多没有交代。

从报道来看,新闻来源的渠道主要有六方面:一是由招聘的访员采写;二是下小吾亲自采访。他对外的公开身份就是报社记者,既参与各种社会活动,也为报纸采写稿件;三是摘编自其他报刊或外电;四是群众自发来稿;五是友人提供;六是道听途说。这类很少,并都加以说明。通过这六方面的渠道,《重庆日报》保有了较大的新闻信息量。虽然有些报道的时效性不强,但就当时人们对信息的要求来说,凡不知道的皆有新鲜感,所以能够满足人们所需。

《重庆日报》的新闻大多有标题,标题的制作能体现新闻内容,扼要简明。也有一些新闻没有标题,仅在一条消息的开头加"○"或"●",表示此是单独的一条。这些新闻报道,给我们勾画了清末中国社会的全貌:帝国主义瓜分中国紧锣密鼓,矿山、铁路、港口、商贸,无不渗入帝国主义势力;从上至下各级官府贪污腐败,加重对百姓的盘剥,民不聊生。从报纸的各类新闻标题中,便可以感知到当时的社会情景,如反映列强在华活动的新闻标题:《英人又谋川汉铁路》(第140号)、《法人拟取海南岛》(第119号)、《俄人侵入新疆》(第115号)、《英国欲办贵州矿产》(第119号)、《法使请求驻兵租界以外》(第134号)、《德国胶州湾之新计划》(第119号)、《法人要索闽省矿区》(第167号)、《德人惨杀华人》(第150号)、《法比合谋粤汉铁路》(第143号)等等,令人触目惊心,义愤填膺。又如揭露统治者当局的腐败丑行的报道:《警察委员诱嫖详述》(第27号)、《苛政猛虎》(第14号)、《乱杀无辜》(第42号)、《皇太后之洋楼》(第75号)、《京师大学堂之腐败》(第124号)、《岳池县令之残酷》(第133号)、《异族贱种铁良南行耗费搜索之财物》(第149号)、《请看满人驾驭汉人之方法》(第150号)、《太监勒索祭坛规费》(第157

号)、《西充赈务勒捐情形》(第 160 号)等。还有反映社会矛盾动荡不安的报道,如:《义和团出现于潮汕》(第 77 号)、《哥老会蔓延》(第 97 号)、《痛哉人吃人》(第 115 号)、《红灯教又起》(第 123 号)、《哀鸿待哺》(第 126 号)、《成都房捐罢市》(第 128 号)、《难民卖子》(第 130 号)、《营山饿殍之多》(第 134 号)等等。

除"中外汇报"和"巴蜀大观"两个固定的新闻栏目外,在初期还有"重庆市物价表",内有皮革、山货、药材、洋纱、布匹、毛呢等价格。还独有"日本领事馆来电公报"、"世界奇闻",为读者提供多样的信息,满足人们各种需要。

《重庆日报》的新闻报道,微缩了一个即将没落王朝的晚景,也让读者看到新思想、新观念、新事物在中国的传播与发展。19 世纪末 20 世纪初,西方资产阶级的民主、自由思想,以及西方的科学技术、商业理念、教育模式等,不仅在中国大量传播,而且得到推广实施。《重庆日报》有很多关于女子放脚、女子受教育、开明人士积极办学、提倡大众文化、反对学而优则仕、反对封建迷信和旧的风俗习惯、鼓励出国留学、开办图书馆、创设阅报社等方面的报道,以及关于开办工厂、引进先进技术、反对重农抑商等等信息,并为此呼唤、呐喊,倡导奋斗自强。这些新闻都给人启发,给人力量,使人们增强信心,看到中国的希望和活力。《重庆日报》具备很强的新闻性,这在当时四川报界是很突出的。

(三)《重庆日报》的副刊

副刊是现代报纸的重要组成部分。在重庆,副刊也经历了一个演进的过程。最早的《渝报》是以政论为主的报刊,没有副刊。《广益丛报》是集纳性刊物,集时事政治、学术、文艺于一身,大量汇集有诗词、漫画、小说、传记、短品等。这说明当时虽没有"副刊"这个名词,但副刊性的文字,不固定的副刊性小栏目是存在的。

《重庆日报》有很多副刊性小栏目,如"天声人语·谐乐园"、"隐语·宿题"、"笑话"、"词林"、"诗丛"、"讽林"、"明窗净几"、"时潮"、"动物界漫画"、"动物界杂话"、"百花丛"、"杂俎"、"世界杂俎"、"格言"、"世界奇闻"、"文薮"、"寸铁"、"怪怪奇奇"、"一家言"等。这些栏目一般都放在第三版新闻之后，没有严格固定的出版时间，有的只出过一期，有的出三四期、五六期，也有的出十期左右。持续时间最长的是"天声人语·谐乐园"，从第1号到第143号，中间共出30期。有时天天出，有时隔一两天，最长的隔一周，随意性大，可能与稿件的丰歉有关。

这些栏目的内容多是文艺性、知识性、娱乐性、杂文性的。最突出的是连载卞小吾的长篇政治小说《自由结婚》，从第9号开始，到现存的最晚一期第175号共载57期，尚未载完。一般每天都登，有时隔一两天、三五天。间隔最长的为19天、21天，大概是卞小吾由于各种原因，没能及时写出。长篇小说出现在报纸上并连载，在中国报纸上开其先河的是上海的《字林沪报》，在四川则是《广益丛报》和《重庆日报》。《自由结婚》表面看是写男女间恋爱结婚的故事，实则是倡言革命，揭露在清廷统治下中华民族深重的危机，鼓动大众起来驱逐异族统治，恢复中华。小说使用白话文，通俗易懂，在社会上产生的作用与影响不容忽视。

《重庆日报》利用副刊活跃报纸，传播知识，提供娱乐，丰富内容，增加报纸的可读性，符合读者需要，同时它也含有鲜明的政治倾向和宣传意识，对读者产生影响。可以说，《重庆日报》的副刊已经成为它具有现代报纸特性的一个重要组成部分。

(四)《重庆日报》的广告

广告是商品经济发展的体现，广告也是一种信息。在20世纪初的四川，广告业很不发达。与《重庆日报》同时期的《四川官报》把广告放在封底内，有两三条，而且并非都是商业性的。《广益丛报》在封内扉页有商业广告，《启蒙通俗报》较重视广告，作为经济收入来源的一部分。但总的说，都没有把广告作为报刊的组成部分，广告处于可有可无的地位。

《重庆日报》虽不是以营利为目的的报纸，但现代报纸一方面要提供广告所涵盖的信息，另一方面为了维持报社正常运转，报纸按时长期出版，还必须扩大经费来源，除了提高报纸的发行量，广告收入则是极重要的渠道。因为现代报纸在经济上是力求独立的，不需依附别的利益集团。稳定的广告收入可以说是报纸得以生存的根基，重视广告是现代办报理念的一个重要体现。

　　《重庆日报》从一开始便很重视招揽广告客户,为刊登广告制订了详细具体的办法,并把它每日刊登在报眼处,让人一目了然。《重庆日报》的广告固定报纸第4版,并在广告前面冠有醒目的加了花框的"广告"二字,以使广告与报纸上的其他文字相区别。这些广告,既有商业性的,也有很多非商业性、非营利性的广告。

　　《重庆日报》上的广告,大多是文化教育和商行、客栈、照相、布庄、医馆等的广告,平均每天八九条至十三四条。每条广告间,都用花线或黑线隔开,版面清晰规整。《重庆日报》的商业性广告主要有:溥利煤矿公司、合州学制山房售品、渝城大梁子中西合客栈、荣兴公客栈、五大洲客栈、陕西街祥泰包席馆、别有风味轩、均和昌照相、浙秀威仪照相、周瑞芳照相楼、杨荣盛精习外科独步、打铜街百寿图药宝、瑞泰和云土抄庄、德生义云土抄庄、华利灯厂、张生大洋衣庄、重庆神仙口百年画馆、蜀商惠安泰等。这些广告,都对自己经营的内容、特点作了详细介绍。在商业广告中也有一些外商广告,如英商卜利门公司、重庆大阪洋行、太和洋行、东华洋行石灰公司、重庆隆祥行、立德英行等。另外还有一些文化教育方面的广告,如中西书店的广告、四川地理教科书广告、成都桂王桥北街图书局广告、重庆日报社代售书报杂志广告、成都二酉山房特约代理上海商务书馆发行所广告等。这些文教类广告,都对出售的图书、教科书、教具有详细介绍。这些商业广告,在介绍和推销自己产品、解答读者疑虑方面,都比较实在,具有真实感,让读者信任,实际上也增加了读者对报纸的信任。

　　《重庆日报》非营利性广告也很多,如重庆医学会广告,举办讲习所,宣传医药卫生常识,每日三小时,希望大家参加。四字讲舍广告,宣传识字的重要,呼吁男女老幼前去观听。还有川汉铁路募款广告,旅顺陷落祝捷会广告,重庆民立第一半日学堂招生广告,重庆东文学堂创设广告,创办女工会广告,重庆书报公社特告等,都带有社会公益的宣传性质。报纸也经常刊登个人广告,如票据丢失声明,感谢良医,或用广告形式证明某人清白,表扬好人好事及行善者等。

有些广告则是揭露世间丑恶,把不公事、不平事广而告之。如第140号署名邹凌的人在广告中说,涪邑大令邹耿光接受贿赂,包庇团总,团总与人勾结,徇私舞弊,在办学、铁路筹款、赈济中,串通绅董,中饱私囊。第175号陈英、周子经等5人在广告中称,丰都县令,任性妄为,办事荒谬,若不从,则羁押了事,"种种弊政,难以悉数,唯民不堪命,不知何日得拨云见青天。"《重庆日报》的这类广告,类似后来报纸上的读者来信,给普通民众提供了一个说话的地方。这种读者来信式的广告,其内容与报纸的宗旨相契合,也是对清政府腐朽统治的揭露与控诉。

《重庆日报》是在重庆最早宣传民主革命的日报,正是在卞小吾和《重庆日报》的推动下,"渝中知己,沪上党人,音书往来,密图组织,势渐膨胀",[①]"不数月,革命事业大有一日千里之势"。[②] 群众赞誉该报是"醒愚氓痴梦,播革命种子的当头棒喝","是重庆的《苏报》"。我国当代新闻传播史泰斗方汉奇先生所著《中国近代报刊史》在论及民主革命准备时期的报刊时,对西部地区的报纸只提及1904年创办的《重庆日报》,并高度评价它是"西南的一支劲旅"。我国新闻史研究奠基者戈公振先生所著《中国报学史》则认为,《重庆日报》是"鼓吹革命之健者",这些都是对《重庆日报》的极高评价。

第五节 重庆近代商务报刊的出现

1903年,清政府设立商部,负责统一管理全国商务事宜,同时制定《商会简明章程》,规定全国商务繁富地区,一律设置商会,并明确了重庆、天津、烟台、上海、汉口、广州、厦门这七个全国主要商埠"均作为应设总会之处"。1904年10月17日,重庆总商会成立。重庆最大票号"天顺祥"老板李耀庭担任总理。商会订立《重庆商会章程》18条,并创办《重庆商会公报》。

---

① 《卞小吾事略》,《江津县志》。
② 邹鲁:《卞烈士传》,《中国国民党史稿》,中华书局,2010年版。

一、《重庆商会公报》概况

《重庆商会公报》为四川第一家商业报刊,于1905年8月15日在重庆创刊,重庆广益书局印刷发行,是重庆总商会的机关报,编辑部设在重庆五忠祠商务总会内。

《重庆商会公报》为旬报,逢五出版,每册约四十页,每年出版32期。该刊主要为商业服务,传递商业信息,提倡"实业为自治之本",主张改良农工业生产,发展商业,也大量报道新技术和科学知识、医学知识。1906年,报纸进行改良,外观变化较大,不仅栏目增加到50个,编排上也作了改进,栏目加了花框,标题也多单独起行,或者在正文前,与正文空一字,以示区别。自1907年第8号,总第56号起,更名为《商会公报》。从1908年第26号,总第106号起改为周报,每月四册。

《重庆商会公报》初创时栏目不多,次年改革后,所设的栏目有:阁抄、奏牍、公牍、上谕、厘税、论说、商情、商史、实业、物价、采报、案件、录要、拾遗、小说、余谈、文苑、科学、要件、调查、纪实、杂俎等,内容大量丰富,所刊载信息也非局限于工商领域方面信息的报道,而是用许多版面来宣传资产阶级改良主义政治主张,鼓吹实行君主立宪,揭露专制腐败,宣传民族资产阶级上层利益和先进的科技,推动发展商业和实业,抵制洋货,宣扬爱国主义精神,在资产阶级阶层和市民中引起强烈共鸣。

在《重庆商会公报》"论说"栏目刊载的较有影响的文章有:"蜀商宜联公司购小轮行川保航业说"、"四川大宗土产急宜改良说"、"四川地理大势论"、"论宫中设立纺织所"、"论棉纱跌价之原因"、"敬告国民提倡实业书"、"川省丝绸税则宜重人口而轻出口说";在"厘税"栏目统计有:"唐家沱九城门成庄货件"、"香国寺成庄货件"、"乙巳年腊底九城门出关货件";在实业栏目连载有:"中国实业诸大家传"等。

有关中外各位商业新闻的报道是《重庆商会公报》的重点。以1906年8月14日第三十五期(丙午年第十九号)为例,本埠及本省各埠商情即有"川土厘税"、"白蜡情形"、"花市寂寞"、"盐价下移"等,外埠商情则有"日茶入蒙

(蒙古)"、"查核工艺(苏州)"、"败茧制绸(安徽)"、"藤帽专利(山东)"、"组机水磨(山西)"、"机器面厂(湖北)"、"兴宁出产(广东)"、"西法炼盐(广东)等。

兼顾到新闻纸的性质,《重庆商会公报》有关政治社会的新闻逐年增多,并在1906年开设"纪实"的栏目,刊载国内外新闻,分设新闻界、商业界、商政界、商学界等子栏目。其中,"新闻界"主要刊登政治社会新闻。以1906年11月30日第四十六期(丙午年30号)为例,"新闻界"刊登的新闻有"厘定部务(京师)"、"内廷改良(京师)"、"八旗办法(京师)"、"轧伤教习(天津)"、"难民逃俄(东三省)"、"佐杂庇娼(杭州)"、"永康匪焰(浙江)"、"输船失慎(汉口)"、"厘厂中饱(广东)"、"川甘番匪(甘肃)"、"喇嘛回藏(西藏)",内容基本涵盖当时的重要新闻。在1907年11月20日的第七十五期(第三年第27号)上,"新闻界"刊登的新闻超过60条。此后,"新闻界"还分设为"中国部"、"外国部",以示国内外新闻的区别。

1909年底,《重庆商会公报》停刊,目前所见最晚一期为第163期。

二、《重庆商会公报》的经济主张

作为商会机关报,《重庆商会公报》首先在商言商,反对帝国主义的经济侵略,要求抵制洋货,努力发展资本主义工商业。

《重庆商会公报》认为帝国主义的经济侵略是制约中国经济发展的重要原因。1906年3月9日丙午年第三号"论说"栏目发表《四川大宗土产急宜改良说》指出,帝国主义"陆则据我之运道,水则侵我之航权,制器奇淫,日新月异,甚至羽毛骨角,日用纤维,无一非中国四万万人之漏卮,而为六七强邻之利薮也。变本至此,又奚怪每年出入比较之数,中国散参竟负至二万万之多。吾恐不及十年,地虽广,脂膏其能不竭乎?民虽众,生计其能不瘁乎?五行百产虽丰,其能视为养命之源而不受他人之奴隶乎?"真是"言者寒心,听者塞耳。"[①] 1908年第8号的一篇调查报告更为深刻地指出,"视观今日之中

---

① 《重庆商会公报》,丙午第三号"论说"。

国,朝野上下,海噬山陬,城乡市井,士卿大夫与樵夫贩妇,虽贵贱不同,贫富各异,无一不身着有洋货,可见我中国四万万同胞皆为洋人销货赐顾之客也。举天下之人皆为外国销货赐顾之客,民安得不困,国安得不弱"。① 对于帝国主义经济侵略的危害性,《四川大宗土产急宜改良说》指出,帝国主义的经济侵略是"输人之产,沦人之国,灭人之种",而"不以刀兵,不以水火"。② 尽管帝国主义已经用"输人之产"为主的经济侵略代替以"刀兵"和"水火"为主的军事侵略,但他们"沦人之国,灭人之种"目的并没有改变,帝国主义仍然是中国最主要的威胁。

《重庆商会公报》呼吁,中国人民要反对帝国主义的侵略,就应以"抵制洋货"、"振兴实业"为主要手段,"兴商为强国之基本",努力发展实业,以商战来对付帝国主义的商战。有论说指出:"今中国之所当握要图者,富强而已矣。商务者,古今中外强国之一大关键也……商兴则民富,民富则国强,富强之基础,我商人宜肩其责,盖商业无论巨细,皆与国家有密切之关系。能为外洋收回一分利权,即为国家增长一分势力,能于商界多占一分位置,即为国家多获一分光荣。"③把商业的发展与国家利益紧密相连,这是资产阶级爱国主义思想的体现。

另外报纸还提出一些发展建议,比如在四川发展和改良畜牧、蚕桑、山货、蜡烛、红花、靛、石油、纸张、漆、炭、五金、矿业、瓷器、火柴、虫草、棉花、麻、绸缎、呢绒毛毯、绣货、布匹、丝、皮料等,与帝国主义争夺四川市场。他们满怀希望地说:"物产殷阗,而制造繁富,不特外货之内流可以言保守,并能争外市之销场可以言商战。安见地大物博之国,勤俭耐劳知名,其商业不能竞进也哉"。④ 由此可见,重庆本土商人的眼光已经不仅仅局限在国内市场,而是具备了一种放眼世界的宽阔情怀。

此外,《重庆商会日报》登载的许多经济信息都成为日后研究重庆近代商业发展的重要材料,如《重庆商会公报》曾刊载 1906 年重庆药材行市为:黄芪

---

① 《重庆商会公报》,丁午第八号。
② 《重庆商会公报》,丙午第三号"论说"。
③ 《重庆商会公报》,丙午第三十二号"论说"。
④ 《重庆商会公报》,丁未第八号。

每担银 12 两、当归 13 两、秦艽 36 两、川芎 19 两、平贝母 280 两、云黄连 220 两、味连 1 两、白芍 2 两、半夏 9 两、附片 34 两、枳壳 7 两、天雄 15 两、甘松 8 两、党参 30 两、中吉 26 两、洋片 22 两、皮子 3 两、泽夕 11 两、大杜仲 15 两、鹿角 42 两、红梅 2.4 两、独夕 8 两、木香 6 两。

三、《重庆商会公报》的政治观点

《重庆商会公报》倾向于改良主义，主张以进化论的观点来论证中国实行君主立宪制的必要性。这种观点虽然值得批判，却不能忽视报纸在宣传和实现资产阶级政治目的等方面的作用。

1906 年第 1 号的"论说"中，报纸提出"泰西数十百年以来，有新法，有新书，有新学，有新人，遂能阐发新理，鼓荡新机，而为我华人顿新其耳目"。所以"中国亦何独不能开五金之利则矿务一新，缩万里之程则铁路一新，新银钱则鼓铸遍于各埠，新制造则陶冶通于域中。农则新其种植，而东郊南亩有象怀新，士则新其弦歌，而家塾党庠，知新温故；商则新其互市，而往来交易咸与维新；工则新其艺能，而组织文明，新其必创"。若能做到这些方面，中国"立其宪政则国体新矣，删其法律则民命新矣，科举废则人才新，科学立则教法新，改官制则考绩新，练武技则戎行新"，从而"涤其旧污，新其国政"。[1]

君主立宪的论调还散见于其他一些文章中，如 1905 年第 15 期"论说"栏目发表"论官中设立纺织所"，认为慈禧令妃嫔学艺，"此实千古非常罕见之盛举，为慈圣所独创，超越囊昔，信亚东帝史之光哉"，[2] 表示大加赞颂。

同时，《重庆商会公报》也有对底层人民群众关心的内容，如丙午第六号刊登了署名"丁酸"的一首《蚕租行》诗，讲述一个养蚕的妇女在蚕儿还没有吐丝的情况下，就遭遇了收租人的催租，无奈只得"毕命朱丝绳"，丈夫归来后，见妻子上吊自杀，亦自杀身亡的人间悲剧。丙午第十一号还介绍了陈天华烈士的事迹，刊登了怀念烈士的诗词。

《重庆商会公报》虽然号召反对帝国主义，也有少量介绍革命党人的内

---

[1]《重庆商会公报》，丙午第一号"论说"二。
[2]《论官中设立纺织所》，乙巳第八号。

容,但总体思想趋于保守,竭力主张实行改良,这与重庆总商会受清政府的庇护和监督有关,毕竟商会是在官府的支持下才创办的,同时也体现了资产阶级在政治上的不彻底性。但是应该认识到,《重庆商会公报》作为商会喉舌,借助清政府新政的机会倡导自治,对促进重庆资本主义工商业发展,在唤起重庆人民保全时局、通达商情、传播科学等方面则具有积极意义。

第六节 开端时期重庆新闻传播事业述评

清末重庆新闻传播事业的产生,是多方面因素的综合结果。重庆开埠后,工商业迅速发展,新式学堂逐渐兴起,近代资产阶级知识分子群体产生,维新思潮和民主革命思想的广泛传播,外人办报的示范效应,国人办报的强烈意识、宗教宣传的迫切需要……这些因素,都迫切地催促着重庆产生属于自己的新闻出版物。

《渝报》、《广益丛报》、《重庆日报》、《重庆商会公报》、《华西教会新闻》、《崇实报》……这些报纸的先后出现,初步构建了重庆地区的报刊体系。这一时期,被称为重庆新闻报刊的兴起阶段,也即开端时期。

除上述详细介绍的报刊之外,《天公报》于1902年创刊,具体内容不详;《开智白话报》于1905年创刊,由精宏书局排印,以"兴学劝公"为宗旨。1911年4月,郭又生办有小张《商报》。重庆独立,郭停《商报》,改名为《光复报》。此外,重庆在1911年还有一份《求实报》。

需要解释的是,史和、姚福申等编著的《中国近代报刊名录》中记载,"《通俗报》(重庆):四川出版的第一张日报。光绪二十四年(1898年)创刊,在重庆出版。创办人宋育仁、编辑大多是原来《渝报》的人员。日出四页。该报偏重报道工商界消息,文字通俗。读者大都是工商界人士"[①]。这份报纸至

[①] 史和、姚福申等:《中国近代报刊名录》,福建人民出版社,1991年版,第399页。

今未见原件,估计有可能就是《渝州新闻》。此外,戈公振在《中国报学史》曾记载重庆在清末有一份《救时报》(日报),[①]这份报纸至今也未见过原件。另1905年天津《大公报》曾对全国报纸作出统计,列出重庆在1903年有一份商办报刊《渝城日报》,并且这份报刊到1905年5月11日天津《大公报》统计时仍然存在,但是这份报纸也未见过原件。此外,1905年3月21日《重庆日报》报道,"重庆欲出一三日报,名驻渝重庆公报,附设莲花池医学堂公地,每月出报十册,其宗旨不臧否人物,妄议朝政,为报界中最忠厚之特色。"1909年7月30日成都《通俗日报》"文苑"发表诗歌称赞当时重庆的《川东日报》。但是,无论是《驻渝重庆公报》,还是《川东日报》均未见实物。

但是,这些并不妨碍我们对于清末重庆新闻传播事业的分析和评述:

一、出现时间上,国人自办报刊早于外人办报

重庆第一份报纸《渝报》1897年创刊,是整个西南地区的第一份近代报纸,在时间上早于重庆最早的外人报刊《华西教会新闻》(1899年)。这是有别于此前国内香港、澳门、上海、广州、汉口等地区的。

中国现代形态的报刊的出现并非是内生的,而是具有外生性。"与西方的本土文化转型引导本土报业转型不同,中国报业转型的序幕却是由外民族拉开的。换言之,西方的报业转型是自主开发的,中国的报业转型却是被动参与的。"[②]纵观中国现代形态的报刊,首先源于鸦片战争前西方传教士为传教活动而创设的报刊。他们来自报业发展已经相对成熟的西方国家,在采编印发等业务技能上具有明显的现代性。从第一批中文近代报刊在马六甲等东南亚华人聚居地区出现,到葡文周刊《蜜蜂华报》在国内澳门地区的出现,包括广州、香港、上海、汉口等地最早出现的现代化报纸,无一不是外人主持的。

直到19世纪70年代开始,随着洋务运动的勃兴和外报的不断影响,国人才开始自办近代报纸,比较早的有1872年《羊城采新实录》(广州)、1873

[①] 戈公振:《中国报学史》,(台湾)学生书局,1982年版,第147页。
[②] 吴廷俊:《中国新闻传播史稿》,华中科技大学出版社,1999年版,第36页。

年艾小梅创办的《昭文新报》(汉口)、1873年江南制造局主办的《西国近事汇编》(上海)、1874年容闳发起创办的《汇报》(广州)、王韬1874年创刊的《循环日报》(香港)等。但是,这些国人自办报纸的出现,在时间上都落后于当地外文报纸的出现。重庆则不尽相同。

需要指出的是,重庆新闻传播事业的这种内生型特征并不具有纯粹性。换言之,也是存在外生因素的影响示范。《渝报》的创办者宋育仁曾出使西方多国,应该知悉现代报业的功能与重要性。其次他加入过维新组织强学会,强学会的机关报《万国公报》(后改名为《中外纪闻》)在京城影响巨大,"报开两月,舆论渐明,初则骇之,继亦渐知变法之益"。[①] 所以,宋育仁回到相对封闭的重庆后,萌生出办报的想法,试图通过报刊舆论为维新变革造势呐喊则很是正常。《重庆日报》的创办者卞小吾考察京沪之后,特别是与邹容、章炳麟等"苏报案"主角,以及《中外日报》的汪康年、马君武、谢无量等人接触之后,也产生了效仿《苏报》馆主陈范(字梦坡)捐产办报的做法。

清末重庆报业的发展,有着各种因素的影响,如重庆开埠后的外来冲击、近代工商业的勃兴、宗教宣传鼓动的需要、新学兴起后的知识渴求,其中,重要的动因之一就是新知识阶层的兴起。

1900年前后,重庆新一代知识分子崛起,形成了新知识阶层。他们与早期近代知识分子有很大区别。虽然也有一些人出身于封建营垒,然而他们却与封建统治者联系薄弱,具有更多的西方先进政治理论学说、自然科学、历史、地理等知识。在他们身上,表现出强烈的趋新意识,尤其是对新政治、新知识、新理想、新历史观的认同。新式知识分子在接受新思想的同时,更加自觉地宣传和实践新思想。他们宣传、实践新思想的主要活动除组织新式团体、创办学校、参与政治活动外,创办报刊也是重要的形式。

事实上,宋育仁、卞小吾、杨庶堪等人作为近代重庆资产阶级革命知识分子群体的代表,他们的政治主张尽管不尽相同,但都希望通过创办报刊来宣传维新变革或者民主革命,唤醒民众意识,传播西方先进文化等,这是共同一

[①]《康南海自编年谱》,《戊戌变法》第4册,(台湾)神州国光社,1953年版,第130页。

致的,这也是重庆新闻传播事业内生型产生和发展的动力之源。

二、办报方式上,报刊与相关机构紧密相连

在维新派的带领下,国人办报如雨后春笋般在各地出现,中国新闻传播史上出现了近代国人办报的第一次高潮。在这一高潮中,形成学会、学堂、报刊"三位一体"的组织形式,报纸背后有学会,学会背后有学校。典型的如康有为主持的《强学报》是上海强学会的机关报,《万国公报》是北京强学会的机关报,而强学会背后是大批追随他在广东万木草堂学馆的弟子。

新式学堂、新式报纸和学会的兴起,打破前现代社会令人窒息的文化专制氛围,成为现代公共舆论的真正起点。通过公共舆论,维新派一方面以论干政,为限制皇权、兴民权、立议院奠定舆论基础。另一方面,开启民智,力图造就崭新的先进知识分子阶层。谭嗣同一语道破学堂、学会、报刊在文化启蒙中的特殊功用,"假民自新之权以新吾民者,厥有三要,一曰创学堂,改书院,以造英髦之士;二曰学会,学会成,则向不得入学堂而肄业者,乃赖以萃讲焉;三曰报纸,报纸出,则不得观者观,不得听者听。"[1]陈旭麓先生也指出,"新式报纸可谓启蒙媒介,新式学堂可谓启蒙基石,学会可谓启蒙的信息集散中心。"[2]三者都是推动现代化进程的动力因素。从这一意义上言,新式学堂、学会和新式报刊不仅仅属于维新时代,而且属于中国早期现代化的整个过程。

重庆近代新闻传播事业中,《渝报》出版时间较短,虽然宋育仁有一定的官方背景,但没有相配合的机构,这种遗憾在他创办《蜀学报》时得到弥补,此时他的另外一个身份是四川尊经书院的山长,他组织了四川本地第一个有着政治倾向的维新团体"蜀学会",并用学会的名义,在1894年5月上旬出版了《蜀学报》。宋育仁给"两报一会"规定了统一的宗旨,主要刊登讨论和研究学习新学、新法的文章和消息,并且要言之有物,不登空论。宋育仁把两报一

---

[1] 谭嗣同:《湘报后叙(下)》,《谭嗣同全集》(下册),中华书局,1981年版,第418页。
[2] 周积明:《变革的新工具——略说戊戌时期的学堂、学会、报纸》,《湖北大学学报》,1996年第2期。

会和尊经书院作为推行新学的三个有机结合的手段。他说:"报局与学会相表里,学会与书院相经纬,分为三事,联为一气。书院原有堂课佳卷选刊之例,今立学会,不全属书院之人,主于互相讨论,自当与课程有别,今订会内学友论撰,由主会评阅,佳者由报局酬奖登报,书院课卷佳者,由书院送学会参论,交报局发刻,书院已有课奖,报局不另酬奖。学会开讲,报局随即出报。"①书院讲课的讲稿,学会讨论,择优登报。学友"有新得之学,新得之理",登报表扬。这种"学堂—学会—报社"相配合的方式,与同国维新派的主张和步调是完全一致的。

卞小吾创办《重庆日报》前,就与杨庶堪、田心澄等人组织"游想会",以郊游的形式,议论时政,探索救国之道。《重庆日报》出版后,他与竹川藤太郎又办工厂、办学堂。其中他们共同发起创办了被称为"渝中独一无二"的重庆东文学堂,"其特色在注重精神教育,一洗奴隶腐败之风。凡来学者,无论学年久暂,皆必使确知国民之责任,完其个人只资格而后已。""东文学堂"的资产阶级革命办学倾向,被称为"渝中独一无二之学堂",②"希望日本留学者,在本学堂进行基础培训,可达到相当于日本高中教育三年的水平,相当于毫无基础去日留学五年的水平。"③1905年5月,卞小吾在培德堂创办的"女工讲习所"女工系半工半读,既授以文化,又授以技术。工厂、教育与报纸相互配合,取得了很好的效果,也提高了《重庆日报》的知名度。

再看其他报纸。《广益丛报》最初负责人杨庶堪背后有四川第一个资产阶级革命小团体——公强会。1906年同盟会四川支部成立后,《广益丛报》日益被革命党人控制。辛亥革命后,还短暂成为蜀军政府的临时机关报。《重庆商会公报》为商业报刊,是重庆总商会的机关报。《华西教会新闻》和《崇实报》为宗教报刊,背后的支持力量分别是基督教会和天主教会。

因此,我们可以看出,早期重庆的新闻报刊在组织形式上,不是纯粹的。其背后,有着显性的力量在支持。这些力量也希望通过报刊发出声音,实现

---

① 《蜀学报章程》,《蜀学报》第1册。
② 《广益丛报》,光绪三十一年,第二期,纪事十三。
③ 《创建东文学堂》(广告),《重庆日报》第84号。转引自[日]加藤雅彦《梦断巴蜀——竹川藤太郎和他的〈重庆日报〉》,向蜀珍等译,四川人民出版社,1995年版,第208页。

目的。

三、形态内容上,逐渐向现代报纸的特征过渡

《渝报》是重庆第一家现代报纸,旬刊。印刷上,采用木板雕印,直到停刊一直没有改变。版式上,采用线装书式的期刊形式。内容上,以论说为主,谕旨、宫门钞、本省近闻、各省近闻、外国近闻为辅。新闻文体写作上,新闻不够完善,还常常与评论相混淆。没有副刊,广告直至第9期才出现。可以说,《渝报》在形态内容上还处于古代报刊向近代报刊过渡的雏形,并不是现代意义上的报纸。

这些状况,随着重庆新闻业的不断发展,得到逐渐改观,报纸也开始向现代报纸的特征过渡。《渝州新闻》创办时,已是土纸单张印刷,语言上也"专为通俗之言",并"日出一纸",具有日报的雏形。《广益丛报》时期,虽然报刊仍以摘录社论为主,但是科技性内容和副刊小说大为增加,这些内容的出现,有效地吸引了读者,扩大了市场。等到《重庆日报》的创办,言论、社论、副刊、广告四大内容形态都已经具备,外在形式用四开白纸活字印刷,单面印制,每日出4小张,即4版。整张报纸,可裁叠成线装书,展开又独立成报。这在当时既迎合了读者的阅读习惯,又降低了成本,开创了重庆、四川地区报业现代化的先河。

新闻来源上,《渝报》最初是以摘录转载为主,其次是在"各就其地,托一友人,采访要件"。《华西教会新闻》则开始出现外地编辑和通讯记者的身影,这得益于当时教会庞大的传教网络。到了《广益丛报》时期,就有了专门采访新闻的记者。在1912年被袁世凯在四川的代理人杀害了的朱山就曾任《广益丛报》的专职记者。[①] 除了自己的记者外,《广益丛报》也聘用驻外省和北京的兼职记者,为该报及时提供准确的外省新闻。《重庆日报》创刊后,新闻来源更显多元化:有招聘的访员采写、有卞小吾亲自采写、有群众自发来稿、有友人提供。

[①] 据介绍,朱山在《广益丛报》作新闻记者时,月薪为银十八两。参见黄稚荃:《朱山事迹》,《成都市文史资料选辑(第一辑)》,1981年版。

报纸内容上,早期的《渝报》只有"各省近闻"、"本省近事"、"外国近事"等三个新闻栏目,分别报道国内、本埠和外国新闻。其次为摘译外国报刊的论文和各式政论,还有少量奏折等。而到了《广益丛报》,无论是在内容上还是在新闻业务上,都较《渝报》大大前进了一步。它集新闻、时事、政治、学术,文艺,科普为一炉,内容更加宽泛,数量也极大增多,更是促进了重庆近代文学的发端。后期的《重庆日报》则基本上具备了现代报纸的因素,新闻成为报纸的主要内容。

四、办报宗旨上,众多报纸主张倾向鲜明突出

办报宗旨,是报纸定位的集中概括,反映了编辑人员对报纸的期待。综观开端时期的重庆新闻传播事业,报业数量不多,但众多报纸的主张倾向十分的鲜明和突出。

一个有趣的现象是,《渝报》主张维新,《广益丛报》倾向革命,《重庆日报》更是"鼓吹革命之健者"。尽管政治主张不尽相同,但报人往往采取了共同的策略,将各自的政治主张表述为"办报求通"。如梅际郁在《说渝报》中指出,"夫其开报之利与阅报之益必曰:究新学、达下情、振陋风、存公议、动众耻。凡所论说,皆天下之大务,救时之良言"。杨庶堪等人创办《广益丛报》时也抱定目标,"广市新出书报杂志,并辑录诸报及杂志中新说,汇为《广益丛报》,以树新风,振民气"。《重庆日报》的创办人竹川藤太郎也在发刊词中提出"报纸是现代文明的先锋和先驱,运载精神食粮的舟车。然而,在巴蜀土地上,却没有出现过报纸这样的东西,诸君急需精神食粮却得不到满足。《重庆日报》虽力量微薄,但愿意成为大家的舟车"[1]。

"办报求通"的首要意义是突出信息的交流沟通,这对于当时封闭的重庆来说,无疑是至关重要的。重庆所处的四川,是中国的一个内陆省份,自然条件特殊,四周被高山和高原环绕,自然条件相对的封闭性,给政治上的割据提供了条件,加上自我封闭的小农经济,重庆实际上陷入了封闭的多重桎梏。

---

[1] 竹川藤太郎:《发刊之辞》,《重庆日报》,1904年10月17日。

重庆开埠后,西方的商品源源不断地输入,在经济变化的同时,也输入了西方近代的文明,加之这一时期知识分子救亡图存意识的觉醒,通过办报来"开启民智"、"去塞求通",进而为政治变革组织舆论和加强指导,就成为这一时期知识分子的不二选择。也正是在这样的背景下,重庆近代报刊在时代的潮流中脱颖而出。

"办报求通"是当时新闻思想的主流,康有为关于报纸"匡不逮、达民隐、鉴敌情、知新政"的"四善说"就是这一思想的集中代表。反观重庆,梅际郇的《论报馆有益无损》与梁启超的《论报馆有益于国事》实际上是同一表达,共同强调了报纸对国家的作用。进一步说,"办报求通"这一早期报刊理论的中心议题,不仅仅蕴含现代意义上的信息沟通交流,更为强调"求通"在于"去塞除病"——解决现实的政治弊端,因此,"办报求通"充分表达了这一代知识分子"以报救国"的初衷和心志,也由此设定了中国报业起步时期报业角色认识的第一个基点——报刊作为变革政治的"利器",重庆也不例外。

同时,无论是宋育仁、梅际郇,还是杨庶堪、竹川藤太郎、卞小吾,在这些早期重庆报人的眼里,报刊的社会身份并非是新闻传播者,而是政治宣传家、精神导师,它是掌握在"先知先觉者"手中的工具,是民众启蒙教育机关。有学者认为,"这种'觉世'心理既是中国知识分子忧国忧民良好心愿的表露,又带有俯瞰民众的强烈的心理优势。反映在具体的方法上,采取由上而下单向的鼓吹、灌输,注重宣传术的运用;在对象上,以士大夫阶层和资产阶级知识分子为主,且始终抱着'晓喻愚蒙'的心理。"[①]因此,借助报刊载体,不同的政治主张得以表达,这实际上也赋予了重庆早期报人"救亡图存"、"思想启蒙"两大社会使命。

此外,《崇实报》也号称"以开通人民智识,传递确实信息之用","为社会服务,庶教内敦外各界人,得阅于心身有益之新闻,于世界及我国有关重要消息,以副阅报诸君之雅意",[②]但并没有放弃对政治的参与。《重庆商会公报》

[①] 丁未:《论中国新闻事业的三种角色定位》,《新闻与传播研究》,2000 年第 4 期。
[②] 《新闻学论丛》第 2 集,《四川大学学报丛刊》第 29 辑,第 117 页。转引自隗瀛涛主编:《近代重庆城市史》,四川大学出版社,1991 年版,第 789 页。

虽然为商务报刊,但倾向于改良主义,主张以进化论的观点来论证中国实行君主立宪制的必要性。这些现象的出现,也从侧面说明了早期重庆报业对政治的关注,或者说,是裹挟在三千年未有之大变局中的必然行为,是一种时代的必然性,"他们处于一个社会结构转变的前夜,考虑的重心是如何实现社会政治体制变革,因此政治意识比较强烈。"①从历史的连续性来讲,亦是"文人论政"的一种继承和表现。

从目前掌握的资料来看,可以对开端时期重庆的报纸作一个简单的种类界定:

《渝报》是维新派报刊,属于政党报纸的类型。

《广益丛报》是文摘报,属于汇报的类型。

《渝州日报》是日报,单张形式,是日报的雏形。

《重庆日报》是日报,是重庆和四川地区第一份现代报纸,同时也是革命派的报纸。

《华西教会新闻》和《崇实报》是宗教报,分属不同的教会派别。

《重庆商会公报》是商办报刊。

《开智白话报》是纯用白话的报刊。相比之前的报纸,白话报的读者的范围从知识分子群体扩大到社会大众阶层,语言上更加通俗易懂。

其后不久,重庆妇女界在1916年筹办了《女铎报》,由程悲娴任社长。这份妇女报,标志着重庆妇女界办报的开始。1919年《川东学生周刊》创刊,这是重庆最早的学生报刊。

当然,由于重庆并非当时四川的省会,四川省的官报体系没有在重庆建立,都是建立在成都的,分别有1904年的《四川官报》(后改名为《四川五日官报》)、1904年的《成都日报》、1905年的《四川学报》(后改名为《四川教育官报》)等,但从上述的简单梳理,我们可以看出,重庆的报业开端时期就具备了多样化、专业化的形态,这对于新闻传播事业的多元发展是极为有利的。

---

① 许纪霖:《中国知识分子十论》,复旦大学出版社,2003年版,第85页。

第二章　发展与进步：
重庆新闻传播事业的巩固发展阶段

辛亥革命成功到抗日战争爆发的这20多年间，是重庆新闻传播事业的巩固发展阶段。虽然其间也有一些曲折，但总体态势是发展的。这期间的重庆新闻传播事业，一是各式报刊纷纷出现，有政党报刊、军阀报刊、休闲小报、商业报刊等多种形式，其中《新蜀报》《商务日报》《国民公报》一直出版到1949年重庆解放前后；二是区县地方报刊开始出现，代表地区有江津、綦江、合川、长寿、涪陵等；三是出现了新闻团体、通讯社、广播电台、新闻教育机构等新兴事业。

这些现象，比起开端阶段的重庆新闻传播事业，有很大的进步，推动着重庆近代新闻传播事业向纵深和全面两个维度发展，也为重庆在抗战时期成为中国的新闻传播中心打下了基础。

第一节　政党报刊与军阀报刊

1911年10月10日，革命党人在武昌发动起义，光复武汉三镇。11月22日，由同盟会重庆支部所支持创建的蜀军政府成立。1912年1月1日，中华民国临时政府成立，言论自由被写进《中华民国临时约法》，这是言论自由第一次写进中国的国家宪法,这也给包括重庆地区的新闻界注入一股新的活力。

1912年,在建设民主政治和政党政治的口号下,社会上很快涌现出多种政治组织,这些名目繁多的党派,差不多在四川和重庆地区都建有支部,其后经过分化组织,实际形成同盟会—国民党、共和党—进步党两大派系。国民党是1912年8月由同盟会联合几个小党组成的。9月,四川同盟会也根据国民党的指示,联合重庆中华民国联合会、统一党四川支部,以及曾一度自动组织共和党的原同盟会员等,组成国民党四川支部。共和党是袁世凯的御用工具,是当时四川的第一大党,它的支部由统一党、民社党、民主党、演进党、政进党、国民共济会等党派合并,于1912年8月18日正式成立。这些党派在重庆也办有自己的报纸。

一、民国初年的政党报刊

1911年11月22日,由同盟会重庆支部支持创建的蜀军政府成立,25日即创刊了发布蜀军政府政策、法令的机关刊物《皇汉大事记》。《皇汉大事记》由陶闿士主办,朱国琛主编,地址在重庆商业场。不久,担任《广益丛报》编辑的周文钦,受蜀军政府之聘,接办《皇汉大事记》,改名为《国民报》,作为蜀军政府的机关报。周文钦任主编,编辑有文伯鲁、燕子才。社址改在演武厅侧。

1911年12月,《益报》创刊,为统一党在渝机关报。

1912年1月,国民党人创办《中华报》,次年停刊。1912年底前后又创办《重庆新中华报》(主办人为国民党人郑雨笠),自称"扶论正大,不畏强御,材料丰富,消息灵通,西南方人奉为神针导线",还自封为"言论界之霸王",1916年9月停刊。

1912年1月,共和党创办《正论日报》,社址大阳沟。社长向执中。

1912年3月,社会党创办《国是报》,该报是社会党与汉流(哥老会)组成的"汉流唯一社"机关报,社长唐廉江。《国是报》自称"拟实行社会主义,日内新持报章,沿街市劝人购阅,逢人便言报纸之益"[1]。

1912年3月,重庆国民共济会创办《国民共济报》。

1912年4月,重庆中国社会党创办《社会党日报》,李绪任编辑。

……

其他还有一些五花八门的报纸。不过,这些报纸大多昙花一现,时间既短,影响也小,在历史上几乎不着痕迹。

究其原因,除这些报纸大都存在政党接济、经费困窘、人才缺乏等内在因素外,民国初年的政党纷争对报纸的影响也很大。

1912年4月,蜀军政府撤销,成立重庆镇抚府,这是重庆同盟会革命党人的阵地,但却由袁世凯所派的胡景伊任镇抚府总长。5月18日,胡景伊出任四川都督,进一步排挤革命党人,支持袁世凯。1913年7月,熊克武、杨庶堪等组织讨袁军。对此,由同盟会支持的《国民报》发表许多文章,声讨袁世凯及胡景伊。同年8月,袁世凯调集兵力,夹击讨袁军,熊、杨兵败出走。9月,《国民报》即被北洋军阀控制的重庆当局以"横涉党祸"为由下令查封,报刊遂停。周文钦、燕子才被捕,投入监狱,在狱中关押至1913年,后经温鹤汀等疏通才得以出狱。

1912年6月,共和党的《正论日报》被熊克武部捣毁,社长向执中被捕。次年1月,向执中被释放,另觅社址于2月复刊《正论日报》。同年7月6日因经费窘迫停刊,1915年又复刊。1916年4月停刊。原因是报纸刊载时评《洗心涤虑》和《徐相国议取消封爵》,有触忌讳,被重庆行军总执法派人查封,捕走经理陈锡之和发行人张树楠,陈锡之三天后被保出,张树楠被判有期徒刑九年。

二、各级军阀出资创办的报纸

袁世凯倒台以后,四川地区进入所谓的"防区时代"。盘踞各地的大小军阀,纷纷争夺割据范围。在长达18年的内战中,前后发动大小战争200多

---

[1]《国是报》,1912年3月27日。

次。为了夺取权力,制造舆论,这些军阀也纷纷兴办为自己鼓吹的报纸。于是在各自的势力范围内,一大批军阀报纸应运而生。

重庆作为川东重要的通商口岸,在长期战争中多次易手,也就办起了多种报纸。但这些报纸大多数是短命的,往往随着军阀割据势力的消失而消失。

其中,国民革命军21军在重庆兴办的《济川公报》,是重庆地区影响力较大的一份报纸,销路最高时达4000份左右,其中有近一半的订阅对象为军队。

《济川公报》是21军的机关报,1931年1月11日在重庆创刊。由21军核心组织"武德励进会"中的彭光汉、刘尧黎、周瑞麟、张联芳等人分头筹备创办。社长由21军第一师副师长彭光琦担任,并聘军部高等顾问郭澄坞为总编辑,编辑有胡善权、赵落归等人,主笔为陈济光、李开先,报社经费由"武德励进会"负担,社址在重庆公园路(即武德励进会会址),始由百子巷合川印刷社印,继改由启文印刷局印刷。《济川公报》的名字来源于"对川事有利,对川民有福",报社同人也力求名副其实。

《济川公报》日出对开4版,后改为8个版,文字竖排,一版为广告。报纸内容分:社论、时评、电讯、国内要闻、国际纪闻、本省政情、社会现状、武学求新、文艺奏雅、评论等10个栏目,后又增设《济川副刊》、《公众话刊》、《毛锥子》等副刊专栏。1932年,刘东父任社长期间,报纸进一步改版,在上海、南京、天津、北平等地添置航空报,以求消息的迅速,并在上海聘请一位特约通讯员,还增加了成都特约专电。[①]

报纸初期曾大张旗鼓报道川军与红军作战的"剿匪"新闻。抗战期间,报纸宣传以抗日为主,经费也改由省政府拨发,四川省政府秘书长邓鸣阶接任社长。《济川公报》也由21军的机关报的身份转变为与在成都出版的《华西日报》一样,成为省政府的机关报。改组后的《济川公报》,在言论和社论上都专为力主抗日,几乎每天报纸都会在一版上刊登一篇宣传抗日的社论,约

[①] 邓宣:《济川公报源委》,《重庆报史资料》,第十一期。

占版面的 1/4。

卢沟桥事变爆发后,《济川公报》常用整版篇幅报道有关事变的详情。如《九一八事变将重演》、《日军突然炮轰宛平城》、《平民可闻炮声》、《我为正当防御、决于日军周旋》等文章,向重庆读者阐明日军进攻卢沟桥的原因和经过,推动抗日运动的发展。

1937 年 7 月 14 日,报上发表抗日文章《准备牺牲,保卫国土》,号召全民抗日,"我们的领土遭受如此威胁之时,我们是应该抱牺牲的决心","现在已是牺牲的时候了,我们全国的民众都应该起来准备牺牲,争取我们的民族生存;包围我们的国家安全。"①8 月 15 日,刘湘决定亲身率部出征,报纸当天刊出消息,大造声势。1939 年 5 月下旬,日机轰炸重庆中央公园。报社在园内的全部房屋化为灰烬,拟迁小龙坎新址建馆未果,故停刊。②

《权舆日报》是刘湘拨款,21 军"特务委员会"(简称"特委会")办起来的"特委会"机关报,前身为《路灯》杂志。该报创刊于 1933 年 1 月 1 日,社址设渝中区杨柳街 32 号。《权舆日报》初为四开一小张。1933 年 12 月 1 日改为 1 大张 4 版。后改为 2 大张 8 版。整个版面贯穿一条"剿匪反共"宗旨。社论中心是宣传三民主义、唯生论哲学,批判马克思主义唯物论等。《忏悔》专页曾刊出许多期"反共宣言专号",专刊叛徒变节自首后写的自白书、悔过书及反共宣言,是一张彻头彻尾的反共报纸,在全国、全省实属罕见。由于该报露骨反共,为新闻界同行和读者所不齿,销路也不好,1935 年 10 月停刊。该报社长是"特委会"主任、重庆警备司令部司令李根固,副社长汪显庸,总编辑宋毓泽。

军长这一级将领中,在重庆办的报纸还有 24 军刘文辉出钱的《川康日报》,28 军邓锡侯出钱的《四川日报》。师长这一级将领的有鲜英、罗仪三出钱的《新蜀报》、王陵基出钱的《大中华日报》、蓝文彬出钱的《建设日报》、王缵绪出钱的《巴蜀日报》和张志和出面办起的《新社会日报》等多种。

---

① 《准备牺牲,保卫国土》,《济川公报》,1937 年 7 月 14 日。转引自邓宣:《济川公报源委》,《重庆报史资料》,第十一期。

② 另一种说法是"终因经费短缺,到 1939 年 3 月底宣告停刊",参见陈雁肇:《我所略知的〈济川公报〉》,《重庆报史资料》,第十一期。

《川康日报》1929年3月11日创刊,社址设在较场老街口139号沈与白公馆内。大革命时期,川军刘文辉易帜为国民革命军第4军,他想利用这个机会表示革命和进步,另外又想扩充自己的实力,扼制其他军阀,实现统一四川的目的。此时,中共党员苏幼农(即后文《新社会日报》编辑刘瘦奇),找到刘部熟人董蜀舫、周敬儒、李雅髯等商议,劝说刘文辉出资办报,刘文辉同意。《川康日报》每天出版对开一大张,分中外要闻、省内新闻、本市要闻、副刊四版。社长为周敬儒、董蜀舫,总编辑李雅髯、王鳌溪,编辑有谢明霄、甘树人、施明德等。报纸倾向进步,宣传革命真理,发行量最高达四五千份,在社会各界有广泛的影响力,尤其在青年学生和青年军人中影响更深。《川康日报》社内供职人员大多有军职兼差。销场多在川南、川西方面。因经济来源充实,房屋宽大,设备齐全,广告业务特设一部,堪称当时重庆最富裕的报纸。因言论关系,《川康日报》曾与《团务日报》笔战,互相攻讦达月余之久。在四川"二刘"争霸战中,刘文辉败于刘湘,报纸遂于1931年冬停刊。

《巴蜀日报》创刊于1929年11月21日,报社总编辑黄绥(元贲),编辑有江疑九、蒋阆仙、何效华、邓宰平,主笔王国源、江子愚、罗一龙,经理郭松年。社址先在商业场西三街,后迁至杨柳街。报纸为对开一大张四版,分载言论、消息和副刊。因出资人王缵绪兼任四川盐运使,该报曾专门辟有"盐政消息"一栏,专载有关盐务的政令和新闻,因此盐业界订阅者颇多。1933年初,报社购置收音机一部,可直接收听中外各地重要消息,是重庆最早安装无线电的报社。《巴蜀日报》最初由王缵绪出资,后来唐式尊、潘文华、范绍增等人也加入出资行列,出版过程一直比较顺利。后因各方长期拖延资金不付,加之报纸销路不畅,广告不多,难以继续维持,拖到1934年春节,各报循例休假停刊,假期满后再未出版。前后出版4年又3个月。

《大中华日报》1922年在重庆创刊。次年停刊。1925年,陈学池重新申请立案出版。后得到21军师长王陵基赞助,每月捐赠大洋1000元。社址在重庆商业场永龄巷9号,由渝商印刷公司代印。日出对开八版,发行千余份。先后任社长、经理、总编辑的有何北衡、刘航深、陈学池、谢明霄;主笔有陈铭德、周开庆、王鳌溪、汪雄修等人。1930年停刊。报纸设有"公布栏",专公布

21军司令部、江巴卫戍司令部、川康团务委员会的文告、批示,经常以"时论"和"社论"的形式发表文章,维护四川封建军阀的统治地位,反对工农革命。

《建设日报》1929年4月15日创刊,为21军师长蓝文彬所办,社址重庆来龙巷。1931年初迁往成都。

此外,军阀为进行舆论宣传,还创办了大量刊物和通讯社。以刘湘为例,其部先后出版的刊物和创办的通讯社有:《革命周报》(1927年初由21军政治部出版,李佛航任编辑主任)、《革命画报》(1927年初由21军政治部出版,陈梵天任编辑主任)、《政务月刊》(1929年由21军政务处出版)、《建设月刊》(1929年由21军编译委员会出版)、《新生活旬刊》(1929年由21军编译委员会出版)、《革命军人》周刊(1931年由21军政训部编印)、《路灯旬刊》(1931年由21军特委会编印)等;重庆新生命通信社(1928年7月22日开始发稿,由邵天真任社长兼总编辑)、重庆革新通信社(1929年发稿,由21军政训部所办)、重庆新川康通信社(1929年发稿,由21军政训部所办)、重庆努力通讯社(1929年10月1日开始发稿,由21军特别党部所办)、重庆革命新闻社(1929年开始发稿,由21军警备司令驻军办事处长傅圣希任编辑主任)、重庆蜀声通讯社(1931年开始发稿,为21军财政讲习班同学组织)。

军阀办报只是出资,并不直接掌握笔杆子,因此报人的自由度比较大。这些报人中,有的颠倒是非,成为军阀心腹,他们听命于军阀,以"反共"为使命;有的主持正义,成为社会公正的主持者,抨击社会黑暗,为人民大众鸣不平;更有不少倾向进步,甚至本身就是共产党员,他们借助这些报纸,宣传社会主义和抗日救国。

第二节 中国共产党领导下的报刊

1920年3月12日,一群进步青年在重庆率先于全国成立"四川省重庆共产主义组织"。次年7月,中共一大召开,正式宣布中国共产党成立。1926

年1月,中国共产党重庆党支部和綦江党支部先后成立。同年2月,中共重庆地方执行委员会成立,这是中国共产党领导四川人民开展革命斗争的统一机构。

中国共产党历来重视新闻宣传工作。早在1920年左右的《四川省重庆共产主义组织的报告》中,就明确写道,"我们的组织(机构)分为四部分:1.书记处,2.宣传部,3.财务部,4.出版部(我们用三千六百元在上海购买了印刷机和铅字,打算年底运到重庆,明年1月将创办自己的印刷所)。""我们组织的成员通过同大学生和工人谈话,以及向他们散发各种小册子,经常秘密地传播共产主义思想。"①

中共重庆地方执行委员会建立前后,中国共产党通过多种方式掌握新闻武器,开展宣传工作,充分发挥舆论导向作用。其中,最通常的方式就是占领军阀报纸这一阵地,宣传和贯彻党的民主革命纲领,反映社会和民众需要,报道评论国内外时事真相。1926年9月,中共重庆地委委员兼团地委书记童庸生向中央报告川中情况时,有这么一段话,"就连四川的宣传喉舌《新蜀报》、《四川日报》,表面上是军阀们的官办新闻机构,但两报编辑皆落入我们之手。"②

一、周钦岳与《新蜀报》

《新蜀报》创刊于1921年2月1日,在"五四"运动和十月革命的影响下,由四川泸州人、"少年中国学会"会员陈愚生发起创办《新蜀报》,社址在重庆渝中区白象街,最初所需经费由刘湘部21军高级将领鲜英、袁承武、罗仪三人筹集。

创刊时的《新蜀报》单面印刷,共有八版,一、四、五、八版皆是广告,二版

---

①《四川省重庆共产主义组织的报告》,http://news.xinhuanet.com/ziliao/2003-01/19/content_695971.htm。保存在共产国际中共代表团的档案中的一份《四川省重庆共产主义组织的报告》,是中国迄今所见到的不仅明确宣布自己为共产主义组织、而且是目前国内发现成立时间最早的一个共产主义组织。参见李蓉:《对〈四川省重庆共产主义组织的报告〉的再考察》,《中共党史研究》,2011年第1期。

②《中央政治通讯》,1926年9月8日。转引自:重庆报业志编委会:《重庆市志报业志》,重庆出版社,2000年版,第32页。

是国内要闻,三版是本省新闻,六版是本埠新闻,七版是新蜀锦。六版中有"市民呼声"栏目,多报道生活小事,为百姓解决问题。据《新蜀报》调查与分析,当时读报的人绝大多数都是中层阶级,这样的版面设计是为了迎合读者需要。与重庆同期报纸相比,《新蜀报》的版面具有眉目清晰的特点,每个版块都有边框,报头内有"新蜀报",报名和报纸顺序编号,全部竖排。同时,各个栏目都是以黑体大号字印出,标题多为三排,均分段列出,颇为醒目。

《新蜀报》最早由陈愚生任社长,刘泗英任总编辑,穆济波、邓少琴等任编辑。《新蜀报》的宗旨是宣传新文化,进步倾向明显。报纸发行数月后,因同情学生抵制日货宣传,触怒当局被查封。此后,张澜推荐沈与白继任社长,经理宋南轩,编辑贺植君、董厚陶,日出四开土纸竖排报纸一张。《新蜀报》初期内容简单,印刷也差,销路很小,发行量仅数百份。随后充实不断内容,改用新闻纸印刷,出版两大张,发行多时达 20000 份。

沈与白担任川军刘湘部驻北京代表后,《新蜀报》改由从法国勤工俭学归来的周钦岳继任总编辑。周钦岳遂聘请与其同归的陈毅任主笔。次年,陈毅去北京学习,又改聘萧楚女担任主笔。

周钦岳,著名新闻工作者,重庆巴县人。1918 年考入北京大学理科预科。1919 年 10 月赴法国勤工俭学。周钦岳担任总编辑后,一改过去节假日报纸休刊的管理,坚持报纸每日出版。他很注意新闻的来源和报纸言论。当时重庆几家报纸都没有社论,唯独《新蜀报》坚持每日都有一篇。而且,每逢重大的纪念日,不仅发表社论,还出专刊,并用木刻的大号字体套红印刷,使报纸格外新颖醒目。例如 1923 年的"五一"国际劳动节,《新蜀报》出纪念专刊,呼吁提高工人阶级的社会地位。"五四运动"四周年,出版了"火烧赵家楼"专页。这一时期的《新蜀报》反帝反封建的色彩浓郁,旗帜鲜明,报纸办得有声有色。

办报初期,报馆有 3 个主要笔杆子:陈毅、萧楚女、漆南薰。陈毅是周钦岳挚友,一直支持周。在 1923 年至 1926 年的三年间,陈毅无论在四川还是去北京,都一直寄稿给他,除时评外还有短篇小说、白话诗和杂作等共 10 多万字。陈毅文笔生动,思想新颖,文章深受读者欢迎。萧楚女作为党的特派员来到四川。1923年初,经友人介绍到《新蜀报》担任主笔。他充分利用《新蜀报》这块阵地,撰写文章宣传反帝反封建,还比较系统地宣传马克思主义。在1923年至1925年夏的两年半时间里,他在《新蜀报》上发表了100多万字。1925年春,萧楚女被迫离开后,报社又聘请著名经济学家漆南薰继任主笔。漆南薰同萧楚女一样,坚持每日写一篇社论。社论内容多侧重反帝斗争,对封建军阀的抨击也很深刻。1927年"三三一"惨案中,漆南薰惨遭国民党反动派杀害。

进入新闻界后,周钦岳进一步认识到无产阶级革命的性质、任务,对中国共产党也有了更深刻的了解。在刘成辉同志的介绍下,周钦岳在1925年加入了中国共产党。当时《新蜀报》虽不是党报,但在重庆乃至全川没有任何报纸像它那样有力地宣传北伐、宣传三大政策、宣传武汉革命政府、宣传农民运动。

周钦岳对《新蜀报》算得上全身心投入。周钦岳刚进《新蜀报》没多久,报社就因险象环生的政治环境以及津贴的断绝而难以生存,这时,周钦岳主动提出"创业不易,我愿在家吃饭,到社工作,紧缩开支,整顿业务,革新版面,争取自力更生,办成独立报纸,免致时陷经济危机"①。这种做法让报社编辑们很是感动,在大家的共同努力下,《新蜀报》最终渡过难关。

周钦岳在担任总编辑的同时,还亲自主编副刊《文学世界》。1923年及其后一段时间,副刊每日出现在第三版下半版,约占三四个短栏。篇幅虽小,在重庆算是开风气之先。所载文章,有新诗、散文、随笔之类,也刊登小说、短剧,当时比起其他报纸副刊专登茶余酒后消遣的文字来,显得更加自然新鲜。

周钦岳主持《新蜀报》的这一时期,该报思想活跃,言论犀利,发表了不少经典的社论和时评,成为传播新文化思想和马克思主义的阵地。需要指出的是,《新蜀报》当时不属于中共党报的系统,但该报的言论和报道策划,使该报具有了鲜明的思想文化倾向,因此,在编辑方针上,特别是在舆论宣传的实际效果上,它已经明显具备了党报的色彩。②

---

① 《周钦岳同志回忆录》,《重庆党史研究资料》,1985年第12期。
② 张育仁、张夷驰:《以传播进步思想为使命的〈新蜀报〉》,《新闻导刊》,2009年第3期。

1927年蒋介石勾结刘湘制造了震惊全国的重庆"三三一"惨案,革命群众死伤六七万人,白色恐怖笼罩全城。周钦岳被军阀当局通缉,于惨案翌日,化装出走汉口,辗转上海,后赴日本。

二、萧楚女与《新蜀报》

萧楚女,原名树烈,又名萧秋,1891年出生于湖北省汉阳县。青年时期,参加过辛亥革命。五四运动后,萧楚女开始接受马克思主义思想,参加恽代英在武汉创办的"利群书社",成为该社骨干。1922年夏加入中国共产党。1923年初应邀到万县省立第四师范学校任教,他在学生中传播革命思想,组织读书会,秘密建立了万县地区最早的社会主义青年团组织。这年夏天,萧楚女从万县到重庆,任重庆女子第二师范学校国文教员。同时兼任《新蜀报》主笔,负责报纸的社论和时评。萧楚女充分运用报纸这一阵地,揭露封建军阀统治下的罪恶,分析产生这些罪恶的社会根源。在萧楚女参与《新蜀报》的工作后,该报的革命观点日益明确,喊出了人民的呼声,受到四川人民的欢迎。

为进一步提高人民的革命觉悟,引导青年走向革命,萧楚女撰写了《帝国主义侵略中国的实况》等文章,揭露国际资本和帝国主义对中国进行政治、经济和文化侵略的罪行。萧楚女还在这篇文章的后面附载《驳"心史"君的帝国主义》一文,由重庆府庙新文化社印成小册子多份。他在文章上将国际资本帝国主义对于中国的侵略,从政治上作了深刻随分析。这篇文章是应当时学生的要求,供他们在暑期中向群众宣传"革命之必要"时作参考的。

1923年,萧楚女同志根据国际和国内的形势,在《新蜀报》上开辟了"社会黑幕"专栏,深刻揭露军阀争夺地盘、搜刮钱财的丑恶嘴脸,鞭挞腐败政治与社会阴暗,并把各帝国主义实行瓜分中国的阴谋毒计和国内军阀混战的关系揭发出来,让人们认识帝国主义和军阀之间如何相互勾结,相互利用。

1923年夏,四川军阀为了掩盖连年战争导致四川生产凋零、粮食紧缺的真相,利用四川夹江人唐焕章妖言惑众,宣扬所谓"辟谷"之术。唐自称是"六教之主",宣称孔子"在陈绝粮"是实行"辟谷",庄子"道在屎橛"则是指引凡人入道之法门。他公然把人粪称作"草还丹",蛊惑群众,并造谣说当年"8月15日要天崩地裂,有天兵天将下凡,四处杀人。如欲免遭劫难,是日须潜伏在家,不得妄动。"重庆《民苏报》竟为虎作伥,大肆为其宣传,弄得人心惶惶,不法商人则趁机囤积粮食,哄抬粮价以牟取暴利,造成社会秩序混乱。萧楚女立刻就识破了军阀、恶棍和奸商相勾结的反动实质和欺骗伎俩,他与报社同人商议,决定开辟"社会黑幕"专栏,宣传科学知识,与《民苏报》展开论战,揭露荒诞不稽言论后的险恶用心。唐焕章竟大放厥词,扬言要捣毁报社,并刺杀编辑。萧楚女与报社同人不为所动,并于中秋节那天,出版《请看吃屎教所说的今天》特刊,以事实戳穿唐焕章骗人的鬼把戏。当天天气晴朗,一切正常,广大群众才知道被人愚弄,异常愤慨。重庆当局只得将唐焕章驱逐出境,并逮捕了副主教苏伯平。

为了引导青年走向革命,萧楚女在《新蜀报》上开辟"社会青年问答"专栏,专门解答青年们提出的有关读书、就业、婚姻、家庭等切身问题。他教导青年要透过各种社会现象,认清所处的时代环境,并指出唯一的出路是参加革命。他的教导为迷失方向的青年指出光明的前途,深为青年所称赞,他们推崇萧楚女是青年最好的引路向导。

1924年11月19日,发生了日本商船德阳丸私运劣币到重庆,企图扰乱金融市场,并将上船搜查的重庆军警督察处人员殴伤和抛入江中的事件。当时重庆军警维护国家主权,立即将伪币和该轮船主一齐扣押,以接受我国法律的裁判。但是,日本领事与重庆关监督江岳生赶赴督察处,不但不依国际公法处理,反而说是"中国兵侵犯日本轮船的警察权,有违国际公法,应先放人道歉,再说赔偿"。随后,江岳生等竟将被押的日本凶犯全部释放,并向日本领事道歉。对此,重庆政府竟不准媒体登报报道此事。

21日,萧楚女用"匪石"的笔名作短评,正告官方:"事关中国国民生命及中国国家之地位,之国权……军警督察处现已负有使国民全体认为满意而后可告完结之重责。"23日,他又用"寸铁"笔名向重庆人民呼吁:"睁起双眼,严重监视着官厅。从前万流案,明明是英国轮船一炮轰击万县城池,官厅却要说是开的空炮,试验火药……中国外交失败,一半固然是由于国弱,一半必是由于当事官吏甘心媚外。这一层,我们每个读者——每个爱国的国民,都请要牢牢防着!"这两篇短小精悍的评论,不畏强权,坚强不屈地捍卫国家主权,保护人民的生命,痛斥了丧权辱国的卖国政府和外交官吏。

24日,全城学校和各方面的群众团体纷纷起来响应,主张人民直接进行国民外交。这时,萧楚女挺身而出,率领《新蜀报》社代表团,登上驻重庆的日本领事馆之门,与日本领事当面谈判,进行了面对面的说理斗争,把帝国主义强加在中国人民头上的各种特权、各种条约,逐条逐项地一一驳斥,坚决反对外国帝国主义者在中国领土上行使其"警察权"、"治外法权"、"领事裁判权"和所谓"国际公法"等,当场驳得日本领事哑口无言。次日,萧楚女同志将同日本领事的谈判和斗争经过公诸报端。

27日,共青团重庆地委发起的国民大会将在夫子池召开。军警督察处和重庆海关监督抢先分别发出通函,解释说德阳丸案并未死人;该轮所运系劣币,非伪币,冲突双方都有不是,纠纷已经解决。这引起了部分人的动摇。近10点钟,萧楚女赶到会场,散发了他连夜赶写赶印的号外《新蜀报对"德阳丸"案听见的疑点》,对官方的两件通函提出16点质疑,揭发官方这两件正式公文竟然在一些重要情节上各执一说,互相矛盾,最终将官厅散布的迷雾一扫而光。在共青团重庆地委的领导下,"德阳丸"案重庆外交后援会成立,渎职媚外的海关监督江岳生被撤职,日本驻重庆领事被调回。

萧楚女参与了这些文电的起草,同时连续在《新蜀报》发表批判不平等条约的社论。他还写一本小册子《领事裁判权与中国》,寄往上海出版,又自费印刷了许多宣传品向群众散发。这期间,《新蜀报》的日销售额达到3000份以上,占重庆全部报纸总销售量的三分之一。

萧楚女担任《新蜀报》主笔后,《新蜀报》不仅成为新文化的宣传阵地,也成为了马克思主义的宣传阵地。1924年10月,萧楚女领导重庆团地委发起成立"四川平民学社",还创办了《爝光》周刊,撰文抨击军阀统治,宣传革命思想。萧楚女在《爝光》上曾发表了《为应急的公民和学生家属》、《美帝国主义戕杀福州学生》和《理想的灭落》等矛头直指帝国主义和军阀官僚的文章。

1925年5月中旬,重庆卫戍部队司令王陵基以"败坏风俗、煽惑青年"的罪名饬令警察厅封禁《爝光》刊物,并勒令萧楚女两周内离渝。萧楚女连夜赶写文章,一篇《萧楚女的生死观》交《新蜀报》发表,另一篇《脱离〈新蜀报〉之声明》自费印发。《生死观》一文把军阀加予《爝光》的罪名批驳得落花流水,最后针对限期出境、"违者依法究办"的勒令写道,"为此,楚女提出宣言:革命者早已抱定革命必胜之信心,为革命必死之决心,早已炼成富贵不能淫,威武不能屈之革命精神。尔等如欲取其头颅,洒其热血,则是尔等之惯伎。然而,伎止此耳!楚女自当馨香祷祝,斋戒沐浴以待。"[①]

萧楚女将自己所负责的党团组织工作全部移交给杨闇公,乘船离开了重庆,奔赴上海,又投身于大革命的洪流。1927年4月15日,萧楚女在广州的反革命大屠杀中被国民党反动派逮捕,4月22日在狱中被杀害。

萧楚女任《新蜀报》主笔的两年期间,凭借良好的理论水平、文化素养、以及激昂深刻的文字,赢得了广大读者的喜欢,甚至在萧楚女离开该报之后,有读者表示"没有萧楚女的文章,就不订《新蜀报》"。萧楚女也使《新蜀报》影响远播外地,成为重庆舆论界的枢纽。[②] 1933年5月,在"新蜀报4000号"发行的纪念册上,载有各单位和个人的祝词,称赞《新蜀报》为"民众喉舌"、"蜀国鹃声"、"西陲舆论"、"字挟风雷",称萧楚女为该报的"第一个大功臣"。

三、《四川日报》及开展的斗争

《四川日报》于1923年8月在重庆创办,这是留学生周敌凉、范天笃等人归国后创办的报纸,社址在米花街。为了寻求支持,报社约请黄子谷(军阀黄悉之弟,曾任28军政治部主任,1933年加入共产党)担任董事长。黄子谷与川军关系密切,报社经常得到28军军长邓锡侯的津贴支持。

《四川日报》创办初期,正值国民党召开第一次全国代表大会。改组后的国民党制定了"联俄、联共、扶助农工"三大政策,革命形势日趋高涨。《四川日报》即以此作为指导思想,开展宣传,鼓吹革命。不久,黄子谷又与武汉国

[①] 萧楚女:《萧楚女的生死观》,《新蜀报》。转引自李畅培:《笔枪舌剑意纵横——萧楚女在〈新蜀报〉》,《新闻研究资料》,1987年第4期。

[②] 李畅培:《笔枪舌剑意纵横——萧楚女在〈新蜀报〉》,《新闻研究资料》,1987年第4期。

民党主办的《国民时报》沟通信息,取得联系,改聘吴自伟担任社长,中共党员杨闇公(中共重庆地委书记)、熊子骏(国民党左派党部秘书)担任主笔,使《四川日报》出现了前所未有的新气象,销路由原 400 份增至 3000 份。1925 年,黄子谷将《四川日报》交中共四川省委负责人吴玉章接办,报纸的思想言论更趋革命。

1926 年,牟炼先担任《四川日报》总编辑后,杨闇公、童庸生(共青团重庆地委书记)就授意他将报纸办成党的宣传机关报,并发展他加入共产党。牟炼先根据吴玉章、杨闇公、童庸生的要求,迅速抓住《四川日报》转向的有利时机,将原有和邓锡侯的关系转为与国民党左派莲花池省党部发生关系,把《四川日报》办成了国民党左派和共产党合作的机关报,这是典型的"军阀出钱,共产党办报"。

国民党左派莲花池省党部实际上是中共重庆地委的公开机构,也是与共产党合作的国民党左派的指挥机关,《四川日报》完全按照莲花池省党部的部署,热情讴歌共产党的主张,积极维护莲花池省党部的革命权威,深刻揭露国民党右派和青年党分子的反动行为,革命旗帜鲜明。在宣传的指导思想上,有时甚至超过了《新蜀报》。

当时在重庆担任共青团领导工作的任白戈回忆:"'三三一'惨案前,国民党右派对我们大肆诬蔑,我们就正式用中国共产党四川地方执行委员会、中国共产主义青年团四川地方委员会的名义各发表了一个宣言,这两个宣言在《四川日报》登了,《新蜀报》没有登。周钦岳在《新蜀报》当编辑,但当不了家……《四川日报》是牟炼先在那里负责,只要是(我们)发去的稿件他都登。"[①]此外,《四川日报》还积极配合《新蜀报》,一起报道"四·二五凶殴案"真相,用大篇幅痛打"狮子狗"。

与《四川日报》针锋相对的另一份报纸是重庆国民党右派的机关报《中山日报》。

《中山日报》创办于 1926 年 3 月,创办人为国民党右派党人士石青阳、陈

---

① 肖鸣锵:《〈四川日报〉剖析》,《重庆报史资料》,第 14 期。

敬修、宋绍增等。这些创办人于1926年3月1日成立国民党右派省党部,地址设杨柳街总土地,人称"总土地省党部"。他们反对国民党改组,反对孙中山的"三大政策",并出版《中山日报》进行对抗宣传。由于国民党右派为非作歹,不断与莲花池省党部制造摩擦,挑起事端,破坏工农群众运动,激起公愤。各革命团体纷纷提出抗议,发起请愿,莲花池省党部亦电请刘湘"清除反动派",刘湘不得不在同年12月15日下令解散总土地省党部,查封《中山日报》。

1927年"三三一"惨案发生,国民党右派捣毁《四川日报》,牟炼先、吴自伟出逃武汉,该报停刊。

四、轰动一时的《新社会日报》

《新社会日报》[①]于1929年4月1日在重庆创刊,是中共四川省委军委主办的报纸。另有一说是中共四川省委和川东特委联合主办的进步报刊。[②] 当时由四川省军委书记李鸣珂与张志和联系后决定由张出资创办此报,宣传社会主义和反帝反封建思想。社址在商业场新大街1号,日出对开报纸两张,由商务日报印刷厂代印。

报纸主办人张志和,社长兼总编辑罗承烈,采访部主任罗静予,编辑刘瘦奇(即苏幼农),记者蒋闻仙。张志和公开身份是川军第24军刘文辉部的师长,实系中共地下党员,苏幼农是中共川东特委书记,罗承烈也是中共地下党员。

报纸在创刊宣言中声明,要"抱着大无畏的精神,站在时代的前头",成为"被压迫民众痛苦呼援的总机关"。报纸发刊后,立即猛烈抨击蒋介石集团的劣迹,还向国家主义派展开斗争。

当时在重庆江津巴县一带,一些军阀仰仗王陵基、蓝文彬的庇护,无恶不

[①] 有关《新社会日报》的情况,可参见《新社会日报》,重庆报业志编委会主编:《重庆报业志》,重庆出版社,2000年版,第35—36页和罗承烈:《关于重庆〈新社会日报〉的概况》,《重庆党史研料》,1988年第2期。

[②] 参见《新闻界名人简介:蒋闻仙》,《中国新闻年鉴(1996年卷)》,中国新闻年鉴杂志社,第664页。

作,肆意妄为。罗承烈写了多篇文章予以抨击。于是,蓝文彬就出资办了一份《建设日报》,聘燕文斌为主编,同《新社会日报》唱对台戏。

其时,蒋介石正密谋勾结四川军阀,派遣"十三太保"之一、黄埔同学会会长曾扩情为党务特派员,来重庆拉拢刘湘。有些政客趋之若鹜,赠送四川特产绣花被面。刘瘦奇随即撰文,以《绣花被面的曾特派员》为题多加以揭露讽刺。对此,曾扩情十分恼怒,派人于4月12日将报社捣毁。他又电禀蒋介石,说此报"反动荒谬多为西南各省所绝无而仅有"。不久,报纸在政治压力下于5月2日被迫停刊。

对于报纸的停刊,市总工会提出三项援助方法:一、发出宣言,援助该报复刊;二、电蒋介石不能无故摧残舆论;三、联合各界向刘甫澄(刘湘)请愿。此时,刘文辉电告罗承烈"兼程赴省,有要相嘱",罗即离开报社。

《新社会日报》深受群众的欢迎和支持,"除各处函索购买外,每日尚可捆售一千数百份,实为渝报界未有之现象"。停刊后,读者纷纷要求复刊。在各方声援下,《新社会日报》在停刊18天后,于5月20日复刊。由刘瘦奇任社长,罗静予任总编辑。《新社会日报》在《复刊宣言》中表示:"本着过去奋斗的精神,继续向敌人冲去","决不受任何方面之津贴,也决不与任何方面妥协"。国民党中央认为《新社会日报》抗命复刊,"肆意诋毁中央,比过去还要反动"。再次电令地方当局"严行查封,并惩处其主持人"。南京国民政府军政部长何应钦直接电令刘湘,说这是四川地区"最反动"的报纸,再次明令予以查封。6月25日,重庆公安局以"蓄意挑拨多混淆视听"的罪名,再次查封报纸,当场逮捕罗静予,并通缉前总编辑罗承烈。

报社查封后,重庆报界协会和各进步团体曾发起请愿,要求言论自由,启封该报。中共重庆地下组织发动全市200多个团体,成立"重庆市民众力争言论自由大同盟",积极援助《新社会日报》第三次复刊。但是,地方当局以"此案系奉中央电令办理"为由,对社会呼吁不予理睬,伺候连后援团体也一同查封。

《新社会日报》前后出版两个多月,时间不长,影响却很大。有评论说,"(该报)在暮气沉沉的社会中,别开生面,独树一帜,似有皎士不群之慨。"报社人员都是在没有报酬,纯义务的情况下工作,毫无怨言。为办好报纸,他们美化版面,排版新颖醒目。罗静予还亲自用仿宋字体书写标题(当时重庆尚无仿宋字铜模可供浇铸),木板雕刻,还特约上海、汉口专电,扩充新闻来源,重视体育新闻。另外,还辟有《新社会日报》副刊《战垒》和反映妇女问题的周刊,使它"在一般腐朽的新闻市场中,这算是辟出一个巨大的新纪元"。

此外,中国共产党抗战前夕在重庆领导下的报刊还有《万县日报》、《万州日报》、《新江津日报》、《枳江日报》、《人民日报》、《红军日报》等,这些报纸有的是军阀创办,有的是共产党员秘密参与创办,有的中国共产党组织公开创办,但是无一例外他们都坚持了鲜明的爱国立场,反对帝国主义,反对军阀横行,并且这些报纸面向的是万州、綦江、涪陵、江津等重庆周边的发达区县,可以说,这些报纸,将进步的声音传播得更广。

第三节 商办报刊、民办报刊与区县报刊

杨丙初在1933年《新蜀报》第四千号专刊上曾发表《重庆报业小史》一文,文中写到,"自二次革命(即癸丑之后)发生后,渝中报纸,亦随政治生命以俱亡。民国三年,《商务日报》始应时而出。厥后迭有加焉,其中占有历史地位者,为袁蘅生主办之《民苏日报》,廖仲和主办之《民信日报》,王树棻主办之《民治日报》,谢而农主办之《军事日报》,罗士忱主办之《天府日刊》,吴自伟主办之《四川日报》,卢作孚主办之《长江日报》,李春雅主办之《江州日报》,石青阳主办之《中山日报》,毛百年主办之《渝江日报》,林升安主办之《新四川日报》,罗成烈主办之《新社会日报》,王鳌溪主办之《团悟日报》,谢明霄主办之《大中华日报》,李子谦主办之《国民快报》,李雅髯主办之《川康日报》。或以经费不济而自动停刊,或因得罪巨室而被迫关门,虽倏起倏灭,等于泡影昙花,然而在当时社会上确各有其相当价值,迄今妇人孩子,犹有能津津乐道者,其情神固未可磨灭也。至现存报纸之在十年以上者,惟《商务日

报》及本报两家。"①

这里说的《商务日报》，是重庆商办报纸的典型代表，也是解放前重庆地区出版时间最长的一家报纸。

一、《商务日报》：重庆商办报纸的典型代表

《商务日报》是重庆总商会出资创办的报纸，正式创刊于1914年4月25日。社址在重庆市商业场总商会内。初名为《商报》，1916年改名为《重庆商务日报》，1938年又改为《商务日报》。

（一）《商务日报》的历史概况

《商务日报》首任社长为周文钦。周在重庆办报多年，经验丰富。他以"贞"为笔名阐述了《商务日报》的办报宗旨和方针，"……商会初办公报。旬出一册，继办日报，旋以事故，作辍不常，以往历史大略也。迩来商界复鉴于世界迁变之大势，知商务与国事，两有密切之关系，不可不寄耳目于报纸，于是遂倡议特办《商务日报》。"②办报的方针是："以消息灵通为第一；注重报德，一切记载，惟尚简要；凡有伤风教、无关劝惩者，慨屏不载；对于国群问题，非重大者不著笔、不发言；商事虽特注重，然不苟抑扬，时寓利导整齐之意，总期达福国善群之职志。"③"本报宗旨，在于扩张商务，利国利民，命意立言，不涉党派，不尚偏激。"④

由于办报经费来源较为稳定充裕，立场比较客观，加之各项措施得力，《商务日报》销路日益扩大，初办时日销仅800余份，逾年逐渐上升。《商务日报》据事直书，不誉不毁，不打笔战，不受私惠，曾有"卫生报"之称。1915年，袁世凯复辟称帝，派曹锟率部入川，与护国军作战。曹锟驻节重庆，为动员舆论，以金钱收买和武力威胁，要求各报为其鼓吹。《商务日报》拒收金钱，讥讽帝制，为曹锟所深忌，曾两次下令查办，报纸在1925年年底主动停刊，以示抵

---

①杨丙初：《重庆报业小史》，《新蜀报》，第四千号。
②李时辅：《早期的〈商务日报〉》，《重庆报史资料》，第七期。李时辅曾担任《商务日报》总编辑，时间为1924—1928年冬，历时五载。
③李时辅：《早期的〈商务日报〉》，《重庆报史资料》，第七期。
④李时辅：《早期的〈商务日报〉》，《重庆报史资料》，第七期。

抗。直到1926年6月，袁世凯退位，护国战役胜利，才恢复发刊。1919年，"五四"运动爆发，报纸首先刊发消息，重庆总商会亦发电声援，全市于6月6日开会响应，罢市罢课，报纸发行近2000份。1924年发行数达4700多份，广告特多。报纸篇幅1916年为两张，1919年春增为两张半，冬季增为三张。1934年因纸源紧张，遂减为日出对开纸两张，直到抗战前夕。

办报初期，报社每半月汇编一小册《商务日报汇要》，随报赠阅，半年后停办。该报还在上海、北京、成都等地设特派员或特派记者，及时拍发重要专电。每天还选择当地报纸重要新闻剪下，如有本报记者采写的通信稿，一并冠以快邮函提前登载，常能比重庆其他报纸提前一天发表。1925年3月12日孙中山先生逝世，13日该报接到其北京特派员的加急专电，报纸立即刊发，成为当时重庆的独家新闻。同年五月上海发生"五卅"惨案，该报于6月3日发表这一消息，首先在重庆揭露了这一事件。

此外，为充实新闻内容，《商务日报》还订阅路透社、德华社等电讯稿，主动联系各地区的小报、通信社、期刊社，互相交流新闻，征求各地特约通信员，投递当地新闻通信，录用后给付报酬，还联系各机关、法团、学校投稿员，组成地区新闻网。

《商务日报》作为商办报刊的重要代表，广告内容特别多，报纸也十分注重广告版面的安排设计。以1925年7月6日—1926年8月20日期间版面为例，《商务日报》为日出对开纸三张，12版。一版为各大商行启事，广告（主要是银行业的），二、三版为国内外、政论文章，四、五版为文教生活类广告，六、七版为时事要闻，集中于本省、本埠，间有时政杂谈等理论性分析文章，八版仍为广告，集中于布庄、建筑、军用地图、药品等较特殊行业，九版广告，主要为化妆品、饮料等日用品，间或夹有电影预告，十版为短讯录要和各类杂评，十一版是关于商业动态的报道及一些经济分析文章，十二版为广告，内容驳杂，涉及启事、房屋出租、药品、案件审理启事、一些名人演讲稿等。

抗日战争前夕，由于人事变动频繁，经营不善，亏损太大，负债累累，报纸无法继续出版，作破产处理。不久，市商会改组《商务日报》，王岳生暂代社长。1938年到1942年期间，报纸由军统特务控制，声名狼藉，销量大跌。

1943年后,在南方局和周恩来同志的领导下,报纸成为中国共产党团结民族资产阶级的一支重要舆论力量。重庆解放后,《商务日报》因经济困难,于1951年1月16日自动停刊。

(二)《商务日报》的言论内容分析

重庆《商务日报》从创刊之初,"超然中立,不偏不激"的言论立场就非常鲜明。周文钦明确表示:"本报立言,虽主敢直,而以慎用其锋之故,所持品节,所秉德操,历来与世异趣。"按其自述,该报与"世异趣"的主要内容是:"据事直书,不誉不骂";"不载不正经事";"采访市井琐闻,须以有关劝惩为主";"凡事先察动机,即预为提倡……薄责过去而重望将来";"因时建议",不接受津贴。①

这一主张清楚地表明了《商务日报》的态度与倾向:主事者追求的是"大公至上"、是文明的政治风气与健康的社会习俗;是对社会事务的洞察预见与建设性贡献;是超然的态度与独立自主的立场。这种态度与倾向在其办报的过程与见诸报端的文字之中,均可见到实际的验证。比如该报在作报道、发议论时所用的语气措辞就显得比较客观超然、比较文明与节制。南北对立之时,该报也只称北廷、南廷、北政府、南政府,以至于双方皆不满该报,"深致诘责,继以恫骇,"而该报"坦然处之,一切讥毁听之,不一申辩,不一自白,报端绝不与人笔战,主持公道,与人共见"。②

这种态度与倾向也表现在它的报道与言论的内容之中。该报早期议论较多,但它确实作到了"立言矜慎",议题的选择明显有自己的标准与严格的范围。它所议论的一般是涉及国家、地方及工商业发展的重要问题,如抨击帝国主义的侵略行为,反对军阀割据,抗议横征暴敛,探讨工商业发展中遇到的各种问题等等。对本地不同政党之间的斗争,则报道极为谨慎,议论也很少见。

1925年5月30日上海爆发了震惊中外的五卅惨案。《重庆商务日报》6月3日在重庆最先报道了这一事件,并发表了社评《英人之横蛮,大家快起来

---

① 周文钦:《十二年纪》,《重庆报史资料》,第七期。
② 周文钦:《十二年纪》,《重庆报史资料》,第七期。

吧》。此后又接连发表议论,如《英人之横蛮如此其极,国人将如何对待》、《上海英租界捕杀学生案和重庆商人应具有的态度》等。从14日开始,该报出现《惊天动地之沪案》专栏,此后连续数月,在此通栏标题之下天天集中发表相关报道及议论。其中议论方面的文章有《抵制英国应取的办法》、《从国际法上研究此次外交案》、《西太平洋国际形势与沪汉各案外交之将来》、《经济战争与武力战争的比较》、《沪案谈判之程序及其应提之条件的商榷》等等。

同期,在该报的其他栏目如《商余互助》中也不乏关于此事件的议论。如《当这内忧外患时代我国民应具的思想》、《国民外交应注意之一端》、《实行抵制英国货品进行方法之讨论》、《论经济绝交》、《经济绝交之本意》等等。

十分可贵的是,这些议论的内容除抨击帝国主义者的暴行,呼吁全国同胞奋起反抗之外,大量文字表现了作者冷静的分析与理智的思考。仅上述文章就涉及到了对国际国内形势的分析、对外交谈判策略的讨论、一般民众应如何认识、如何对待这一事件等内容。[①]

同样的特点在此后"九一八事变"、"七七事变"及本地发生类似事件之时,均表现得非常鲜明。

如"九一八事变"后该发表《我们该预备宣战》一文,在列举了日军种种肆无忌惮的侵略言行后,非常清醒地指出:"凡此种种,显然为有组织有计划之行动,更观日本军阀在其国内大倡对满蒙取强硬政策之说,以及政友会分子之日渐得势,足见日本政府对我尚有种种最险恶之阴谋而未露,此次蹂躏东省,仅开其端而已,然则我国将来之前途,尚堪问耶。""当此外侮纷乘之时,环顾国内现象,天灾未已,人祸方急,内外交迫。""国家已陷于九死一生之途",作者呼吁全国上下"集中全力,共赴国难",并明确提出停止内战,"集中武力,作对日宣战之预备"等几条主张,包括"厉行减政主义,移其财力为对日宣战之经费",抵制日货,"一洗因循苟且逸豫无为之旧习,确定强其力的对外政策"等等。

[①] 参见姚谨:《浅议早期〈重庆商务日报〉的言论》,《重庆交通大学学报》,2007年第4期。

《重庆商务日报》言论的另一个重要内容,是对涉及国计民生、百姓疾苦等重要问题的评说议论。该报善于发现、追踪公众关心的事件与问题,准确设定言论议题,并在这一类文章中表现出鲜明的是非观念及强烈的正义感,且说理充分,持论平允公正。

20世纪二三十年代的重庆深受战乱之苦,政治黑暗经济凋敝,币制混乱,物价腾飞。民众负担沉重,生活苦不堪言。这段时间《重庆商务日报》上反对滥铸银币及大铜元、要求平抑物价、抗议横征暴敛的议论大量出现。仅1925—1926年,该报就先后发表了社论《裁撤苛捐的实行问题》、《值得注意的铸造银币事件》、《团练也能抽捐吗》、《反对声中之铜元局改铸银币问题》、《昨日之重庆城裁撤苛捐口号弥漫全城》,短评《公正与暧昧》、社评《以民命为依归请从不铸银币始》以及《一网打尽之贫民政策》、《听了苛捐会议以后》、《欲展新猷须从裁苛捐顺民心开始》等议论文章。

除此之外,该报关于国计民生、百姓疾苦等问题的议论还有很多。如《裁兵的两条路》、《重庆的食米问题》、《政府与治安》、《三三一惨案感言》、《提高小学教师待遇》、《论重庆市机械工人失业之危机及其挽救途径》、《铲除贪污》等等。广泛的议题表现出该报对社会状况跟踪观察的密切、深入与及时,对社会问题的洞察力、预见性及判断力。

1924年春,因为此前军队围攻重庆20多天,耗尽了重庆周围的存米,又因为军队封仓囤积、拦截米船作为军用,致使米商不敢贩运销售,重庆发生了米荒。该报及时发表社论《重庆的食米问题》,清楚地指出了问题的严重性,"社会秩序之所以能保持的原因,由于社会上有最低限度生活的人占多数,虽有少数不能生活的分子妨害秩序、可以拿国家的法律制裁他束缚他。设使不能生活的分子超出能生活的分子以外,那么社会的秩序一定要乱"。而按当时情况,"米价的奇昂,是必然要发生的现象,那就陷贫民于不能生活的境况中",甚至"恐怕还要发生有钱无市的现象",作者要求"重庆的军政长官们,详明中间的利害",寻求"救济的方法",并严禁军人"借军米为名,从中营利",一经查出要依法惩办;用所征之粮税、瘾民税、印花税、卷烟税等购买食米以供应军队等等。并提醒当局"食米问题不仅重庆有,就是璧山、綦江等县的食米"也已非常缺乏,当局必须高度重视,尽快解决。

这段时间社会治安也相当混乱。该报社评《政府与治安》言及当时情况说:劫杀,设计骗钱等各种事件"见诸报端者已复不少,其余未经揭载者,不知凡几,长此以往,社会治安,不堪问矣"。而"按共和国家之原则,政府系受人民之委托,以执行国家一切行政者也。故政府对于人民,应增进人民之幸福,保持社会之治安,乃不枉人民委托之盛意。若政府只顾小己之逸乐,而于社会之治安及幸福竟置若罔闻,则政府之设直赘疣耳"。因此社评要求执政者严厉禁止乱象,并要求"切实办理,勿再因循"。

这些议论观念之进步,见解之明智,对社会正义的追求之顽强,对黑暗现象的抨击之尖锐有力,都给人留下了深刻的印象。可以说,这份报纸真正发挥了它作为公众耳目喉的作用,发挥了它作为社会事务监督者的作用,体现了媒体的社会良知。

(三)《商务日报》与重庆地方经济

作为商会的机关报,重庆《商务日报》必须考虑如何利用报纸服务商界、引导本地商业发展。为此,这一时期的重庆《商务日报》每天都有专门版面报道各地政情商情调查,各行业商业活动情况的统计、报告、总结,各地各方面商业发展趋势之类的文章,以开阔商民眼界,为其寻求商机、作出决策提供科学准确的依据。[①]

如1923年3月,该报就发表了《中国在朝鲜之贸易》、《川省战争与重庆商场之损失》、《民国十年夏松茂汶三县矿产调查》、《上海公债之趋势》、《一年中之丝市经过情形》、长篇连载《一年来商业之回顾》等多篇文章。又如1934年12月,该报刊有《黔江桐油业概况》、《十月份我国桐油输出统计》、《重庆最近三年内赤金进出口调查》、《渝棉织业之调查》、《万县粮税调查》等。

此外,抗战前该报发表的同类文章还有《铜业积弊之调查》、《今年丝业与去年之比较》、《丙寅年五月申渝利率比较表》、《美国里昂存丝之统计》、

[①] 本部分内容参考了姚谨:《试论早期重庆〈商务日报〉对本地商界的贡献》,《重庆交通大学学报》,2008年第4期。

《英国棉业在华市场之将来》、《一年来各帮之营业状况》、《本市工人工作时间调查》、《本市新工业总调查》、《沪各银行库存统计》、《五个月来洋米入口统计》、《四川农村经济的近况》、《一九三六年日本政治经济之回顾》等等。

仅从以上所举可见,这些调查文章的内容涉及各地之商情、矿产、行业状况、进出口、赋税、劳工情况等方面;报告、总结类文章的内容涉及经营状况、行情变化、趋势预测、等;统计类文章的内容涉及各种商品进出口统计、金融业各类数据统计、库存统计等等。内容丰富,范围广泛。

重庆《商务日报》还力求从宏观上把握、引导地方商业发展的意图与努力,这直接地表现在它对本地商业活动中现实问题的长期关注上。

这一时期该报经常刊发有关商业问题的议论探讨文章。这种议论探讨涉及到许多方面,其中有关于行业发展问题的讨论,有关于具体业务问题包括对行业公会的管理、用人制度等方面问题的讨论,有关于经济运行形势等宏观问题的讨论等。如《川棉改良刍议》、《论吾川糖业衰颓之原因》、《如何救济丝业危机》、《如何推广棉织业》、《对银钱帮拟改划条为庄票及讨论者之谈话》、《划条贴水之我见》、《对钱业公会进行上的一点意见》、《改良学徒制度之商榷》、《论信托券与重庆金融市场之关系》、《统制经济与国货前途》、《如何稳定市场》等等。

这些文章不论持何种观点,大多能站在较高的角度,有较开阔的视野,能比较全面地分析认识问题。又因为作者多半熟悉业内情形,往往掌握了较详细的材料,所揭示的问题及所提出的解决方案常能抓住要害,给当地商业者以充分启发。

重庆《商务日报》对本地商界及本地文化建设的另一重要贡献,是它为保护商界权益、改善商界生存环境所作的不懈努力。

20世纪初的重庆成为仅次于上海、天津、武汉等地的洋货倾销中心。近代重庆商业的发展始终面临着洋货的竞争及洋货背后帝国主义势力对本地市场的全面压迫。在这样的情况下,重庆商界爱国反帝、挽回利权的意识历来非常强烈、鲜明。这种意识在重庆《商务日报》得到了一以贯之的清楚表达。该报因此而经常发表这方面的报道与文章,尤其是在帝国主义列强欺凌国人、引发事端或者国势危殆之时。如五卅惨案发生后,从六月初开始,连续几个月,该报刊发了大量有关这一事件的报道及言论。其中,提倡国货、抵制洋货是一个重要议题。此期该报发表的相关文章有《抵制英国应取的办法》、《对重庆市一个紧急建议》、《实行抵制英国货品进行方法之讨论》、《论经济绝交》、《提倡国货的具体办法》、《英货调查录及英商行名录》等等。这些文章及时表达了民众和商界的心声与爱国热情,并以其清醒、理智、讲究方法策略,对商界反帝爱国、排拒外货的斗争顺利进行产生了积极的作用。

重庆《商务日报》保护商界权益的另一重要表现,是它对苛捐杂税重压之下商界状况的关注,以及它代表商界而发出的反苛捐的强烈呼声。

这些文章如《渝泸间关卡重重》、《究竟是兵欤匪欤》、《公民申请停铸大铜币之激昂 如不得请则有两种对待》、《呜呼苛税》、《打倒苛税办法》、《以民命为依归 请从不铸银币始》、《全城商人罢市请愿详情》、《商帮反苛捐之进一步主张》、《商护各费验纳标准》、《刘湘分别裁减税捐之布告》、《裁撤苛捐之要义》、《长寿县苛捐表》、《向五师告商人文书后》、《向五师九门验卡裁撤》、《善后监察会请撤苛捐等项要电》、《欲展新猷须从裁苛捐顺民心入手》等消息、公文、法令、评论各类文字。这些文章淋漓透辟地表达出广大商民的心声与意志,为捍卫商界权益、引导反苛捐斗争有理有利进行作出了重要贡献。

此外,为提升商界业务水平及一般文化素质,保障本地商业的长远发展,《重庆公报》在它先后所办的各种专栏中,持续地刊发了很多介绍新观念、新知识的文章。例如,在20年代开设的常识、学海等小栏目中,就曾介绍过许多商业、金融方面的知识。仅1925年10月就发表了《广告谭》、《公司与合伙》、《四种公司》、《信用是否资本》、《跟单押税概说》、《公经济与私经济之区别》等多篇知识短文。这些知识对更新商界观念,普及现代商业知识、商业运作技术,培育建设现代商业文化无疑是有益的。

二、《国民公报》:重庆民办报纸的典型代表

解放前重庆的本土报纸中,有三家历史最为悠久,分别是《新蜀报》、《商务公报》、《国民公报》。其中,《新蜀报》最初由军阀资助,《商务公报》系商会

报纸，《国民公报》则是民营报纸，也是重庆民营报业的典型代表。

《国民公报》是一份迁渝报纸，最早发刊于成都。它的诞生之始要溯源到辛亥革命时期。当时的成都，除官书局发行官报外，并无突出的民营新闻事业。其时，李澄波、汪象荪、谢翌谋、杨叔樵、陈湘荪、康心之等六人，为了发扬民气，拥护共和，集资七百元，筹办了一张名为《大汉国民报》的报纸，于1912年2月正式创刊。不久，成渝合并，四川统一，大汉军政府名义取消，改设四川军政府。与此新情况相适应，《大汉国民报》于同年3月间改为《中华国民报》。南北议和后，四川军政府遵奉北洋袁世凯政权的号令，同年4月22日，报名与《四川公报》合并，择"国民"和"公报"四字，取名《国民公报》。办此报时，社长为汪象荪，编辑为陈少松、沈峰，经理为向竹贤，发行人谢翌谋。康心之当年仅17岁，报纸出刊后不久，就东渡日本留学，与报纸失去联系。

1913年8月，《国民公报》因同情国民党反袁，一度被当时四川当局查封，被迫改以《民国日报》的名义出版，随后启封，恢复原名。到1915年1月23日，又因刊登袁世凯亲信陈宦入川消息惹怒当局，再度被封，停刊至8月4日，才得复刊。此后几位发起人或有事离开，或因病去世，只剩下李澄波一人独立撑持，时间长达24年之久。以上所述，就是《国民公报》的前身。到了1935年，李澄波年已衰迈，报纸受到后起的《新新新闻》、《华西日报》等的竞争，维持渐感困难，于当年5月1日，宣告停刊。恰好当时已在重庆金融界崭露头角的康心之正要办报，闻得此讯，即去函联系，表示愿意接办，将报纸移渝复刊，李与康过去既有渊源，所以一拍即合，毫无碍难地复函同意。据查，《国民公报》成都版共发行7925号，休刊年余之后，移渝复刊，又连续发行4796号，总共12,721号。这样悠久的历史，不仅在四川重庆地方各报中首屈一指，也可以说是全国报龄长达四十年的有数几家老报之一。

康心之办报的另一个重要原因是：1935年，张季鸾有意离开《大公报》，来渝时曾借住康家。张季鸾和康心之的二哥康心如曾在上海共同办报，康心之早年也参加过办报活动，所以当张季鸾劝说他办报时，他当即同意，并从上海买来新式轮转机和卷筒纸等设备。

《国民公报》迁渝后社址设在民生路，运转资金由康心之出面筹集，其中四川省银行出资二万，美丰、聚兴诚、川康、川盐等新式银行各出五千，和成钱庄、民生公司、华懋公司、四川丝业公司等有关企业均认有部分股本。第一任社长是刘湘的心腹何北衡，第一任总编辑是杜协民，杜协民在1936年初以《大公报》特派记者来到四川，经张季鸾推荐，被聘为总编辑。

报社开始只有总编辑一人，副总编辑一人，各版编辑数人。采访部设主任一人，采访记者数人。在国内重要城市如南京、上海、天津、武汉、成都等地则设特约记者，拍发专电或撰写通讯。遇有必要还派出旅行记者或战地记者。以上编辑、采访记者、特约记者、通讯员、校对员等，都由总编辑领导。

杜协民来自《大公报》，《大公报》抗战时期又迁来重庆，两报关系密切，这也直接决定了《国民日报》的办报倾向和《大公报》基本相同，尤其在言论方面尽量向《大公报》学习，但同时又能恪守自己"经济新闻纸"的定位，没有完全成为"言论纸"。

"经济新闻纸"的定位是由《国民公报》的出资背景决定的。该报虽受《大公报》影响，其思想文化基调为自由主义和地方自治主义，但始终保持着金融商业性大众报纸的特色。《国民公报》1936年8月在渝出刊，由于印刷设备新颖完备，努力做到出报较早，不无故休刊，并在省内外重要地点设有专电或特讯，消息比较灵通，特别创设"经济版"，每天详载各行各业行情涨落，适合工商界人士需要，在排版上有时用套色或木刻大字标题，配合新闻，附载清晰的铜版图像等，显得比较活泼醒目，所以一出报就给读者耳目一新之感，受到读者的欢迎。

重视金融与商业新闻一直是《国民公报》的特色。报纸初期以刊发重庆及四川各县区的经济信息为主，对国内各大城市和商埠的经济信息也予以一定的关注。后来，随着报务的扩展及读者市场需求的扩大，《国民公报》逐渐加强了对国内国际经济信息报道的力度。该报的通讯网络遍布全川，因此能很好地保证每天以一个整版的容量刊发四川各地的经济信息，并能做到及时、全面、详尽和客观。这也是它能在四川境内一直保持良好发行量的主要原因。由于该报在南京派驻有特派记者，因此每天能够及时刊发京沪杭等地的重要行情和经济动态，为报纸在西南经济界赢得了相当重要的影响。

《国民公报》的言论初始引起社会的关注和称道,是在 1936 年夏秋之际。当时,日本军警、特务和浪人在中国许多地区频频制造事端,先后多次以日本人"失踪"为借口,在上海、南京、北海等地进行挑衅。在西南内地,日本人也不断制造"国际纠纷",扰乱中国的政治和经济秩序,特别是在四川,竟提出恢复成都领事馆的无理要求,由此引发了四川民众坚决抵制日本侵扰的社会风潮。同年 8 月中旬,日本新任成都领事岩井英不顾中国民众的反对,公然乘坐日轮"长阳丸"驶抵重庆,由此引发重庆各界的强烈抗议。重庆市商会等民众团体组织数千人上街分组演讲,并进行声势浩大的游行和示威。《国民公报》不仅积极进行报道,持续进行言论声援,而且报社同人也义无反顾地在游行队伍中演讲鼓动。当成都爆发民众殴毙日本领事涤川和渡边的重大新闻事件,政府当局严密封锁消息时,该报巧妙地躲过地方新闻检查所的检查,把新闻及时传给天津、上海的《大公报》,让事件真相大白于天下,随后该报在显著位置将消息刊出,并及时配发言论,掌握舆论方向,初步显示出其作为地方公共言论机关引导社会舆论的能力,同时也标志着《国民公报》在办报意识上发生的全新变化趋势。

成都事件虽没有给报纸带来严重后果,但时隔不久,又发生误登上海来电,遭到停刊三天的处分。1936 年 11 月许,上海、成都等地先后打死日本人事件之后,编辑部突接一份上海专电,大意说:"上海外滩又有一日人被打死"。当时已近天明,按照新闻检查所规定:外埠急电如在深夜十二时该所停止办公以后才收到的,可以先登,事后补检,责任自负。对于上海的这份专电,编辑部内有两种处理意见,杜协民主张持重,以为"如中央社万无续电证实,就不登";而几个年轻编辑却认为如此重要新闻,决不会错(上海专电是《大公报》代发的),坚持要登,并表示如发生问题,总编辑可以推说已经入睡没有审稿。几番争执之后,杜协民只好同意刊发。第二天得知是误登消息后,果不其然接到了新闻检查所停刊三天的处罚。有趣的是,登门慰问的群众竟络绎不绝,以为是当局压制抗日舆论,借题发泄,对《国民公报》敢于一贯发表抗日爱国的消息和言论,则寄予深切同情。三天停刊期满,市区零售报纸,从此前日销 3000 份左右,一跃突破万份大关。

除《国民公报》外,这一时期重庆民办报刊众多,但大多名声不大,维系时间不长。这种情况,一方面与报业发展所需的经济环境有关,当时纯市场化运作的报纸在重庆还没有出现,大多数报纸的运营需要接受来自军阀、政党或者商业组织的津贴,民办报纸则相对依靠市场销售和广告收入来支撑发展,经济上的高额负担往往成为压倒他们的"最后一根稻草";另一方面与报业发展所需的政治环境有关,这一时期军阀横行霸道,动辄就以各式各样的理由查封报馆、拘捕报人,营造出一种政治紧张的氛围。这些,都是不利于民营报业发展的。

三、晚报的大量出现

晚报是我国报纸的一种重要类型。和其他报纸不一样,晚报从诞生之初,即以普通群众百姓作为读者对象,内容通俗易懂,版面清新活泼,这对重庆报业的发展,特别是读者市场的扩大,起着重要的作用。从目前统计的数据来看,抗战之前重庆的晚报种类达到25种,这其中的大部分都是民办报纸。[①]

重庆最早的晚报是1915年4月20日创刊的《普通白话报》,社长汪述平,经理杨南坡,编辑程二梅,报馆设于文华街文昌宫内,发行部在蹇家桥太史院内。内容文字打破当时报纸的惯例,一律采用普通白话文。辟有社说、选论、选电、新闻、小说等栏目。阳历逢一休刊,傍晚发行,分四小版,每份售小钱八文,次年9月终。

《江州雅报》为金鸣远、颜鸣凯筹人集资所办,创刊于1919年,社址设在陕西街铜元局巷内,四开,每天傍晚发行,出版不到三月,同年停刊。

《公益晚报》由重庆公益联合会主办,1924年11月创刊,社址设于大梁子,编辑黄三复、刘玉翁等,四开。《公益晚报》是重庆最早具有晚报名称及晚报形态的报纸。发行方式除零售外,因重庆公益联合会的原因,所有参加联

---

① 关于重庆的晚报和小报,因两者很多是重叠统计的,此处不作刻意区分。相关内容可参见黄贤虞:《纵观民国时期本市晚报》,《重庆地方志》,1987年。丁孟牧:《三十年代的重庆小报》,《重庆报史资料》,第十四期。

合会的商店铺户,都得订阅一份。出版两年多,因刊登一新闻得罪重庆警厅,被迫于1927年1月15日停刊。

《渝市晚报》于1925年秋创刊,该刊是肖云爵(也有人说是肖荣爵)办理世界通信社以外的另一业务,社长由肖的父亲肖莨侯担任,社址设在千厮门行街该通信社内,四开。内容取材多属于新闻的辑载,由于销路不好,亏损甚巨,仅出版一个月左右即告停刊。

1929年由前重庆出版的《四川日报》总编辑,东北通讯社编辑蒙树模邀集郭某、毛某筹办,亦取名《渝市晚报》于11月中旬出版,终刊时间不详。

《逎延晚报》由戴子主办,1926年11月经渝警厅立案后即创刊,终刊时间不详,社址为存心里15号。

《重庆晚报》由傅用平等人筹办,1928年10月20日创刊,第一任社长为南岸市政管理处处长陈星民,第二任社长为陈伯坚,第三任社长为赖建君,社址设于三牌坊,后移米花街,四开一张。该报最早刊行长篇连载小说,颇能引起读者爱好,报纸销路也由此大增。该报曾于1936年10月20日出版八周年纪念特刊,何时终刊不详。另有一说是"1939年5月3、4日重庆被日机狂轰滥炸,重庆晚报社址悉化劫,就此终刊"。[①] 从时间上来看,应该是重庆晚报界所办时间较长的一张报纸。此外,报纸为了拓展销路,还办有一所儿童工读学校,学生免费就读,每天义务销售报纸10—20张,超额部分按比例自得,因此,"连同基本订阅订户和报贩销售,发行数每天至少三千五百份以上,最多销到四千多份"。[②]

《国民快报》为李予谦、陈芳辰、蒋阆仙等人组织成立的,1929年4月15日创刊,社址设于天主堂街巴渝书店内,四开一张,前后出版共八十天,于7月3日被当局查封。

《西蜀晚报》为黎纯一、慕钧石等主办,1929年5月创刊,黎任社长,慕负编辑之责,四开。第一版刊登中、外、省、市新闻,偏重于法院受理的民刑诉讼案件,也大量采用访员所投的社会新闻,副刊"桃花源"也欢迎来稿。从1930

[①] 丁孟牧:《忆〈重庆晚报〉》,《重庆报史资料》,第9期。
[②] 丁孟牧:《忆〈重庆晚报〉》,《重庆报史资料》,第9期。

年10月起每星期出版"西蜀画刊"一小张,社址设于培德堂街,出版三年多,因社长被一群马弁殴伤而停刊。①

《渝江晚报》,是当时重庆新闻界部分记者应社会需要而刊行的,1929年创刊,社址设于劝工局街104号,②社长杨季达,主笔张叔伦。该报内容平常,对于社会没有多大影响。《渝江晚报》四版,一版报头和广告,二版中外新闻,三版省市新闻,四版上半版副刊,下半版广告。该报是一家纯民营报纸,未得津贴,有时靠商人赞助。曾经改组几次,休刊若干期,但前后也有六七年之久,这在当时的晚报界寿命算是比较长的。

《碗报》系建设报编辑江石主办,1930年2月7日创刊,"碗"为"晚"韵谐言,内容偏重滑稽文艺,特辟"花兰"一栏,登载当时重庆有名妓女的花名与门牌号码;另又辟"戏剧"一栏,专评戏剧。

《东方晚报》由重庆商人梁泽宣(永兴隆被面大王)、李钧柱(大什字明月公司经理)、刘亦然(伦记纸号经理,曾任《重庆晚报》、《国民快报》编辑)三人合办,1930年6月12日创刊。梁、李负经济之责,刘担任馆长与总编辑。该报资金雄厚,由公园路新民印书馆承印。创刊当天,《东方晚报》采用了两色套版,为当时重庆报纸的创举。《东方晚报》内容充实,此后还开创性地采用了铜锌版印刷。出版四个月以后,因刊登一则新闻被当事人指控为诽谤名誉罪,被迫停刊。

《四川晚报》由赵暮归(后任《济川公报》编辑)、叶楚材(四川公路局科长)等主办,1930年11月创刊,初名《商舆捷报》。1931年1月改版更名为《四川晚报》,叶楚材任社长兼总编辑。1934年8月14日被渝警备部以"捏造事实,有伤风化"为由查封,后经重庆市报界协会推派代表赴警备部陈明事

---

①另有一说,弁兵捣毁报社是在1930年7月下旬,参见丁孟牧:《三十年代的重庆小报》,《重庆报史资料》,第14期。这一说法也被《重庆报业志》采用,较为可信。《巴蜀晚报》在被捣毁的当晚,重庆报界协会、新闻记者协会、通讯社协会召开紧急会议,决议全市新闻界罢工,并发表宣言,迫使当局承认三协会的条件,即一严惩凶手,并保证今后新闻记者的安全,二是赔偿《巴蜀晚报》的损失和员工的医药费用,三是肇事者向重庆新闻界道歉。这样,三协会才宣布复工。《巴蜀晚报》复刊后,销路比以前好,每天稳定在2500份左右,出版两年后无疾而终。
②另有文章将《渝江晚报》创刊时间记载为1929年,社址在重庆珠市街,参见丁孟牧:《三十年代的重庆小报》,《重庆报史资料》,第十四期。

实真相后同意启封。

《国民新报》为江励成(曾在国民党江北县委工作)主办,负编辑责任的为陈雪天(后任《光华日报》编辑)、吴思敏(后任《快报》编辑),1930年11月创刊,社址设于公园路大江日报对面,因江为国民党党务人员,内容取材,多以党政新闻为主,副刊由刘老老(后任《上海戏剧周报》记者)主编,每晚出版仅五六百份,后因江北国民党党务发生纠纷,经济来源断绝,该报因而停刊。

《工商晚报》[①]为冯什竹(曾任江津征收局局长)主办,1930年11月创刊,社址在民生路售珠市,编辑为李鹄人、周今明。大小格式,和以往相同,区别在于报头四个字用红色印刷,颇引人注意。报纸内容多属于工商两界的消息,社址设在公园路新民印书馆内。该报曾认为《西蜀晚报》撰文大捧汉剧坤旦花牡丹实属无聊,而和对方展开笔战。

《世界晚报》于1930年12月20日出版,社址在重庆后嗣坡新街38号。该报设有"小世界"副刊,专门刊登滑稽新闻、诗歌联话、长篇小说等趣味性内容。不过好景不长,很快因经费问题停刊。复刊不久后又再次停刊。

《巴报》于1932年创刊,[②]是重庆轰动一时的一份晚报,版式新颖,文章标题均由擅长书法之人书写,偏重幽默小品、杂文,社会新闻也是以文艺笔法改写,销路突破4000份每天。社长李炜章,经理李士逸,总编辑李樵逸。1934年10月16日停刊。[③]《巴报》立排,分两版。第一版新闻与旧闻混合排,旧闻即轶事之类。每条新闻均系李樵逸所写的木刻标题,版式较为新颖。第二版半版副刊,半版广告,副刊均系转载,写稿只有李樵逸的长篇连载"放牛娃日记"一篇。

《小报》1932年6月19日创刊,周报,8开,由《重庆晚报》总编辑朱典常创办,《重庆晚报》主笔覃惜田、副刊主编刘玉声、市闻版编辑丁孟牧任编辑。

[①]另有文章将《工商晚报》记载为《工商时报》,参见丁孟牧:《三十年代的重庆小报》,《重庆报史资料》,第十四期。《重庆报业志》采用《工商晚报》的说法。

[②]另有一说是创刊于1933年,停刊于1935年,参见丁孟牧:《三十年代的重庆小报》,《重庆报史资料》,第十四期。

[③]《巴报》在当时重庆新闻界还有一说,经理李士逸,总编辑李樵逸是兄弟,李樵逸的父亲和舅子在报社作报丁,他的老婆刘曼碧作事务员,因报社规模不大,所以《巴报》也被称为"李家班"。

社址在米花街重庆晚报社内。该报以上海著名小报《晶报》为参照对象,推崇新闻性和趣味性并重,文字短小精悍,形式编排新颖,彩色油墨印刷,纸张采用将就,很快就在重庆市场上独树一帜。可惜由于朱典常事务繁忙,经常无暇顾及,该报不到一年后就停刊了。

此外还有《工商夜报》、《新闻晚报》、《新川晚报》、《四川晚报》、《社会晚报》等。

1932年,毛一波、金满成来渝,分别主编《巴蜀日报》和《新蜀报》的副刊后,极大活跃了重庆文坛,重庆晚报又一次流行,出现了一大批报纸。如《新西南报》、《新报》、《重庆快报》、《大众报》、《新新晚报》、《中报》、《竞报》等。

从形式上来看,《普通白话报》和《江州雅报》虽无晚报之名,但属晚报之实。它们每天傍晚发行,与早报发行时间前后迥异。当时,社会上还没有按照钟点上下班的习惯,一般商店的惯例是入夜就关起门来,表示一天工作完毕,到休息时间了,报纸乘此时机出版,极力迎合商店人员和普通市民的心理,工余之后,手持晚报,随手展阅浏览。这也开启了重庆晚报事业发展的潮流。

这时期的晚报内容上副刊为主,时事为辅,文字浅显,通俗易懂,大多是休闲文章、文学小说等,如《重庆晚报》的副刊"较场坝"专栏曾在1929年间连载了一部本地风光的长篇小说,名曰《如此江州》,作者署名"然然",内容完全影射重庆近年发生的实事,多为富室秘闻,大家丑史,受到读者的追捧。当然,晚报的有些内容也很无聊,最初的晚报如《江州雅闻》还辟有花评、花讯之栏目,刊载当时有名妓女的花名及地址牌号,作为人们茶余酒后消闲之物。语言上则尽量通俗易懂,这在最大程度上接近了当时的读者。此外,这些晚报一般版面小巧,售价便宜,所以一旦销路不畅,则很难逃脱停刊的命运。从时间上来看,这一时间段重庆出版的晚报种数多,但是维持时间长久的很少。出版最久的《重庆晚报》,虽不明其终刊时间,但至少出版在八年以上。出版五年以上的仅有《渝江晚报》和《四川晚报》。其余晚报出版不足一年的不少,最短的要算1924年创刊的《渝市晚报》,仅出版一个月左右便告终刊。可以说,这一阶段的晚报是此起彼伏,前停后创,维时不久。1927年1月,《公益晚报》停刊后,重庆社会上一年多看不见晚报,同一时期出版的晚报也只有三四种而已。

诸多晚报的出现带来了新闻界的竞争局面,报纸的套色、版式、新闻不断创新。如《东方晚报》在创刊当天采用彩色套版,《工商晚报》的报头经常用红色套印,《新闻晚报》把报纸的篇幅扩充为八开,《小报》、《中报》、《竞报》的篇幅采用十二开一长条的形式,力求以新颖的印刷和篇幅来引起读者的兴趣,达到打开销路的目的。

此外,晚报的大量出现,也给不法分子可乘之机,给新闻界造成了不良影响。如1932年创刊的《四川午报》,实际上是民权路、民生路一带的流氓所办。流氓们对这一带的公司、行号除收取广告费之外,还按月收取"保险费",保证扒手、小偷不去作案。1935年创刊的《新闻夜报》则与重庆市特业公会关系密切,社址也设在陕西街的公会内,所谓特业公会就是贩卖鸦片的商人组织的公会。

四、区县报刊的出现与发展

区县报刊,是最贴近区县大众的报纸,对服务地方自治,特别是地方资讯传播和文教事业发展起着非常重要的作用。长期以来,由于先进的传播工具大多集中在大城市中,研究者的视线也总是关注于城市大报。相比之下,区县报刊却很少被研究者关注。研究发现,早在抗战之前,重庆周边区县已经先后出现了多种报刊,传递出新知识,散播着新思想。

这里以江津、綦江、万州、合川、涪陵、荣昌、北碚等地为例,对各区县代表性报刊进行简单介绍。

江津 1919年7月,江津第一份冠有"报"头衔的《场期白话报》在白沙镇出现。每逢三、六、九赶集日,白沙镇学界联合会就在该镇中心的杜康庙举行群众大会,发表公开演讲。期间出现的《场期白话报》类似于演讲传单,由演讲人撰稿,内容以揭露北洋军阀政府卖国行径和封建社会的黑暗为主。《场期白话报》总共出版10多期。

1929年初,中国共产党江津特别支部成立,创办了《新江津日刊》,开创了中国共产党在江津办报的先河。报馆设在天香街"我我相馆"内,主笔为秦志敦。报纸最初为石印,后改为铅印。《新江津日刊》受中国共产党的指导,宣传党的主张纲领,主要内容是转载简报新闻、地方新闻,也刊登本地文章及社论等。一度在本地发行高达 500 多份,外地发行 100 多份。1930 年,《新江津日刊》迫于政治形势停刊。

另一份《新江津日刊》创刊于 1930 年,由当时的江津县政府和国民党江津党部主办,1936 年停刊。

綦江 1924 年下半年,中国社会主义青年团团员邹进贤回到家乡綦江县,联合霍步青等人发起创办《綦评》油印报纸。次年春,报纸改名《綦民公论》,用新闻纸铅印。报纸宣传革命思想,伸张正义,抨击时弊,很受群众欢迎。1925 年夏,邹进贤离开綦江,报纸因无人主持而停刊。

万州 1924 年,当地学界人士鲁静渊主办《万县日报》,初期规模较小,只是使用脚踩单开印刷机印报。1926 年 4 月,军阀杨森以万县为防区,以国家主义派的嫌疑逮捕鲁静渊,接管报纸,派中国万县地下党负责人周伯仕负责编辑工作。后杨森部的副秘书长秦正树(中共地下党员)兼任社长。在他掌管报纸期间,在时为杨森部政治主任的朱德同志和万县地下党中心县委的指导下,进行巧妙的斗争。在震惊中外的英国军舰炮击万县的"九五"惨案中,中共万县组织以《万县日报》社名义发表通电,提出五点主张,同时通电全国各报社,揭露英帝国主义的侵略行为,引起极大反响。

朱德同志在万县工作期间,还创办过一张 8 开石印报纸《壁报》,宣传国民革命军北伐胜利。当地国家主义派针锋相对地办了一份《快刀报》,明确宣传"拥护五色国旗,拥护讨赤反共"。该报创刊号上载《快刀斩乱麻》一文,指责《壁报》宣传赤化。两报对垒,处在顺应革命和叛变革命之间摇摆的杨森担心事情闹大,令《快刀报》停刊,《壁报》继续出版。

1928 年 6 月,周伯仕受中共四川省委指派,准备组织部队起义,事泄,周等 14 人被捕遇害。秦正树出走回忠县老家,改名秦伯卿,报纸亦停刊。杨森派军部秘书长童钧进驻报社,在万县商埠局的支持下,改出《万县商埠日报》,童钧任社长。1928 年底,四川军阀刘湘与杨森展开争夺防区的战争。杨森不敌败走,刘湘部 21 军第三师师长王陵基统兵驻防万县并兼任市长,报纸随即停刊。

民营报纸方面,地方人士鉴于当地无一家报纸,乃创办《万县市日报》。报纸出版仅两个月,即被王陵基以武力接管,改为《万州日报》,于 1929 年 2 月 6 日创刊,对开四版,发行 1000 多份。创刊时主要人员有:社长何北衡,编辑彭兴道,主笔王显舟。1929 年 7 月,报纸改为 4 开 3 中张 12 版,次年 1 月改为对开两大张 8 版。何北衡调离报社后,社长轮换多人,但都掌握在军阀手中,报纸也常常发表反共文章。

1936 年 10 月,刘湘委任其叔刘光瑜为万县警备司令兼《万州日报》社长。刘到任后聘请他的老师李春雅为报纸总编辑。李曾相信国家主义派,后转而相信马列主义,在他任用的编辑记者中,有不少是共产党的地下党员,如编辑欧阳克明为万县地下委书记,孙慕萍、郭祖烈、杨吉顺均为中共地下党员。在他们的影响下,报纸大力革新,扩大版面,增加发行数量,积极宣传抗日,抗战期间还曾转载过毛泽东的《论持久战》,成为下川东地区很有影响的大报。

合川　合川的第一家近代报纸《新合川》,创刊于 1924 年,日出一中张,为实业家卢作孚先生长兄卢子林主办。报纸主要刊载建设新的合川的意见,停刊时间不详。

1927 年,《合川日报》创刊,每日一大张,社址在合川瑞山公园内。该报以"灌输文化和教建防知识"为宗旨,发行约 2500 份。

1931 年 9 月,又有一张以"促进地方文化为宗旨"的周刊《合川小报》创刊,办报经费自筹,停办时间不详。

1932 年 7 月 15 日,一张 4 开 4 版的《黎民日报》创刊,经费亦系自筹,约半年后停刊。

1933 年 5 月,合川大陆药房老板肖鲁瞻(有称"萧鲁瞻")主办的《商报》创刊,社址为合川县丁市街。报纸主要介绍商业改进,农村经济情形及民间疾苦,被称为是"川东唯一商场之报纸"。初为 8 开 2 版,后改 4 开 4 版,时刊时停,延续办到 1939 年。

1934年1月30日,一张4开4版的《市民日报》创刊,不久即因经费不足停办。11月,合川大记进新印刷公司接办出版,报社亦迁至公司内,次年被政府下令查封。这家公司经理潘香林又筹资出版了一张《合阳晚报》,于1935年6月1日创刊,然时出时辍,拖到1944年3月后停办。

1934年3月,《三江夜报》创刊,不久就停办。

1936年,合川存心堂药房总经理邓肃谦筹资创办《存心药报》,至1937年6月20日,改为《民舆公报》,但未备案,半年后即停刊。后继续出版,社长段斧樵。

以上报纸均系民办,一般寿命都不长,但从其种类和数量上可以看出,合川这个时期商业城市的工商发展情况。

作为官方报纸,《合川日报》从1931年1月创刊,直至1949年12月停刊,时间近20年,其间也几经变迁。此外,国民党合川县党部在1935年还创立了一份机关报《大声日报》。抗战期间,两报合并,改名《合川大声两报联合版》。

荣昌　创刊于1928年的《荣昌国民通信报》是荣昌地区最早的报纸,社址在国民党荣昌县党部内。此后1933年县政府编辑出版了《荣昌县政公报》、党务指导委员会出版了《荣昌党务周刊》。此后,两报合并出版《荣昌县周刊》,林七贤任主编,1936年3月开始出版。这些报纸,无一例外属于国民党党报系统。

北碚　北碚最早的报纸,是1926年北碚"峡江通信社"油印不定期出版的《峡江》,后又创办《峡声》、《民联特刊》。这三份报纸内容多系团务消息,社会新闻极少,因此发行量不大,大多在250份左右,全部赠阅。

1928年3月4日,卢作孚先生于在北碚创办《嘉陵江报》。《嘉陵江报》为三日刊,同时附有《新生命》画报。卢作孚早年曾任成都《群报》、《川报》记者、编辑,深知新闻事业对于地方建设的重要性。卢作孚为报纸规定6条:(1)白话字句要浅,只要读过一两年书的都可以看。(2)编法简要,比看别的报少费时间。(3)新闻丰富,与成渝两地报纸一样。(4)派人专送,比各报迅速(以峡防区内为限)。(5)有娱乐材料可以消遣。(6)有常识材料可以帮助大家职业和生活。①

　　1931年1月1日，报纸为扩大发行，改名《嘉陵江日报》，将原先两日出版的报纸改为日报，八开四版，由北碚铅印公司承印。报纸发行人姓名从未见报，但实际负责人是卢作孚、卢子英。社址初设北碚场关圣庙，后迁北平路，又迁新华路。

　　《嘉陵江日报》创办之初就明确该报的任务，"一、告诉民众知道应该知道的事；二、帮助民众说出想要说出的话。"②《嘉陵江日报》版面设有"馀闲"、"随便谈"、"专载"、"游记"等栏目，特别重视"专载"。这个栏目几乎占整个版面的四分之一，为其他报纸少有。此外报纸还辟有"教育园地"，稿件由全区各学校发送，由区署教育股编辑，主要介绍教育新潮、教育名著、教学与训导的新方法等。此外，报纸每到重大节日还会推出特刊。出版一周年之际，编辑部还给报纸定下目标，以后"新闻材料供给须力求迅速、正确、完善、丰富，文字须力求通俗、简明、生动、有力、切忌冗长，编辑技巧宜采精编主义，并对于一个较为复杂的新闻先加以研究然后编辑，让读者在短时间内，看了一遍，便能得到很丰富扼要的内容，和很明确的了解。"③这些思考和措施都促进了《嘉陵江日报》的发展。

　　《嘉陵江日报》特别重视"专载"，该版面几乎是整版的四分之一，为其他报纸少有。登载的内容列举如下：

　　《三峡可以经营的地方产业》连载两天

　　《温塘公园经营的计划》连载两天

　　《华蓥山旅行记》连载五天

　　《调查纸厂和改良意见》连载两天

　　《峡局周年来经营的事业》连载两天

　　《夜半观瀑记》连载三天

　　《峡局士兵生活报告》连载两天

---

① 转引自士河：《卢作孚与〈嘉陵江日报〉》，《重庆报史资料》，第五期。
② 高孟先：《一年来的嘉陵江日报》，《北碚月刊》，第九、十合刊。
③ 高孟先：《一年来的嘉陵江日报》，《北碚月刊》，第九、十合刊。

《读书会报告》连载两天

《种痘日记》连载两天

这些"专载",是有事实、有经验、有根据的记述文章。[①] 如《华蓥山旅行记》是峡局学生队旅行所记的,不是一人所写,以学生写的为多。《三峡可以经营的地方产业》、《温塘公园经营的计划》、《峡局周年来经营的事业》等专载是对地方事业经营发展的思考和总结,很有意义。

1948年9月1日,《嘉陵江日报》改为《北碚日报》,1949年12月15日终刊。

涪陵　涪陵最早的报纸是《新涪声报》,创刊于1925年7月14日。内容以商讯、时事、涪陵新闻为主,对社会阴暗面多有揭露,倾向革命。4开,石印,周报。同年9月因刊登地方头面士绅的桃色新闻被勒令停刊。

《新涪陵报》1926年9月创刊。中国国民党(左派)涪陵县党部发行。内容以时事、评论、地方新闻等为主,倾向革命。4开4版,石印,周报。次年6月终刊。每期发行一二百份,以赠阅为主,也由少量订阅。

《新建设日报》1928年9月创刊,石印。涪陵市政公所发行,负责人刘雨卿。后改为周报,约1930年停刊。

《涪陵市政周报》1928年10月创刊,同年底停刊,涪陵市政公所发行。内容以刊登政策法令和市内新闻为主。石印,1930年底停刊。

《红军日报》1930年2月创刊,同年7月停刊。中共涪陵特委和中共四川二路红军游击队前委主办发行,内容以号召农民组织起来拿起武器闹革命为主。油印,不定期刊。

《政务日报》1930年下半年创刊,次年下半年停刊。涪陵县政府发行。内容为宣传政府政策法令,刊发地方新闻。4开4版,石印。

《涪陵民报》初创于1930年10月,至1933年6月,"以创办者不力,而经费来源罄绝,无形瓦解";1936年3月12日再度创刊,至1942年9月停刊;1943年1月10日复刊,后又因"印刷问题未得解决暂停";1935年6月21日

---

① 《嘉陵江报二十年》,《北碚志》,转载自《重庆报史资料》,第五期。

再度复刊,直至1949年11月终刊。该报是国民党涪陵县党部的机关报。内容有国际国内、地方新闻,其言论态度"以阐扬三民主义,宣传政令、表达民情"为主。4开4版,初为石印,后为铅印,曾为2日刊、3日刊,多系周刊。

涪陵最出名的报纸当属《枳江日报》。《枳江日报》1935年5月1日创刊于重庆,报名《枳江》取之涪陵的别称,涪陵在中国战国时代是巴国的枳城之故。同时报纸在涪陵登记,又主要运往涪陵发行。

《枳江日报》是从四川军阀刘湘"反省院"中释放出来的共产党员梁佐华、任廉儒等人,为了寻找党组织而共同筹划创办的。李子仪任董事长,冯均琏任社长,梁佐华任主编,任廉儒任主笔兼编辑,同牢出来的共产党员陈良、黄士芳分任编辑,日发行2500多份。

《枳江日报》在重庆印刷,每天早晨由民生公司轮船运送到涪陵城,依靠李子仪担任涪陵县长的身份,在城乡各地推销。由于报纸立场与当局不同,曾被毁停刊。

无奈之下,梁佐华等在1935年11月将报纸更名《人民日报》,并寻找社会关系掩护,后邀请军委会重庆行辕少将参议雷清尘任社长,雷在黄埔军校与康泽同学。梁佐华等找到了保护伞,编辑部有所扩大。报纸篇幅亦扩大为对开四版。梁佐华还暗中约请正在反省院的中共四川省委代理书记张秀熟(笔名"畸零")和重庆市委书记廖福源(笔名"寒非")前后写了几十篇主张抗敌救亡和抨击时弊的文章。不久,国民党当局以"牢中出来的犯人把持了编辑部"为名,改组《人民日报》。报纸由复兴社接收,更名为《西南日报》,成为三民主义青年团的机关报。

《西南日报》虽不再由共产党人控制,但《西南日报》在抗战期间发展"民间性"特色明显,报道偏重战时四川的政情、军情、商务、民生等,号称战时重庆生活的"百科全书",并跻身"陪都十大日报"之列。

忠县　民国十年(1921年)忠县人秦正树等从日本留学归来,创办《忠县旬刊》,设在劝学所内,经费亦由该所拨给。劝学所是民间团体,所以报纸属民营性质。1925年改为《忠县周刊》,仍为四开二版石印报。1927年由忠县国民党县党部接办,转为官办报纸。1930年又改为《忠县报》三日刊,后改石印为铅印,出二日刊。1938年再改报名为《忠报》至1941年8月印刷厂被日机炸毁停刊。1943年3月6日复刊,社址迁在忠县党部,日出四开四版一中张。

1928年夏,中共忠县县委成立,范新畴为书记。国民党忠县党务指导委员会成立后,范潜入其中任干事兼秘书,又担任《忠州报》主编。当时县委根据省委指示,利用军阀矛盾,开展反对杨森、拥护郭汝栋的活动,在报上发表文字,公开揭露杨森的罪行。9月30日,杨森令忠县驻军查封《忠州报》,逮捕范新畴等人。是年冬,杨森杀害范新畴于万州。

需要指出的是,除了上述报纸,重庆的许多区县还办有多种报纸,限于篇幅,不一一介绍,只将每地最早报纸列举如下:丰都1924年办有《通俗周刊》,长寿1927年办有《新长寿报》,梁平1927年办有《梁山三日刊》,潼南1928年办有《潼南民报》、《民众周刊》,垫江1928年办有《垫江周刊》,开县1928年办有《新开县》,铜梁1929年办有《铜梁民报》,秀山1929年办有《教育半月刊》,石柱1931年办有《石柱县政周刊》,彭水1931年办有《县政半月刊》。

第四节 通讯社等其他新闻事业

新闻传播事业的发展,必然带动通讯社的产生和进步。反过来,通讯社的产生和进步,又必将推动新闻传播事业的繁荣。对于两者的关系,民国新闻学人戈公振曾说到,"通信社和报馆,是互相为用而非竞争的。因为有通信社而没有报馆,不能和公众发生关系。有报馆而没有报社,则取材不能编辑全世界","通信社的势力,每隐蔽于报馆的后面,不为一般人所认识。……惟有通信社,仿佛一个活人,能传译于各民族间,不受时间和空间的限制","将来的通信社,因为科学之进步无已,对于人类精神上的联络,有更大的贡献,是毫无疑问。所以通信社和报馆,是永立于互相援助地位的"。[①]

---

① 戈公振:《中国急需一个代表通信社》,《戈公振纪念文集(江苏文史资料第44集)》,第195页。

一、通讯社事业的发展

重庆最早的通讯社是李光斗1920年在大梁子道冠井创办的四川通信社,同年创办的还有龚一维在莲花池五鹰院创办的新民通信社,[①]到20年代末重庆通信社已经累计增加到110多家,呈爆发式增长的态势。据统计,截至抗战之前,在重庆登记注册的通讯社先后达到150多家,数量之大,令人瞠目。不过,这些通讯社良莠不齐,不少通讯社为党棍、军阀、地痞、贪官所办,有的通讯社甚至一条新闻消息都没有发送过。究其总体情况而言,这些通讯社很少有维系时间长久,按日出稿,大多如过江之鲫,转瞬而逝。

重庆《新蜀报》1932年3月27日7版曾刊载消息一则:"通讯社行市之滥,近年已降至极点,军阀政客之欲欺骗民众也,必办一通讯社,以为宣传;贪官污吏欲遮饰罪恶也,必办一通讯社,以为掩护,效力既宏;驯致街坊流痞、乡下土豪,亦彼此办一通讯社,以为敲诈善良之工具。其结果使神圣之新闻事业蒙一不洁之臭名。"[②]

这些通讯社能按日发稿者少,不定期发稿者多,有相当部分的通讯社徒有其名,发稿次数很少。据成都《国民公报》1930年7月8日9版刊载,"重庆的通信社按日发稿的有18家,经官厅立案批准者尚有30家左右,其中不定期出稿者约占半数,有空挂招牌者,偶一出稿者,形色甚多。"[③]这一数据,与同年6月15日《重庆青年通信》社记者调查,"本市通信社经官厅立案审批之定期及不定期出版者,共45家"[④]的数字大致相同。

重庆地方通讯社在20年代发展极快的原因,大致有三点:其一,创办通讯社比办报刊更为容易简单,所需运转资金、办公地址、聘用人员都不多,有的通讯社只需一间房子,两三个人,即可用油印发稿,印数可多可少。其二,

---

[①] 黄贤虞:《旧中国重庆的通讯社》,《新闻与传播研究》,1990年第2期。
[②]《新蜀报》,1932年3月27日。转载自四川省地方志编委会:《四川省志报业志》,四川人民出版社,1996年版,第148页。
[③]《国民公报》,1930年7月8日。转载自四川省地方志编委会:《四川省志报业志》,四川人民出版社,1996年版,第148页。
[④] 重庆报业志编委会主编:《重庆报业志》,重庆出版社,2000年版,第242页。

通讯社经立案发照以后,就可以到处募捐,一年三大节(春节、端午、中秋)可到各机关、金融单位索讨津贴或募捐,谁认捐就吹捧谁,否则就发稿揭短,讹诈钱财。其三,重庆新闻主管部门对通讯社创办虽有限制,但只要通过上司或以重金贿赂,仍然可以创办。

1937年抗日战争爆发后,国民党中央通讯社总社和美、英、法、苏等外国通讯社驻华分支机构,以及上海、南京、武汉等地通讯社相继迁渝,为数不少。这些通讯社力量雄厚、消息灵通、行为规范,因而重庆的地方通讯社就很少创办了。抗战8年中,只新设了七八家民办通讯社。

二、新闻团体的建立

1905年,上海《时报》建立了我国最早的新闻团体。1910年,中国报界俱进会在上海成立,这是第一个全国性的新闻团体,不过未能坚持三年,中国报界俱进会就瓦解了。对于民初各地新闻团体,戈公振在《中国报学史》中写到,"至各地之报馆公会与记者公会,近虽次第设立,因各报宗旨不同,精神依旧涣散也。"①

重庆最早的新闻团体是成立于1914年的重庆报界俱进会,因意见分歧,逐渐涣散。这正如戈公振上述评价的一样。1912年12月,为抗拒重庆警察厅的新闻检查,重庆报界俱进会宣告恢复,并在次年1月向警厅提出免予新闻检查一案。警察厅呈省道各界核示,奉重庆镇守使指令照准。5月,重庆警察厅第十七号布告:现值戒严期间,凡一切印刷物品,应呈报该管区署检查,倘敢故违,严惩不贷。至此,新闻检查制度在4个月后又宣布恢复。1922年12月,报业俱进会商讨议定保障报纸法12条,拟请省议会定为单独法规,为争得新闻自由多不断努力。1923年12月22日,俱进会开会,决议改组成立重庆报界联合会,废除原报界俱进会。

1924年11月,重庆25家报馆在《商务日报》开会,成立重庆报界大会。不到1个月又告撤销。

---

① 戈公振:《中国报学史》,(台湾)学生书局,1982年版,第372页。

1927年10月16日，重庆报界协会由《商务日报》《新蜀报》《大中华日报》《团务日报》等发起成立。之后，积极开展活动。1930年8月，获悉《自流商务》三日刊被查封，社长朱贻东被监禁。协会召开紧急会议，决议致函自流井川南警备司令蔡玉龙，要求启封《自流商务》三日刊，释放朱贻东。还决议对重庆法院拘押"渝钟通讯社"记者刘淑舟一事援助到底。日后，刘淑舟被川鄂边防军经理处长范众渠枪杀，枭首带往邻水。报协同新闻记者协会、重庆新闻社协会联合发出宣言，为此事鸣不平。1933年5月13日，重庆报界协会聚会，讨论上海《新大陆报》创刊人、前重庆《大中华日报》主笔王鳌溪被秘密枪决于南京雨花台事件。随即分别发函致电国民党军事委员会、民权保障会及上海川籍要人，查询究竟，伸张正义。7月8日夜，重庆驻军为各报指责市政府当局同代市长石体元发生冲突，出动武装，逮捕《新蜀报》《新民报》记者、职员数人。为此，重庆报界协会又开会决议，从11日起，停刊3天抗议。经重庆党政当局出面调解，释放被捕人员，14日各报复刊。

1928年8月8日，重庆新闻社协会在巴蔓子将军墓园举行成立大会，这是重庆各家通讯社成立的新闻团体。1936年，协会在国民党巴县党部召开改选大会，三十余人出席，选举冯雪樵任主席，选举长江、新编、重庆、交通、联合五社为理事，大陆、震旦两社为候补理事，青年、新四川、江北三社为监事，新生命社为候补监事。

1928年8月23日，重庆市新闻记者协会在环球电影院举行成立大会。8月28日，重庆市新闻记者协会经重庆市民生局批准立案。同年11月，协会在西二街会所召开执监联席会议，选举李开先为主席，王鳌溪为记录，并去函质问杨森枪毙《忠县报》编辑范新畴理由，同时电联各方，请求伸张正义。1929年3月，新闻记者协会召开第二次会员大会，陈锦帆任主席。大会委托吴竹似出席全国新闻记者联合会筹备会，还修改简章，选举王鳌溪、李开先、陈锦帆、傅希圣等人为执行委员。

1932年10月，重庆新闻界人士朱典常等人发起成立的"重庆市新闻学研究会"，以研究新闻学术及发展新闻事业为宗旨，会址设《重庆晚报》社内。

"该会之成立,既系研究性质,而研究要途当首推图书"。① 图书室数月间已募得新闻等各类书籍数十厚册,并有集资创办一研究新闻学特刊的计划。

1935年2月5日,重庆市青年会新闻学会宣告成立。吕渺崖担任学术研究部主任,地址设在陕西街,负责人为窦琴白、胡特俊。同年3月底,邀请首次入川的天津《大公报》总编张季鸾讲授《新闻记者之精神目的与标准》。该会研究工作活跃,除每周讲演照常举行外,由学术部主编的《新闻学研究》两周刊,于5月16日在《国民公报》星期增刊出刊创号。

这些机构在争取新闻出版自由、维护媒体和记者权益、拓展新闻传播研究等方面开展了有益的工作,对新闻工作共同体的形成起到不可估量的作用。

如1930年7月26日,《西蜀晚报》副刊"笑林"栏小品得罪弁兵,被弁兵多次捣毁,社长黎纯一逃走,员工多人受伤。重庆报界协会、新闻记者协会、通讯社协会召开紧急联席会议。决议8月5日起,全市新闻界罢工,成立"重庆新闻界八一事件罢工委员会"。重庆50多个民众团体特成立"重庆市新闻界罢工民众后援会",发表声援宣言。新闻界提出"一、惩办凶手,二、保障将来,三、赔偿《西蜀晚报》损失,并由肇事者向新闻界道歉"等要求。迫使刘湘、江巴城防副司令梁俊、21军师长蓝文彬,邀集各部副长官进行调解,同意新闻界提出的条件,并保证今后新闻记者的安全。新闻界从8月18日起全体复工。这些斗争,有理有节地维护了新闻界的尊严和权益。可以说,"这是百年言论史上值得记载的胜利,是笔杆子对枪杆子的一次胜利。这样的胜利确实来之不易"。②

三、新闻教育机构的建立

1929年9月1日,重庆新闻学研究所报名招生,男女兼收,修业三个月毕业。这是重庆第一个专门培养新闻人员的业余机构。首批招收正生30人,

---

① 重庆报业志编委会主编:《重庆报业志》,重庆出版社,2000年版,第159页。
② 傅国涌:《笔底波澜——百年中国言论史的一种读法》,广西师范大学出版社,2006年版,第X页。

附生10人。研究所在校学生在同年12月还创办日新通信社,一方面供学生实习之用,同时发稿给重庆各大媒体。

1930年4月,重庆黎明通信社、中华通信社联合开办新闻函授学校,这是新闻教育面向社会的一种重要形式。

抗战之后,新闻学教育课程才正式在高等学校开设,也正是在抗战期间,重庆成为全国新闻学教育的中心。

四、广播电台的建立

1933年,军阀刘湘在重庆开始筹建广播电台,1934年建成播音,办有新闻、川戏、歌曲等节目。不过因为设备落后,广播时断时续。

另有一说是,1932年12月,四川善后督办刘湘在重庆建立军用广播电台,定名重庆广播电台,呼号XGOS,主要转播南京中央广播电台的节目。但播音极不正常,不久即中断。1934年,重庆广播电台恢复播音,呼号仍为XGOS,广播频率650千赫,发射功率1千瓦,每日晚上播音,除转播南京中央广播电台的节目外,还播送商情、气象、音乐、新闻1小时。1935年2月10日,改组后的四川省政府在重庆成立,刘湘任省政府主席,训令戍区各县县长,将一切政务完全归省政府管辖。1936年,12月,四川善后督办公署撤销,重庆广播电台继续播音。[①]

重庆市第一家私营广播电台成立于1932年,地点在重庆通远门纯阳洞外,系私人建的广播电台,电台建在两间平房里,发射功率500瓦,频率1000千赫。广播时间是晚上,主要播放唱片音乐如川戏等。这是重庆第一家广播电台。

1934年,重庆华记五金行开办华蜀(华记行)广播电台,输出功率5瓦;行功电业社开办行功广播电台,输出功率10瓦,分别设于各商家店内。开播不久,因为没有取得当局执照而被撤销。

1934年,重庆复亚无线电公司开办重庆复亚广播电台,输出功率5瓦。

[①] 重庆市地方志编纂委员会:《重庆市志:教育志文化志文艺志广播电视志档案志文物志报业志》(第十卷),西南师范大学出版社,2005年版,第471页。

现在看来,这些广播电台是非常简陋的。虽然如此,但重庆广播电台的建立在重庆新闻传播史上有着划时代的意义,标志着重庆的新闻事业由印刷时代迈向了电波时代,大大加快了新闻传播的速度,扩大了新闻传播的范围。

抗日期间,国民党中央广播事业管理处、中央广播电台迁渝后,重庆广播电台被撤销,直至中央广播电台迁返南京后,才恢复播音。

第五节 巩固发展阶段重庆新闻传播事业述评

辛亥革命的成功,给重庆新闻传播事业带来了一个高速发展迅速进步的阶段。截至抗战前,重庆报业数量剧增,通讯社数量众多,新闻团体、新闻教育机构和广播电台先后建立,这些元素,集中组合成一股力量,将重庆推上区域新闻传播中心的位置。

其中,报业仍然是该阶段重庆新闻传播事业的主要特色,除上述政党报纸、军阀报纸、共产党领导下的报纸、商办报纸、民办报纸、区县报纸的介绍外,这一时期,还出现了许多团体办的报纸,如1916年12月重庆妇女界办的《女铎报》,这是重庆妇女界办报的开始;1919年12月以宣传新文化、新思想为宗旨的《川东学生周刊》,这是重庆的第一份学生报刊;1922年重庆工界主办《工务日报》,这是重庆工人报刊的开端。

截至1936年10月12日,重庆市政府社会科发表登记的合格报社,计有日报15家,晚报2家。报社名称及负责人名如下:《国民公报》(何北衡);《服务报》(任宗德);《缩影报》(孔宪斌);《快报》(曾子唯);《商务日报》(潘昌猷);《济川日报》(傅真吾);《重庆晚报》(赖健君);《齐报》(李裕生);《新川日报》(蒲仰峦);《民声日报》(陈均陶);《人民日报》(冯均琏、张有林);《四川日报》(陈远光);《重庆新报》(刘星拱);《新蜀报》(周钦岳);《四川星星报》(吴顺卿、王焕如);《妇女时报》(陈国华);《四川午报》(陈光荣)。① 此外,还有一些只登记未出版和未向主管部门登记的报纸。

需要指出的是,重庆新闻传播事业的发展并不是一帆风顺的,其中也遭遇到很大的波折。

一、与政治的跌宕起伏密切相连

新闻传播事业与时政关系密切,在那个还没有报业独立的年代中,随着政治的跌宕起伏,报业的命运也是随之浮沉,时兴时灭。

(一)袁世凯集团对新闻业的冲击

民国初年,正当新闻行业逐渐迎来生机勃勃的局面时,袁世凯篡夺了辛亥革命的果实,短暂的民主共和,回到了专制统治之下。

袁世凯对待新闻业一般采取三种手段:一是收买报纸报人;二是创办御用报纸;三是暴力压制。其中第三种手段最为常见。1913 年底,全国继续出版的报纸只剩下 139 家,较之民国元年的 500 家锐减 300 多家,北京的上百家报纸也只剩下 20 余家,报刊锐减三分之一,报人大批被捕被害,因 1913 年是农历癸丑年,这一次新闻界遭受的磨难也被称为"癸丑报灾"。② 此外,他还先后颁布《报纸条例》、《出版法》等法律,对全国新闻界作出种种限制。

在重庆,原蜀军军政府机关报《国民报》因为声讨袁世凯及其爪牙四川都督尹昌衡的罪行,支持二次革命,最终以"横涉党祸"的罪名,被当局查封,主编周文钦,编辑燕子材被捕入狱。

后来迁渝的《国民公报》在成都期间,也多次被查封,报人四散,最后只剩李澄波苦苦支撑。

1912 年 11 月,《广益丛报》记者、前咨议局机关报《蜀报》总编辑朱山,被袁世凯在四川的代理人护都督胡景伊逮捕杀害,年仅 26 岁,是辛亥革命后四川牺牲的第一位新闻工作者。

---

① 重庆市地方志编纂委员会总编辑室:《重庆市志》(第一卷),四川大学出版社,1992 年版,第 138 页。
② 参见方汉奇、张之华主编:《中国新闻事业简史》,中国人民大学出版社,1999 年版,第 152—155 页。

1915年,袁世凯阴谋复辟帝制,曹锟以金钱要各报为之鼓吹。《商务日报》迫不得已,借年终放假之际宣布停刊,以示抵制。

这些倒行逆施的行为,不仅让现存的报纸噤若寒蝉,不敢发声,新办的报纸更是小心翼翼,严重打击了民间办报的积极性。直到1916年9月内务部通令解除反对帝制被禁的各报后,这样的局面才有所改观。同月,被禁止活动的重庆报业俱进会呈请主管机关解禁,获批准。

(二)军阀政治对新闻业的冲击

进入"防区时代"后,军阀划地自治引发的对新闻业的冲击频繁发生。"防区时代"是四川历史一个特殊时期,自1919年4月熊克武正式明令发表"四川靖国各军驻防区域表",防区制正式具体化始,至1935年初川政正式统一,前后17年。这17年,也是军阀当局迫害新闻业肆无忌惮的一段时间。

1921年底,陈毅等留法学生因闹学潮被遣送回国。1922年春,他回到重庆任《新蜀报》主笔。这时,他已从法国学潮中认识到个人奋斗是软弱无力的,经蔡和森介绍,加入了共产主义青年团。在当该报主笔期间,陈毅认为到新闻行业是一个极好的工作。他积极撰文,发表大量文字,抨击军阀统治,在重庆知识界特别是青年学生中产生了积极的影响,却也因此招到当地军阀忌惮。1923年9月,陈毅被四川军阀"礼送出川"。

1925年,驻防重庆的国民党第21军军长刘湘下令查封由共产党人张闻天、萧楚女支持创办的《爝光》《南鸿》,并勒令萧楚女出境,张闻天也被迫离渝。

1926年,由重庆公益联合会创办的《公联日报》,因载文不满潘文华(刘湘部师长、兼任重庆商埠督办)修建马路、大兴土木,即被商埠督署督工队队长周瑞麟率领武装兵士数十人加以捣毁,并将社内文件及公私财物抄没一空,编采人员燕子才等10多人被拘押。

1927年"三三一"惨案中,《四川日报》被捣毁,社长、总编流亡,报纸停刊。《新蜀报》主笔漆南薰被杀害,总编辑周钦岳被迫离渝,报纸被迫改组。《四川国民》报创办人冉钧也被杀害。

同年7月,重庆新民戏院主办的《游戏报》出版第五天,因刊载江巴委员会委员长就职通电一文，被当局认为有影射之嫌，函令重庆警察厅查封。

1928年，《忠州报》主编范新畴在报上发表文字，公开揭露杨森的罪行，报纸遂被查封，范新畴被杀害。

1929年5月2日，《新社会日报》即因一篇文章讽刺国民党中央派来勾结四川军阀的特派员曾扩情，被迫停刊。5月20日，在各方声援下，报纸又自行复刊。一个月零五天后，南京国民政府军政部长何应钦直接电令刘湘，说这是四川地区"最反动"的报纸，再次明令予以查封，逮捕编辑罗静予，并通缉前总编罗承烈。

1929年7月11日创刊的《新时代报》，同样因为发表了《中国人该坐四人大轿》和《苞谷颜色的革命家》两文，指责国民党中央的特派员曾扩情，被重庆警察局以"言论反动，淆惑视听"的罪名，于8月6日查封。这份报纸前后只出版了26天。

《团悟日报》原名《团务日报》，本系刘湘接受何北衡倡导办民团的主张后，办起的一份鼓吹"团治主义"的报纸。1927年"三三一"惨案时，这张报纸曾出刊揭露事实真相的《紧急号外》，为当局所不容，廖维新被撤职。1929年10月31日，重庆警察局在报社大门交叉贴了"言论反动、淆惑视听"的封条两张，当晚又派出警察将报纸已排好的版面撤销。这遭到了重庆报界、工界在内的诸多团体的抗议，要求当局启封，但当局置若罔闻，21军部批示以："遵照前案，碍难启封"，不准启封。报纸主笔王鳌溪被迫离渝前往上海工作，1933年4月被杀害于南京雨花台，成为新闻界殉难的又一烈士。

1930年4月6日，《重庆快报》因评论邓晏婚姻案，开罪于21军旅长蓝文彬控制的市妇协会，总编辑邵天真被蓝部士兵捕去。

1930年7月26日，《西蜀晚报》副刊"笑林"栏小品得罪弁兵，被弁兵多次捣毁，社长黎纯一逃走，员工多人受伤。

1930年9月1日，《重庆晚报》因于数日前载文讽刺法官和刊登《一塌糊涂之地方法院》等新闻，社长陈伯坚被巴县地方法院拘捕羁押。

1932年3月26日，重庆市公安局给《四川通信》停刊10天的处罚，称该报滥发号外，所载各电均系捏造。

1933年11月,《云阳日报》因此前连续发表社论《谣言与恐慌》、《希望》、《同情》等文章,被指为"宣扬共产","希望剿匪军失败","对于外轮允许运输剿匪军队加以讥评,对县政府加以攻击,对匪人则加以声援",并且"报上素不称匪",该报负责人刘勃然、杨嗣宗,编辑刘勃然、陈季孟、冉贞谆,被地方当局以"为异党张目,与他人遥相呼应"为由逮捕,报纸被迫停刊。

1934年8月10日,《商务日报》因刊载一条军事新闻,被警备部勒令停刊三周。14日上午,警备部又以"捏造事实,有伤风化"为由,查封《四川晚报》。

1935年6月,《枳江日报》被暴徒捣毁(一说为刘湘特委会所为)。

在那黑暗的岁月里,每一个防区实际上都是军阀各自割据的地盘。他们在所辖地区内生杀予夺,为所欲为。除了他们自己办的报纸以外,凡是不合心意的言论,即可任意处置。所以重庆地区在20世纪二三十年代前后有过不少报纸,除了少数几家较有影响外,很多都是时办时停,寿命不长,影响也小。其中固有经济无能为继的,但却有不少是横遭扼杀,新闻从业人员也无端受到种种迫害。

二、政党报纸、商办报纸、民办报纸三足鼎立

(一)政党报纸的蜂起与堕落

南京临时政府成立后,在建设民主政治的口号下,结党结社蔚然成风,这些政党除了一些有名无实、昙花一现者外,许多政党都竞相运用报刊为自己宣传,短时间内形成了一个政党报刊大量出版的热潮。政党报刊的蜂起与堕落也成为民国初年新闻事业发展的一个主要特征。

与西方商业报刊占主导地位不同,政党报刊一直是我国新闻事业的主流,因为近代中国始终面临着救亡图存的危机,近代报刊在中国的产生和发展首先是适应政治斗争的需要,报刊就自然成为各种政治势力和先进分子宣传救亡图存、救国救民的利器,从康、梁维新派到后来的孙中山领导的革命派,都异常重视报刊在政治运动和革命宣传中的作用。民国成立以前的政党报刊在资产阶级反对封建压迫、争取民主自由和民族独立的斗争中发挥了积极的作用,但民初政党报刊具有依赖政党资助、陷于政党纷争等固有缺陷,重庆也不例外。

当时,重庆的这些政党报刊并不是组织严密、由政党直接掌控的舆论机构,"大多是由资产阶级政党或政治团体资助的有相当独立性的民营报刊,与现代意义上的从列宁开始表述的党报并不完全相同"。[①] 这种情况的出现,与民初政党的特殊性有关,这些党派表面上看是借鉴西方议会制政党,但与西方政党并不完全相同,而是带有传统结党结社的浓厚特色,当时许多政客对民主共和的认识和理解明显缺乏,政党被当做争权夺利的工具,许多政党连党纲都没有,所谓政党不是因政治主张相同的结合,完全就是利益的纠结。很快,由于思想庞杂、组织松散,民初蜂起的政党报刊就消失在历史的长河中。

真正意义上的政党报纸,则是国共两党主导下的产物,而这些报纸,又与重庆四川等地的军阀政治密切相关。从前述的内容可以看出,中国共产党在早期重庆的新闻事业中的努力是卓有成效的。它们往往借助军阀的"面",作宣传共产党的"里",成为党的喉舌。

(二)以《商务日报》为代表的商办报纸

商办报纸不同于商业报纸。商业报纸是以赚取商业利润为目的的报纸,而商办报纸则是商业组织创办经营的报纸,其主要差异除了创办主体的不同,很大程度在于后者的初衷是促进商业活动,扩大商业影响,繁荣地方经济。

需要指出的是,《商务日报》从1913年创办,到1951年停刊,作为重庆解放前出刊时间最长的报纸,其成功不是偶然的。可以概括为"既小心翼翼,又审时度势"。

一方面《商务日报》由商会垫资开办,自然受重庆总商会管辖,因而只谈商务,不涉政治成为该报的宗旨和办报基调。再加上首任总编辑周文钦在《国民报》时曾"横涉党祸",有过惨痛的教训,因此发誓"一生不入党潮",恪

[①] 钱晓文:《民初政党报刊与政党政治》,《新闻爱好者》,2012年第7期。

守"超然中立"。于是,初创时期的《商务日报》在民初政党报纸互相攻讦、党同伐异的环境中基本上保持"中立"态度,同时,报纸极力主张道德教化,注意开启民智,不登怪诞淫邪奇闻,不用伪逆、叛贼之语词,这样的办报风范符合当时的文明潮流,因而很快在社会上赢得了"卫生报"的美誉。开办不久,发行量即由最初的七八百份猛涨到两千份。这在文化欠发达、交通欠便利的重庆已属奇迹。

另一方面,《商务日报》在事关国家主权和公众利益的大是大非面前,并不固执于中立保守,更不窃喜于明哲保身。相反,却旗帜鲜明地公开自己的态度。战前有几次杰出的表现,给社会各界留下了深刻的印象:第一次是在袁世凯欲图称帝的1915年。当时曹锟奉袁之命悍然入川围剿护国军,同时以武力威逼和金钱利诱两手向四川各报施压。在一些报纸表示屈服时,《商务日报》不仅予以拒绝,而且还连续刊发言论对袁、曹进行调侃,结果遭到袁政府两次查办,被罚停刊半年。第二次是在1919年五四运动期间。当北京学生游行示威的消息传到重庆后,《商务日报》在快速转发电传文稿的同时,又在总编辑周文钦的策动下,积极组织商界、学界游行示威,并以重庆总商会名义通电全国予以声援。第三次是在1931年的"三·三一"事件发生时。当时驻渝军方残杀异党人士的消息被严密封锁,新闻检查十分严苛,但《商务日报》还是冒着风险,以刊发上海蜀商公益会快邮代电的方式,巧妙地将事件真相公之于众。"九一八"事变以后,《商务日报》迅速转变立场,改变原本号称的中立态度,在国家危亡迫在眉睫之时,全力进行抗日救亡的宣传鼓动性报道,尤其对学生救亡运动更明确表示予以支持,彰显了爱国的决心和良好的报格。

(三)以《嘉陵江报》为代表的民办报纸

重庆的报业,从《渝报》、《重庆日报》开始,就充满了民办的特色。这种源于民间的力量,成为支撑重庆新闻传播事业生生不息的中流砥柱。

纵观《渝报》、《重庆日报》、《嘉陵江报》的宗旨,我们可以看出重庆人民虽偏居西南一隅,却有着面向世界的远大抱负。《渝报》、《重庆日报》从一开始就为整个四川的事业鼓吹呐喊,从妇女解放到修筑铁路,从言论自由到兴办事业,前者站在了维新变法的一线,后者则立足于民主革命的洪流。到了《嘉陵江报》的时代,卢作孚更是发出了向世界开放的胸襟。他以"努力的同人"为名在《嘉陵江报》的发刊词中写道:

> 嘉陵江是经过我们这一块地方的一条大河,我介绍的却是一个小朋友。两天出版一次的小报。我们盼望这个小报传扩出去,同嘉陵江那条河流一样广大至少流到太平洋。并且嘉陵江的命有好长,这个报的生命也有好长,所以竟叫这个小报也叫为《嘉陵江》。这个小《嘉陵江》,身体虽小,肚皮却大,大到可以把五洲吞了。各位小朋友,不要见笑,不信试看一看,简直可以从这个小《嘉陵江》里,看穿四川,中国乃至五大洲——全世界。面积之大,诚然不能去比河下面那条嘉陵江,内容之大却又不是河下面那条嘉陵大江够得上同他一天说话的呵!三峡有许多地方,我们要在三峡做许多事业,做到什么程度,各位不晓得,可以在《嘉陵江》上去看它。[1]

这样的开放姿态,不仅反映出卢作孚作为那个时代工商界和知识界先进人物开阔的文明心境,同时也反映出"防区时代"重庆及四川地方士绅阶层及军政开明人士的普遍愿望。

同时,最值得称赞的是,该报在编辑方针上深受京、津、沪、渝民自由主义大报的影响,提倡走"大众化报纸"的路子;在资讯内容及语言风格上致力于"服务大众、开启愚蒙;"白话字句很浅,只要读过一两年书的,都可以看";"编法简要,比看别的报少费时间";"新闻丰富,与重庆、成都有名的报馆一样"。[2] 同时,卢作孚在报纸发行后,会派人将报纸在当地各个茶社、酒馆里张贴,并赠送学校、企业、机关等机构。卢作孚试图通过这种办报实验,从根本上改变中国自有新式报纸以来,只为中上层人士提供资讯服务,而与绝大多数下层民众绝缘的新闻传播局面。可以说,当抗战初期,新闻界和文艺界还

---

[1] 努力的同人:《介绍嘉陵江》,《嘉陵江报》,1928年3月4日。
[2] 努力的同人:《介绍嘉陵江》,《嘉陵江报》,1928年3月4日。

在为报纸是否"走向大众",文艺是否采取喜闻乐见的"民族形式"而论争不休时,以《嘉陵江报》为代表的重庆地方小报,早已进行了富有成效的探索。

三、通讯社等新闻事业开始萌芽和发展

通讯社的发展、新闻团体的建立、新闻教育机构的建立、广播电台的成立,是新闻传播事业发展到一定阶段的产物,这也是重庆新闻传播事业向纵深发展的有力证明和显著标志。

虽然一些事业,如新闻教育机构和广播电台在这一时期还稍显粗陋,位于起步时期,却在重庆新闻传播史上有着重要的地位。如1929年9月1日开始招生的重庆新闻研究所,因为新闻教育属于起步阶段,存在的不确定内外因素较多,教学标准和招生规模完全由学校决定,学生学习时间的长短、新闻实践的内容形式都难以做到科学合理的安排,但重庆的新闻教育事业就这样蹒跚起步了,打破了中国新闻教育办学地点多集中在北京、上海、广州的局面。同时,研究所在校学生在同年12月创办日新通信社也表现出当时新闻学教育比较重视业务、注重实践、重视独立活动的倾向。1930年4月,重庆黎明通信社、中华通信社联合开办新闻函授学校,这是当时新闻教育的一种普遍形式。函授学校办学方式灵活,学制简单,非常有利于在职学生利用业余时间学习,扩大了新闻学教育的覆盖度。同时由于教学机构由新闻实务部门创办,使新闻教育单位和新闻业务部门紧密结合起来,有利于学生实践操作,开阔视野,也有利于丰富教学内容,让新闻教育能够更好为新闻单位服务。

通讯社的发展是20世纪20年代重庆新闻事业迅速发展的标志。新闻是报业生存的基础。为了满足报业对新闻的需求,专门为报社服务、提供新闻素材的通信社应运而生,这是新闻事业发展的产物。虽然存在诸多问题,但"重庆的通信社按日发稿的有18家",[1]这一数量在当时还是一个不小的数字。通信社的存在,使得采访消息的机构大大增加,能够汇总消息,给予了新闻发表的选择空间。

---

[1]《国民公报》,1930年7月8日。转载自四川省地方志编委会:《四川省志报业志》,四川人民出版社,1996年版,第148页。

新闻团体的出现,说明新闻事业已经发展到一定的规模,在社会上有着明显的影响力,并且有着相当数量的从业人员。出于维护职业共同体利益的需要,新闻团体的出现是一种必然。实际上,尽管初期也存在组织涣散,形式松散等问题,但 1927 年成立的重庆报界协会、1928 年成立的重庆新闻社协会、1928 年成立的重庆市新闻记者协会等机构在维护新闻行业权益,保护新闻记者安全等方面还是作了很多努力的。如 1933 年 7 月 8 日夜,重庆驻军因各报指责市政府当局而发生冲突,遂出动武装,逮捕《新蜀报》、《新民报》记者、职员数人。为此,重庆报业协会立即决议,从 11 日起,全市各报停刊 3 天抗议。经重庆党政当局出面调解,释放被捕人员,14 日各报复刊。可以说,这种集体的抗议在中国新闻近代史上是比较罕见的,也是争取言论自由的胜利表现。

1931 年 10 月,重庆反日救国会致函重庆报界协会,要求重庆各报热忱爱国,抵制日货,援沪报之例,一律采用国产纸,或其他国家纸张。重庆报界协会同意实行,并于 28 日召开扩大会议,决定派员到乐山嘉乐纸厂购买纸张。

1932 年重庆市新闻学研究会的成立,在重庆新闻团体发展史具有重要意义。它的成立,将新闻学术研究和探索新闻事业的发展纳入明确的组织目标。此后,1935 年重庆市青年会新闻学会,1936 年成立的重庆市新闻学会都是以新闻学术研究为目的的,这也标志着重庆新闻行业在重视新闻实践的同时,积极进行新闻理论研究的转向。

第三章 繁荣与全盛：
重庆新闻传播事业的繁荣阶段（上）

卢沟桥事变后，日本帝国主义大举侵华，平津沦陷，此后不久，淞沪抗战爆发，中国进入全面抗日战争阶段。

1937年10月29日，国民政府行政院长蒋介石在国防最高会议上报告《国民政府迁都重庆与抗战前途》，提出国民政府将迁都重庆。10月30日，国民政府决定迁都重庆。11月20日，国民政府发表迁都重庆宣言，"国民政府兹为适应战况，统筹全局，长期抗战起见，本日移驻重庆，此后将以最广大之规模，从事更持久之战斗。"[①]11月26日，国民政府主席林森率部乘船抵达重庆；12月1日，国民政府在重庆开始办公；12月7日，国民党中央党部也迁抵重庆。同月，蒋介石由桂林飞抵重庆，随后国民政府军事委员会亦移渝办公。从这时起，重庆就成了国民政府的陪都。

随着抗战的全面爆发和国民政府迁都重庆，国家政治中心、军事中心、文化中心和外交中心的转移，大量军政、文教、工矿企业迁渝，抗战时期也成为重庆历史上最辉煌的时期之一，重庆也一跃成为举世闻名的国际城市。这些都为重庆新闻传播事业的发展创设了不可多得的条件，顺势而出的，必然就是一个空前发展的新闻传播繁荣阶段。

[①]《国民政府移驻重庆宣言》，转引自民革中央孙中山研究学会重庆分会：《重庆抗战文化史》，团结出版社，2005年版，第36—37页。

第一节 国民党系统的报纸

迁渝之后,国民党中央及其领导人非常重视国民党党报的恢复和发展。蒋介石曾多次就新闻工作发表讲话和指示,要求把国民党党报办好。他说:"当今全国努力抗战之时,我新闻界为国奋斗,责任之重大,实不亚于前线冲锋陷阵之战士。如何宣扬国策,统一国论,提振人心,一致迈进,以达驱除敌寇,复兴民族之目的,而完成三民主义国家之建设,实惟新闻界之积极奋起是赖。"①

一、以《中央日报》为代表的国民党党报

《中央日报》是中国国民党中央党报,在国民党党报系统中处于核心位置,被称为国民党"最高言论机关"。《中央日报》1927年3月22日在汉口由国民党中央党部创办,后迁上海,再迁南京,并改组为国民党中央机关报,属国民党中宣部直接管辖。1928年2月10日《中央日报》在上海出版时,发刊词《本报的责任》公开表示:"本报为代表本党之言论机关,一切言论,自以本党之主义政策为依归。""同志之爱党者,固应爱护本报,国人之爱护中国国民党者,亦应爱护本报也。"②抗战爆发后,该报迁往长沙续办。1938年华南局势日趋紧张,该报遂在9月15日移驻重庆,直至抗战胜利。

《中央日报》在渝期间,为适应战时形势,扩大影响,努力由一党的"言论机关"上升为代表战时国家意志的"言论机关"和精神动员机关,以及对敌宣传的武器,主张与国民站在一起。"人民利益即党之利益,为人民利益而言,即为党之利益而言。故本报为党之喉舌,即为人民之喉舌。(程沧波)"③"本

---

① 蒋介石:《今日新闻界之责任》,《新闻学季刊》,1930年第1卷第3期。
② 何应钦:《本报的责任》,《中央日报》,1928年2月1日。
③ 曾宪明:《中国百年报人之路》,远方出版社,2003年版,第154页。

党和国民已是浑然一体,政府和国民更是息息相关……因此政党报和政府报,可以说是国民报。(陶百川)"[1]尽管这一努力并不彻底,但《中央日报》在整合各方力量,构建抗日舆论引导,为抗战宣传找寻一个恰当的切合点方面所作的探索,却是具有积极意义的。

在整个抗日战争期间,《中央日报》的新闻宣传总体上是符合国家政略和抗敌战略要求的。其在新闻报道及言论鼓动方面主要有如下一些特点:[2]

一是站在全局高度,通过社论新闻对抗日战争的动向及时予以舆论引导。抗战初期,《中央日报》以积极抗战为主要的舆论导向,积极声讨日军残暴罪行,坚定全国人民抗战到底的决心。典型的社论如《中国的前途只有抗战》、《光荣的牺牲》、《胜利的前途》;此后,对汪精卫叛国投降、宣传"国家总动员法"、关注文化界、关注金融物价调整、抗战外交和争取外援、编组"青年军"等方面,《中央日报》基本上配合国民政府的大政方针,及时作出舆论引导。

抗日战争是一场全面民族抵抗日本帝国主义侵略的自卫战争,生活在政局、社会状况急剧动荡之中的民众迫切希望尽早知晓时事的发展变化,《中央日报》作为"国民的代表",自然有义务肩负"最高言论机关"的责任。有学者曾经对抗战期间《中央日报》的新闻关键词统计排名,出现次数在前15位的词汇依次是:抗战、胜利、中国、侵略、世界、建国、国家、民族、领袖、敌人、革命、经济、民众、自由、国际。[3] 这些词汇,大致也能反映出《中央日报》在整个抗日战争的宣传目标。围绕这些目标,《中央日报》的社论,"充分发挥了国民党的喉舌作用,确保了国民党在抗战中正确的舆论方向,促进了党内的暂时统一。社论在评论战事问题时满足了广大人民群众迫切希望及时了解国际国内反法西斯战争进展的要求,激发了人民群众的抗战热情,极大地增强

---

[1]《我们的信念》,《中央日报》,1942年12月11日。
[2] 参见张育仁:《重庆抗战新闻与文化传播史》,重庆出版社,2009年版,第59—62页。
[3] 转引自黎宁:《抗战时期〈中央日报〉是新闻宣传研究》,湖南师范大学2009年硕士学位论文,第25、26页。

了他们抗战到底的决心。"①

二是代表国家意志,及时刊发国民政府及最高军事当局颁布的政令、军令、法规、议案,并及时进行动员鼓动评价。仅以抗战初期为例,就连续刊发了《国民政府军事委员会蒋介石在庐山发表讲话》、《国民政府发表自卫抗战声明书》、《国民政府军事委员会正式公布红军改编命令》、《国民政府移驻重庆宣言》、《国民政府军政部长何应钦在重庆举行川康整军会议》、《川康绥靖主任兼四川省主席刘湘电呈国民政府军事委员会委员长蒋介石请缨抗敌》、《蒋介石发表告全军将士书》、《国民政府决定上海及沿海各地重要工矿企业内迁》、《四川省政府拟定四川后方国防基本建议大纲》、《国民政府明令征兵》、《四川省政府制定抗战时期中心工作提要》、《蒋介石主持国防最高会议并作"国府迁渝与抗战前途"讲话》、《国民政府完成战时行政机构改组》、《国民政府修正公布"军事委员会组织大纲"》、《国民政府发表"维护领土主权及行政完整的声明"》,以及《国民政府明令公布"国民参政会组织条例"》等事关政略和战略的重要政令、军令和法规、议案,同时配发社论文字予以解析和动员。

作为国民党中央的机关报,决定了《中央日报》强大的宣传、教育、引导作用。在迁渝初期积极刊登重要政令、军令和法规、议案,符合《中央日报》定位。同时,这一系列的颁布,发挥了《中央日报》的政治优势,运用大众传播的战略,通过国民党庞大的党报体系,对保证战时指令的畅通,指导战时舆论是大有裨益。

三是重视战地报道,特别是集中报道各大战区和各大战役的战争进展,以鼓舞和激励军民的斗志和士气。如平津之战、淞沪之战、忻口会战、南京保卫战、徐州会战、武汉会战、南昌会战、随枣会战、枣宜会战、桂南会战、长沙会战、豫南会战、上高会战、中条山会战、浙赣会战、鄂西会战、常德会战、豫中会战、长衡会战、桂柳会战、中国远征军入缅作战以及敌后游击战和全国战略大反攻等等。对整个战争进程特别是正面战场中国将士的英勇顽强、悲壮惨烈

---

① 曹雪颖:《抗战时期〈中央日报〉社论的舆论引导研究》,重庆大学2011年硕士学位论文,第35页。

进行了真实、客观的报道,既有全景式的宏观展现,又有特写式的局部刻画,许多文章篇篇扣人心弦、动人魂魄。

凭借庞大的战地采编网络,《中央日报》能获得较其他报更迅速而全面的战事信息,成为当时战事资讯的前沿。抗战期间,军事新闻成为要闻的重要内容,还特别开辟了"各地通讯"专版。其中既有平津军民与敌浴血奋战的场面,也有上海前线我军痛歼敌寇的情景;既有国民党军队抗战守国的战讯,也有共产党军队出奇制胜的捷报。最典型的就是平型关大捷的报道。1937年9月25日,《中央日报》刊发消息《平型关我军大胜利 毙敌三千俘获亦众》。10月3日,《中央日报》刊登重点报道《图犯平型关受创后 敌大举进犯雁门关》,"图犯平型关受创后,敌大举进犯雁门关,我军奋勇出击,连日战事激烈。我善于游击之部已开抵前线作战,敌连日损失甚巨。""我便衣队极活跃,昼夜出击,敌补充连输,极感困难"。① 10月5日又专门报道《第八路军收复朔县》。以此为契机,《中央日报》还走访了朱德、彭德怀两位八路军指挥员,给予高度评价,"记者与两氏虽仅有一天的晤谈,他们起初给我的平凡印象,已经给不平凡的谈话、特殊的风度完全冲散了,的确是的,世界有许多不平凡的人,常常在一个平凡的外表下隐藏着。"②对八路军与群众的关系,《中央日报》也称赞,"他们无论何时何地,总是以群众摆在前面……一记者此次经八路军的附近村庄,无论问起哪个居民,对八路军都是有特别的好感,都给了许多好的批评……八路军能做到,所以给人民一个特殊的印象。"③这种消息出现在国民党党报上,确实令人耳目一新。这些宣传,尤其是《中央日报》对正面战场的不遗余力的宣传,为国人传达了国民党政府坚决抗战的决心,为国际社会展现了中国不畏强敌、英勇抗战的姿态。

四是积极配合战时国家外交活动,争取国际同情和支援,促成国际反法西斯战线的形成,并争取享受同盟国的平等待遇,提高国民政府的国际地位。《中央日报》战时的国际宣传虽多采用"中央通讯社"的通稿,或路透社、合众

---

①《图犯平型关受创后,敌大举进攻雁门关,我军奋勇出击连日战事激烈,迄仍扼守雁门至五台山阵地,我某部实行游击战予敌重创》,《中央日报》,1937年10月3日。
②《今日的朱彭》,《中央日报》,1937年10月16日。
③《今日的朱彭》,《中央日报》,1937年10月18日。

社、哈瓦斯社等国际大通讯社的电讯稿,但却十分擅长于利用评论和新闻的优势。一方面呼吁国际间主持正义,对日方侵略进行制裁;另一方面努力通过对中国战场的重要性的宣传,使英美加大援华力度,改变其先欧后亚的战略,提高国民政府的国际地位。

如 1939 年 2 月,日军大举南下,在侵占海南岛后,又直指我南沙群岛,但此时美国国内的"孤立主义"思潮甚嚣尘上,致使美国政府对日军行动持观望态度,而英法等国其态度也较为麻木。为了配合国民政府的外交努力,以促使美国及早改变其"中立"立场。《中央日报》从 2 月 11 日起,连续发表社论,大声强调"日本征服欧亚的先锋,决不会避开太平洋上直接最大的海军主敌"。在深刻揭露日本帝国主义野心的同时,呼吁"太平洋上有关列强各国,应该赶快有所行动,去打击日本的迷梦"。号召英美的注意力聚焦于太平洋,并认识到其在太平洋的切身利益正在受威胁,从而放弃中立政策,制日援华。

又如,1936 年 6 月,中国政府向英国官方建议会议的照会。同年 7 月,蒋介石亦致书罗斯福,提议尽快召开这个会议。英国大使卡尔奉命多次会见蒋商议此事。而英国《观察家报》却相当乐观地写道:"这几天议会走廊里公开讨论远东慕尼黑的可能,大家都认为无问题。这一次日本将担任轴心国的主角,英国打算把美、法都拉入谈判。"针对这样复杂吊诡的国际局势,《中央日报》在言论中剥茧抽丝、一针见血地指出,"远东慕尼黑是一个大大的阴谋,其最终意图是想把中国当做捷克来牺牲"。同年 9 月,英法图谋将法西斯祸水引向东方,终于通过策划"慕尼黑协定"牺牲了捷克。为此,《中央日报》又发表了一系列报道,并配发背景资料《少数民族在捷克》。在其言论《捷克的惨痛》中,更是鞭辟入里地对这一教训进行了深刻分析,提醒中国政府不要重蹈覆辙。①

五是及时报道各界支援抗战活动,激励国人,进行抗战动员。《中央日报》对各个社会团体的抗战要求、活动做了较为客观、充分的报道。这些内容

---

① 有关《中央日报》的对外宣传进和配合外交,可参阅参见曹雪颖:《抗战时期〈中央日报〉社论的舆论引导研究》,重庆大学 2011 年硕士学位论文;黎宁:《抗战时期〈中央日报〉新闻宣传研究》,湖南师范大学 2009 年硕士学位论文;张曦文:《〈中央日报〉抗日宣传手段及作用研究(1937—1945)》,天津师范大学 2012 年硕士学位论文。

包括行业组织、文艺团体、商会、公会等组织对前方将士的慰问、声明抗战的请求、捐款等活动。并通过塑造典型人物来鼓舞和带动一般民众,以进行更广泛的动员,如胡文虎、胡文豹捐款三万,"乞转发华北救济伤兵难民"。湖南女飞行家杨瑾殉请缨杀敌,中央"准予登记,候需要时,再行通知入伍"。常熟胡剑心毁家纾难,捐献"祖田百余亩",并表示"倘华北风云再紧急时,愿将所余稻田四百余亩,悉数再献"。桂林女子易和声请愿杀敌,捐结婚戒指劳军。于斌主教将所受颁的金质大勋章"献赠政府"。女佣徐妈、李妈等"将数年积蓄捐款劳军"。小学生余秀容捐款劳军。菜贩萧扫平捐积蓄300元,并每月捐助一日所得。吴木兰发起组织救国义勇军。七旬老人张一馨建议设老子军,后经蒋介石加以劝止等事件。①

这些不同组织活动和突出的个人事迹,通过《中央日报》的有力宣传激励着国人,构成了整个社会的抗战动员活动,形成了全民抗战的氛围。

六是关注思想、民生、劳工、物价等社会各层面,注重以话题的力量引领社会和民众思想。如抗战初期,就敢于针对官僚阶层和公务员阶层的偏安思想,大胆发表了《整肃私生活》的社论,指出:"防止偏安观念,是达成胜利的精神要素,全体官兵应做好长期抗战的精神准备。"该报社论文字基本上是每天一篇,篇篇都与抗战有关,相当一部分都起了答疑解惑的舆论引导作用。如《大时代的青年》、《开发湘西与改良政治》、《今后的地方政府》、《劳工与抗战》、《抗战戏剧的动向》、《不怕轰炸更要抗战》以及《推行票据承兑贴现》、《赶快捐助寒衣》、《急需解决的医药问题》、《做了汉奸还有理吗》和《环境愈艰难,前途愈光明》等等,都决非应景之作。对普通民众而言,这样的话题设置和精神疏导,实在是具有很强的引领意义的。

不过,这些社论究其实质,基本上是围绕"精神总动员"的总体目标。如《全国总动员与文化界》写道,"国民的精神与思想,是现代全面战争中一支重大的力量,所以要发挥人力,必须先从国民的精神思想上着手。唯有从精神思想上发挥出来的人力,这个力量是伟大的机动的。唯有这样发源而来的

---

① 参见赵秀宁:《透过媒体看国统区抗战初期的社会动员》,《北京中国抗日战争史研究会建会20周年学术论文集》。

人力,方能运用各种物力,使其配合重大的军事需要"。① 此外,《中央日报》还大力围绕"一个政党、一个领袖、一个主义"的目标,向民众强调宣传国民政府的"国家至上、领袖至上"原则。"我们的结论是:革命固然需要热诚,但是它的前提,是必须发于至诚。所谓至诚,便是对于三民主义,对于中国国民党,对于民族领袖,要有纯洁专一的信仰"。②

七是专栏和特刊也办得很有特色,一直是读者关注的亮点。《中央日报》有很多各类专栏,如紧密配合各战区战况而设置的"一周战况"和"最后消息"等,简明扼要,扣人心弦。往往短短数十个字就勾勒出前线的事态。受民众关注的还有"国际周观"、"陪都动态"、"各省简报"、"蓉简一束"等。这些内容,多是部委消息、任免名单,更多的是蒋介石的动态。《中央日报》的特刊很有特色。如1942年5月,就集中组织策划了多个特刊。如为配合国民政府《国家总动员法》宣传编发的多组专刊;"中国青年号特刊"是为宣传全国爱国青年捐资购买"中国青年号"战机赠送空军的爱国行动;"护士特刊"是为战时护士专门编辑的励志慰问专版。

此外,《中央日报》副刊繁多,也各具风格特色,在读者影响较大的有"中国文史"、"妇女新运"、"国防经济"、"县政建设"、"书报春秋",以及多次引发舆论争议,且具有自由主义倾向的文艺副刊"平明"等。"平明"先后由作家梁实秋和孙伏园主编。其中,梁主张创作自由,反对墨守成规;强调文艺应游离政治与宣传等。由此引发围绕"与抗战无关"论而展开激烈的文艺论争,成为战时文艺界关注的焦点。③ 此外,《中央日报》每周日还出版《中央日报星期增刊艺文》,广泛邀请名家执笔,就抗战期间的国家建设、国际局势和日本问题等阐述见解。

《中央日报》在渝7年间,因国民党上层矛盾,报社内部人事倾轧等复杂原因,先后5次改组,程沧波、何浩若、陈博生、陶百川、胡健中先后出任社长。其中,程沧波有着丰富的办报经验,在担任《中央日报》社长时,还兼任复旦大

---

① 《全国总动员与文化界》,《中央日报》,1942年2月7日。
② 《至诚与热诚》,《中央日报》,1939年1月24日。
③ 参见赵丽华:《民国官营体制与话语空间:中央日报副刊研究》,中国传媒大学出版社,2012年版。

学新闻系主任,在新闻教学实践中倡导"力行好学"精神;陶百川主政期间,一改报纸往日重言论轻新闻的弊端,力求将"言论纸"改为"新闻纸"。不过,由于《中央日报》的复杂性,背后官方派系多元,又恰好处在战时新闻管制的敏感时期,加之"文人办报"的传统与国民党党性要求之间的冲突,《中央日报》时刻如履薄冰。

以胡健中为例,胡健中时任《东南日报》社长,对《中央日报》社长并不感兴趣,但无法拒绝陈果夫、陈立夫、陈布雷三人的保荐,更无法拒绝蒋介石的亲自召见和劝勉,只好硬着头皮当了社长。不过他当面向蒋提了两个要求:其一,允许其继续兼任《东南日报》社长;其二,报社领导班子由他挑选组建。于是他指定陈训悆任总编辑、陶希圣任总主笔、陈宝骅任总经理。之所以要挑选这几个人,一则是他们确有相当的办报才干,但更重要的是,他们都与官方上层人物沾亲带故,更能揣摩和了解核心人物的心思和意图,好应对"人治"特色下的新闻管控。具体来讲,陈总编是陈布雷的弟弟;陶希圣不仅是侍从室第二处副主任,还是党内著名的理论家,蒋介石的《中国之命运》实际的撰写者就是他。陶与陈布雷朝夕相见,因此更能了解蒋介石及最高指挥中心的意图,这样,重要的新闻不仅可先期获得,并及时组织言论发表,而且,即使惹出麻烦,也可由陈布雷出面解释;陈宝骅是陈立夫、陈果夫的堂弟。报社经营管理上的事情,胡健中从不过问,因为有什么问题,陈宝骅可直接找二陈解决。在人事安排上,胡健中可谓别出心裁,令人感佩。

胡健中主政《中央日报》两年多,巧妙处理和规避了党内派系矛盾,有时候甚至装聋作哑,并未惹出什么麻烦,《中央日报》也开始循规蹈矩,并无太大发展。以重庆谈判为例,毛泽东来渝前,《中央日报》本着"假戏真做"的宣传方针,把蒋介石的三封电报都放在国内要闻版以三栏大字标题刊出。毛泽东莅渝后,重庆各报竞相发表消息、社论。《中央日报》仅采用中央通讯社90字的新闻稿,用两栏位置排在国际要闻版的中间。谈判期间,《中央日报》不发社评也不刊发本报专访,采用中央社的新闻稿也力求简单,并排版在不重要的位置。甚至连国共双方签订的《双十协定》,《中央日报》也只编排在国内要闻版的次要地位,而重庆其他报纸多排在显著位置。①

1945年9月,重庆各报组成陪都记者团飞赴南京采访受降典礼,陈训悆以国民党中央特派员身份率团于9月5日抵宁,利用日军在南京留下的设施,于9月10日抢先复刊了南京《中央日报》,重庆的工作人员也纷纷回宁。1946年7月16日,国民党中央宣传部决定重庆《中央日报》改组为陪都《中央日报》继续出版,由刘觉民任社长,王能掀任总编辑。1949年11月30日,重庆解放,《中央日报》宣告停刊,旋即被重庆军管会接管。

需要说明的是,国民党中央直辖党报在抗战期间由9家发展为1944年18家,地方党报则多达412种,数量从少到多,规模由小到大,布局也从城市走向农村,有力地铺开了庞大的国民党党报体系。在这之中,重庆《中央日报》无疑占据首屈一指的地位,以1944年的办报经费而言,重庆《中央日报》的经费远在一般直辖党报的8至10倍以上,数额之大可想而知。此外,重庆不少区县也办有党报,如1941年9月创刊的《綦江潮》报,1943年6月创刊的《永川民报》、1944年2月创刊的《新开县报》、1944年秋创刊的《渝北日报》,1943年创刊的《潼南旬刊》。

二、以《扫荡报》为代表的国民党军队报纸

《扫荡报》,由国民政府军事委员会南昌行营政训处创办并主管,实际上是国民党军方的机关报。前身是1931年3月由南昌行营政训处处长贺衷寒在南昌创办的《扫荡三日刊》,1932年6月23日扩版改名为《扫荡日报》,1935年5月1日报社迁往汉口出版发行时才正式改称《扫荡报》。报名是贺衷寒先提出由蒋介石核定的,贺衷寒还亲自题写了报头。顾名思义,《扫荡报》最初完全是为了"攘外必先安内,抗日必须剿匪"办的,使命是扫荡国民

---

① 王抢楦:《重庆谈判期间的〈中央日报〉》,中共重庆市委党史研究室、重庆市政协文史资料委员会、红岩革命纪念馆:《重庆谈判纪实(增订本)》,重庆出版社,1983年版,第670—676页。

革命途程中的障碍,辅助军事上的安内攘外工作。[①]

抗战爆发后,《扫荡报》迁往武汉,继续扮演在军队中进行党化教育的重要机关和舆论宣传动员工具。武汉时期的《扫荡报》改属军委会政治部,由该部第三厅(时任厅长为郭沫若)直接管辖。在这种背景下,特别是鉴于全民抗战的大形势,该报的方针也适时发生变化,其对"扫荡"的含义也有了诠释——"我们扫荡的矛头指向倭寇",因此,该报也得到了社会的普遍赞赏。1938年底,《扫荡报》分成两批,一批迁往重庆,创办《扫荡报》重庆版,一批移驻桂林,创辟《扫荡报》桂林版。

1938年10月1日,《扫荡报》在重庆正式出版发行,社址在重庆小较场特17号一栋二层楼房内。此时,总编辑为丁文安,发行人为刘威风。不久,总编辑一职由何联奎担任。何联奎则是军委会政治部部长陈诚秘书。职务上的替换,标志着陈诚对报纸控制的完成。为了改换和充实报纸力量,何联奎还从陈诚领导的"军委会战时工作干部训练团"录用不少学员到该报工作,而他们中的绝大多数又是"留日学生训练班"的学员,由于通晓日本情况,知晓日方语言,因此特别适合前线战地采访和开展对日心战。

迁渝初期,《扫荡报》在新闻报道和言论提升上都能紧密结合国家战略部署,进行各方面的有力宣传,很快打开了局面。特别是该报在军队系统中宣传鼓动动员非常强大,此外,《扫荡报》大量进行战地采访和报道,充分发挥军报优势,全力沟通前线与后方的资讯往来,起到了鼓舞和振奋军民斗志的作用。因此,陪都时期的《扫荡报》也是其最光彩的时期。

[①]《扫荡报》的有关沿革史料,可参阅耿军、王志刚:《〈扫荡报〉沿革与发展相关史料》,《民国档案》,2013年第11期。大陆有关《扫荡报》的研究尚处于起步阶段,代表性的研究如广西大学2009届新闻学硕士杨令羡的硕士论文《抗战时期桂林版〈扫荡报〉副刊研究》、广西师范学院新闻学2010届硕士茅维亦的硕士论文《抗战时期〈扫荡报(桂林版)〉战争动员议题研究》、江西南昌大学新闻与传播学系2012届硕士研究生欧阳苗的硕士论文《〈扫荡日报〉的内容分析与特色研究》等。回忆录则有武汉时期《扫荡报》总编辑的毕修勺的《我任〈扫荡报〉总编辑的始末》;曾任《扫荡报》重庆时期总经理和南京《和平日报》社代社长的万枚子的《忆国民党军委会〈扫荡报〉的变迁》;曾任《扫荡报(桂林版)》记者麦浪的《我所了解的桂林〈扫荡报〉》等;台湾地区台湾师范大学历史研究所2000年届硕士研究生郑炯儿的硕士论文《从'扫荡'到'和平':〈扫荡报〉研究(1931—1950)》。此文是目前唯一一篇从历史研究维度对《扫荡报》的全过程进行全景式展示的学术论文,为日后的《扫荡报》研究做了相当多的基础性工作。中华文化基金会约集大批原《扫荡报》同仁编撰了《扫荡二十年——扫荡报的历史记录》,是涵盖《扫荡报》各时期、各版本的最为详实的史料。

新闻方面,《扫荡报》一改专注军事报道的陈规,积极投身鼓舞士气、振奋民心的工作。《扫荡报》发动了慰问信运动和一元献金运动,在大后方形成较大反响,也鼓舞了前方士气。在评论方面,《扫荡报》也做了相应的调整,对一度甚嚣尘上的失败论调进行了批判。据黄少谷的回忆,《扫荡报》(重庆版)"对军事之报道、分析与评论特别精详。乃至对第二次世界大战各重大战役,在报道、分析评论方面,都曾尽力而为。关于中国战场的战讯与评论,常为外国报纸(包括《纽约时报》与《伦敦泰晤士报》)所采用。"①

1939年"五三""五四"大轰炸,重庆新闻出版业损失惨重,《扫荡报》报址被毁,设备受损。5月6日,重庆十家报纸共同推出"联合版",《扫荡报》参与其中,直至8月13日。其后,各报独立出版,《扫荡报》仍然毫无起色,只得与《中央日报》合刊,发行另一种意义上的"联合版"。

1941年,《扫荡报》李子坝新社址又遭日军轰炸,报社再度陷入困境。在这种情况下,报社人员只得白天躲在防空洞中编稿,晚上争分夺秒出报,条件十分艰苦。1942年6月1日,报社奉命与《中央日报》再度合刊,形式上是两个报头并列出版,《扫荡报》只保留报头三个字而已,实际上是两报合并,《扫荡报》停刊。

《扫荡报》与《中央日报》总体目标一致,且在抗战的大环境下,人事和利益纠纷较难浮上水面,以一般的理解,这次联合将较为顺利。然而,很快双方就在业务上出现无法调和的矛盾,《扫荡报》的军报属性使得来自《扫荡报》的工作人员在新闻版面安排上要求多向军事方面倾斜,而《中央日报》方面则势必要兼顾平衡,遂成为不可调和的矛盾。②最终联合版基本由《中央日报》原班人马负责,《扫荡报》只有编辑四人参加。

从国民党"报—党—军"三者关系来看,《中央日报》与《扫荡报》两报合刊是当时国民党内部与黄埔军人系统尖锐斗争的结果,所以当国民党中宣部改组,联合版负责人《中央日报》社长陈博生地位动摇,两报又酝酿分别出版。

---

① 黄少谷:《扫荡报的时代背景与奋斗历程》,《扫荡二十年》,中华文化基金会,1978年版,第1—14页。
② 李则安:《"扫荡"的失落和国民党的失败——战后〈扫荡报〉研究》,中国社会科学院研究生院2013年硕士学年论文。

1943年,张治中奉命重建《扫荡报》。当年4月,《扫荡报》脱离《中央日报》单独出版。黄少谷兼任社长,总编辑黄卓球,黄卓球在武汉时就是《扫荡报》的编辑主任,总主笔兼副社长万枚子是黄少谷的老同事,他是老报人,替黄在报社把关。

黄少谷任职后,利用《扫荡报》在军事系统的有利条件,在增强军报特色方面做了较多的改进:一是增加社论、专论和观察员评论,以加强舆论宣传,例如当时的军令部次长刘斐、战略专家徐培根将军、驻意大利大使刘文岛、驻苏联大使参赞孟鞠如、国际问题研究所日本问题专家王芃生、龚德柏等都常为《扫荡报》撰稿,受邀撰稿的还有一些政治部设计委员中较有名望的人士。这些文章,在读者中产生了很好的传播效果;二是增派驻各战区的战场记者,多登载战地通讯和战况电讯,当时《扫荡报》在粤桂战场、缅甸战场、鄂西战场、西北战场都派驻了战地记者。重庆报社内设有电讯室,每晚与各战区保持战况电讯联系,接收各战地记者拍发回来的密码电讯,译好后供编辑部采用,充分发挥了军报的优势。当时有意思的一个细节是,有时候电讯不畅,前方记者就放飞军鸽,将快讯带回重庆。这种稿件快递形式,很快在陪都被不少报社效仿。

黄少谷主政期间,《扫荡报》认真贯彻张治中的"和平"理念,专心致力于抗战报道和宣传,尽量不搞党际摩擦。张治中向来主张与中国共产党展开"政治竞争",而不主张对抗,[①]所以坊间流传《中央日报》负责人经常遭受蒋介石的训斥,说"你们怎么不学学《扫荡报》呢?"言下之意,是指《中央日报》经常与《新华日报》搞摩擦,给他添麻烦。由此可见,《扫荡报》当时在党际报际团结方面还是有所注意的。另外,郭沫若在对民间舆论——"到底是中央

[①]《扫荡报》抗战初期曾成为国共摩擦的急先锋,此处试举一例。1938年初,在抗日战争一致对外的大趋势下,部分国民党人,尤其是军中人士在政治和军事上仍旧以"防共"为主导思想,目的是取消共产党政权与军队。为此,《扫荡报》成为制造舆论的急先锋,开始大张旗鼓地鼓吹"一个主义"、"一个领袖"、"一个政党"和"一个军队"的主张,进而更含沙射影地把共产党及其领导下的陕甘宁边区和八路军斥责为妨碍和破坏国家统一的三大因素。对此,毛泽东代表党中央针锋相对发表《答记者问》,公开表明中国共产党人的不同立场。面对中共的强硬立场,蒋介石立即约见周恩来,表明《扫荡报》的立场不能代表国民党和他本人。参见杨奎松:《国民党的"联共"与"反共"》,社会科学文献出版社,2013年版,第396页。

扫荡新华呢，还是新华扫荡中央？"进行解读时说："把扫荡用作这样的动词，大概有'中间'的味道。"①

《扫荡报》的副刊也办得非常有特色。其中，最具影响力的就是《扫荡》副刊，由"五四"时期著名女作家陆晶清主持。陆与文艺界老舍、孙伏园等知名人士相熟，所以不少知名作家都曾在《扫荡》副刊上发表过文章。其中两部长篇连载曾名噪一时，一部是老舍的《四世同堂》，另一部是徐訏的《风萧萧》，都引发了读者的阅读热潮。

《扫荡报》后期能够办得有声有色，与张治中不无关系。1943年春，张治中奉命重建《扫荡报》，聘请原任香港主报社长、政治部驻港专员、时任参政员的成舍我任社长，成已应允但稽留桂林而不来。为了按原计划4月出版，张治中临时改由黄少谷兼任社长，调万枚子任副社长兼总经理，另一副社长为刘威风。总编辑为黄卓球，副总编辑沈杰飞，编辑主任杨彦岐，编辑马汉岳、陈圣生、黄明等，采访主任谢爽秋，记者邹若军、谢蔚明、周熙等，电讯主任刘同绎，资料主任倪鹤笙，副刊主任陆晶清。黄少谷亲抓社论，聘任的主笔和撰述有胡秋原、孙儿伊、刘竹舟、刘问渠、龚德柏、陶涤亚、李七英等。

张治中重建《扫荡报》，目的是鼓励士气，扫荡敌寇，当然离不开吹捧蒋介石，但不在言论宣传方面同《新华日报》对立。同年5月，共产国际宣布自动解散时，主笔刘竹舟写了篇《向共产党人招手》的社论，重申了孙中山先生的三大政策。张治中虽是蒋的亲信，但同时也是倾共的将领，"四·一二"反革命事变时，他在国外。他从来不同红军作战，始终主张对中共采取政治竞赛的方针，因而被称为"和平的一手"。黄少谷、万枚子两人对此心领神会，尽量不与中共摩擦。可以补充的是，《扫荡报》的记者编辑中，谢爽秋、李哲愚、谢挺宇、曹祥华等人都是中共地下党员，为《扫荡报》在军中宣传抗日方针，鼓舞战斗士气发挥了一定作用。

1945年抗战取得胜利后，《扫荡报》在张治中的力主下，于该年11月12日孙中山先生诞辰80周年纪念日改名为《和平日报》正式出刊。当天的社论

---

① 万枚子：《忆国民党军委会〈扫荡报〉的变迁》，《湖北文史》，第八十四辑，湖北人民出版社。

题为《永为和平奋斗》,文中在总结该报历史的同时,更表示了对中国未来和平的期望:"本报昔以扫荡报之名称出现于中国新闻界,迄今十有四年,一向以排除国内外和平的障碍,以期建立和平、康乐、统一的中国,与和平、幸福、大同的世界为一贯的立言纪事之方针,如今为更明显地标举本报对于和平的信念与拥护,特改称为和平日报,以纪念国父致力于人类和平大业之精神,并表示本报必将为此种崇高理想而奋斗。"①

令人遗憾的是,等到国共内战爆发,《和平日报》又恢复了"扫荡"旧貌,又开始杀气腾腾。1949 年 7 月 1 日,又恢复《扫荡报》报名,并大肆鼓吹"戡乱",为摇摇欲坠的国民党政权作最后的鼓动直至 1949 年 11 月 30 日。② 重庆解放后,《扫荡报》由重庆军管会接管。

第二节 迁渝的民间报纸

民营报纸一直是中国报业的主力军。抗战时期,不少民营报纸纷纷迁渝,其中比较著名的就有《大公报》、《新民报》、《时事新报》、《世界日报》。这些民营报纸,相比政党报纸,一般在政治上持中间主义态度,彼此之间虽立场不同,但在抗战动员的目标上却是一致的。"他们本着国家民族的利益,同仇敌忾,为宣传抗日、鼓舞士气作出了不可磨灭的成绩"。③ 此外,《益世报》作为主张对日抗战,拒绝妥协投降的一份宗教报纸,在抗战的舆论宣传和引导方面,也是十分引人注目。

一、高扬自由主义旗帜的《大公报》

《大公报》是唯一一份历经百年仍在出版的中文报纸,在各个历史时期都

---

① 《永为和平奋斗》,《扫荡报》,1945 年 11 月 12 日。
② 抗战胜利后《扫荡报》的历史,可参见李则安:《"扫荡"的失落和国民党的失败——战后〈扫荡报〉研究》,中国社会科学院研究生院 2013 年硕士学年论文。
③ 重庆抗战丛书编纂委员会:《抗战时期重庆的新闻界》,重庆出版社,1995 年版,第 33 页。

起过重大的影响。《大公报》具有浓厚的自由主义色彩,开创了中国民营报刊自由主义的先河。

《大公报》创办于1902年6月17日,社址设于天津法租界,创办人为英敛之。英敛之在创刊号上发表《〈大公报〉序》,说明报纸取"大公"一名为"忘己之为大,无私之谓公",办报宗旨是"开风气,牖民智,挹彼欧西学术,启我同胞聪明……风移俗易,国富民强"。① 英敛之主持《大公报》十年,政治上主张君主立宪,变法维新,以敢议论朝政,反对袁世凯著称,很快成为华北地区引人注目的大型日报。1916年转售给安福系财阀王郅隆,王郅隆随即聘请胡政之为主笔兼经理。胡政之入馆一个月后,积极改革,《大公报》面貌有了很大革新。新文化运动期间,胡政之在主政时掌管言论,在张勋复辟、五四运动等一系列重大事件中,《大公报》发表过不少有分量的文章。胡政之也在采访完巴黎和会后辞去经理职务。1923年9月王郅隆在日本关东大地震中丧生,安福系于次年垮台。难以为继的大公报于1925年11月27日宣布停刊。

1926年9月吴鼎昌、张季鸾、胡政之合组新记公司,接办《大公报》,直到1949年新中国成立,这一时期也称"新记"大公报时期,这也是《大公报》最为辉煌的时期。这一时期恰逢中国历史上风云变幻的重要时段,《大公报》也成为中国政治社会的缩影。

办报初期,三人就拟定五项原则:一、资金由吴鼎昌一人筹措,不向任何方面募款。二、三人专心办报,三年内不得担任任何有奉给的公职。三、胡政之、张季鸾二人以劳力入股,每届年终,由报馆送于相当股额之股票。四、吴鼎昌任社长,胡政之任经理兼副总编辑,张季鸾任总编辑兼副经理。五、由三人共组社评委员会,研究时事,商榷意见,决定主张,轮流执笔。最后张季鸾负责修正,三人意见不同时,以多数决定,三人意见各不同时,以张季鸾为准。②

为了给报纸明确的定位,1926年9月1日《大公报》复刊号头版上刊出

---

① 英敛之:《〈大公报〉序》,《大公报》,1902年6月17日。
② 胡政之:《回首一十七年》,《大公报》(上海版),1949年4月15日。

《本社同人之志趣》,庄严宣布其"四不"方针,即"不党、不卖、不私、不盲",[①]并加以阐述。同时在《本报启事》中重申两大原则,"一、本报完全公开,做人民真正喉舌;二、本报宗旨,注重民生问题。"

1936年,《大公报》创办上海版,决心把经营重心南迁。报纸在津沪两地同时发行,行销全国。但不久抗战爆发,津沪两版随着天津、上海的沦陷被迫相继停刊。《大公报》在颠沛流离中,先后创办过汉口、重庆、香港、桂林等版,但最后只剩下重庆版一家,直至抗战胜利后。

《大公报》(重庆版)创刊于1938年12月1日,报馆设于新丰街19号,每日出版一大张,一般是用土纸平版机印刷,并印有少数嘉乐纸、白报纸的报纸,发行量最高达10万份。《大公报》营业始终盈余,政治上也颇有影响,受到中上层人士和知识分子的欢迎。

社评、星期论文、国内外特派员文章,是《大公报》一直以来卓有成效的三大特色。抗战期间,《大公报》把这三方面的特色做到极致。

社评是一张报纸表现政治立场的灵魂。《大公报》每日一篇社评,对国内外大事无所不涉。在天津,初创时期,社评主要由张季鸾、胡政之、吴鼎昌三人执笔。在战时重庆,张季鸾因病常年休养,不常写文章,社评经常由王芸生撰写。张季鸾病逝后,胡政之由桂林到重庆,正式组织社评委员会,委员有:胡政之、王芸生、曹谷冰、李纯青、孔昭恺、赵恩源,以王芸生为主任委员。

如果说"七七"事变之前的《大公报》对抗战还有所犹豫,不够坚决,那么,"七七"后乃至"八一三"抗战起,《大公报》已经毅然举起抗日大旗,主张坚决抗战,反对妥协投降成为《大公报》的言论要旨。

1938年12月1日,《大公报》离开汉口,迁渝出版。在离开汉口的最后日子里,王芸生在社评中称:"我们自誓绝对效忠国家,以文字并以其生命献诸国家,听国家作最有效率的使用,……我们永远与全国抗战军民的灵魂在一起。"[②]次日发表社评《抗战大局》,高呼:"我们要彻底觉悟,现在中国只有战斗求生的一条路,绝对绝对没有和平!"接着又发表社评《国际大势》,指出

[①] 张季鸾:《季鸾文存》(第一册),大公报社,1946年版,第30页。
[②]《本报移渝出版》,《大公报》(汉口版),1938年10月17日。

国际黩武主义的猖獗,主张各民族大团结,组成民主阵线,对抗国际黩武主义。之后多又发表多篇宣传"吃苦抗战"的文章。1939年4月15日在所刊社论《报人宣誓》一文中所说的:"我们誓本国家至上民族至上之旨,为国效忠,为族行孝,在暴敌凭凌之际,绝对效忠于抗战。我们对国家的敌人必诛伐,对民族的败类必摘击,伐敌谋,揭奸计,是我们不敢后人的任务。"[1]爱国之忱,溢于言表。

1939年5月3日,《大公报》报社遭日军飞机轰炸,损失惨重,只得借《国民公报》社办公和印刷。次日,报纸发表社评《血火中奋斗》,"我们虽遭受了损失,但在艰难的情况之下,我们仍照常出版,以表示我们不折不挠奋斗不屈的精神。在这里,我们特别感谢社内外朋友们的救助。尤其可感的,是社外朋友更表现了被发缨冠的义侠精神。同业《新华日报》、《新民报》、《商务日报》,都有多数同仁来为本报抢救器材,华北同学工作队及防护团在场抢护。我们对这许多急难互助的朋友,谨致最诚挚的谢意。最后,我们应该特别感谢《国民公报》社暨诸位先生,因为我们的编辑部及工场已不能工作,承《国民公报》社借予一切工具及便利,使本报得不间断,照常为国家社会服务,这完全出于《国民公报》之赐!血火中奋斗,最是锻炼钢铁的意志,危难中的友情,更是表现同胞爱的伟大。"[2]这一事例,也从侧面表现了抗战时期重庆新闻界团结合作、有难相助的事实。

随着战局的不断变化,《大公报》发表了大量分析从欧洲战场到亚洲战场战局的社评,虽然存在着认识上的局限性和书生之见,但抗日爱国之心却溢于言表。

1944年,日军为打通从北平到广西的交通线,于这年4月开始进攻河南,接着发动湘桂战役,国民党军队望风而溃。几个月间,连失河南、湖南、广东、广西的大片土地,日军一直打到贵州的独山。在这场战役中,《大公报》连续发表社评,战争打到哪里就写到哪里。从河南战役开始的《大战概观与我》到湖南战场的《论豫湘战事》,再到广西战场的《在大艰难中作大努力》,以及桂

---

[1]《报人宣誓》,《大公报》(重庆版),1939年4月15日。
[2]《血火中奋斗》,《大公报》(重庆版),1939年5月3日。

林、柳州失陷后的《军事与大局》等，不断为国民党军队打气，希望能打胜仗，但国民党军队一溃千里，到12月独山被占，重庆为之震惊。《大公报》为战事所急，发表《最近的战局观》说："我们在抗战前期，尽可以'空间换时间'，但到了转折关键，我们也应该有我们的斯大林格勒。"[①]并希望蒋介石亲自去贵阳督战。这篇社论在战局危急中起到振奋人心的作用。

不久日军退出独山，当局欢呼"胜利"，《大公报》却发表社评《别忘了痛!》对其发出当头棒喝，接着又发表《为国家求饶》、《晁错与马谡》两篇社评，痛斥贪官奸商，三呼"请你们饶了国家吧!"[②]引用汉景帝杀晁错而败七国之兵，诸葛亮斩马谡以正军法的史例述说："当国事机微的历史关头，除权相以解除反对者的精神武装，戮败将以服军民之心。"[③]为国家、为抗战的大胆进言，矛头直指矛头直指孔祥熙、何应钦之类的军政大员。

1942年河南大旱，饿死几百万人，河南省政府却还在向民众勒逼征粮。《大公报》于1943年2月1日刊载了记者张高峰题为《豫灾实录》的通信，反映河南民众的灾难。王芸生根据这篇通信，对比重庆的情况写了题为《看重庆，念中原》的社评，指出河南灾情严重后，"各地人民馨其所有，贡献国家，这'馨其所有'四个字，实出诸血泪之笔。"文章接下去描写重庆物价飞涨、市场抢购，限价无效，而阔人豪奢的现状后说："河南灾民卖田卖人甚至饿死，还纳粮课，为什么政府就不可以征发豪商巨富的资产并限制一般富有者满不在乎的购买力？看重庆，念中原，令人感慨万千。"[④]这篇文章引起强烈反响，也惹恼了重庆执政当局，当晚即下令《大公报》停刊三天，予以惩处，记者张高峰也被豫西警备司令部逮捕。

《大公报》之所以敢言，与中国传统"文人论政"的传统有关，与《大公报》人追求言论自由，保持职业独立，特别是知识分子"济天下"的人生追求有关。这一点，也得到了作为报社总编辑张季鸾先生的回应，他在《本社同人的声明》的社评中有这么一段话，"中国报，有一点与各国不同，就是各国的报业作

---

①《最近的战局观》，《大公报》（重庆版），1944年12月4日。
②王芸生：《为国家求饶》，《大公报》（重庆版），1944年12月19日。
③王芸生：《晁错与马谡》，《大公报》（重庆版），1944年12月24日。
④王芸生：《看重庆，念中原》，《大公报》（重庆版），1943年2月2日。

为一种大的实业经营,而中国报原则上是文人论政的机关,不是实业机关。这一点,可以说中国落后,但也可以说是特长。"①

星期论文是《大公报》每逢星期日约请社外名家撰述的论文,在社评栏的位置刊布,此举主要是为了加强报纸与文化教育界的联系。开创于1934年1月,最初作者为胡适、梁漱溟、傅斯年、梁实秋等八人,以后逐渐扩大,任鸿隽、张奚若、吴景超、梁实秋、马君武、何廉、吴其昌、陈衡哲、竺可桢、范旭东、蒋百里、邵力子、穆藕初、孙科、陈立夫、雷海宗、郭沫若、茅盾、老舍、费孝通、蔡尚思等人不断加入。

有统计数据表明,在"星期论文"延续的15年期间,作者逾200人,发表各类评论文章750多篇。从作者的来源来看,"星期论文"的作者队伍有这样几个特点:一、多数为名教授、社会名流、军政显要。二、网罗了学术界的后起之秀,如在抗战后期和解放战争时期撰文较多的费孝通、蔡尚思等人,当时均为学术界新秀。三、从作者的职业上看,范围极其广泛,开始时是清一色的教授,以后虽然教授仍占多数,但其他各界名流纷纷登台,包括实业界如穆藕初等,金融界如徐继壮等,军事学界如蒋百里等,民族工商业者如范旭东等,文学界如茅盾等,科学界如竺可桢等,宗教界如太虚等,政界如邵力子等。四、从作者的政治倾向上看,虽然左中右各色人等都有,但是极右派作者如陈立夫、程沧波等在"星期论文"中发表的文章并不多。陈立夫仅1篇,程沧波亦只有3篇。左派写的"星期论文"也不多,郭沫若仅4篇。②"星期论文"的作者,其论文观点多数是与《大公报》的倾向一致的,倾向自由主义。

抗战时期,《大公报》星期论文的论题主要有两类:一是痛斥敌寇、分析敌情、坚持抗战、呼吁全民族投身于抗战伟业;二是抗日战争进入相持阶段之后,大后方物价飞涨、经济破产、民不聊生。星期论文的重点转向国内问题,尤其是经济问题。大体而言,政治议题和经济议题是"星期论文"的作者们最关切的讨论话题。这里,可以根据《大公报》"星期论文"的议题稍作总结(见

---

① 《本社同人的声明》,《大公报》(重庆版),1944年5月15日。
② 参见方蒙、谢国明:《大公报的"星期论文"》,转引自周雨:《大公报人忆旧》,中国文史出版社,1991年版,第79—80页。

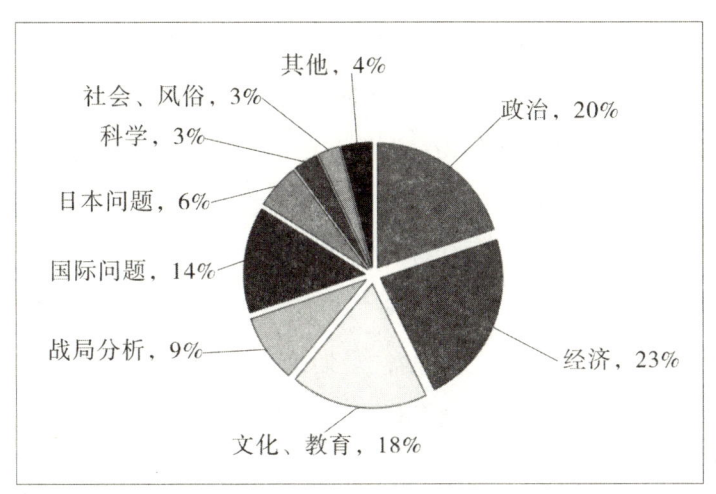

下图)。

《大公报》"星期论文"(1938—1945年)议题分类[①]

可以看出,"星期论文"的论题范围比较广泛,涉及了包括经济、政治、文化、教育、军事、外交、法律、交通、农业、文学、宗教、历史、社会风俗等问题。从1938年到1945年抗日战争中发表的文章里,论题较为集中的是经济类的主题,有77篇之多,占总数的23%,比例可见一斑;其次是对政治的关注,有68篇,占总数的20%;对文化及教育的讨论文章也有62篇之多,占总数的18%;而对国际问题的关注是"星期论文"作者们关注的另一个重要内容,这一时期,欧洲战场硝烟四起,亚洲战场全民抗战,世界局势动荡不安,大家最关心的无疑是战争的最后胜利以及国际和平的可能性及其展望,因此对世界各地战争动态的分析文章有47篇,占总数的14%。另外,对国内战局的分析和对日本问题的研究,更是"星期论文"的作者们关注的领域。因此,对战局走势和日本方面的动静等文章也占了不少篇次。尤其是对战局的观察,有痛斥敌寇的,也有分析敌情的,更有坚持抗战的,这方面的文章有30篇,占9%;

[①] 该中议题分类的"国际问题"内容包括英美印等国际社会问题,并未把"日本动态"方面的议题列入,"日本动态"的议题单独列出作为一个议题。参见陈映:《从象牙塔到政治前台:战时知识分子言论研究——以《大公报》"星期论文"(1938—1945)为考察中心》,西南政法大学2014年硕士论文。

而对日本事务的研究和分析的文章有 20 篇，占 6%。之外还有社会风俗占 3%；科学问题探讨占 3%；还有宗教、司法、邮政、交通、地理、法律、农业等其他问题的探讨，也占了总数的 4%。

从以上数据可以看出"星期论文"的作者们关注的领域中，国内政治、国民经济、教育文化、战局走势以及国际问题是他们最突出最关切的内容。由于战时局势所迫，知识精英们纷纷利用自己的专业知识，对国内外的重要问题进行了较为全面和深刻的分析，并相应提出自己的主张。这些知识精英忧国忧民，观点深刻，其言论在当时产生了重大的影响。

1944 年 10 月 8 日，《大公报》发表了英国学者拉斯基的《对于中国胜利展望的一些感想》。从这一天开始，"星期论文"开始接纳外国学者。接着，发表了四位英国学者的论文，还翻译了一位日本人的论文。这是《大公报》准备"走向世界舆论舞台的尝试"。

抗战期间，值得一提的还有知识分子群体联名发表的文章，前后总计三篇：1942 年 5 月 17 日，伍启元、李树青、沈来秋、林良桐、张德昌、费孝通、杨西孟、鲍觉民、戴世光……这些来自西南联大的经济学和社会学教授联名在"星期论文"发表了《我们对当前物价问题的意见》；1944 年 5 月 16 日，杨西孟、戴世光、李树青、鲍觉民、伍启元等联名发表《我们对于物价问题的再度呼吁》）；1945 年 5 月 20 日，"星期论文"再度发表戴世光、鲍觉民、费孝通、伍启元、杨西孟联名的《现阶段的物价及经济问题》，提出"消除'既得利益'集团的权势"；1945 年 2 月 24 日，傅斯年、任鸿隽、王元五、宗白华、储安平、吴世昌、陈铭德、赵超构等 20 人发表《我们对于雅尔塔秘密协定的抗议》。这些言论矛头直指权势集团，就政治、经济、外交等重大问题表达了他们独立的看法，并不一定代表《大公报》的立场，却是《大公报》文人办报的理想所在。

有评价说，在储安平主编的《观察》杂志尚未出现之前，《大公报》的"星期论文"专栏几乎成为抗战期间国内独树一帜的、具有最高认识水准和理性风度的自由主义思想园地。事实上，"星期论文"战时的思想功绩，不仅为战后储安平主办《观察》作了充分的作者队伍的组建准备，而且最值得欣赏的是，它还为其作了丰富的思想和经验积累。"星期论文"实行兼容并包，以言论的独立和思想自由感召着学术界、知识界,以及社会各界的名流——左中右各色思想者都能在"星期论文"这个宽大的舞台上尽情发表自己的观点。①这种情形,是中国自有现代意义上的报刊以来很少能够见到的。胡政之对此也评价说:"报馆比学院更了解社会,接触实际,超然公正,洞察全局。这样才能把报纸办成社会向导、舆论权威。""我们向来主张学术自由,在政治允许范围之内,各种学派都可百家并存,各抒己见,相互探讨;为了民族复兴,求同存异。我们的社评和'星期论文',就是这样,并不都顺从当局的意图。正由于我们不是政府机关,不食禄领俸,客观公正,可以发挥自由思想。"②

国内外特派员是《大公报》在新闻信息采集方面重要的特色。由于国内外特派员人才众多,如范长江、孟秋江、陆诒等战地特派员都曾写下无数有声有色的文字。其中比较经典的有范长江的《卢沟桥畔》、孟秋江的《南口迂回线上》、陆诒的《娘子关失陷记》、杨纪的《大战必守记》、唐纳的《夜雨闲话》等,这些作品生动地报道了战况,深受读者欢迎。此外,抗战期间,《大公报》在世界许多国家都有特派记者,如:驻英国记者萧乾、马廷栋、黎秀石;驻美国记者严仁颖、杨刚、朱启平、章丹枫、张鸿增;驻新加坡和印度记者郭史伟;驻缅甸记者吕德润。驻外记者撰写的国际通讯,成了读者了解世界局势的一个重要窗口。

1941年4月,《大公报》收到密苏里新闻学院的来函,来函称"《大公报》刊行悠久,代表中国报纸。""在中国遭遇国内外严重局势之长时期中,《大公报》对于国内新闻与国际之报道,始终充实而精粹,其勇敢而锋利之社评影响于国内舆论者至巨。""《大公报》自创办以来之奋斗史,已在中国新闻史上放一异彩,迄无可以颉颃者。"③这是中国报纸第一次获得最佳报纸称号。

抗战胜利后,《大公报》复员上海,重庆版作为分版继续出版。直到1952年才停刊,并以重庆《大公报》版为基础,创设了重庆市市委机关报《重庆日报》。

---

① 参见张育仁:《重庆抗战新闻与文化传播史》,重庆出版社,2009年版,第91页。
② 周雨编:《大公报人忆旧》,中国文史出版社,1991年版,第56页。
③ 《中国新闻事业史文选》,中国人民大学出版社,1999年版,第440页。

二、顺应时代进步潮流的《新民报》

《新民报》于1929年9月9日在南京创刊,创办人为三名不满官方新闻政策束缚的中央通讯社编辑:陈铭德、吴竹似、刘正华。创刊初期,陈铭德曾提出"四事"与同人共勉,"一、传达正确消息;二、造成健全舆论;三、促进社会文化;四、救济知识贫乏。"以期"决不能将民营之《新民报》办成官报化、传单化"。① 不过,经济上主要依靠当时四川省主席刘湘的资助的《新民报》,很难施展这样雄伟的抱负。这种尴尬的局面,一直到抗战爆发才得以摆脱。

1938年1月15日,《新民报》在重庆出版,这是抗战中迁渝出版的第一张报纸。② 当时的《新民报》一方面挂出"中央化"的招牌,以求得报纸的自由的发展,如聘请国民党中央社社长萧同兹为董事长,国民党中宣部新闻处处长彭革陈、立法院秘书长梁寒操、南京市政府秘书长王漱芳等为常务董事;另一方面又以重庆中下层公职人员、教师、学生及城市市民为主要读者对象,主抓社会新闻,着力办好副刊,以吸引读者。最重要的是,《新民报》在重庆复杂的政治形势下采取了"中间偏左、遇礁即避"的言论编辑方针,这一方针既进步,又灵活,是"四事"方针的实际做法。1938年7月7日,周恩来为《新民报》题词:"全民团结,持久斗争,抗战必胜,建国必成。"

重庆时期的《新民报》一改南京旧姿态,竭力地以新面貌示人。当时,早期曾资助过《新民报》的四川军阀刘湘已经去世,报纸的经济逐渐独立,从那时起,《新民报》逐渐发展成一份不折不扣的民间报纸。在重庆的八年间,报纸发生了划时代的变化:

一是约集顶尖新闻文化人才加盟编者和作者队伍,扩大报社影响。迁渝不久后,陈铭德与张恨水以及一度离开《新民报》的张友鸾取得了联系,约请两位人士参加《新民报》的编辑策划工作。稍后,张慧剑和赵超构也相继加盟进来。"三张一赵"的会师不仅壮大了《新民报》的办报力量,而且还标志着

---

① 陈铭德:《新民报》两周年纪念增刊,1931年9月9日。
② 《新民报》在重庆副刊距南京休刊只有49天。在当时的战争条件下,一个报馆从南京迁到重庆,除去长江逆水上行的半来个月,筹备期间不过一月,能以如此的高效率出版,在内迁报纸中首屈一指。

一个自由主义者群体的全新组合与登台亮相。张恨水的小说连载、《上下古今谈》,张友鸾的《曲线新闻》《山城夜曲》,张慧剑的《山楼一百话》《世象杂收》,赵超构的《今日论语》《新闻圈外》等副刊、专栏都脍炙人口,深得读者喜爱。同时,《新民报》广泛结交文化界人士,以自由主义的兼容并包气度壮大了作者群体,积极而真诚地约请他们写稿。其中重要的有:章士钊、陈寅恪、吴宓、孙伏园、顾颉刚、朱伯商、黄炎培、崔敬伯、卢冀野、老舍、巴金、朱自清、叶圣陶……基本上涵盖了抗战期间西迁重庆的所有文化界知名人。

二是不断吸引人才采编队伍,形成有"百剑相随惟一盾(邓)"①的盛况。抗战期间,先后担任过《新民报》副刊主笔或编辑的有夏衍、凤子、沈起予、李兰、张恨水、张慧剑、吴祖光、孙伏园、谢冰莹、王楷元、施白芜、黄苗子、郁风、陈白尘、聂绀弩、陈迩冬、张白山等。担任新闻编辑和记者的先后有:张友鸾、程大千、赵纯继、陈理源、方奈何、胡乃琨、郑拾风、张林岚、王志俊、方白非、张十方、张先畴、王达仁、浦熙修、张西洛、周亚君、李廷瑛、廖毓泉、高汾、何鸿钧、姚江屏、邓蜀生、韩辛茹、胡作霖、程海帆、曾梦生、何明光、张天授等。从这样一份庞杂的名单可以看出,《新民报》对于采编人员的政治立场并没有清晰的要求,涵盖了左、中、右各种思想倾向的人才。《新民报》的主持人邓季惺解释说:"铭德曾想学蔡元培办北京大学的作风,把各党物都网罗进来,只要对报纸的发展有利,实行兼收并蓄。"②实际上,这种局面更多源于邓季惺在罗致人才方面的大胆。为了激发采编人员的积极性,《新民报》在报社实行"明星制",对于名记者或文化名流,就给以主笔名义受任报社。他们有的写个小专栏,有的写小说,有的并不怎么动笔。但是,名人的"明星效应"很大程度上提高了报社的知名度和权威性,扩大了对读者的吸引力,直接推动了报纸的发展。

三是在抗战中逐渐建立健全的财会、人事、广告、发行、印刷等方面的制度,推进报社走上企业化经营的道路。迁渝不久后,刘湘病逝,《新民报》转为

---

①所谓"百剑相随惟一盾(邓)"中的(邓),是指《新民报》的女主人邓季惺女士。
②陈铭德、邓季惺:《〈新民报〉春秋》,重庆出版社,1987年版,第28页。

向以卢作孚、刘航琛、胡子昂、吴晋航、古耕虞等为代表的四川的民族资产阶级。① 1937年7月1日,《新民报》股份公司集资5万元宣布成立。1944年5月增资为1200万元,1945年3月再增为2000万元。1945年6月为准备胜利后在上海创刊,另组重庆新闻公司,又集资3000万元。八年中,先后投资《新民报》的就有:民生实业公司、四川畜产公司、宝源煤矿公司、四川丝业公司、华西兴业公司、华懋公司、重庆电力公司、自来水公司、轮渡公司、重庆牛奶公司、和成银行、美丰银行、川康银行、川盐银行、华康银行、和通银行、成都济康银行、怡益银号等,几乎将大后方著名的"川帮"工商企业和银行都囊括了进来——与民间企业的股份制合作,充分保证了报纸经济独立于党派之外这一自由主义的根本优势,并最终使之发展壮大成为了拥有"五报八版"的大报业系统。

除了这些革新,《新民报》还积极顺应读者的需要,做好发行和广告工作。在渝出刊后,四川人认为《新民报》是四川人办的报纸,迁渝的下江人又认为《新民报》是从下江迁来的报纸,对《新民报》都具有感情,订报者络绎不绝。广告方面,也从一开始就拥有全市影剧院、主要公司行号和商店的广告,经营业务得到不断发展。

1938年,迁渝不久的《新民报》刊登了多篇来自延安的通讯,其中写作最为积极的是邓季惺的胞弟邓友民。如2月25日邓友民邮寄的延安通讯《相信有科学根据,毛泽东保证打胜仗》。写的是2月10日延安举行反侵略大会的盛况,着重报道了毛泽东同志在大会上所作报告的大意。3月11、12、18日三天的报上连续登载了邓友民的另一篇延安通讯《陕甘宁边区医院巡礼》。这篇通讯报道了边区卫生行政概况,关于医护行政人员的献身精神,边区政府对产妇婴儿的关怀照顾等,可以说是接触到"延安精神"的一个侧面。《日

---

① 卢作孚是当时四川最大的民营资本家,民生公司的负责人;刘航琛历任二十一军政治部主任、四川财政厅厅长、经济部部长等多职;吴晋航创办和成银行;先后任四川生丝公司、华通公司总经理、四川畜产公司、四川桐油贸易公司、民生轮船公司等企业的董事长、重庆银行同业工会理事长、四川省贸易局副局长等职;古耕虞是"猪鬃大王",他的公司猪鬃出口量曾占全国的85%以上,几乎垄断了国内的猪鬃市场;胡子昂是重庆华西公司、自来水公司经理、中国兴业公司总经理、四川省建设厅厅长、重庆川康兴业公司总经理兼董事长、重庆华康银行董事长。这些人为《新民报》的发展提供了重要的支持。参见秦松:《〈新民报〉女老板邓季惺的经营之道》,《西南农业大学学报》,2006年第2期。

兵在延安演剧》则报道了延安改造日本战俘的卓越成就。大北文次郎、白石松太郎、松井四郎、佐伯小二郎、金再煦生等日本士兵,在盛大的抗大操场晚会上,联合演出他们自编自演的《日本士兵的出路》,揭示他们被八路军俘虏后,通过我方的教育帮助,提高了觉悟,清除了日本军阀欺骗诱惑的毒素,认清他们的敌人并不是中国和中国人民,而是压迫驱使他们作肉弹、炮灰的日本军阀。日本士兵的正确出路是辨明是非,看准敌友,反戈一击。

现将1938年延安通讯的篇目梳理如下:①

篇目	作者	日期
特区托儿所一瞥	邓友民	一月廿四、廿五
旧历新年在延安	邓友民	二月十六、十九
延安通讯·相信有科学根据,毛泽东保证打胜仗	邓友民	二月廿五
延安通讯·陕甘宁边区反侵略大会	邓友民	二月廿五
延安通讯·华侨记者团报告,马来西亚华侨愿返国杀敌	邓友民	二月廿五
延安通讯·陕甘宁边区医院巡礼	邓友民	三月十一、十二、十八
延安通讯·鲁迅艺术学院	邓友民	四月十三、十四、十五
顶好的防御是进攻	邓友民	六月四月
介绍·西北战时青年训练班	苏笛汉	七月三日
日兵在延安演剧	邓友民	八月七日
报告文学·延安女自卫军	齐语	八月十四
活跃的延安——记"七一"和"七七"	齐语	九月四日

1938年期间,《新华日报》直到年底在迁渝出版,《新民报》的这些延安通讯,给国统区人民传达了来自延安的消息。虽然报道因为航空邮递的时间阻隔常常需要一个月才能见诸报面,但是意义重大,弥补了《新华日报》尚未出版的遗憾。不过,第一次反共高潮后,《新民报》的延安通讯就被迫阻断了。

1941年6月7日的大轰炸中,《新民报》七星岗社址四层楼房及莲花池

---

① 陈理源:《重庆新民报的延安通讯》,《新闻与传播研究》,1983年第5期。

职工宿舍被炸毁,包括移置防空洞的纸张、器材、文件、账册及多年合订本亦被毁,在大轰炸中,先后殉难者有编辑谢云鹏、排字工人王金才和挑水工人杨青白。报纸仍坚持出版,并发表社评《为新民晚报总社被毁告国人书》,表明奋力抗战到底,争取胜利的决心。

同年,《新民报》为打开销路,发挥潜力,决定增出晚报。晚报于1941年11月1日出版,发行量最多时达四万份,是重庆各家晚报发行量最大的。《新民报晚刊》的成功,迅速扭转了《新民报》严峻经济局面,并为抗战胜利后报社的发展储备了人才,积累了资金。晚刊发行,是《新民报》发展史上的一个里程碑,改变了《新民报》发展的方向。从此,《新民报》确定了着重发展晚刊的经营路线。以后成都版的创刊和南京版的复刊,都以晚报先打基础,上海版并且只出晚刊。

"中间偏左、遇礁即避"的言论编辑方针,[①]使得《新民报》在新闻报道上竭诚服从于国家的政略和战略,尽心服务于民族的独立和解放事业;在意识形态上积极推动民主宪政,对国民党试图操纵国民参政会和省市参议员选举的做法,进行讥讽和抨击,并且对国民党官僚资本对民营企业的种种管制和束缚政策进行了持续的批评和规劝。

这种方针,与《新民报》无党无派的民间报定位相契合。作为独立的民营报纸,《新民报》既不是站在国民党的官方立场,也不是站在《新华日报》这样的党报立场,它有着自己的选择。

1944年,《新民报》主笔赵超构随中外记者西北参观团访问延安,他的长篇通讯《延安一月》从7月30日起在重庆、成都两地《新民报》逐日连载,轰动一时。赵超构对毛泽东和共产党的观察可谓入木三分,他说:"毛泽东是一个最能熟悉中国历史传统的共产党行动家。""在他的行动中,《资治通鉴》和列宁史丹林的全集有同等的支配力。""我们的民主观念是以整个国民为主体的,不分阶层和宗派。新民主主义摈弃了'国民'两字,而正式以阶级为主体,因此有'什么阶级和什么阶级的联合专政'等等的名词。""我们最好的态度,

---

[①] 丁淦林:《中国新闻事业史》,高等教育出版社,2002年版,第326页。

是将'新民主主义'看做是共产党目前的'政策'或'政略',而不要相信这就是共产党的主义。主义是永久性的,它代表一种深远的理想,而新民主主义则不过是共产党在未能实行共产主义时的某一阶段的政策。"①11月,《延安一月》单行本出版,陈铭德亲写序言,重申了客观、公正和自由批评的原则。

1945年11月14日,发行4万份以上的《新民报》重庆版晚刊"西方夜谭"首先发表了毛泽东的《沁园春·雪》(发表时题为《毛词·沁园春》),轰动山城。《西方夜谭》副刊编者吴祖光在词后有热情推崇的按语:"毛润之氏能诗词,似鲜为人知。客有抄得其《沁园春》咏雪一词者,风调独绝,文情并茂,而气魄之大乃不可及。据氏自称则游戏之作,殊不足为青年法,尤不足为外人道也。"②

同年,11月20日,《大公报》发表《质中共》社评,第二天《新华日报》发表《与大公报论国是》社论,展开一场笔战。11月26日,《新民报》发表《对大公、新华两报论战之观感》社评,从民间立场出发,认为《新华日报》"是色彩鲜明的共产党的机关报","我们自不能认为《新华日报》的话是老百姓心里的话,可是也不能说一句没有。我们站在老百姓的立场上说,他们是比较代表共产党说话的成分多"。③ 这是《新民报》在两极对立的年头所持的言论态度。

在国共政治关系微妙的关节,《新民报》对革命的共产党保持警惕和距离,对当权的国民党当局的批评更是家常便饭。1941年"皖南事变"后,一贯远离政治的张恨水在《新民报》副刊《最后关头》连写《七步诗》等三篇杂感,借古喻今,指斥蒋介石的逆行。浦熙修以多条"点滴"形式逃过新闻检查,在12月11日刊发了《孔夫人爱犬飞渝》的消息,与11天后王芸生的《大公报》社评一起,将抗战时期"前方吃紧"和"后方紧吃"的反差对比出来,书写了中国新闻史上一支激动人心的插曲。

更多的时候,《新民报》是以民间报的立场呼唤和平与民主。政协会议开

---

①蒋丽萍、林伟平:《民间的回声——新民报创始人陈铭德邓季惺伉俪传》,上海文艺出版社,1998年版,第172—173页。
②吴祖光:《话说〈沁园春·雪〉》,《重庆报史资料》,第十六期。
③《对大公、新华两报论战之观感》,《新民报》,1945年11月26日。

幕前的一个多月,富有才华的女记者浦熙修独家采写的38位政协代表访问记,每天一篇,千字左右,刊登在重庆《新民报》晚刊头版显著位置,如实反映了各种政治力量对政协的态度。这些专访忠实于时代,为历史留下了一份珍贵的记录,成为《新民报》的华彩乐章。

不过,鉴于抗战时期的特殊性,《新民报》也和《大公报》等民间报纸一样,从维护国家的根本利益着想,社评自然不如抗战前那样锋芒毕露,加上战时国民政府新闻统制的严密,社评往往谈国际多谈国内少,评远不评近,有时候甚至不得不产生动摇、妥协,甚至委曲求全。如"皖南事变"后,《新民报》迫于政府压力,不得不以《抗命叛变袭击友军新四军全解散,叶挺就擒交军法处审判,项英在逃正严缉归案》的"通稿"刊发了消息。后来,又再次迫于压力刊发了《军事上不许民主》的社评。这篇社评说:"民主是件好事情,我们愿在一切方面赞助民主的要求,同情所有在政治、经济、社会上争取民主制度的人,但是只有军事上断然不许民主!"[①]

总的说来,《新民报》由于在言论上能够顺应时代潮流,抓住团结抗战的主题,又在新闻报道和副刊内容及编辑技巧上使群众喜闻乐见,加上讲究经营之道,因此,抗战时期成为该报业务发展的黄金时期,尤其在抗战后期,发行数字一个高峰接一个高峰,广告业务也蒸蒸日上,甚至要客户排队刊登。

抗战胜利后,《新民报》立即从重庆分赴南京、上海、北平三地,筹划南京版复刊,并在上海、北平两地开辟新社,最终构建起"五社八版"的恢弘局面,成为解放前中国民营新闻事业的一面旗帜。1948年7月8日,国民党当局以所谓"立法院军事泄密案"的借口,说南京《新民报》"为匪宣传",勒令永久停刊。同时密令各地方政府借故查封《新民报》分社。成都《新民报》在1949年7月23日被四川省政府主席王陵基武装查封。重庆《新民报》危在旦夕,决定将"新民报重庆社"改组为"重庆新民报社",于8月6日登报声明独立经营,与原《新民报》总管理处脱离关系,并请出国民党四川省党部主任委员曾扩情任发行人兼社长,以渡过难关。解放后,该报经重庆军管会批准,继续

[①]《军事上不许民主》,《新民报》(重庆版),1941年1月21日。

出版,一直出版到1952年初才自动停刊。

三、以拥护国策为己任的《时事新报》

《时事新报》历史悠久,前身为1907年12月5日在上海创刊的《时事报》和1908年2月29日创刊的《舆论日报》。前者主编是汪剑秋,后者主编是狄葆丰。两报于1909年合并,定名为《舆论时事报》。1911年5月18日改名《时事新报》,由汪诒年任经理。清末时,是资产阶级改良派报纸,宣传立宪政治。辛亥革命后,成为进步党的报纸,随后又转为研究系的喉舌。其间,《时事新报》与《申报》、《新闻报》齐名,并称"上海三大报"。1918年3月4日创办的副刊"学灯",在俞颂华等人主持期间,对五四运动时期的新文化运动和社会主义在中国的传播有所影响。在第一次国内革命战争时期,反对国共合作,反对中国共产党领导的革命运动。1928年冬,张竹平、汪英宾等购得此报产权,张竹平任总经理,汪英宾任经理兼总编辑。1932年与《大晚报》、《大陆报》、申时电讯社组成联合公司(简称"四社")。1935年报纸产权转让给孔祥熙财团,1937年11月26日迁往重庆,并在次年4月27日正式复刊。

《时事新报》虽为孔祥熙所掌握,但名义上仍成立股份有限公司,以民营自居。在1938年12月9日《本报三十一周年的今后》社论中写道,"我们是学术性的商业报纸,公用型的文化机关"。又写道,"当长期抗战的今天,本报自信是以公平和平的国民立场,拥护政府贤明的国策,接受中国国民党的正确领导,惟于权利义务对等之义,本报更愿于拥护监督贤明国策,接受正确领导之余,竭我们的良能,论事评人,督促建议,以期臻于完善"。[1] 实际上,"公用型文化机关"之说未可尽信,"拥护国策、接受领导"等语却阐明了该报的政治立场。

复刊后的《时事新报》,政治文化底色并无大变,仍以报道抗战信息,反映和引导抗战舆论、传播民主宪政意识为基本内容,但其更着力于经济新闻的报道与评析。这也是它能很快在读者市场中打开局面的一大优势和特色。

---

[1]《本报三十一周年的今后》,《时事新报》,1938年12月9日。

《时事新报》的经济评述文章对读者很有吸引力。它一方面对国民政府颁布的战时金融政策，能从政略和战略的高度进行细致深入的解读；另一方面也随时对这些政策和措施中的不足进行直接，甚至尖锐的批评。孔祥熙除了对该报予以财政支持，特别是在资金周转和外汇使用上提供优越条件外，对其办报宗旨和舆论指向，并无甚干涉。由于有孔氏财团这个后盾，财政部的全部公告均以广告形式刊登在该报上，对各行各业的广告也具有一定的招徕作用，因此在资金周转和外汇使用上，比其他各民营报纸有着较为优越的条件。

　　《时事新报》迁渝时的董事长是交通银行总经理徐新六，后徐因飞机失事身亡，改由傅汝霖继任，担任常务董事的是财政部参事李毓万，社内总经理是崔唯吾、总编辑黄天鹏，主笔薛农山。这个班子在维持一年后因内部意见不合而导致全部更换。其间更是发生报社印刷厂罢工、报纸改出半张和短暂停刊等事故。① 此后，原中央银行人事处处长张万里继任总经理职务。

　　张万里上任后对报社的人事进行了大调整，各部门主持人全部更换，聘谢友兰担任总编辑，黄卓明任采访主任，又另聘张友渔（中共地下党员）、崔敬伯、孙起孟担任主笔，由张负责写团结抗战、民主宪政以及日本问题等方面的文章，崔负责写经济方面的社论，孙写政治与思想等方面的社论。不久，另两名地下党员陈翰伯、彭友今也相继进入报社担任编辑。虽然这个阵容不算强大，但却对报纸的方针和舆论指向产生积极的影响。《时事新报》的这种改变除了人事上改组，一些进步人士进入报社等因素外，更由于当时国共合作、团结抗战的政治形势使然。孔祥熙也认为报纸这样宣传，有利于在社会上抬高他的声誉，加强他在国民党派系斗争中的政治力量，因此只要不太出格，也就不太加以干预。

　　张友渔在《时事新报》的工作时间不长，却发表了一大批脍炙人口的社论。在题为《从敌国食粮的缺乏说到敌阀的末路》的社论中，张友渔对日本帝国主义的性质和日本人民的前途作了一些粗略的阶级分析。文中说："据统

---

①具体过程可参见黄卓明、俞振基：《关于时事新报的所见所闻》，《新闻与传播研究》，1983年第3期。

计,日本内地每年产米约32000万蒲尔式,而每年消费量,则为36500万蒲尔式,即不足约4500万蒲尔式。"对粮荒之产生,他分析为:"日本这个半封建的、半军事的帝国主义国家,对外侵略,对内榨取之必然的结果。……尤其在日本帝国主义的对华侵略战中,把农村壮丁,都征调入伍,送上战场,农村劳动力太缺乏,田园荒芜,无人耕耘,稻米不能从天而降,自难谈到收获了。"日本如何解决粮荒,"必须自身先停止对外侵略和对内榨取,也就是说它自身要先改变了半封建的半军事的帝国主义的性质。而这,必须日本民众自己起来从宰割他们的统治者手里,夺取过政权来。"在题为《巩固统一团结》的社论中,张友渔这样谈团结的重要性和必要性:"我敌作战以来乃至最后决定胜负的总方略的殊异,便在我是坚持统一团结,而敌人却处处着眼于拆散我们的统一团结……""我们统一团结起来,便形成'最坚强的力量'……我们全民族有着一个共同的环境要应付,共同的问题要解决……这共同环境里,全民族自然要统一起来,团结起来。因为亡则共亡,存无独存的道理,除掉汉奸以外,是谁都看得非常明白的。"日本首相阿部将引退,国内一些人对日本是否继续侵华产生了幻想。张友渔在为《敌国政潮的发展》一文中这样分析:"帝国主义越走近崩溃的厄运,则在政治上,愈加法西斯化。不管将来组阁的是谁,畑俊六也好,杉山元也好,宇垣也好,近卫文麿也好,所组成的内阁,必然是一个更加法西斯化的内阁。""我们对敌国政潮的发展,不应该稍存侥幸心理、希望从它获得些什么,应该更加警惕,更加戒备,更加准备作较现在更残酷、更艰苦的斗争。"关于宪政方面,张友渔在《汪逆也配谈宪政吗?》的社论中说:"中国需要宪政,孙中山先生所倡导的民主革命,便在争取宪政,这是不待说的。但是中国是半殖民地的国家,它不仅受着封建制度的桎梏,同时,还受着帝国主义的宰割。封建势力依靠帝国主义为后台,帝国主义利用封建势力为工具,二者交相为用。所以在中国要争取宪政,第一,必须打倒封建势力,第二必须打倒封建势力所赖以生存的帝国主义。……进行宪政重在民主的实质,不在立宪的形式。在封建势力支配之下,谈不到什么宪政,在帝国主义宰割之下,更不会有什么宪政。"①社论《抗战建国的基础在哪里?》是比较特殊的一篇,文章指出抗战建国的基础"不在通都大邑的上海、汉口,而在广大的农村"。这样的观点显示了独特的思考视角和民间立场,显然不可能出自国民党宣传部门的授意,所以颇为引入瞩目。

《时事新报》在新闻报道方面有两点较具特色:一是在报社花巨款购买了一架美国 National 牌收音机,并由国际版编辑俞振基专职收听来自英美等国的广播,俞原在上海《大美晚报》中文版工作,有多年收听英文新闻广播经验,熟悉英、美、印、澳等国主要电台的波长及新闻广播时间,并能随听随译,以"本报特讯"的形式发表,因此,当时《时事新报》的国际新闻常较他报为先。如 1941 年 12 月 9 日,太平洋战争爆发,美国总统罗斯福在国会宣布对日宣战,该报在收录到广播后,立即改组版面,在报纸头条显著位置独家报道这一新闻。1942 年 1 月 7 日,罗斯福在国会发表重要国情咨文,大意是:"向坚持与法西斯作战的中、英、苏等国军民致敬。并宣布甘冒万难,用巨机飞越驼峰将贵重战争物资运华中美并肩作战共挫公敌,裨中国在战争中获致安全、繁荣和尊严。"来自太平洋彼岸的这一电讯,对渴望获得美国援助的中国人民来说,无疑是极为重要的。可是,这条新闻传至重庆时正是 1 月 8 日凌晨 1 时多,按时上下班的中央社编译室早已关机休息。俞振基听到这一电讯,感到这是第二次世界大战形势的一个关键转折点,全神专注地收听,译成两千多字的新闻,迅速发送编辑部,在次日报上以头条刊出,轰动重庆政界及报界,读者争相传阅。②传闻蒋介石看到这个新闻后,对中央社漏发如此重要的新闻大为不满。

第二个较有特色的是《一周国内国际局势述要》,这个专栏每周一见报,创始于崔唯吾主持期间,主要对一周时间内国内外形势进行综合述评,其视野开阔,联系广泛,一开始就获得读者的认同。张万里接任后,该栏目曾一度中断,在陈伯翰进入报社后,又由他和张维令执笔恢复,以"本报资料室"名义继续发表,这些文章在当时多为同行称道,也大受读者欢迎。

---

①张友渔:《我和时事新报》,《新闻与传播研究》,1981 年第 5 期。
②黄卓明、俞振基:《关于时事新报的所见所闻》,《新闻与传播研究》,1983 年第 3 期。

围绕抗战大局,《时事新报》也积极发声,参与到战时新闻报道中,为宣传抗日救国起到重要作用。1939年中国军队在湖南战场取得湘北大捷。《时事新报》发表社论《从湘北大捷说到胜利第一》,"我们的口号是胜利第一,因此连日来湘北捷报频传实具有重大意义。(一)敌人方面……由此可见敌寇之日渐衰颓,当去总崩溃期已不远了;(二)中国方面……由此可见我军素质已日渐增高,今后当随时随地以灵活的态度把敌人赶出国境……(三)国际方面……一年来中国已取得战略上的主动地位,所望于友邦者,只是如肯实力相助,便可提前第三期反攻的胜利,俾得早日结成胜利之果,以实现世界和平。"[1]此前不久,《时事新报》还发表了《长沙会战与世界和平》的社论,"从今以后,我们相信,世界不会有人再甘愿受暴日的麻醉,那么,西山日落,就在眼前。我们远远望见世界和平曙光的来临,后世史书上,关于'九四'号的长沙二次会战,必占着最荣光的一页"。[2]抗战进行到第五年,《时事新报》发表社论《坚持到底胜利在望!》,"五年来我们离散了骨肉,抛弃了田园,前线作生死的斗争,后方尽劳瘁的补给,写出一幕幕铁血交织的伟大雄壮之剧。劝服了友邦,震惊了敌人,充分表现出中华民族当仁不让见义勇为的一贯作风,和杀身成仁舍生取义的崇高精神!……我们应该加强最后胜利必胜的信念,具有坚持到底的毅力,更要吃苦,更能牺牲,那么从今天起我们就走上了胜利之望的途中!"[3]

《时事新报》的两个副刊《学灯》和《青光》在中国副刊史学上都较有影响。《青光》每周出六期,是综合型的,主要刊载杂文、小品、漫画等。张慧剑、赵超构都任过《青光》的编辑。在1941年10月1日的稿约中,编辑提出:"凡能引起读者之兴趣有裨益于读者之学养的短篇文字,俱所欢迎;上自古今中外的掌故,下至油盐酱醋的琐事,有理而不流于说教",并称"本刊地盘完全公开,绝无门户之见"。[4]以这样一种开门办报的胸襟来鼓励民间思考和民众评说,确称得上是别开生面。郭沫若的《虎符》剧本就曾在这个副刊上连载。

---

[1]《从湘北大捷说到胜利第一》,《时事新报》,1939年10月15日。
[2]《长沙会战与世界和平》,《时事新报》,1939年10月2日。
[3]《坚持到底胜利在望!》,《时事新报》,1942年7月7日。
[4]参见张育仁:《重庆抗战新闻与文化传播史》,重庆出版社,2009年版,第116页。

《学灯》每周日一期,旨在研究学术、介绍新知,刊载内容以学术论文居多,撰稿人多为中央大学教授,很受学术界重视。

总体来说,《时事新报》在重庆时期一定程度上保持了民间立场,总的办报思想也未偏离抗日救国这个中心。在当时重庆的民营报纸中,《时事新报》其声望和销路都仅次于《大公报》和《新民报》。1943 年,《时事新报》在经营上出现了一个高峰,发行数字由迁渝初期的五千份逐步上升到一万四千份,广告业务也相应增加多,并第一次出现了盈余。这年元旦出报八张半,广告占了较大的篇幅;双十节又出版七大张国庆特刊,约请知名学者胡绳、胡风等撰文。这在抗战后期物质匮乏的重庆,是十分难得的。

至 1944 年,抗战胜利前夕,国民党内部派系的争权斗争愈演愈烈,孔祥熙首当其冲,深受指责,于围攻受窘之后,深感困顿,表示倦勤,不惜远涉异国以避之。《时事新报》随着后台老板的失势而日渐衰落。抗战胜利后,《时事新报》总社迁回上海,重庆版继续出版,但因一无特色而经营每况愈下,难以为继,至 1948 年自动停刊。

四、坚持抗日立场的宗教报纸《益世报》

《益世报》是民国时期罗马天主教会在中国印行的中文日报,1915 年 10 月在天津创刊,创办人是比利时籍天主教传教士雷鸣远,社址南市荣业大街。当时正值老西开事件发生,《益世报》能站在中国的立场上,积极报导和热情支持天津人民的反抗斗争,抨击法国的侵略行径,因而给人们留下了良好的印象,销路因此大增,在天津的声名、地位仅次于《大公报》。虽是一份宗教报纸,但《益世报》却对中国抗战大力声援,公开坚持抗日立场。早在 1932 年天津时期,报纸就公开呼吁中国民众全民抗战,"广大国民的职责,就在进行必要的组织,准备接受我们的总动员令"。[①] 1937 年 8 月,日军占领天津,《益世报》宣布停刊。不久后在昆明复刊,1939 年 11 月 28 日,正式移驻重庆,汇入大后方抗日救国的舆论潮流中。

[①]《智识阶级应该总动员》,《益世报》,1932 年 2 月 3 日。

1940年3月24日,《益世报》正式在渝复刊,编号8006。头版刊登《本报启事》,第二版刊登《发刊词》:"本报自有生命以来,即为中华民族之独立自由而奋斗,从九一八起,我们始终一贯主张抗战;对内主张实现民主政治;本报为公教教友之报纸,有宣传教义之职责,我们遵循教义,对国际局面以促进世界和平,增加人类幸福为最终目的;公教教义,以人类生活精神重于物质;公教教友在智识方面,崇信真理……《益世报》是我国三百五十多万公教教友共同的舆论机关。今日中国全体国民一致拥护政府、拥护领袖,《益世报》迁来陪都是数百万公教教友拥护政府、领袖的具体表示。"文中还以决死的信念向社会各界宣誓道:"《益世报》遭受牺牲越大,同人抗战之本愿愈坚决!"①在这篇言论文献中,除增加了服从战时政略需要和战略安排的价值内容外,基本宗旨与其创办以来的基本舆论立场和价值取向是一脉相承的。

在具体的实践运作中,《益世报》间或也掺杂了一些附和官方意识形态的内容。但总体评价,《益世报》仍不失为一份具有恪守公教立场、坚持团结抗战方向的抗日大报,因此,其社会影响也是积极有益的。

《益世报》的这种表现,与创办人雷鸣远关系密切。雷鸣远主张武力抗日,除在报纸上大力宣传之外,还提倡身体力行地切实投入抗战之中。他在山西组建华北民众战地督导团,积极援助中国抗战。先后出任宋哲元部队的残疾军人教养院长,傅作义部的前线救护队队长等职,参加作战。1933年长城抗战的时候,雷鸣远已年近六旬,他将教会的一些成员组成救护队,自己亲任队长,带队到华北、西北各战区去抢救伤兵、进行救护工作。抗战中,报馆多次被炸,雷鸣远呼吁大家坚定信心,坚持把报纸办下去,为抗战在坚持《益世报》抗日宣传的同时,雷鸣远向自己的教会成员发出总动员令,亲率600多人组织救护队、野战医院和战地服务团,到前线抢救伤兵、赈济难民、教育失学儿童。雷鸣远神父的行动受到了国民政府的高度嘉奖,被誉为"国民党的白求恩"。1940年7月18日,国民政府以1287号令褒扬:"雷鸣远原籍比国,早岁呈准归化,历在平津等处创办慈善事业,并设立报社,久为社会所推重,

---

① 《益世报》,1940年3月24日。转引自张育仁:《重庆抗战新闻与文化传播史》,重庆出版社,2009年版,第110页。

此次抗日军兴,组织救护团队,在各地竭力救护,收效颇宏,为国宣劳,始终不懈,遽闻溘世,悼惜良深,应予明令褒扬,以彰劳勋,此令。"11月29日,重庆召开追悼雷鸣远神父大会,蒋介石亲送挽联悼念:"博爱之谓仁救世精神无愧基督,威武不能屈毕生事业尽瘁中华。"①

1938年日本占领天津,《益世报》被迫停刊,社长生宝堂被日军杀害。雷鸣远积极与南京主教于斌联系,为《益世报》复刊积极奔走。同年12月,《益世报》在昆明出版,雷鸣远亲赴报馆祝贺。1939年11月28日,该报正式由昆明移驻重庆,汇入重庆新闻传播事业体系中。

重庆《益世报》社址设在市内中华路138号,编辑部在曾家岩明诚中学内,报纸为对开四版大报,零售每份8分。社长为杨慕时,董事长是南京教区主教于斌。于斌早年曾留学美国和意大利,他与蒋介石、梅乐斯及罗马教廷、美国在华主教蔡宁等均有密切关系,这些因素,为《益世报》的发展创造了一些有利的条件。

不过,由于《益世报》更着重强调"拥护政府、拥护领袖",加上于斌和蒋介石的密切关系,很多时候往往站在国民党一边。1941年"皖南事变"发生,《益世报》在1月18日二版头条刊登《为贯彻军令维持纲纪,叛敌之新四军解散,军长叶挺就擒交付军法审判,副军长项英在逃严缉归案》的新闻,并发表社论《处置抗令叛变之新四军》,颠倒黑白,造谣污蔑"叶挺、项英在抗日战争的紧要关头,图谋不轨,破坏团结;助寇张焰,此其罪大恶极:实加一等"。②1月29日再次发表新闻《处置新四军纯属整饬军纪》,配发社论《再论制裁新四军事件》,并答复读者的质疑,称"如果新四军真有背叛命令图谋不轨的地方,那么新四军解散是为国家除害,为抗日去障碍……虽失一臂,亦觉值得",③与《中央日报》、《扫荡报》沦为一丘之貉。此后,《新民报》刊发毛泽东的《沁园春·雪》,《益世报》也与《中央日报》、《和平日报》(即原来的《扫荡报》)等一起,以"唱和"为名,以"反帝王思想"为幌子发起攻击。

---

①有关雷鸣远神父的介绍,可参见耀汉小兄弟会编:《抗战老人雷鸣远司铎》,1947年版。
②《处置抗令叛变之新四军》,《益世报》,1941年1月18日。
③《再论制裁新四军事件》,《益世报》,1941年1月29日。

《益世报》的办报经费得到各教区的支持。当时,万县教区主教王泽溥曾贷款 20 万元给于斌,并派神父张志渔协助办报,成都教区神父伍极诚、杨国桢认购《益世报》股金约 40 万元。① 抗战胜利后,蒋介石还专门拨出法币二亿,支持《益世报》在上海、南京、天津、西安等地复刊和新办。

抗战后期,《益世报》由天主教重庆教区接办。社长为神父陈公亮,董事长一职由刘航琛担任。刘是当时四川地方财阀,亦为天主教徒;总编辑为张绍曾,有官方背景。因此,重庆时期的《益世报》在重要人事组成上与天津时期有了明显的变化。特别是总编辑张绍曾系军统特派员。《益世报》不仅为军统严格控制,还是托派"中国共产党非常委员会"发表反共文章的唯一公开阵地。他们提倡一个主义、一个政府、一个领袖,还多次发表拥护和支持蒋介石发动内战,进攻解放区的反共、反人民的文章。其露骨程度甚于官办的《中央日报》和《和平日报》。例如,1947 年 7 月 3 日的社论《重振德道重振法纪》中说,"毁法乱纪之最甚者,无过于共产党,毛泽东即为毁法乱纪的魁首……中共的恣肆猖狂,不自今日始,这多年来政府的政令军令,几曾下及于中共窃据的范围,然而,政府对中共的态度,始终是委屈、忍让"。② 这些言论居然责备当局的态度软弱,比官方的公开立场走得更远。

1948 年底,该报销路逐日下跌,直至无法维持,不久自行停刊。

除了上述几份大报,由成舍我主持的《世界日报》在临近抗战结束时也从北平迁渝正式出版。成舍我是中国报业具有新闻托拉斯梦想的人物,希望构建"世界"报系,并期望用"互助合作主义"来统合中国的民间报业。不过,《世界日报》除他掌控之外,还有国民党著名人物程沧波主持笔政,不可能做到完全的民营。重庆《世界日报》一直出版至重庆解放,其办报经过主要集中在抗战胜利之后,所以其办报历程和历史价值将在后文进一步阐述。

---

① 蔡贵俊:《〈益世报〉拾遗》,《重庆报史资料》,第 9 辑。
② 《重振德道重振法纪》,《益世报》,1947 年 7 月 3 日。

第三节　以《新华日报》为代表的中国共产党报纸

重庆《新华日报》是抗日战争时期和第三次国内革命战争初期,中国共产党在国民党统治区公开出版发行的大型机关报,也是抗战初期中国共产党在国民党统治区唯一公开出版的大型日报。1937年10月筹备于南京,因故未能出版。迁武汉后,社址先设成忠街53号。1938年1月11日正式创刊,报社迁设于汉口大陆里。该报在武汉期间,属中共中央长江局领导。10月25日武汉沦陷后,报社迁重庆出版,由中共中央南方局领导。社长潘梓年,总经理熊瑾玎。历任总编辑有华岗、吴克坚、章汉夫等。南方局书记周恩来兼任《新华日报》董事长,亲自对新华日报的各项工作予以指导。

在渝期间,《新华日报》坚持抗战、团结、进步的办报宗旨,直接广泛地向国统区人民群众宣传了中国共产党全面抗战的主张,倡导了抗日救亡文化运动的民族性、科学性和大众性,关心和爱护文化界人士,传达爱国文化人士反对分裂、反对内战的心声,堪称大后方抗日救亡文化运动的一面旗帜,建立了巨大的历史功绩。

一、《新华日报》与抗日民族统一战线的建立

在抗日民族解放战争的历史条件下,中国共产党的一切路线政策,集中表现为坚持抗战、团结和进步的方针,反对国民党的投降、分裂和倒退的政策。这是中国共产党抗日民族统一战线思想的核心,也是《新华日报》的办报宗旨。

1938年1月11日,《新华日报》正式出刊并刊登《发刊词》。在《发刊词》中,《新华日报》向全国人民公开阐明了自己坚持抗战、团结、进步的宗旨。在坚持团结方面,《新华日报》提出"本报愿与全国一切志切救国的抗日的战士与同道,互相勉励,手携手地共同为驱除日寇争取抗战最后胜利而奋斗"。

"本报愿将自己变成一切抗日的个人、集团团体、党派的共同的喉舌,本报力求成为全国民众的共同的呼声"。①

移驻重庆后,为建立广泛的社会联系,迅速打开局面,《新华日报》特地举办一次宴会,邀请驻渝各军政机关社会团体及各界知名人士共100多人。程沧波在讲话中说:"在这个宴会上,各党各派各界人士济济一堂,实在是全国精诚团结的具体表现,所以我觉得中国的前途非常光明……我希望大家在民族至上、国家至上的原则下,为三民主义之实现共同努力,以期抗战必胜,建国必成。"②通过这类联谊活动,《新华日报》广交朋友,增强团结,收到了很好的社会效果。后来有人评价说,"《新华日报》的工作人员,几乎人人会做统战工作,个个广交抗战朋友。他们广交朋友,举办茶话会、酒会等,与社会各界广泛接触,广结人缘,争取他们投入到抗日救亡的洪流。"③

加强中华民族的大团结,建立起牢不可破的抗日民族统一战线是赢得抗日战争的关键。《新华日报》对抗日民族统一战线的巩固更多体现在报纸版面上。1938年10月7日,《新华日报》发表的论述抗日民族统一战线的社论,对国共两党及其他抗日党派、无党派人士在抗战中生死与共的关系作了深刻而生动的阐述:"覆巢之下无完卵,谁也不能离开民族的总的胜负,而单个的成功和失败,胜则俱胜,败则俱亡,这已经是明明白白的真理。我们为抗战努力亦不应该分辨彼此。今天团结在民族统一的战线中的各党派,是确确实实的患难之交。所以应有风雨同舟之感,唇亡齿寒之痛。"④

1938年10月6日,在《新华日报》重庆分馆茶话会上,董必武同志再次明确了《新华日报》的工作方针:《新华日报》不仅要反映中央的政策主张,而且还要反映其他党派以及无党派的一切有利于抗战团结的意见和主张,不仅要表扬八路军、新四军英勇抗战的事实,而且要表扬一切抗日军队英勇抗战的事实。《新华日报》遵循这一原则,它不仅报道了平型关之战一夜歼敌两千多人的辉煌战果,而且也报道了国民党前期抗战如台儿庄大捷的盛况,并发

---

① 《发刊词》,《新华日报》,1938年1月11日。
② 《新华日报》,1939年1月27日。
③ 重庆抗战丛书编纂委员会:《抗战时期重庆的新闻界》,重庆出版社,1995年版,第51页。
④ 《新华日报》,1938年10月7日。

表了《庆祝台儿庄胜利》的社论,强调了这次胜利的伟大意义,有助于提高民族自尊心和提高抗战胜利的信念。同时,每逢重大节日及《新华日报》创刊纪念日,均以增刊刊登国民党及抗日党派领导的文章,内容大都是鼓励人民抗战到底,争取最后胜利。这些文章的刊登一方面鼓舞了人民抗战精神,同时也表明中共认真地执行了抗日民族统一战线政策,愿与各抗日党派坚持合作,团结御侮。

对于国民党中坚持抗战的人物,《新华日报》也是非常尊重的。《新华日报》创刊号刊登要员题词,首先就登出王宠惠、孔祥熙、邵力子和吴国桢四名国民党要员的题词。此外,《新华日报》创刊初期还邀请国民党元老于右任题写报头,营造出两党合作的氛围。重庆时期,《新华日报》以大局为重,坚持统一战线方针,不惜以大量的版面和重要位置,经常性地刊发国民党及其上层人物"坚持抗战、团结御侮"的演讲、谈话、题词和专访,对其为推行抗战所采取的措施予以赞扬。孙科、孔祥熙、邵力子、张治中、白崇禧、陈诚等人的抗日言论;冯玉祥、柳亚子等国民党内"左倾"人物的言论和诗文,都是《新华日报》格外重视的,有利于"团结抗战、共同御侮"的宣传依据。为了团结中间党派,《新华日报》还开辟《友声》副刊,用于刊载民主党派朋友们的言论和意见,让更多的民主人士有说话的地方。当时,经常给《友声》写文章或发表访问记的有:郭沫若、沈钧儒、陶行知、沈雁冰、邓初民、黄炎培、马寅初、许德珩、舒舍予、翦伯赞、侯外庐、张申府、张西曼、梁希等人。对文艺界、工商界、新闻传播界、以及工运、青运、妇运组织和团体的抗日呼吁和建议、要求等,《新华日报》都做到毫无保留地予以刊登,并表示肯定和支持的态度,努力将各个社会政治文化层面、各个社会利益群体的意见呈现出来。

1941年11月,正好是冯玉祥满六十周岁,郭沫若满五十周岁。这一年还是郭沫若从事创作活动二十五周年。经周恩来倡导,得到冯、郭二位亲友及文化界进步人士的支持,为他们二人祝寿的事就促成了。《新华日报》除陆续刊登祝寿活动的新闻、特写和庆贺诗文,还在两位寿翁诞辰分别出了特刊。

冯玉祥是一位全国瞩目的人物,有关他的种种传说吸引着广大群众。在军阀混战时期,他南奔北驰,叱咤风云。1930年蒋冯阎中原大战后,他的部队为蒋介石改编分散,从此成为光杆将军。但他在军界的"袍泽"仍握有实力。他由一个旧军阀转变为爱国民主人士,是由于他跟上了时代潮流。抗战以后,他积极拥护国共合作、团结抗日的方针,与中共保持着友好关系。蒋介石任命他为军事委员会副委员长,表示地位仅次于蒋自己。实际上这是一个有职无权的闲差事。这正说明蒋对这位拜把盟兄身上储存的能量不敢低估。国内外舆论对他的一言一行也都很重视。《新华日报》通过祝寿活动的报道,表彰他与中共的友好和积极抗日的言行,另一层意思也就是批评蒋介石等人破坏团结,对抗战不积极。

《新华日报》这天的《庆祝焕章先生六十大寿特刊》,将不同政治色彩的人写的祝寿诗文,分别归纳为一个个单元,读者一眼便能看出这位寿翁在社会各方的影响。国民党方面有林森、覃振、李济珠、阎锡山等写的贺词和诗文。民主人士写诗文的有黄炎培、沈钧儒、陶行知、梁漱溟等。郭沫若、郁达夫和潘梓年作为左翼文化人代表,编辑将他们三人写的祝寿诗单另加框。毛泽东、林祖涵、吴玉章、陈绍禹、秦邦宪是以延安参政员名义发的贺电,朱德、彭德怀、叶剑英、李克农等也有贺诗。周恩来写的《寿冯焕章先生六十大庆》是放在中共人士诗文一栏里,用四号字排印,表明是特刊最重要的文章。周恩来称冯的丰功伟业,举世闻名。列举他从滦州起义到张垣抗战,坚持御侮的种种革命表现,尤以杀李彦青,赶走溥仪,骂汪精卫,反对投降,呼吁团结,友善苏联,更为人所不敢为,说人所不敢说。

郭沫若五十岁寿诞当天,重庆文化界在中苏友好协会举行茶会为他祝寿,并纪念他创作活动25周年。《新华日报》发表特写描述这天中苏友协楼上楼下挤满了人的热闹场面。最引人注目的是高高悬挂的一支两米多长的大毛笔,上面嵌着碗口大字"以清妖孽",这是祝寿者以忧国的心情对寿翁寄予的希望,也是对他四分之一世纪著作活动的评价。

北伐时期郭沫若是国民革命军总政治部副主任,同国民党的蒋介石、汪精卫以及李宗仁等都有交往。他参加过南昌起义,以后出走日本。"七七"事变后回国在南京会见蒋介石时,蒋还想拉拢他为国民党效劳。可见,他不仅以学术成就遐迩闻名,在政治上也是为各方争取的人物。周恩来为郭沫若祝寿写的长篇文章题为《我要说的话》，是以代论形式在 11 月 16 日的《新华日报》头版刊登的。文章将郭沫若与鲁迅相比，高度评价郭沫若的伟大功绩。文中写道："郭沫若创作生活二十五年，也就是新文化运动的二十五年。鲁迅自称是革命军马前卒，郭沫若就是革命队伍中人。鲁迅是新文化运动的导师，郭沫若便是新文化运动的主将。鲁迅如果是将没有路的路开辟出来的先锋，郭沫若便是带着大家一道前进的向导……"①

《新华日报》通过这次祝寿活动的报道，活跃了中共的统一战线工作，一些隐避不出的进步人士又开始在各种公开场合露面了。尤其是周恩来的两篇文章对冯玉祥、郭沫若作了历史性评价，意义重大，打开了统一战线的新局面。

对蒋介石的抗战主张，②《新华日报》也予以鼓励。早在初创时期，就多次在社论中摘引或转述蒋介石的"抗战警语"，并作正面的评价和深入的阐释。1938 年 10 月 30 日，蒋介石发表告全国同胞书，表示坚持长期抗战。《新华日报》连续数日刊登各地拥护的函电，同时还报道了延安各界举行"拥护蒋委员长大会"的盛况和毛泽东在大会上的讲话。

对于国民党以"溶共、防共、限共、反共"为基调，试图实行一党专政的阴谋，《新华日报》也坚决予以痛斥。1939 年 1 月，国民党召开五届五中全会，秘密通过《防止异党活动办法》，国家社会党头面人物张君劢随即发表《致毛泽东先生的一封公开信》，要求将八路军、新四军完全托给蒋介石，取消边区，将马克思主义搁在一边。作为回应，《新华日报》发表了章汉夫执笔的《团结抗战，力求进步，依靠群众——评张君劢的意见》文章，予以严厉驳斥。文章说："团结抗战，争取胜利，是每个中国人所念念不忘、全力以赴的，但是，国内却有某些人，或则存心挑拨，或则难却成见，反对两党合作，反对长期抗战，拼命在那里亲日反共，或则以反共达到亲日的目的，并用了一切阴暗卑鄙手段，挑拨离间，造谣中伤，掀起风波。要永保团结，必须毫不留情地打击这些谬论

---

①有关《新华日报》为冯玉祥、郭沫若做寿的内容，参见韩辛茹：《新华日报史（1938—1947）》，重庆出版社，1990 年版，第 233—236 页。

②参见韩辛茹：《新华日报史（1938—1947）》，重庆出版社，1990 年版，第 78—79 页。

妄行。"同时,文中又说,八路军和新四军根据"抗战国策",已是国民革命军的一部分,为什么还要把八路军和新四军区别开来,看作是"两种军队",八路军和新四军在敌后已成为"抗战最力",保卫"乡土及祖国"的重要军事力量。他敬告那些反动政客文人,在事关民族存亡的大局当前,应从抗战利益出发,不要用"卑鄙手段",发表那些让"亲者痛,仇者快"的言论,削弱统一抗战的气氛。

坚持抗战,反对抗降;坚持团结,反对分裂;坚持进步,反对倒退,《新华日报》从点点滴滴维护着国共合作,推动了抗日民族统一战线的发展,成为团结抗战的号角。

二、《新华日报》与中国共产党的声音传达

《新华日报》从创办伊始就恪守中国共产党一贯提倡的"全党办报"原则,严格将《中共中央关于党报问题给地方党的指示》作为行动准则。在这份指示中,党中央将《新华日报》定位为"全国性的党报",要求《新华日报》积极"反映党的一切政策"。[①]《新华日报》也从一开始就认识到自身的使命。在周恩来同志的亲自指导下,进一步明确了办报的宗旨和原则:"本报为中共机关报,它是团结抗战的号角,人民大众的喉舌,它应宣传和解释党的政策,反映党的工作和群众生活,使它成为集体的宣传者和组织者。"[②]它坚持党性和人民性的统一,内容广泛、形式多样、版面新颖、文字通俗,具有很强的吸引力和战斗力。

身在国统区,《新华日报》积极传达来自延安的声音,广泛报道八路军、新四军的辉煌战绩和根据地的巨大成就,揭露国民党顽固势力反共反人民的面目。

1939年11月19日,《新华日报》刊登了毛泽东同中央社、扫荡报、新民报三记者的谈话,并配了毛泽东照片,报道长达半版,在重庆引起轰动。1939

[①]《中共中央关于党报问题给地方党的指示》(1938年4月2日),中国社科院新闻研究所编:《中国共产党新闻工作文件汇编》(上),新华出版社,1980年版,第86页。
[②]《为本报革新敬告读者》,《新华日报》,1942年9月18日。

年9月16日,重庆各界"前线抗敌将士慰问团"途经延安,中共领袖毛泽东接见了随团的三位记者——"中央社"的刘尊棋、《扫荡报》的耿坚白和《新民报》的张西洛。延安《新中华报》10月6日发表了这次接见时毛泽东答记者的谈话。谈话的内容涉及当时国共两党关系最尖锐的问题:一是主张尽快召开国民大会,实行民主政治。二是揭露国民党军队制造摩擦,破坏团结。要求取消反共的"限制异党活动办法"。三是严正警告国民党反动派,中共对待摩擦的态度是"人不犯我,我不犯人,人若犯我,我必犯人"。四是斥责一些反动分子发表取消"边区"的胡言乱语。以上谈话内容要想得到重庆新闻检查机关"放行"在报上发表,那是绝对不可能的。但是经过深思熟虑衡量得失之后,中共南方局和《新华日报》编辑部决定"违检"刊登。

毛泽东的这篇重要谈话,不仅表明中共争取实行民主政治的主张,更重要的是对处理摩擦问题的不妥协态度。这样的谈话通过《新华日报》向中外传播,无疑是中共这段时间在政治斗争上的一大胜利。

1938年12月26日,《新华日报》第二版刊载"本报长治专电",报道十、十一两个月八路军的战斗总结。两个月中,八路军参加大小战斗五百余次,击毙日伪军一万八千多人,俘获一千多人,缴获各种枪炮二千七百多支(架),还有一架飞机。

四个月以前,即8月25日,是八路军成立一周年,《新华日报》发表社论,评述八路军一年来对日作战成绩,其中提到,一年来八路军参加大小战斗六百余次,消灭敌军三万四千多人。把两种数字作一下对比,就可以看出,八路军参加战斗的次数越来越多了:过去的一年,平均每天参加战斗不到两次,而最近两个月,已增加到每天将近十次,八路军曾在平型关大战中一举歼灭日寇一千多人,而它的经常活动则是在敌人后方用游击战打击敌人。武汉失守以后,日寇虽然还在各个战场继续向我进攻,但大规模的攻城夺地却已停止,锋芒转向敌后。这里面的一个重要原因就是八路军和新四军在敌人后方广泛开展游击战牵制了敌人的兵力。八路军、新四军的这个功绩遭到了国民党内顽固势力的猜忌,他们害怕中共领导的抗日军队壮大会威胁他们,便造谣欺骗群众。

1939年上半年,《新华日报》对新四军在苏南和皖南的抗敌活动作了连续报道。"五一"前夕,连续两天刊登了新四军副军长项英1939年元旦在新四军大会上作的报告:《新四军一年来抗战的经验与教训》,还刊登了军长叶挺和项英的照片。先后发表了《一年来的新四军》、《江南游击区横断面》、《在新四军与四个俘虏的谈话》、《陈毅将军访问记》、《地方游击队是怎样产生的》等通讯,将新四军英勇杀敌的事迹在国统区广为传播。1939年1月8日,《新华日报》以一版半的篇幅刊登八路军副总指挥彭德怀的一篇讲话,题目是《华北抗战概况与今后形势估计》。这篇讲话最引人注目的一段,是介绍八路军在晋东南区、晋察冀边区及津浦线一带收复了五十多个县的全部土地。抗战十七个月以来,人们眼见国土逐渐沦丧,国民政府从南京迁至汉口,又迁至重庆,而现在突然在《新华日报》上看到收复这么多失地的消息,很是让国民兴奋。1940年,八路军发动百团大战,《新华日报》的相关报道超过了100篇,内容涉及包括直接战果、战局意义、国际反映等诸多方面。[①]《新华日报》对百团大战胜利及时有效的宣传报道,有力驳斥了国民党顽固派对八路军所谓"游而不击"的攻击和诬蔑,迅速提升了八路军的威望,极大增强了八路军抗战的影响。

当时重庆的报纸,每天都用要闻版的大部分版面刊登战争新闻,头条新闻经常是报道主要战场军事消息。这些军事报道几乎全部由中央社包办。中央社发表军事电讯对所有作战部队统称"我军",不提部队番号。这是为了保密,同时也是不愿让人知道有八路军、新四军这两支经常打胜仗的军队。《新华日报》报道八路军、新四军的作战新闻,大都用"本报专电",也多标明两军的番号。这是独家新闻,是《新华日报》的一大特色,对千千万万关心抗战前途和同情共产党的读者有很大的吸引力。《新华日报》为提高这两支英雄部队的军威,总是及时地宣扬他们的战功,用胜利的喜讯鼓舞大后方的人民群众坚定抗战必胜的信心。[②] 1943年始,《新华日报》二版国内新闻版有关

[①] 张进:《抗战时期的〈新华日报〉:一个了解真理的窗口》,《传媒观察》,2011年第3期。
[②] 有关《新华日报》对新四军、八路军战绩的报道,参见韩辛茹:《新华日报史(1938—1947)》,重庆出版社,1990年版,第87—90页。

解放区的报道开始明显增多，位置也比较突出，还在栏目上开设了"敌后通讯"、"华北通讯"、"苏北通讯"、"冀中通讯"等，向国统区群众及时报道敌后抗战情况。

1941年1月4日，新四军军部和所属部队约9000人，从皖南泾县云岭地区北上到日寇后方开展游击战争，途经安徽茂林地区时遭国民党军7个师兵力的袭击。新四军将士除了约2000人突围外，大部分壮烈牺牲或被俘。军长叶挺被扣押，副军长项英遭叛徒杀害。令人痛心的是，国民政府军事委员会随即发布解散新四军的反动命令，并宣布其为"叛军"，取消其番号。震惊中外的皖南事变暴露了国民党中的顽固派假抗战、真反共的反动本质，使国共两党合作走向破裂的边缘，抗战事业面临严重危机。

为了揭露国民党顽固派的阴谋，1月17日，《新华日报》根据周恩来的指示，准备发表披露皖南事变真相的报道。凌晨两点，报社的同志报告，国民党新闻检查机关不准刊登这篇消息，报纸无奈只好开着"天窗"。周恩来同志当时怀着极大的愤慨，挥笔写下了两幅题词："为江南死国难者志哀！""千古奇冤，江南一叶；同室操戈，相煎何急！？"

1月18日，《新华日报》将周恩来同志的题词补刊在报纸"天窗"上发行，山城人民争相购买。国民党派出大批宪兵、特务、警察，见到《新华日报》就抢就撕，见到卖报的报童就打就抓，《新华日报》的发行遭遇严重困难。面对这种险恶情况，周恩来亲自带领工作人员上街发送报纸。

这一天，《新华日报》的发行量猛增5倍，高达约15万份。"新四军皖南部队围歼真相"，以及"中共中央军委重建新四军"的消息，引起中外舆论轰动。皖南事变真相大白，使蒋介石虽然军事阴谋一时得逞，却在政治上失分很多。1941年1月中旬，宋庆龄、何香凝、柳亚子等人召开会议，决定向国民党重庆当局发表宣言，并向民众公开国民党当局的反共阴谋。柳亚子当即拟就致蒋介石及国民党中央的宣言《撤销剿共部署，解决联共方案，发展抗日实力》，由宋庆龄领衔，何香凝、柳亚子、彭泽民等一起署名。宣言这样写道："进攻共产党只能削弱抗日力量，破坏抗日民族统一战线，这正是日本帝国主义想做而无法做到的事，今日敌人既濒败境，惟欲我抗战实力之削弱，以至于崩溃,于是惟欲我发动剿共,以酿成无限制之内战……"

中共中央随即也发出《关于皖南事变的指示》:揭露国民党顽固派围歼新四军、摧残抗日力量的罪行,呼吁一切爱国爱军同胞,反对一切破坏抗战、破坏团结的阴谋。为了动员全国一切爱国军民起来反对蒋介石的反共活动,中共中央向国民党当局提出惩办皖南事变祸首、释放叶挺、交还被俘的皖南新四军全部人员等12项要求。毛泽东还以中共中央军委发言人名义对新华社记者发表谈话,揭露皖南事变的真相。

中共中央这种有理有节的策略,赢得国内外舆论、群众包括中间势力的同情和理解。在内外舆论压力之下,蒋介石不得不在参政会上表示"以后再亦绝无剿共的军事"。至此,国共两党关系开始趋向一定程度的缓和。

为解决国统区广大民众对中共及其抗日民主根据地较为陌生和疏离的现状,也为打破国民党的不实报道和污蔑之词,《新华日报》大量刊载有社会影响力的民主党派和中间人士的言论,郭沫若、沈钧儒、陶行知、沈雁冰、黄炎培、翦伯赞、许德珩、马寅初等都是《新华日报》的重要撰稿人。《新华日报》借助他们的力量,将中国共产党的政治主张、抗日民主根据地的真相以及国民党迫害中共的消息公之于众。1940年7月,爱国侨胞陈嘉庚先生率领华侨视察团,视察西北时,发表题为《西北之观感》的讲演,由于"自抗战三年余,第一大胆敢说公道话,就是陈某一人而已",[1]严重触犯了国民党当局,国统区的许多报纸都不敢登载。7月26日,《新华日报》却在第二版的显著位置刊登《陈嘉庚先生西北归来纵谈团结抗日》的新闻特写,"以事实矫正了抗战大后方的错误视听,扩大了中国共产党在大后方群众中的政治影响。"[2]

《新华日报》通过真实、及时的报道,不仅打破了国民党的新闻封锁,而且化解了国民党对中共的种种污蔑,也使得《新华日报》在国统区树立了极高威信和良好口碑,《新华日报》在国统区的销量甚至超过《中央日报》。"在国民党的严密的新闻封锁下,《新华日报》始终为国统区人民保留着一个了解真理

---

[1] 陈嘉庚:《南侨回忆录》,岳麓书社,1998年版,第203页。
[2] 曾瑞炎:《华侨与抗日战争》,四川大学出版社,1988年版,第238页。

的窗口。"①

三、《新华日报》对民主政治与言论自由的推动

1938年10月底,国民参政会一届二次会议召开,《新华日报》连续刊登十篇社论,并对这次参政会作出总结,题目是《第二届国民参政会议的总结》。在这天报纸的报眼上刊登了《总结》的摘要,着重将实行民主政治与参政会的任务联系起来,指出"对于民主政治的推进与民权自由的保障,是参政会主要任务之一,参政会能否成为战时民意机关而获得人民的赞助,应以此为其重要尺度"②。

两个月以后,在第三次国民参政会上,有51名参政员联名提出"请确立民主法制制度以奠定建国基础案"。这是通过国民参政会把民主的要求再向前推进一步。1939年2月14日,《新华日报》刊登了提案的全文,以显示其重要性。蒋介石在会议闭幕时对此表示为难。对此,《新华日报》认为虽然应该"拥护"蒋介石,但在舆论上反对专制统治、争取人民民主决不应该让步,于2月25日发表题为《民主政治问题》的社论,针锋相对予以驳斥。社论首先阐明,民主政治问题受到全国上下很大注意。这次参政会重视这个问题也不是偶然。社论写道:"目前再来公然反对民主政治,似乎是不可能了。再来企图根本否认民主政治对于抗战的重要,似乎是不可能了。于是反民主政治者就来了一套新的法宝。他们说,民主政治是好的,但我们的国家不好,不能实行。他们说,我国人民素来缺少教育,和自治的训练,如果贸然实行,就要产生不好的结果。所以现在实行民主政治是不可能的。"③这篇社论是《新华日报》出版一年以来对蒋介石最严厉的一次不点名批评。

类似的声音还有很多,如1943年9月15日社论写道,"由于各个国家的历史发展、社会状况等具体条件的不同,他们各自所实行的民主政治,可能在形式和内容上,都存在着多少差异。但无论如何,它们之间有一个基本点是

---

① 方汉奇:《中国新闻事业通史》(第二卷),中国人民大学出版社,1996年版,第657页。
② 转引自韩辛茹:《新华日报史(1938—1947)》,重庆出版社,1990年版,第81页。
③《民主政治问题》,《新华日报》,1939年2月25日。

相同的,那就是政权为人民所握有,为人民所运用,而且为着人民的幸福和利益而服务。这样的政权必然尊重和保障人民的自由权利;使失掉自由权利的人民重新获得自由权利;没有失掉自由权利的充分享有自由权利;特别是言论、出版、机会、结社,这些作为实行民主政治的基本条件的人民的最低限度的自由权利,是必须切实而充分地加以保障的。"①再如《新华日报》1945年1月28日社论写道,"中国人民为争取民主而努力,所要的自然是真货,不是代用品。把一党专政化一下妆,当做民主的代用品,方法虽然巧妙,然而和人民的愿望相去十万八千里。中国的人民都在睁着眼看:不要拿民主的代用品来欺骗我们啊!"②

争取言论自由也是《新华日报》发出的重要呼吁。1945年3月31日《新华日报》旗帜鲜明地发表《新闻自由——民主的基础》的社论,文章指出:"在中国,提起'新闻自由'真是令人啼笑皆非。据统计,国民党政府为管制报纸、通讯社、新闻记者及图书杂志出版事业、书店、印刷所和戏剧电影,颁布了二十九种特别法规。……在这种情况下,主张民主的中国报纸,就厄运重重,动辄得咎。"③1945年9月1日《新华日报》发表时评《为笔的解放而斗争——"九一"记者节所感》,时评写道,"在抗战胜利中纪念'记者节',每个新闻从业员都感到一点光荣,但是在光荣背后,对于戴着重重枷锁而奋斗过来的新闻记者,每个人也都有一份悲愤和羞惭。悲愤的是我们'文章报国'的志愿和力量,在这长期的神圣抗战中因为这种不合理制度而打了一个七折八扣,有消息不能报导,有意见不能发表,每天做应声虫,发公式稿,替人圆谎,代人受罪,在老百姓中间造成了'报纸上的话靠不住'的印象,圆谎八年,把中国新闻事业的声誉和地位作践无余;而使我们羞惭的是在这么长的年月中,中国新闻记者竟默认了这种不合理的制度,不仅不能用集体的力量来打碎这种铐在手上的链子,挣脱缚在喉间的绳索,居然有不少自称新闻记者的人为这种制度辩护,用国情不同之类的话来替这种制度开脱,甚至有人由新闻记者摇身

---

① 《新华日报》社论,1943年9月15日。
② 《新华日报》社论,1945年1月28日
③ 《新闻自由——民主的基础》,《新华日报》,1945年3月31日。

一变而为检查官,用剪刀和红墨水来强奸人民的公意……今天是什么日子?不是束缚人民言论自由的法西斯虐政业已打倒、四大自由列为宪草?不是戈培尔已经在播音机前面死掉了?"①

类似的言论还有很多,如1942年8月29日《新华日报》写道,"这说明英美在战时也还是尊重人民的言论出版等民主自由的。英美两大民主国家采取这些重大措置,正说明英美两国是尊重和重视其他党派,和他们所代表的意见和力量的。这种民主团结的精神,是值得赞扬和提倡效法的。这是英美的民主精神,也是我国亟应提倡和效法的。"②1944年10月9日《新华日报》写道,"现在,假如我们承认战后的世界是一个不可抗而又不可分的民主的世界,那么要在这个世界里生存,要在这个世界的国际机构里当一个'优秀分子',第一就是立刻在实践中尊重'新闻自由'这种'人民的不可动摇的权利'。"③

民主政治和言论自由一直是近代以来国人不懈的追求,《新华日报》发出的这些呐喊,依旧有着振聋发聩的现实意义。

四、《新华日报》对人民疾苦的关心

天津、上海、武汉等工业城市沦陷前后,沿海沿江的很多工厂陆续迁到西南大后方,重庆市的工厂因此增多起来,最多的时候近一千七百家,工人十万零六千多人,加上他们的家属,原是组成当地社会人口的主要成分,可是重庆的大多数报纸很少提到他们,只有《新华日报》经常报道工人的劳动、生活及他们的社会活动,代他们说话,反映他们的要求。因此,工人们也就把《新华日报》当作知心人。经常有许多工人给《新华日报》写信,诉说他们受剥削受压迫的痛苦,请编辑部解答问题。编辑部时常选择一些有宣传意义的问题在"信箱"上公开解答。从1940年2月17日开始,又增办了两周一期的《工人园地》副刊,每期占大半版篇幅。此后,介绍工人劳动、生活及反映他们要求

---

①《为笔的解放而斗争——"九一"记者节所感》,《新华日报》,1945年9月1日。
②《新华日报》社论,1942年8月29日。
③《新华日报》,1944年10月9日

的文章登得就更多了。

对待工人运动,《新华日报》"不只是简单地做做宣传、报道就完了,还有做群众工作的任务。当然也可以这样说,报纸本身的宣传报道就起了动员群众、组织群众的作用。通过报纸的宣传,无形中就把群众团结在我们党的周围"①。《新华日报》同工人群众及各个工会组织的联系,实际上就是中共南方局领导工人运动的一种手段。

为了配合工会选举中反对控制的斗争,《新华日报》这一时期连续发表了一些反映工人群众劳动繁重、生活贫苦的报道,唤醒工人群众认清自己所处的悲惨境遇,起来捍卫生存的权利。就在中央社发表筹组重庆市总工会消息的同一天,《新华日报》发表刘述周撰写的通讯,介绍重庆一些工厂工人生活的现状。作者写道:一个技术熟练的机械工人被老板看中以后,每月可拿一百多元工资,次等的可得六七十元。这是属于高工资。可是与物价相比,这些钱能换来的东西是有限的。一张电影票就要四角或六角钱。战前三四角钱一尺的布料已经涨到一块多钱。占工人绝大多数的普通工人工资低得可怜。纱厂女工一月工资不到十元。学徒最苦,每月只有两三元或几角零用钱。一般工厂都大量招收徒工,他们经过三至五年的无偿劳动才能出师。

就在中央社发表筹组重庆市总工会消息的第二天(8月17日),《新华日报》在题为《渝市筹组总工会》的社论中写道:"渝市国民党市党部提出了'在筹组中调整工会'和'从调整中组成总工会'两大原则。筹组和调整这还只是事情的一方面,但主要的还在于使重庆总工会的成立,真正是建立在工人群众的基础上,建立在有实际工作的基础上。"在点出这一关键问题之后,社论便直截了当提出警告:"在筹组总工会的过程以至总工会成立以后的工作中,参加筹组参加工作的人员,应不分帮口不分党派的合作着。抗战需要我们团结奋斗,在这里,如果有谁囿于党派的成见,而在工作过程中表现出不利于团结的行动,那末,在实际上,他就是在帮助敌人,损害抗战的。"

10月3日、11日,《新华日报》先后刊登两封读者来信,揭露一些工厂在

---

① 1982年徐迈在重庆一次关于编写新华日报史座谈会上的谈话,转引自韩辛茹:《新华日报史(1938—1947)》,重庆出版社,1990年版,第150页。

选举工会时指定候选人强迫会员画圈。有一家工厂原来说是投票选举,后又借口时间晚了,临时改为"提名"推选,会员群众不愿受这种愚弄,群起反对,结果选举流产,官司后来打到了国民党市党部。《新华日报》"信箱"编辑在答复工人读者来信中就这件事写了三条意见:一、反对用"指定""圈定"的办法强迫会员选举。工会负责人应是民主选举出来的,是真能代表工人利益的;二、工会组织和管理原则是民主集中制;三、全体会员对工会负有推动和监督的责任。

在对重庆市工会选举的报道中,可以看出《新华日报》当时对工人运动报道的方针。从版面上看,较多篇幅是反映工人群众受剥削受压迫,但并不是无节制地鼓励工人进行斗争,同时也着重呼吁全社会关心工人的生活和劳动条件,体现了"发展进步势力、争取中间势力、反对顽固势力"的统一战线策略。这里主要精神有以下两点:第一,维护工人利益,也团结民族资产阶级。劝说民族资产阶级不要只图牟利,过分压榨工人,应该关心工人的生活与健康。如1940年10月1日,在四版刊登的《中华书局解雇工友问题》署名文章中,作者提了数条建议,其中第三条写道:"希望全国民族资本家眼光放远些,明白只有在工人生活相当改善,工人组织发展的时候,才能使职工积极生产,对于抗战和厂方都有利。"为了避免刺激民族资本家,凡是刊登反映工时过长、工资过低以及劳动条件恶劣的来信和消息,都只写具体事情,不写厂名;第二,对大资产阶级,即当权的国民党主要是逼其进步,督促其执行相对来说多少有利于工人的法令。国民党曾经通过国民政府公布《维持战时劳工生活》法令,蒋介石在"八一三"抗战两周年纪念日告上海同他书中,还专门号召工人同胞"加强组织,加强团结,互相协作,坚忍奋斗,给敌人以致命打击"。实际上他们根本就不关心劳工生活,更害怕工人团结组织起来。但是他们这"一纸空文"的法令也不无用处,如《新华日报》在维护工人群众生活和政治权利的言论中,便经常呼吁政府认真执行《维持战时劳工生活》法令,或者引用一段蒋介石的讲话,如何如何,要求国民党当局实践诺言。[①]

---

① 参见韩辛茹:《新华日报史(1938—1947)》,重庆出版社,1990年版,第150—154页。

妇女解放运动,一直是《新华日报》列入报道计划的重要课题。创刊以来,多次发表邓颖超等介绍蔡特金、伊巴露丽等国际共产主义女战士的文章,借以鼓励抗战中的中国妇女学习她们的勇敢斗争精神。关于国内妇女的状况,较多的是介绍解放区的妇女在中国共产党的领导下积极参加生产和救亡运动,说明妇女跟男子一样从事各种社会活动,有利于提高妇女在家庭和社会上的地位。

为了加强这方面的宣传,编辑部决定办一个专刊,取名《妇女之路》,意思就是为广大国统区的妇女指引走向解放的道路。①

《妇女之路》于1940年8月1日创刊。第一期上刊有邓颖超、张晓梅、康克清的文章,和林伯渠写的歌颂宋代抗金女英雄梁红玉的诗。在发刊词中,说明办这个专刊的目的,是为了传播妇女大众的呼声,宣扬妇女在抗战中的英雄事迹,并在推进妇女解放运动中起组织作用。《妇女之路》登载的文章涉及妇女的工作、学习、婚姻及家庭生活,有时还介绍国际妇女解放运动的重要事件。《妇女之路》先后办过两次,这一次办了五个多月,因受皖南事变影响停刊,只出了二十一期。

在二十一期当中,有三期是着重谈论妇女职业问题。这个问题是由邮局不用女职工引起的。专刊编辑抓住这个问题组织讨论以壮大声势,一些有声望的妇女领袖和热心妇女运动的积极分子被吸引参加了这一活动,在社会上产生了较大的影响。

1940年10月18日出版的《妇女之路》第十三期,刊载了《关于邮局不用已婚妇女》和《结婚即失业》两篇文章,介绍邮政总局借口妇女不适宜做收寄包裹、运输邮件工作,于1年9月通令全国各邮局限制使用女职员。除限制使用范围、名额,还明确规定:"不招收已婚妇女,在局女职员如结婚即予辞退。"《结婚即失业》的作者用事实证明,这个歧视妇女的规定是很荒唐的,给邮局的女职工带来许多痛苦。作者写道,"在邮局里,除押运邮件,其他工作妇女都能做,而且做得一点也不比男人差。由于有辞退已婚妇女的规定,使

---

① 有关《新华日报》《妇女之路》专刊的情况,参见韩辛茹:《新华日报史(1938—1947)》,重庆出版社,1990年版,第167—170页。

一些女职工到了结婚年龄仍不敢结婚。有的已婚妇女虽还没有被辞退,怀孕以后怕被人发觉,便用损害健康的办法不让人看出自己的大肚子。有些女职工神经紧张,生病不敢请假,怕人家误会自己怀了孕。"歧视女职工这股歪风从邮局开始刮起,逐渐波及到其他机关、团体、工厂,由重庆波及到外地。《妇女之路》从全国各地的群众来信中,摘要刊登了一些省市限制使用和解雇女职工的情况。例如,湖南省把女公务员分批调到妇女训练班受训。结业后不予复职。名为训练,实为解雇。福建省当局颁布通令,全省机关、企业除救护队、纺织厂、火柴厂、家庭副业工厂托儿所外,其他单位一律禁用女职工。政治干部训练团和高级商业学校停止招收女生。

这些歧视妇女的恶劣做法欺人太甚,遭到各界妇女坚决反对。她们四处奔走,呼号求援。大后方最高一级的妇女组织——妇女指导委员会,先后于11月9日、1月8日两次召开妇女职业问题座谈会。《新华日报》对两次座谈会都用特写形式作了详细报道。参加座谈会的有些是当时妇女界名流,如史良、刘清扬、胡子婴、邓季惺、张晓梅、韩幽桐等。特写记述了会上揭露的一些机关歧视妇女的情况。

12月3日出版的《妇女之路》第十六期,为组织讨论妇女职业问题专门写了一篇《编辑室启事》,号召广大妇女读者多向编辑室反映情况,写文章参加讨论。在这次讨论中,张晓梅是最活跃的人物。《妇女之路》第十七期又以显著位置刊登她的文章《如何解决妇女职业问题》。

1941年1月10日,《妇女之路》出版第十九期。因为是新的一年开始,特地写了一篇《致读者》,宣布从今年起,《妇女之路》将由每月两期增为三期,并且增加篇幅,充实内容,在文字上力求生动活泼。还告诉读者,星期日下午一时至五时为编辑室接待来访时间,希望读者多来报社谈心。编辑怀着满腔热情写了以上的话,但是,由于国民党掀起第二次反共高潮,《新华日报》被新闻检查所扣删的稿件越来越多,以致不得不缩减篇幅,1941年2月开始,报纸改为对开半张,《妇女之路》被迫停刊。《妇女之路》最后一期为第二十一期,1月30日出版。这一期还登载了两篇关于妇女职业问题的文章。

宜昌失守以后,日军进攻重庆的谣言和敌机的狂轰滥炸,重庆市民陷于极大不安之中,而操纵大后方经济命脉的官僚资产阶级却不顾人民死活,利用手中掌握的官府大权,滥设经济管制机构,巧立名目,在粮食上投机倒把,制造米荒,抬高粮价,加重了人民的痛苦。

1940年6月间,重庆市民用十元钱买一斗米,到8月就要用三十二元。粮食管理局设公卖处按定量供应比市价低廉的平价米供不应求。9月10日,《新华日报》用三个"米"为标题刊登一组短讯,对米荒严重情况作了具体描述,其中一则写道:"各公卖处连日自朝至夕,常集有二三百人至千人左右伫立购米者,据记者所知,市民中竟有连去三日买不到米者。"①

《新华日报》还选登社会各界人士关于米价暴涨的谈话。重庆市商会主席对记者说:四川自古称为天府之国,抗战三年也是连年丰收,"储米至少足食四年半"。当前正值新谷登场,往年此时都是"谷贱伤农",今年却是反常,米价暴涨。9月9日,报道了经济学家章乃器在职业教育社所作物价问题报告,章乃器说,米价上涨不已,有很大的危险性,这不仅是一个经济问题,还可能变成政治上的严重问题,不仅影响民心,而且将影响前线的军心。登载这几句话,实际上是对国民党提出警告。

《新华日报》从8月到10月连续不断报道市场缺米及米价上涨情况,先后发表三篇关于米荒的社论。在9月7日《米价在高涨》的社论中指出西南各省的生产投资总额,不过五万万元,而重庆一地的游资便在三万万元以上,这许多游资就是米价上涨的祸根。"今天物价这样狂涨,祸首是那些有钱有势的奸商。射人先射马,擒贼先擒王,如今我们要平抑物价,也必须对这些祸首先予以严厉制裁。可惜的是,负责平价的当局,虽然他们对平价做了一番努力,然而除了听到惩罚六家米店一事外,对那些有钱有势的大投机家,始终未予以严厉制裁,结果形成目前物价愈平愈涨的局势。"

1940年5月14日,《新华日报》登载中央社发的关于河北省救灾的消息。当时河北省有九十八个县遭到水灾、旱灾和战争灾害,灾民达七百万之众。国民党政府虽多次拨款救灾,并设立专门赈灾机构,灾情却未见缓和。

---

① 有关《新华日报》1940年重庆米荒的情况,参见韩辛茹:《新华日报史(1938—1947)》,重庆出版社,1990年版,第186—188页。

灾区人民纷纷逃离故乡,留下的人以树叶麦芽混合泥土为食,饿殍遍野。

中央社在报道河北省赈济委员会负责人对记者的谈话,其意图是想说明国民党政府关心灾区人民生活,拨了大批款项救灾。而由于受"政治形式变化"影响,救灾的钱大部分没有发到灾民手里。关心时局的人都能理会,所谓"政治形式变化",就是指不久前国民党军队石友三部联合河北省省长鹿钟麟所属部队向中共领导的抗日武装发动进攻。这次破坏团结的反共军事行动原是加重河北省灾情的原因,现在却被这位救灾负责人用来作为掩盖失职和中饱的借口。《新华日报》的夜班编辑一看到这条消息,就联想到灾区人民的痛苦和一些人插手救灾大发横财的事情。编辑主任石西民同副主任徐迈进商量编发这条消息的时候,二人心中气愤难平,他们在文中有漏洞的地方加上问号,让读者注意问题所在,然后作了一则连斥责带挖苦的标题:

河北灾情严重

衮衮诸公竟坐视

有天良已拨巨款即应放赈

诿称政治局势变化无理之至

《新华日报》反其意作的这则标题,使这篇原想隐恶扬善的谈话变成了令人作呕的丑闻。特别是"衮衮诸公"一语的辛辣意味引人注目。据说,连蒋介石看后也动了肝火,认为这又是共产党有意挑毛病出他的丑。新闻检查官们听说"委座"发了脾气,赶紧对《新华日报》加以"擅改标题"的罪名而大张挞伐,军事委员会新闻检查局在给蒋介石的呈文中写道,"其标题擅改与本文内容不符,显属肆意诋毁当局及办赈人员,借此张冠李戴,存心诬蔑,实属不合,经令饬渝所,予该报停刊一日之处分……"[①]

关心人民群众的疾苦,一直是《新华日报》优良的传统。这种传统,密切联系了读者,将广大人民群众团结在《新华日报》的周围。《新华日报》对营

[①] 参见韩辛茹:《新华日报史(1938—1947)》,重庆出版社,1990年版,第189—191页。

私舞弊欺压百姓的贪官污吏及一切腐败的社会现象,无不勇于揭露。为保卫人民利益,竭尽舆论监督的职责,成为民众疾苦的代言人。

五、《新华日报》的历史功绩

《新华日报》是中国共产党第一张向全国公开发行的党报,对此,中共中央《关于党报问题给地方党的指示》专门要求"由于过去党处在长期秘密工作之下,不能发行全国性党报,因此对于党的各项政策只能靠秘密的油印刊物传达,这样就使同志们不了解党报的作用。在今天新的条件之下,党已建立全国性的党报和杂志,因此必须纠正过去那种观念,使每个同志应当重视党报,读党报,讨论党报上的重要论文。党报正是反映党的一切政策,今后地方党部必须根据党报、杂志上重要负责同志的论文当作是党的政策和工作方针来研究。在党报上下列几种论文:(一)《新华日报》上的社论;(二)《新华日报》、《解放》、《群众》上中央政治局负责同志的文章,必须在支部及各级委员会讨论和研究。各地方党部应当尽一切力量来帮助《新华日报》,以达到加强报纸与群众的联系:(一)每个支部应有一份《新华日报》,每个同志应尽可能定一份《新华日报》,并帮助推销和发行;(二)帮助建立通讯工作;(三)帮助建立读者会。各地方党部应把这通知给每个支部每个党员知道,并讨论具体执行的办法"[①]。中共中央的这个指示,实际上是动员全党力量来办好《新华日报》,扩大了《新华日报》在各级党组织和广大党员中的影响。

《新华日报》办在国民党统治的心脏重庆,它既是第二次国共合作的一个成果,同时也决定着它所面临的环境的极其复杂和恶劣,"《新华日报》是人民的报纸的典型,他所受的压迫因而是一切压迫形式的最集中的形式。"[②]不过,由于《新华日报》是国共合作的标志,国民党当局恨透了《新华日报》,一纸命令或几个军警就可以不费吹灰之力封闭报馆,可是,他们又不能这样痛痛快快地做,因为勒令《新华日报》停刊实际上就是表示国共合作的破裂。在

[①]《中共中央关于党报问题给地方党的指示》(1938年4月2日),中国社科院新闻研究所编:《中国共产党新闻工作文件汇编》(上),新华出版社,1980年版,第86页。
[②]陆定一:《报纸应革除专制主义者不许人民说话和造谣欺骗人民的歪风》(创刊八周年纪念文章),《新华日报》,1946年1月11日。

当时的国际国内形势下,国民党还不敢贸然下手,于是,他们想尽一切可以使用的手段来压迫《新华日报》:对它实行最严厉的新闻检查,任意涂改和检扣它的新闻和言论的内容;毒打和逮捕它的报差、报童,阻挠和破坏它的发行;调查和迫害它的读者、投稿者;严密监视它的工作人员和干扰破坏它的正常新闻采访报导工作;制造暴力事件,纠集流氓特务捣毁报馆,破坏它的正常营业。如此等等,不一而足。上自国民党最高当局,下至三教九流的各种黑社会力量,包括侍从室、军委会、中执委、中宣部、内政部、社会部、战时新闻检查局、宪兵司令部、军统、中统、重庆卫戍总司令部、重庆市党部、重庆三青团、重庆市政府、重庆新闻检查处、重庆市警察局以及诸如重庆市派报业同业公会中的御用流氓团伙,还有《新华日报》分销机构所在地的国民党党政军警宪特机关,统统动员起来,摧残它,压制它,破坏它,目的就是一个"就是允许《新华日报》出版,但要封住它的嘴巴"。

中共南方局和周恩来同志对于国民党反动派迫害《新华日报》的作法进行了有理有节的斗争。如1941年2月,南方局印发的《新四军皖南部队被歼真相》及任命陈毅代理新四军军长通电等传单,有些是裹着《中央日报》的外衣投邮的,有些是随着《新华日报》送出去的。特务们发觉以后,加紧了对《新华日报》的防范。2月4日,国民党宪兵在重庆两路口逮捕了四名《新华日报》报差,将《新华日报》扣押。周恩来对此采取了一次不寻常的行动。这天傍晚,他在曾家岩五十号"周公馆"听说此事,立即打电话给国民党谈判代表张冲向他提出抗议,随即亲自往宪兵队要求退还报纸,释放被捕人员。门口卫兵不让他进去,他要宪兵队长出来谈话也遭到拒绝。正在争执不下的时候,张冲匆忙赶来,他劝周恩来先回去休息,问题由他来负责解决。周恩来坚决不同意,说不交还报纸他就不走。在寒冷的街头僵持了近两个小时,后来还是由张冲签写收条才发还两捆《新华日报》。周恩来拿到报纸,当场散发给围观的群众,四名报差也释放了。这件事立即在社会上产生很大反响。

为了对扣留报纸拘捕报差表示抗议,编辑部当晚写了一条消息,一篇短评,还写了一条重要启事。考虑这几篇文稿送检不会通过,便"违检"排印。新闻检查所预料《新华日报》这一天会采取非常行动,于临出报前派检查人员来到报馆,强行将这三篇铸好的文字铲版,只剩下标题。这天(2月5日)的《新华日报》照常出版发行。第一版有三大块带斑痕的"天窗",加上抗议性的醒目标题,非常引人注意。剩下的三则标题是这样的:

一则是排在头条前占五栏位置的"本报重要启事"

一则是时评:"我们的抗议"

一则是新闻标题:

法纪何在!
本报横遭压迫
报差四人竟遭捕殴
报纸亦遭无理没收

这些劫后余生的标题在当时叫做"暴检",也就是暴露扼杀新闻自由。那几天,《新华日报》"开天窗"、"暴检"和不胫而走的周恩来街头"散报"新闻,引起了各界人士极大兴趣,也为《新华日报》赢得了良好的声誉。

从目前的档案资料来看,对于禁止《新华日报》的发言,国民党可谓煞费苦心。1940年1月3日,蒋介石就专门下达了禁止《新华日报》发表关于学潮言论的手令;同年6月国民党中宣部专门向《新华日报》发出禁止引用毛泽东语的函;同年10月蒋介石又发布了禁止《新华日报》登载有关"百团大战"的代电;同年11月蒋介石又发布关于严扣《新华日报》言论消息的代电……这些函件、电文、训令稿、报告书现在都安静地躺在档案馆里,成为国民党当局迫害新闻自由的罪证。[①]

重庆期间,在中共中央南方局和周恩来同志的正确领导下,《新华日报》始终坚持抗战、团结、进步的办报宗旨,顶住国民党当局施加的种种高压政策和手段,勇敢地揭露国民党顽固派破坏抗日民族统一战线,消极抗日,积极反共的罪恶行径,以正确的舆论导向,引导国统区广大人民群众坚持抗日救亡

[①] 关于《新华日报》在渝期间遭受的迫害,参见中国第二历史档案馆、重庆市档案馆:《白色恐怖下的新华日报》,重庆出版社,1987年版。

斗争。

　　周恩来同志对《新华日报》的发展作出了杰出的领导。当时,周恩来作为中共中央南方局书记和《新华日报》董事长,长期直接领导《新华日报》,并为《新华日报》撰写108篇共计24万字的稿件。如1941年7月7日"七七"事变四周年之际,周恩来在《新华日报》发表了一篇题为《"七七"四年》的代论文章,"我们伟大的中华民族本是爱好和平的民族,但敌人既已侵入我们国土,杀戮我们人民,我们只有起来自卫,起来应战……敌人企图速决战,我们便应之以持久。敌人欲歼灭我主力,我们便分散而消耗他……四年抗战,证明了我们中华民族是永远征服不了的民族。长期抗战,已不仅是可能,而且已成为活生生的事实,已成为我们中华民族唯一的胜利的解放道路……"[1]这篇文章,为抗战胜利提供了理论武器和精神力量。另据统计,周恩来为《新华日报》撰写的社论中,署名的就有52篇。[2]

　　此前不久,《新华日报》开辟星期日增刊,周恩来亲自主持笔政。从5月25日开始到7月20日止,共出八期增刊,他一人就写了八篇文章。大部分文章以"代论"形式在一版刊登,并有他的亲笔签名。他是大后方广大青年和知识分子心中最崇敬的人物。他的文章以及那苍劲的"周恩来"亲笔签名都是为青年们喜爱的。在这些时事论文中,周恩来对世界战局形势及发展趋向作了全面分析。他认为目前帝国主义战争正走向扩大和持久,正由欧洲非洲发展到亚洲,由地中海大西洋发展到太平洋。他对世界大局的这个预测,在半年后为日寇南进挑起太平洋战争所证实。

　　重庆《新华日报》在周恩来直接领导下,一直出版至1947年2月28日被国民党勒令停刊。至此,《新华日报》在国民党统治区共出版9年1个月又18天,在国民党政治、经济、文化中心占领了舆论制高点,被人民群众誉为"茫茫黑夜中的一座灯塔",成为中国共产党推进抗日民族统一战线的有力工具和沟通外部世界的一个重要窗口。

　　《新华日报》针对国民党统治区的实际情况,正确宣传了中国共产党的纲

---

[1] 周恩来:《"七七"四年》,《新华日报》,1941年7月7日。
[2] 王洪祥:《中国现代新闻史》,新华出版社,1997年版,第257页。

领路线和方针政策,努力把马列主义的真理传播到人民群众中去。宣传全面抗战和持久战的路线;反对片面抗战和投降倒退。宣传中国共产党实行民主政治、建立联合政府的主张;反对国民党当局的独裁专制和特务统治。在国际问题上,支持苏联以及英美等国的反法西斯战争。这些真实、正确的宣传报道,教育了国民党统治区的人民群众,赢得了广泛的同情和支持,真正成为国统区"团结人民,教育人民,打击敌人,消灭敌人的有力武器",成为国统区中国共产党思想战线上的一面光辉旗帜。它的战斗历程,为巩固和扩大抗日民族统一战线起到了极其重大的作用,"在中国共产党的报刊史上写下光辉的一页"。① 毛泽东对此有过高度评价,他曾经说过:"《新华日报》是八路军、新四军以外的又一个方面军。"②

第四节 战时重庆的地方报纸

战前重庆的地方报业已成规模,出现了《商务日报》、《新蜀报》、《国民公报》、《济川公报》、《西南日报》等富有影响力的报纸。这些报纸在抗战中,都为中华民族抵御日寇侵略发出了呐喊。遗憾的是,《济川公报》、《西南日报》在1939年5月的大轰炸中,损失惨重,几次试图复刊都未能成功。因此,此处有关战时重庆地方报纸的探讨主要关注《商务日报》、《新蜀报》、《国民公报》三家。

一、《商务日报》的蜕变与回归

《商务日报》是重庆的一份老牌报纸,发行量大,口碑也佳,因是商办报纸,一直秉承"在商言商"的路线,与政治的瓜葛并不是很大。抗战前期,报纸积极转向,努力宣传抗日。但好景不长,很快就引起了不少人的觊觎。特别

---

① 吴玉章:《回忆〈新华日报〉》,《新华日报的回忆》,四川人民出版社,1979年版,第42页。
② 转引自《南方局党史资料(六)》,重庆出版社,1990年版,第3页。

是《商务日报》品牌老,机器多,而且背靠重庆总商会,一些人认为有油水可捞。抗战爆发后,"中央"势力入渝,重庆总商会的结构发生变化,进而导致从1938年冬开始,国民党"中央"系统的办报班子陆续接管《商务日报》,《商务日报》也被逐渐改组,纳入国民党的党报体系。

当时《商务日报》社长为高允斌,总编辑先后为牟欧平、刘光炎,编辑部则由金东平主持,同时担任主笔的还有周定勋、林桂圃等中央报系调过来的人员。采编人员则主要是牟欧平从《万州日报》、《川东日报》、《川东晚报》带来的一批人员。高允斌早年参加过共产党,后来是康泽当年进入四川组成别动队时的成员之一。用他自己的话说,"我是个武人,对办报毫无经验",①所以,高允斌对《商务日报》的发展经营也不是很尽心。不过,高允斌并不糊涂,"对于他们中的有些人(指进入《商务日报》的地下党),我心中是有数的。所以,我对他们大胆放手,有时候甚至不闻不问"。② 此外,报社的人事、财务、广告、发行等管理经营权,也为官方所掌握,逐渐悖离此前的商办路线。只不过,《商务日报》在社会各界的眼中,依旧以地方民间报纸的面貌出现,而且许多人一直认为《商务日报》是"猪鬃大王"古耕虞的报纸,因为古在抗战期间一直担任该报的常务董事一职。

人事的变化,使得1938年冬到1943年初这一时期的《商务日报》已经完全偏离其原有的媒体定位,不再是工商金融界的信息和舆论平台,基本上改组成一份不是党报的"党报"。平时所刊发的政治和军事报道,也多采用中央社规定统一使用的稿件。平时还在重要版面刊发一些吹捧国民党三青团的文章,在言论取向上则明显介入了党派之争,卷入了意识形态斗争的漩涡。

1939年9月《商务日报》发表《汪精卫为什么做汉奸》的社论,文章认为,"做汉奸的人固然反共,但反共的人,不一定是汉奸,并且不是做了汉奸,方可以反共的。"③1943年共产国际宣告解散时,其言论却与《中央日报》等国民党

---

① 肖鸣锵:《沧桑记忆——高允斌谈他在〈商务日报〉的前前后后》,《重庆报史资料》,第10期。
② 肖鸣锵:《沧桑记忆——高允斌谈他在〈商务日报〉的前前后后》,《重庆报史资料》,第10期。在另外一篇回忆文章中,也验证了高允斌的这一特点,"高对人们的政治面貌,不露声色,表现得很深沉。"参见彭友今:《"在商言商"——记我在〈商务日报〉的一段往事》,《重庆报史资料》,第10期。
③《汪精卫为什么做汉奸》,《商务日报》,1939年9月8日。

党报基本一致,甚至刊出《共产国际解散与中国共产党》的社论,称"共产国际之解散,是以证明所谓阶级斗争,所谓世界革命路线之根本错误",因此提出:"为响应此热烈号召,别党私有之武力,亟应交出其军权,贡献为国家所用;一党割据之地盘,亟应交出其政权,贡献为国家所治……"等等。[①] 概括而言,《商务日报》这一期间虽一直坚持鼓吹抗战,政治大方向没有变化,却具有较强的党派意识形态色彩,严格遵循官方政令和军令的要求行事,民间特色和独立风范荡然无存。这些蜕变,严重影响了《商务日报》的声誉,受到读者和同行的唾弃,甚至出席记者招待会都受到同行的排斥。这些急转直下的局面,让《商务日报》业务也一降再降,"这时,报纸质量低劣,发行量仅几百份至一千份,广告也少",[②]有时候甚至难以为继。

1943年,是《商务日报》悄然变化的一年。年初,徐亦安、杨培新等中共地下人员相继进入该报,与先期进入的地下人员徐淡庐等会合,逐渐掌握了采访部、编辑部,并最终在报社内形成一个地下支部。

根据组织安排,杨培新等人明确了夺取《商务日报》目的是:1. 不许再作反共宣传。2. 让《商务日报》为我所用。要在《商务日报》提出"在商言商"的方针。董必武同志特别指出提"在商言商"的口号,这是"社会习惯许可的范围",可以团结中间派,孤立顽固派。[③]

《商务日报》内,地下党员人少力单,必须团结中间派。当时《商务日报》的总主笔王烈望是马寅初的学生,写过《外汇概论》等书,担任交通大学教授。他为人敦厚,有正义感。通过王烈望的渠道,杨培新等人向高允斌建议——《商务日报》是重庆市商会报纸,应当"在商言商",不刊登政治性的新闻和言论。这一建议也得到了高允斌同意。[④] 高允斌给编辑部立下规定,非经他允许,不准发政治性的社论和新闻,只能刊登经济社论。金东平虽然还根据国

[①]《共产国际宣告解散》,《商务日报》,1943年6月12日。
[②]肖鸣锵:《沧桑记忆——高允斌谈他在〈商务日报〉的前前后后》,《重庆报史资料》,第10期。
[③]参见杨培新:《周恩来、董必武领导我们进行夺取〈商务日报〉》,《重庆报史资料》,第17期。
[④]公推王烈望出面向高允斌建议的说法源自杨培新的《周恩来、董必武领导我们进行夺取〈商务日报〉》,徐淡庐的《抗日战争结束前后的〈商务日报〉》相关记载与此不一致,在此照录两种说法,仅供参考。

民党宣传部的要求,不时登一些反共的东西,但数量上已大为减少。1944年,地下党员又利用王金平提出由他代表《商务日报》以总编辑身份参加中外记者团访问延安的机会,占领编辑部,掌握了报社的主动权。于是,《商务日报》逐渐回归到最初"只谈经济,不谈政治"的"在商言商"办报准则上。

从1943年初到抗战结束,《商务日报》重新成为重庆工商金融界的信息交流和舆论代言机关,恢复了相对独立的办报立场。这一时期,更多的是围绕抗战主题,立足经济问题进行报道和评析。尤其是其刊发的社论文章,也多以经济为议论话题。当然,由于战时经济与战时政治关联密切,因而少不了在评析经济问题时,涉及到政治病因。如对国民政府实施的棉纱、桐油、猪鬃、生丝等民生和战略物资的统购统销政策,也适当地进行了批评。这实际上为民族工商业代言,透过经济问题揭露官僚资产阶级及其代表四大家族对民族工商业的扼杀。典型的是1944年徐淡庐采访金融市场不定期写出的"金融圈",文章短小精悍、信息确切,深受工商界欢迎。经过这一段时间的努力,《商务日报》声誉逐渐恢复,发行量也上升到万份。

到1944年,随着大后方民主宪政运动的蓬勃兴起和发展,其办报思路日益开放,在"在商言商"的基础上逐渐突破。虽继续坚守工商界利益和民生民权的立场,但直接和公开谈论政治民主的内容日益增多。如连续刊发经济学家沈致远批评政府经济政策的文章,甚至敢于刊发陶行知的《迎接民主年》的一首诗,吴清友的《苏联边区工业的发展》,介绍第一个社会主义国家的建设成就。言论风格亦竭力向《大公报》、《新民报》等自由主义民间大报转变。如社论:《严禁官僚经商,肃清官僚资本》、《统购统销休矣》、《军需处生财有道》、《一枝鲜花插在牛粪上》、《统购统销未终止》等等,[1]都一再刷新了该报言论大胆的纪录,锋芒直指官僚资本集团的首要人物。同时配合刊发相关的新闻特写,报道事实真相。如1945年2月28日《花纱布管制的面面观》就尖锐指出,"这种官僚资本垄断,损了民众,害了国家。"[2]1944年9月16日,《商务日报》还全文刊发了中共代表林伯渠在国民参政会所作的《废除国民党一

---

[1] 参见张育仁:《重庆抗战新闻与文化传播史》,重庆出版社,2009年版,第123—125页。
[2] 转引自徐淡庐:《抗日战争结束前后的〈商务日报〉》,《重庆报史资料》,第10期。

党专政建立联合政府》的发言,其倾向性一目了然。

1945年上半年,《商务日报》寓政治于经济,先后三次"开炮"。第一次是揭露军需署以前方将士做军服为名,统销统购棉布大发横财。4月3日发表新闻《军需署生财有道,扣缴扣纱,盈利达两亿》。3天后军需署来函威胁,报社同仁丝毫不惧,态度更加强硬地通过报纸作出反击,发表《答军需署——民众舆论不容抹杀》、《应彻除弊端——兼答军需署》等,引起全市关注,军需署及其后台也不敢采取所谓"彻底查究"措施;第二次矛头直指四大家族的孔祥熙,以黄金舞弊案切入,发表《黄金政策与黄金案》,要求严惩走漏消息者和营私舞弊大员,此后接连发表《如何处理黄金案——法制的试验》、《黄金案之追究与法办》等文章,穷追不舍。迫于社会激愤,国民党政府部分立法委员也联名"纠举",最后国民党当局不得不将黄金舞弊案首犯戴仁文抛出由法院判刑十七年以平息民愤;第三次是瞄准国民政府财政部直接税署署长高秉坊,通过揭露高秉坊的贪污行为,揭露四大家族的丑闻。

1945年前后,国民党失地千里,民怨沸腾。民主运动活跃起来,社会各界纷纷签名发表宣言,要求民主。《商务日报》的地下党员也准备刊登民主党派声明和民主人士的文章,以进步报纸面貌出现。但是党的指示是政治上仍保持灰色面貌,登中央社新闻,不登民主党派和民主人士的文章,政治上不出手,是为了经济方面大出手。于是,《商务日报》"在商言商"的风格一致持续到抗战胜利后。

1945年抗战胜利前后,《商务日报》还积极革新,加快"左"转步伐,政治倾向更加鲜明。当年6月3日起由左倾漫画家沈同衡主编《星期漫画》,开始发表丁聪、张光宇、廖冰兄等的讽刺时政漫画;6月14日又增辟聂绀弩主持的杂文副刊《茶馆》,进步作家叶圣陶、茅盾、邵荃麟、傅彬然、秦牧等常有文章面世;7月15日又增辟由进步经济学家王寅生、秦柳方为首的中国农村经济研究所主编的《中国农村》双周刊。8月12日增加《每周影剧》。至此,《商务日报》的文学、漫画、电影等副刊全部左转。[①]

[①] 有关《商务日报》改变方向的措施,参见徐淡庐:《抗日战争结束前后的〈商务日报〉》,《重庆报史资料》,第10期。

根据学者张育仁的总结,《商务日报》从 1914 年到 1938 年冬,主要是以"在商言商"的中立姿态出现,间或有一些自由主义的表现,但并不如《大公报》等自由主义大报明显;自 1938 年冬至 1943 年初,受"党化"影响,其办报方针受到冲击,特别是言论方面被官方意识形态所操控,但在基本资讯方面,依然还是侧重于经济、金融、行商等内容;自 1943 年初到 1945 年抗战胜利,又基本回复到"在商言商"的职分和定位上来,不过在言论方面时而激进主义,时而自由主义,属于"中间偏左"的状态。[①]这种情形,与抗战后期不少民间自由主义报纸所采取的策略和坚持的立场大致相同,也是《商务日报》民间特色的体现。

二、《新蜀报》的言论与副刊

《新蜀报》是重庆地方报纸中具有优良传统的一份报纸。1935 年,重新回归报社的周钦岳担任《新蜀报》的总经理兼社长。杨丙初、漆鲁鱼任报纸的正副版编辑,主笔则由与周钦岳一起在法国勤工俭学的同学金满成担任。重建的这批班底,是一个具有丰富办报经验,且有着强烈抗日救亡民族感情的群体,加上周钦岳在经营和印刷上的革新,《新蜀报》也迎来了自创办以来的第三个辉煌时期。

全面抗战爆发后,《新蜀报》立即在言论中宣示完全拥护抗日民族统一战线。言论是《新蜀报》的一大特色,有研究者认为,《新蜀报》总体而言是一份"言论纸",即以向社会提供思想文化等意见性资讯为主要特色的报纸。

抗战期间中,曾多次因言论引起社会的广泛关注,当然也因言论引发一些麻烦和不愉快。如 1937 年 9 月 8 日的言论:《懦夫——请以此为榜样》文章评析说:"我驾驶员阎海文在作战失利时误坠敌人阵地,敌人立刻包围他,阎海文即出手枪向敌人射击,当场击毙敌人数人,直至最后一粒子弹向自己的太阳穴自击殉国,其悲壮牺牲的勇气,使敌人亦为之钦佩,称此真正抗敌健儿也。"[②]又如,同年 10 月 6 日刊发言论:《枪毙李服膺,哪怕鬼子兵》。文中

[①] 张育仁:《重庆抗战新闻与文化传播史》,重庆出版社,2009 年版,第 125 页。
[②]《懦夫——请以此为榜样》,《新蜀报》,1937 年 9 月 8 日。

说:"大同失守,由于李服膺不抵抗。敌人飞机大炮不可怕,可怕的是我们有抵抗能力的时候却自行退却。"因此告诫民众:"人人不作李服膺"。① 尽管这两段文字,都是小字号,在版面上并不显眼,但还是被官方敏感人物视为有影射之嫌。

1941 年 1 月"皖南事变"发生后,该报却站在"国家中心论"的立场上,在《肃军与抗战》的言论文章中评点说:"新四军叛变事件,全国人民无不痛心!军事当局尤其痛心! 希望这种痛心的事件,今后永远绝迹。"② 稍后,又在社论《再论新四军事件》中又说道,"政府制裁新四军,纯是为了军纪之整饬……过去部队长官因违犯军纪判处死刑的有韩复榘、李服膺、石友三。"③ 将"皖南事变"的性质与韩复榘等军阀混为一谈。平心而论,"国家中心论"的立场是在抗战救国的历史背景下形成的,是一种以国家和民族为中心,摒弃党派利益的一种需要,在战时较为普遍,也是民间报纸如《大公报》的奉行政策,但是将新四军与韩复榘之流相提并论则非常不应该。

据周钦岳回忆,"皖南事变"发生后一周,《新蜀报》本没有发声,也不愿意发声。当时国民党中宣部新闻管理、处处长彭革陈找到他催问:"委员长在问,《新蜀报》怎么没有言论表示啊?"迫于压力,不能不写言论,无奈之下,周只得与主笔"商定了一个滑头的题目《相忍为国》"④,泛泛而论了 300 字,不提"事变",登在第三版国内外要闻之后和广告之间,用"小评"栏名、三号字题目应付过去。实际上,《新蜀报》与《新华日报》此前关系密切,两报关系密切,经常互相支持,保持友好关系,这也引起国民党内顽固派的不满。由此,借"皖南事变"拖《新蜀报》"下水",制造摩擦,这实际上也反映出地方民间报纸"左右为难"的困窘。

1942 年冬,周钦岳为了革新言论的面貌,特聘请具有民主主义倾向的文化人高天主持编务,人事全权交由高天。以后,该报的言论完全由刘尊棋、宣谛之等人撰写,坚持正义,观点中允,配合《新华日报》抨击国民党顽固派,拥

---

① 《枪毙李服膺,哪怕鬼子兵》,《新蜀报》,1937 年 10 月 6 日。
② 《肃军与抗战》,《新蜀报》,1941 年 1 月 21 日。
③ 《再论新四军事件》,《新蜀报》,1941 年 1 月 24 日。
④ 《周钦岳同志回忆录》,《重庆党史研究资料》,1985 年第 12 期。

护中共抗日民族统一战线的主张,再也没有与《新华日报》产生过龃龉。从那时起,《新蜀报》还在版面上加强了国际新闻报道和言论评析的力度。

宣谛之,安徽省天长县人。南京金陵大学毕业生。1929年9月加入中国共产党,1938年来重庆进入国民党的中央社当记者,作党的地下工作,搜集军事情报,供南方局领导分析国际国内形势用。宣谛之是一位专供社论的行家。1941年至1943年,老报人张友渔在写社论时身体有些力不从心,曾请宣谛之帮忙。"他义不容辞地挑起了担子,每周写9篇社论,7篇给《新蜀报》,2篇给《时事新报》",①可谓高产。同时,他的社论质量也高,他的社论《德国必败!苏联必胜!》发表第二天,就被苏联《红星报》全文转载。

副刊也是《新蜀报》的特色之一。抗战前期的版面上,《金刚钻》和《新副闲话》都是深受读者欢迎的栏目。1937年9月1日,《金刚钻》复刊,在复刊词中标明金刚钻要钻的标的,"一钻日本帝国主义;二钻勾结敌人之汉奸;三钻贩卖仇货之奸商;四钻无国家观念的寄生虫;五钻扰乱后方的捣乱分子;六钻不肯出人力物力救国的吝啬鬼;七钻不尽责任之官吏;八钻封建势力;九钻落伍思想;十钻一切不合理的语言行动。此本钻之十大精神也。"②《新副闲话》也非闲话,文章一般由金满成知己撰写,或组织同仁撰写,篇幅虽短,却也有的放矢,如1937年12月3日《乡下就不同了》,"说兵役,城里还好,说到乡下,这就是保甲长的天下。如何使保甲长不贪不污,不利用兵役敲诈,还待当局的大大努力。"③短短几行字,将乡村兵役中的问题揭露出来。

金满成还积极组织重庆市新闻界的同仁组织了"人力社",这是抗战时期重庆早期的抗日爱国团体。"人力社"出版周刊《人力周刊》,主要面向青年,"尽量登载满足青年要求的文章,尽量安慰青年的苦闷,解答青年的疑惑,发表青年的作品,接受青年所提供的一切意见",④《人力周刊》在1937年1月出版后影响很大,当时重庆的报纸杂志不多,所有的报纸副刊及刊物的负责人,近半数参加了"人力社"。《人力周刊》虽然不是《新蜀报》办的,却为报纸带

---

① 肖鸣锵:《专攻社会的里手宣谛之》,《新闻导刊》,2005年第2期。
② 《金刚钻复刊词》,《新蜀报》,1937年9月1日。
③ 《乡下就不同了》,《新蜀报》,1937年12月3日。
④ 《关于人力周刊》,《新蜀报》,1937年12月29日。

来了声誉。

从1936年起,为满足社会各阶层的需要,《新蜀报》开辟了各种周刊,周一是陈彝荪主编的《经济与农村》、周二是彭毓炯主编的《妇女生活》、周三是漆鲁鱼主编的《今日世界》、周四是聂定藻主编的《新蜀儿童》、周五是蒋成堃主编的《教育与青年》、周六是重庆中医师工会主编的《医药与卫生》、周日是穆维芳主编的《文化与生活》。此外,还定期出版《生百世》、《新蜀运动》、《新蜀画栏》……等专刊。每逢有重大时事活动或纪念日,还不惜人力,另编增刊。

1940年左右,《新蜀报》的副刊更名为"蜀道",由姚蓬子任主编。"蜀道"在第四版,除了副刊只放广告,版面接近一半。"蜀道"刊期和版次均固定,每周出刊六次,周日出《七天文艺》一大张,内容有戏剧、电影、音乐、美术和文艺批评等。姚蓬子上任即提出要把《蜀道》办成一个"文学通讯类"的杂志型园地。[①] 开办后,以杂文和小品最多,且最受读者欢迎。《蜀道》的第一期上,就出现了老舍、欧阳山、罗烽、臧云远、胡愈之等抗战文坛的名人。其中罗烽的战地诗歌以前主要在《大公报·战线》发表,现在《蜀道》也能分到一部分,立刻显示出与《大公报·战线》竞争的态势。随后,姚蓬子又接连发表了宋之的、方殷、应清、陈晓南等人的战地系列游记。作家对战地的访问被看作是文艺家与抗战直接结合,推动文章入伍、文章下乡的一件大事,各大报纸都以发表战地游记为荣,《大公报·战线》和《中央日报·平明》也发表了战地作品,但是数量上都不能与《蜀道》相比。战地访问最大的文艺成果之一——老舍的万行长诗《剑北篇》是当时各大名刊争夺的对象,协调的结果是几大刊物共同发表,《蜀道》也在其列,足见其文坛地位已经得到了认可。《蜀道》从创刊伊始,就十分留意文坛动态,相继推出"诗之页"、"木刻之页"、纪念国内外文化名人等各种专刊,遇到元旦、"七·七"、双十节等重大的纪念日,还约请著名的文化人士配合专刊命题作文。众多成名作家就一个问题发表自己的看法,自然会引起广泛注意,带动重庆文坛的空气。《新蜀报》社每

---

① 关于《新蜀报·蜀道》的研究,可参见孙倩:《抗日统一战线话语下的文学空间——重庆〈新蜀报〉副刊〈蜀道〉研究》,《中国现代文学研究丛刊》,2005年第6期。

年还会举行迎新年宴会,由姚蓬子出面邀请文化界名人参加,"茅盾、田汉、夏衍、阳翰笙、巴金、沙汀、靳以、罗荪、曹禺、陈白尘、宋之的、赵丹、舒绣文、张瑞芳、安娥、应云卫、郑君里、胡风、常任侠等等,都是《新蜀报》的座上客"。①

1941年4月3日《蜀道》的文艺简讯出现了一个预告:"吴组缃以作家姓名连成绝句七章,律诗三章,总题为《与抗战有关》,日内将发表于《蜀道》。"②次日,《蜀道》就刊登了吴组缃以《与抗战有关》为总题的十首近体诗:绝句《雨过》、《田家》、《城望》、《晚凉》、《八月》、《幽怀》、《梵怨》;律诗《野兴》、《归棹》、《边解》。抗战人名诗在《蜀道》发表以后,立刻在国统区流行起来,作家田仲济回忆:"在重庆的文学界戏作人名诗成风,诗一般都是五言句,几个人闲聊常常你一句我一句地凑成,也有时一个人连作几首。"③

1942年后,随着国民政府对言论控制的加剧,有着左倾立场的《新蜀报》受到越来越多的制约,言论空间不断萎缩,正常的版面也被各种强制性的应景特刊占领。1943年6月,梅林接手《蜀道》。这时的《蜀道》已经遭遇了很多困难,杂文和文艺论文失去了以往的活力;作家们生活贫困,写作数量减少也使得组稿更加困难。《蜀道》的主要作者群被迫向普通文学青年转移,组稿方式也更多的采用作者投稿。梅林努力维护《蜀道》在重庆文坛文学潮流中的地位。他先后组织了"战时创作评点"和"小说的任务问题"、"艺术的认识问题"的讨论,力图寻找话题,打破文坛沉闷的空气;在日常的发稿方面,由于杂文类文章受到过多的限制,他大量发表翻译作品,尤其是苏联的文艺理论和批评,通过这些翻译作品,隐晦的表达自己的文学倾向,使得《蜀道》颇有中兴气象。

借助言论和副刊的优势,《新蜀报》在战时中心的重庆很快从一份地方性报纸走向全国大报,但是报社命运多舛。1939年5月大轰炸,报社着火,周钦岳率全社员工扑灭大火,才保住了轮转机全套设备及部分器材、字架等。1941年5月27日,报社化龙桥印刷厂发生火灾,设备再次受损。幸得附近

---

①周钦岳:《回忆从大革命到抗战时期的新蜀报》,《新闻研究资料》,新华出版社,1981年版。
②《文艺简讯》,《新蜀报·蜀道》,1941年4月3日
③田仲济:《苦中寻乐人名诗》,《大众日报》,1994年9月24日。

《新华日报》印刷厂大力协助,短期代印,虽然报纸继续出版,但已元气大伤。1945年5月,《新蜀报》内部的张骏,勾结特务邓发清等人,武装劫夺《新蜀报》,周钦岳状告张骏等败诉,被迫登报辞职离去。从此《新蜀报》落入国民党人之手,改变了民间报纸主持社会正义的进步立场,转而成为官办报纸,大肆鼓吹"戡乱",报纸销路也随之大跌,勉强持续出刊到解放前夕。解放后《新蜀报》由重庆军管会接管。

三、《国民公报》的抗日宣传

《国民公报》1936年8月在渝出刊,由于印刷设备崭新完备,努力做到出报较早,不无故休假,在省内外重要地点都有专电或特讯,消息比较灵通,特创经济版,详载各行各业行情涨落,适合工商界人士口味,在排版上有时用套色或木刻大字标题,配合新闻,附载清晰的铜版图像等,显得比较活泼醒目,所以一出报就给读者耳目一新之感。更重要的是抓住了时代脉搏,决不放松抗日救国的宣传。

综观历史,从"七七"事变前夕,一直到整个抗战时期,《国民公报》都能沿着坚持抗战救国,反对投降卖国的言论方针办下去,能在陪都重庆大报如林,竞争剧烈的情况下,站稳脚跟,未被淘汰,历尽艰苦,终于走完了它自己的路程。

以下择选《国民公报》的重要事件报道,以展示该报抗日宣传的有关片段。[①]

刊出"七君子"的《国事感言》 1937年7月底,救国会七君子出狱,这是一起典型的爱国有罪的案件。七君子8月3日自苏州抵达南京,《国民公报》9日刊出特访航讯,制版登出了他们亲笔写下的《国事感言》的手迹。沈君儒写道:"国难已经到了最严重时期,我们每一个人都当拿出赤热的一颗心来拥护共同抗敌。"[②]史良写道:"国难临头,我们只有集中全国一切力量,坚决而

[①] 有关《国民公报》在抗日战争及解放战争时期的表现,参见陈彝荪、吴克煊、邹知白:《〈国民公报〉纪略》,《新闻与传播研究》,1984年Z1期;陈彝荪、吴克煊、邹知白:《〈国民公报〉纪略续》,《新闻与传播研究》,1984年Z2期。

[②]《国事感言》,《国民公报》,1937年8月9日。

沉着的抗战到底,才能获得真正的和平与胜利。"邹韬奋写道:"亡国惨祸迫在眉睫的时候,个人没有胜利可言,只有民族解放,才是真正的胜利。所以我们第一义是全体同心协力,挽救危亡。"①把七君子的声音传递给重庆人民。七君子来到重庆后,也因此与《国民公报》关系密切。

川军出川参加抗战　随着日军进攻上海战事的爆发,川军大批出川,全面抗战序幕揭开。重庆虽深处后方,街头也已笼罩着一片战时景色,《国民公报》记者白也12月6日在"小言"里对于川军参加抗战曾写道:

"十万四川子弟,正在苏皖边境,与敌苦战,一度收复泗安、广德,首建大功。饶师长国华以身殉职,郭师长勋祺及佟旅长希湛等,均受轻伤,继赵、郝、刘等高级将领殉国之后,川军也有光荣的表现。……健儿们离乡别井,为解救民族国家的危难,不惜掷头颅,拼热血,后方暂时安居乐业,实受其赐。"②

文末呼吁后方的官方和民众行动起来,办好抗战将士家属的优抚工作,让前方战士省去后顾之忧,更加坚定报国之志。

救亡戏剧和田汉的诗　1937年9月间,受地下党领导的怒吼剧社,首次在渝上演三幕话剧《保卫卢沟桥》,《国民公报》同仁姜公伟、郑眠松夫妇,康心之女儿康彰、康耐参加排练和演出,收入全部捐出,《国民公报》星期增刊为此特发专刊。她们并多次参加《放下你的鞭子》等独幕剧的街头演出。同年10月间又刊出一期"救亡戏剧"专号,起了唤醒民众,扩大宣传的作用。其中最著名的是戏剧家田汉挥泪写的十九首诗,记录了诗人自己的怨愤心情。

带血的战地报道　1938年《国民公报》派记者曹麦萍北上采访前线见闻。从2月9日起,先后寄回刊出的战地通讯有《平汉前线》、《今日的临汾》、《敌军里的蒙军》、《陇海线已成国防线》等篇。5月间,曹麦萍随第五战区司令长官李宗仁一路,屡次遇险。行至阜阳以东的周庄,敌机前来轰炸,当场死伤多人。曹麦萍君亦被炸伤,后经河南被护送回汉口。他不顾伤痛,在医院赶写《冲出的另一路线——徐州十二日突围记》,于6月7日在《国民公报》发表。

---

①《国事感言》,《国民公报》,1937年8月9日。
②《小言》,《国民公报》,1937年12月9日。

痛斥汪精卫等汉奸 1938年12月18日,身居高位的国民党副总裁汪精卫离渝投敌,并在河内发表卖身投靠的声明。《国民公报》在1939年1月初发表《唾弃汪兆铭》、《大局的前途》等社论,指出:"该汪兆铭身居高位,不思报国,共负艰巨,反袭宋明叛逆途径,冒天下之大不韪而遗臭万世,诚属愚昧之至。须知中国抗战,乃全民族为争生存而决不因汪之背叛而稍受影响"。又说:"综合言之,精卫宣言不能阻扰抗战,汪氏通电不能拆散团结,团结抗战既可坚持,在精神上我无损伤,在信心上我不减退。"[1]著名剧作家马彦祥为此所写的《国贼汪精卫》、《狗马春秋》等剧本,也都是交由《国民公报》连续全文刊载的。

发表毛泽东论"游击战" 早在1937年12月,《国民公报》星期增刊就登出了名记者陆诒从延安寄出的《毛泽东论抗战前途》和朱德总司令发表的《八路军半年来抗战的经验与教训》等文。次年8月,《国民公报》特派记者曹麦萍随赈济委员会工作队前往榆林,路过延安,23日在延安与毛泽东进行交谈。《国民公报》将谈话发表:

问:失陷地区如何收复?

答:要想收复失陷的地域,自然要发动广大的游击战。不过游击战必须游击队来支持,因此就发生游击队质的问题:那就是游击队质的方面要好。若果游击队质的方面不好,就不能取得当地民众的同情与信赖,游击队就不能推动和展开伟大的民众武力,去打击敌人。因此游击队的两个条件,一是质的良好,二是面的普遍……

问:中日战争前途如何?

答:日本亡不了中国,这是谁都晓得的。不过中日战争在短时间内也结束不了,所以为了坚决持久战下去,在我们自己方面,要绝对精诚团结,不能闹家务,拿我们的力量对付共同的敌人;在对待敌人方面,我们要艰苦支持下去,我们死了,将我们的枪支交给我们的儿子,这样和敌人熬下去,先天不足,后天失调的日本,是决定熬不过我们的……

---

[1] 转引自陈彝荪、吴克煊、邹知白:《〈国民公报〉纪略》,《新闻与传播研究》,1984年Z1期。

这段谈话,既谈及了游击战的问题,也谈论持久战的问题,向国统区人民解释了中国共产党的抗战主张与斗争策略。并且当时《新华日报》还未入渝,因此更加彰显《国民公报》此次刊登的意义。

发表《毛泽东的印象》 1943年,《国民公报》记者周本渊参加重庆记者团访问陕北活动,写成《陕北归来》为总题的一组文章在《国民公报》连载发表,这组文章包括《中国共产党的作风》、《毛泽东的印象》等。他在文中写道,"毛氏简朴、诚挚、客气、健谈,没有官僚气,因为他们反对官僚主义。招待记者团同人,毛氏亲自敬烟递茶,谦逊之状,出人意外。从他的言语态度中,一看就知他有倔强的个性,而且具有一副精密的头脑。在这些个人条件之下,他领导了九十余万中国共产党党员,在陕甘宁区以及其他各根据地为他们党和共产主义而奋斗……

毛氏对于他领导下的党务是积极的。就他们党的内部言,决不官僚主义与文饰错误,我在陕北月余时间,领略了中共的长处就在此点。我以为中共的理论和行为,对与不对是另一问题,而这种毫不腐化的精神,却是应该钦佩的。"

更进一步,中共是一个组织严密的党,有党的统一,而无个人的自由,把个人的利益服从党的利益,把个别党的组成部分的利益服从全党的利益,使全党能够团结得像一个人一样。毛泽东更说得明白,他说:"每个党员、每一局部工作、每一项言论、文字或行动,均必须以全党利益为出发点,绝对不许可违反这个原则。"……

这些描述,写出了国统区人民不了解的延安生活,介绍了中国共产党的作风要求,生动地勾勒出毛泽东同志的光辉形象。

积极参与战时经济报道 在重庆人的眼里,一般都认为《国民公报》是代表工商金融界的,这与其主持人康心之的身份有关,也与《国民公报》的经济报道特色有关。

《国民公报》复刊之初即辟有"经济专栏",其中1938年由国民经济研究所刘大钧主编的《战时经济专刊》,共出过24期,登有马寅初、朱锲、刘大钧等人的文稿。1942年所编的《经济动员》出了46期,主要内容为金融物价问题及战后经济问题的探讨等。此外凡有重要经济事件发生,报纸都要派记者采访经济学者、实业家、金融家,发表他们的意见,或由报纸出面组织座谈,刊行专页,对政府的不妥政策进行适当的批评揭露。凡战时财政经济、币制金融、粮食物价,工商业疾苦。只要有经济领域的问题出现,总能在这张报纸版面上得到反映。如1941年6月10日发表金天锡《粮价如何影响物价》的谈话,12日发表李立侠《紧缩通货之有效办法》,18日又发表财政学家朱懊的《如何控制黑市场》及会计专家潘席伦《财务解政之推进与会计人员之训练》,23日又发表黄炎培《维护自由堡垒》的谈话。这些很有分量的文章,现在看来都是振聋发聩的。

《国民公报》站在民族资产阶级的立场上,对民族资本家的疾苦,始终持同情态度,采写了许多文章,用大量篇幅发表。如1942年发表《颜耀秋访问记——迁川工厂的今日与明日》,1944年发表《四川猪鬃,生丝受统制的由来》,1945年发表《工业实业家对政府的四大期望——周锦水访问记》等文。同情民族工业的专访稿还有《参观大明纺织厂》、《战时造船工业》、《天府煤矿公司一瞥》、《挣扎中的机器业——中汽、恒顺两制造厂》等文。

抗战期间,《国民公报》以客观公正自居,基本保持民间立场,除偏重金融和经济消息外,也很重视抗日救国的宣传,与当时的一些官方报纸相比,坚持抗战的态度更加积极。特别是抗战后期,进步力量逐渐进入报社,并在报社成立了党支部,《国民公报》的舆论更主动,对人民和经济也更加关心和同情,在历史的重要节点上勇敢地肩负起战时经济和抗战宣传的重任,这也是包括《国民公报》在内的重庆地方报纸所体现的时代主调。

第五节　战时重庆若干特殊报纸

从抗战前期到抗战后期,报刊业一直是重庆新闻事业的主体,始终发挥着极其重要的大众传播作用,因而报业的发展也代表了重庆新闻事业的发展。除了上述的各种富有影响力的大报,战时的重庆还出现过多种其他报纸。这些报纸,丰富了报业的形态,展现出别样的媒介形态。以下试以《重庆各报联合版》、《中国学生导报》,以及各区县报刊为例,讲述战时重庆的特殊报纸。

一、媒介奇观《重庆各报联合版》

抗战爆发后,国民政府迁都重庆。随着重庆政治、经济、军事、文化和舆论等中心地位的确立和提高,重庆因此也成了日本帝国主义"消灭敌最高统帅和最高政治机关"而实施轰炸战略的主要目标。1939年1月到12月,日本陆海军航空部队在日军航空兵团司令官江桥英次郎中将的指挥下,日本陆海军经过近3个月的精心筹划后,对重庆展开连续空袭,特别是5月3日和5月4日两天,集中力量,联合轰炸重庆,制造了震惊中外的"重庆大轰炸"惨案。

在这次重庆有史以来最为残酷、野蛮的大轰炸中,各家报馆也都遭到了不同程度的损坏,或门市起火,或人员伤亡,或印刷车间被炸,或纸张被焚毁。鉴于各报一时不能且也难以继续单独出版报纸的情况,为了保证战时信息畅通,国民党中央宣传部"奉最高当局手谕",[①]以各报房屋、机器、纸张等受损影响到报纸出版为由,5月5日紧急通知各家报馆尽快到市郊寻找新址,重建馆舍;并召集《中央日报》的程沧波、《新华日报》的潘梓年、《大公报》的曹谷冰、《时事新报》的崔唯吾、《扫荡报》的丁文安、《西南日报》的汪观之、《新民报》的陈铭德、《国民公报》的康心之、《新蜀报》的周钦岳、《商务日报》的高允斌等当时重庆的10家报社负责人开会,下令各报暂行停刊,由国民党中央机关报《中央日报》牵头,商讨共同出版一份联合报事宜。

当时,《新华日报》一方面因损失较小,仍能独立出版发行,另一方面认为

---

① 根据学者张谨前后多年的查证,均未发现蒋介石"手谕"的原件,参见张谨:《报刊中的重庆:抗战时期的重庆各报〈联合版〉研究》,《重庆史研究的回顾、现状与展望国际研讨会论文集》,重庆大学人文社科高等研究所,2013年6月,第119页。

国民党此举完全是个阴谋,意欲通过这样的方式来扼杀《新华日报》。① 经过商定,《新华日报》在6日致函《中央日报》社长程沧波和《时事新报》总编辑崔唯吾等人,申明:"关于《联合版》事,敝报尚待与中宣部交涉,所有关于联合出版事宜,敝报一概恕不参加。"②因此尽管《中央日报》等9家报社在5月6日出版了重庆各报《联合版》,但《新华日报》仍单独出版,只是由原来的对开一大张改为四开小张。同一天,国民党中宣部复函《新华日报》,认为《新华日报》"本日仍照旧单独出版,有违前令",要求"7日起不得再行刊行,否则事关通案,当严予处分也"。③

《新华日报》接到通知后,立即召开由潘梓年、吴克坚、章汉夫、吴敏、许涤新、石西民等报社负责人参加的会议。大家在充分分析了当时的实际情况后认为:重庆各报出《联合版》虽是国民党中宣部出面组织,但征得了各家报馆的同意,假如惟独《新华日报》不参加,势必影响到同业关系,这对开展统一战线工作不利;而且《联合版》是各报轮流担任编辑,一家编一天,《新华日报》不参加就等于放弃了权利,失去了扩大影响的机会。"即使让我们一家单独出版,当局也会设置障碍,例如在油墨纸张供应上卡我们。"④刚刚返抵重庆的中共中央南方局领导周恩来,在听取了《新华日报》负责人的情况汇报后,立刻指示潘梓年与国民党中宣部部长叶楚伧当面交涉,重申《新华日报》不参与《联合版》的立场。

由于搞《联合版》是蒋介石直接干预定调的,叶楚伧作为主管大员只能尽量促成此事,他向潘梓年保证"出联合版只是临时措施,绝对没有让《新华日报》就此停刊"的意图。在这样的前提下,经南方局同意,《新华日报》以民族利益为重,从国家大局出发,决定派出章汉夫和许涤新二人为代表,在5月7

---

①当时的政治背景较为复杂,国民党五届五中全会闭幕,秘密制定了《限制异党活动办法》等反共方针。国民党的政策正在转向"消极抗战,积极反共",当年4月间,山东省主席沈鸿烈指挥袭击八路军,杀害团以下官兵400多人,因此,中国共产党对出版《联合版》不能不存有戒心。后来在《联合版》期间,国民党军队袭击了湖南平江新四军留守通讯处,杀害湘鄂赣特委书记涂正坤同志等,制造了"平江惨案",掀起第一次反共高潮。

②周惠斌:《重庆十报〈联合版〉出版纪实》,《中华读书报》,2010年10月27日。

③蔡贵俊:《重庆各报联合版始末》,《重庆报史资料》,第7期。

④蔡贵俊:《重庆各报联合版始末》,《重庆报史资料》,第7期。

日有条件地加入到重庆各报《联合版》的编辑工作中。为此,周恩来还特地写信给叶楚伧,作了两点申明:"一、《新华日报》为尊重紧急时期最高当局之紧急处置及友报迁移筹备之困难,特牺牲自己继续出版之便利,同意参加重庆各报暂时《联合版》,以利团结。二、《新华日报》同仁郑重声明,一俟各报迁移有定所,筹备有头绪,《新华日报》即将宣布复刊。"信的最后还写道:"上述之事,均从大局着想,凡有利于抗战者敝党同人殆无不委曲求全,唯亦望先生坚守对潘梓年同志之诺言,决无意使各报永不复刊也。"①

这样,《新华日报》、《中央日报》、《大公报》等在重庆的10家报社从7日开始出版了《联合版》,各报编辑轮流值班。5月8日,10家报社负责人组成"重庆各报联合委员会",以程沧波为主任委员,王芸生为编撰委员会主任委员(整个《联合版》编务由王芸生与刘光炎轮流主持),黄天鹏为经理委员会主任委员,共同负责《联合版》的编辑发行工作。为加强合作,减少矛盾,联合委员会商定了编辑方针:"不写社论,只发中央社发布的消息,不刊各报自行采写的新闻,10家报社分组轮流任值班编辑,报纸清样出来后由大家看。"②

《联合版》5月6日创刊。当天报纸《发刊词》写道,"联合版所表现的精神,最显著的是团结……重庆的报界,现在本是集合京、沪、津、汉的精英,今天集合在一个组织下面发行联合版,在人力、物力方面,比以前格外能充实,我们对抗战的宣传,比以前格外能尽责,我们报界这次的联合组织,自信对业务上将更有进步,对读者更可尽我们的责任。"③

《联合版》的编辑部设在未遭受空袭损失的《时事新报》的防空洞内,5月6日至8日由《国民公报》承担印刷,9日起改由《时事新报》承印,7月初又改由《新民报》印刷。《联合版》在发刊之初只有一小张,后扩增为一大张。在刊载内容方面,前两版登载新闻,主要报道政府当局对善后工作的紧急处理,发表抨击敌寇暴行、激励军民斗志的言论等,举凡国内国外新闻、一周战况、

---

① 韩辛茹:《新华日报史(1938—1947)》,重庆出版社,1990年版,第97—98页。
② 周惠斌:《重庆十报〈联合版〉出版纪实》,《中华读书报》,2010年10月27日。当时,为了减少矛盾,《联合版》决定"无论在编印上发行上都是采取集体制度",不发各报采写的新闻,主要刊载中央通讯社的各项消息。
③《发刊词》,《重庆各报联合版》,1939年5月6日。

敌寇暴行、捐款赈灾、抗敌勇士、物价升降、针砭时弊，无不见诸报端。后两版则登载广告，遇有新闻不足时，则以广告（各种遗失声明、寻人寻物启事）补充。①《联合版》的日发行量平均在2万份左右，最多时达到3万份，深受读者欢迎。

初期的联合版，主要是报道政府当局对善后工作的紧急处理，发表抨击敌寇暴行、激励我国军民斗志的言论，以及各方捐款赈灾、来电慰问等等。联合版对各方纷纷捐助难胞款项和来电慰问的情况，连续报道了多天。例如5月6日，以《中外人士之同情愤慨与捐助》为题，刊布国际宣传处王芃生的来信和所转捐款。5月8日，以《沈钧儒、邹韬奋捐款赈灾》为题，刊发沈邹捐款的消息。继此之后的，则有四川省政府主席王缵绪拨款5万元、广西省主席黄旭初汇款1万元、陕西省抗敌后援会汇款1万元、湖北省旅渝同乡梅焕侯慨捐4万元等。

《联合版》由国民党中宣部指令由国民党中央机关报《中央日报》牵头，报纸版面对"最高统帅"蒋介石也着力刻画。5月6日《联合版》头版刊登大幅标题新闻：《蒋委员长拨款二百万元紧急救济被难同胞》，另文报道《蒋委员长派王侍卫长指挥输送难民 蒋委员长夫妇汽车亦派出 倍见当局爱惜救护》。5月7日，报纸头版大幅刊登"蒋夫人关怀被难同胞派员慰问并散发药物"及"蒋夫人赴收容所慰问"的特写。5月8日，头版大幅消息《延安各界通电响应精神总动员——一致拥护蒋委员长及国民政府，一致痛斥出卖国家民族的败类》。此后，又刊登大幅新闻《蒋委员长昨视察灾区沿途人民致敬高呼感极涕泣》、《蒋夫人向澳洲广播痛斥敌机暴行》等等，宣传蒋氏夫妇的领袖

---

① 这一说法，来源于周惠斌：《重庆十报〈联合版〉出版纪实》，《中华读书报》，2010年10月27日。《重庆各报联合版》出版前，各报曾规划版面，"为每日出版一中张或一大张，即对开半张或一张。出版一中张时，第一版为国内新闻，第二版为国际新闻，在下端略登一些广告。出一大张时，第一、四两版为广告，第二版为国内新闻，军事委员会按期发表《一周战况》等。本市新闻置于第三版下方，第三版内主要为国际新闻；不办各报常办的副刊，但对言论工作不能削减，每天当有一篇或两篇联合性质的社论，或称社评性质的评论，并酌情撰写一篇或两篇短评，另须多载署名的专论、重要人士的演讲词，以及译文、通讯、专访、特写等"，《重庆各报联合版》最初采用一中张，后改为一大张。版面设置亦有所变化，但是"两版登新闻，两版登广告"的方针没变。7月25日和8月16日的《重庆各报联合版》曾达6版。参见重庆抗战丛书编纂委员会：《抗战时期重庆的新闻界》，重庆出版社，1995年版，第74—75页；蔡贵俊：《重庆各报联合版始末》，《重庆报史资料》，第7期。

形象。"《联合版》的评论中还说,"领袖关心民疾,而民众爱戴尤诚。"并以口号方式劝导民众:"服从为负责之本"、"服从政令大家下乡"、"爱戴救国救民的领袖、服从救国救民的中央"。

"五三""五四"大轰炸后,物价猛涨。与民众生活息息相关的米面油盐蔬菜等的售价,基本上是三天两头升一级。照常情而论,战时的物价上涨,在所难免,但涨势如此,就太不正常了。联合版对此,连续发表《平抑物价的必要》、《再论平抑物价问题》两篇评论、以及陶洁卿的《论平抑物价》,且在《复兴中的急务》评论中,将平抑物价列为"急务"之一。

这些评论和署名文章,各抒所见,列举物价猛涨的情况,分析猛涨的原因,提出平抑方案,有的还指出成立很久的"重庆评价委员会"形同虚设——没有固定的办事经费,没有健全的组织和必要的人力,没有定出主动的工作规程,还谈及经济部早已公布的关于平抑物价、取缔投机操纵办法,一再拖延,未见实行;甚至连蒋介石所颁布的《切实进行平定物价工作》手令,也成了一纸空文。因此,物价上涨是苦了平民,影响人心,妨害抗战。"

对抗战中涌现的爱国军民,及时报道,也是联合版的重要内容之一。这里仅录数例:

"勇士靳勤书,一人毙敌十八人,最后以手榴弹与敌同归于尽——××师下士靳勤书于山西省厢王战役时,奉营长命,往前线各连传达命令。途中遇敌百余人,被敌击伤右足,靳忍痛爬上西山坡,选隐蔽地势,以枪向敌沉着射击,毙敌十八人。最后,敌兵数人绕到勇士背后之山坡高处,勇士察觉,知己不可避免一死,待敌接近时,遂将手榴弹掷出,与敌同归于尽。当地村民有目睹其事者。按该勇士现年29岁,河南省淮阳县人。"

"雷鸣化英勇杀敌,奋不顾身——6月8日,增城福和好之役,我×师×团官兵,极为英勇,上等兵雷鸣化(广东台山人,28岁),奋不顾身,生擒敌兵,不幸胸、腿中弹,重伤倒地,然犹不愿后退,将所携步枪交给班长,待敌来到约50公尺处,猛掷手榴弹一枚,当场毙敌四名,继有十数敌兵冲来,雷又掷弹六枚,与敌同归于尽。该师官兵,附近乡民与游击队,对雷英勇杀敌,成功成仁之事迹,无不为之感动。"

抗战两周年到来之日，联合版增加对开的纪念特刊一张，由往常的四版加为八版。内容除国内外新闻外，其余为国民政府主席林森致蒋介石的慰问电、致前方将士暨阵亡将士家属的慰问电、蒋介石的《抗战二周年纪念告全国同胞书》、《告日本民众书》、《告友邦书》、孔祥熙的《中国战时财政与友邦在华之利益》、于右任的《神圣抗战之二周年》、叶楚伧的《对抗战两周年纪念感言》、王宠惠的《抗战两周年之外交》、陈诚的《抗战二年来几个根本问题的检讨》，以及报纸本身的评论《抗战两周年》。

5月中旬到7月中旬，联合版相继发表《反侵略集团必有中国参加》、《国际大局》、《今日之国际大势》、《对付侵略者惟有集体行动》、《读莫洛托夫演辞》、《英苏合作与世界和平》、《保卫和平的途径》、《世界和平的障碍》、《欧洲和战的关键》、《集体安全扩展至远东》等多篇评论，讨论国际战局。对于国内战事情，则有6月18日刊登的周恩来广播词《二期抗战的重心》，7月14日刊登的邵力子广播词《抗战进入第三年以后》、7月21日的评论《粉碎敌人"以战养战"的阴谋》等，为如何理解中国战局进入第二期提出了思路。如周恩来在广播词中明确指出，"二期抗战的重心究在哪里？依我们的见解，是在敌人的后方。二期作战，敌人要利用我们的人力物力财力来打我们，其主动已操在我手，只要我们努力，不让敌人利用我们的人力物力财力，则敌人便无法达到'以战养战'的目的，而只有继续失败。所以我说，二期作战，争夺的重心在敌后。""争夺敌后的方针，便是扩大发展游击战争，也可说是展开敌后的全面战争。敌后游击战争的任务有二：一个是建立敌后根据地，一个是消耗敌人的有生力量。"……"重心认定，二期抗战一定可进入有利于我的相持阶段，以争取以后反攻的到来。因此，我们今天的要求，是全国最好的兵力，最优秀的人才都应该深入敌后，争夺敌后，在那里建立根据地，到那里消灭敌人，以争取二期抗战的胜利。"①

此外，针对战火纷飞的国际形势，《联合版》相继发表《反侵略集团必有中国参加》、《国际大局》、《今日之国际大势》、《对付侵略者惟有集体行动》、

---

① 重庆抗战丛书编纂委员会：《抗战时期重庆的新闻界》，重庆出版社，1995年版，第80—86页。

《读莫托洛夫演辞》、《英苏合作与世界和平》、《保卫和平的途径》、《世界和平的障碍》、《欧洲和战的关键》、《集体安全扩至远东》等多篇国际评论,呼吁各报求同存异,以大局为重,建立世界反法西斯统一战线。

日本帝国主义发动"重庆大轰炸",妄图"以炸迫和"、"以炸迫降",用狂轰滥炸动摇中国大后方军民的抗战意志,然而结果却适得其反。重庆各报《联合版》的出版发行,使当时中国最为重要的,拥有不同背景、主张、性质的10家报社暂时走到了一起,是战时中国新闻界在国家民族最高利益下捐弃成见、团结一致、共同对敌的体现。正如它在发刊词中所说的那样:"敌人这几天对重庆轰炸的罪行,处处表示他们的愚蠢,他们用这种手段压迫我们,只有促成中国各阶层社会的有组织的抵抗和反攻,重庆新闻界的联合组织,就是一个显例。""敌人对我的各种残酷手段,我们的回答是加紧我们的组织,我们要拿组织的力量,去粉碎敌人的一切阴谋诡计。"[①]

《联合版》出版后,表面上看控制和统一了重庆舆论,但事实上,《联合版》并不能反映各种不同的声音,毕竟它由国民党中宣部直接管理,更多地体现了当局的意志。因此,当中共中央获悉《新华日报》停刊参加《联合版》一事后,认为《联合版》的办报模式使中共失去了独立声音,中共政治主张在国统区难以广泛宣传。5月17日,中共中央书记处致电中共南方局指出,参与《联合版》对中共的政治宣传有很大影响,要求南方局"公开向国民党说明《新华日报》是代表共产党的言论机关,与其他报纸不同,坚持《新华日报》单独出版的权利",[②]尽快向国民党当局交涉,做到继续单独出版发行;并要求在《新华日报》暂未恢复出版之前,"充实和扩大《群众》的内容,不仅将过去新华专论一类的论文登载,且须有系统地刊载中国共产党及八路军、新四军各边区情形的通讯和消息,同时尽量翻印和发行《新中华报》",[③]保证中国共产党与国统区人民联系渠道的畅通。

[①]《发刊词》,《重庆各报联合版》,1939年5月6日。
[②]《中共中央关于交涉〈新华日报〉继续单独出版给南方局的指示》(1939年5月17日),中国社科院新闻研究所编:《中国共产党新闻工作文件汇编》(上),新华出版社,1980年版,第89页。
[③]《中共中央关于交涉〈新华日报〉继续单独出版给南方局的指示》(1939年5月17日),中国社科院新闻研究所编:《中国共产党新闻工作文件汇编》(上),新华出版社,1980年版,第89页。

南方局接到中央书记处指示电后,将《新华日报》参与《联合版》前后的情况向中央书记处作了专题报告。随后,联合《大公报》、《国民公报》、《新蜀报》、《新民报》等报社,向国民党中宣部反复交涉,要求尽快恢复单独出版。《新华日报》在同年7月7日至7月12日,连续4期强硬推出"七七特刊",作出单独出版的举措。在各方特别是中共方面的强烈要求下,国民党中宣部考虑到10家报纸政治倾向不同,读者对象不同,出版《联合版》只是应急措施,于是被迫同意《新华日报》独立出版。"重庆各报联合委员会"于第7次会议决定:8月13日为各报复刊日期。8月12日,《联合版》在其结束号上刊载了"重庆各报联合委员会"的启事:"查本会刊行之联合版自5月6日发刊以来,已三阅月。兹以各会员报疏建工作大体就绪,本版发行至8月12日止,自8月13日起仍由各报分别出版,诸希亮察。"

8月13日,除《西南日报》一家因其全部机器设备被炸,延至9月18日复刊外,重庆其余9家报社分别复刊。至此,重庆各报《联合版》虽然只存世短短的3个月7天计99期,但它的出版发行,却是当时特殊的政治军事形势发展的客观要求,是战时中国新闻界团结奋斗、共同对敌的象征,不失为中国报业史和中国新闻史上前所未有的壮举。

二、学生报纸《中国学生导报》

《中国学生导报》是抗战以来国统区出版时间最长的一份学生报纸,1944年12月22日在重庆创刊,复旦大学等大中院校学生主办。

1944年7月4日下午,复旦大学约30名学生在夏坝嘉陵江畔的"江风"茶馆举行了中国学生导报社成立大会,正式开始筹办《中国学生导报》。成立会上选出了干事会,组建了编辑部、经理部、推进委员会和财经委员会四个办事机构。总干事杜子才,编辑部负责人戴文葆、施旸,经理部负责人吴景琦、刘宗孟,推进委员会负责人陈以文,财经委员会负责人陈其福、王兰骏。

为了顺利登记出版,由在复旦任教的张志让和邓初民介绍,约请当时重庆三民主义同志会负责人——在重庆大学执教的甘祠森先生担任《中国学生导报》发行人。甘慨然应允,并立即为《中国学生导报》获得批准、登记而奔走。

作为发行人,甘祠森对《中国学生导报》在经费周转、稿件组织、争取社会支持等方面都给予全面支持和帮助。沈钧儒、史良、邓初民、张志让、洪深、潘震亚、章靳以等也都给予了大力支持,史良还在经济上给以较大帮助。甘祠森还托何其芳、叶以群代约一些知名作家为《中国学生导报》撰稿。① 即使在以后日益险恶的环境中,甘祠森仍然坚决承担发行人的名义,毫不动摇。

《中国学生导报》社是开放性且具有统战性质的校际组织,所以,从开办之时起就吸纳了各大、中学校的左翼中坚力量参与进来,如中央大学的仓孝和、江苏医学院陈宁庆、李样、音乐学院的严良垫、树人中学的赵扬、重庆市女中的方文、文德女中的王展等许多青年才俊多都在其中发挥了主要作用。

《中国学生导报》是一张四开四版的小型报。"报头采用鲁迅先生书简中集字临摹下来的行书字体,借以表达了办报人向鲁迅先生学习的热望和向法西斯文化、封建文化、卖国投敌的汉奸文化冲锋陷阵的决心。"②第一版为重要的教育新闻和学校新闻,主要报导校园内学生的抗日民主活动和学习生活;第二版为时事政治述评和各种专论;第三版是文艺;第四版为校园通讯,以反映同学们抗日救亡的呼声以及他们的各种思想问题。其最主要的舆论基调与"宪政座谈会"所提出的十项主张完全合拍,因此,在表面上提倡走"中间道路",间或有些"偏左",但坚决不与官方的新闻与文化统制政策发生严重冲突。

在具体的舆论宣教方面,该报大规模报道大后方学生"民主运动"的动态为主。自创办之日起,先后集中报道过西南联大、乐山武大、成都燕大和川大、重庆复旦大学和中央大学的学生运动情况;对其他大、中学校的政治文化运动,如课外政治座谈,特别是宪政讨论多以及社团组织、创办壁报、社会调查与动员、罢课游行,还有各种学生政治性活动都以消息、通讯、特写、述评、小说、诗歌、杂文、时事漫画的形式进行广泛的报道和策应。因此,《中共学生导报》一创刊就受到了各校学生的热情欢迎。一般情况每期印五千份,多时

---

① 李永军:《甘祠森与〈中国学生导报〉的创办》,《贵州政协报》,2008 年 7 月 10 日。
② 立言:《国统区学生运动的号角——〈中国学生导报〉》,《新闻与传播研究》,1982 年第 4 期。

达七千份。发行主要依靠各学校通讯员直接送发,以尽可能地减少国民党的邮检扣压。

《中国学生导报》在宣传报道基调上极力保持"中间偏左"色彩,但由于利益诉求上与国民政府的政略思想,尤其是统治思想不合,因此,对抗战后期国民政府在大后方发起的"十万青年十万军"的从军运动产生了严重的心理对立。1944年10月,国民政府军委会召开"全国知识青年从军运动"会议后,该报"从各方面报道这一参军活动时,暗示了学生对参加国民党军队的不同看法;传播到了昆明、贵阳,学生产生就地打游击的打算"。该报还"召唤着全国青年学生,认清道路。我们的社员没有一个人报名参加国民党军队,却有社员到解放区和农村","在随后的报道中,还揭露和痛斥那些高喊参军却只要别人参和强迫学生参军的学校当局和'特种'学生的嘴脸和言行"。[1] 由此足见,随着抗战胜利的临近,加上宪政运动和学生运动的兴起,国内各党派、各社会政治团体因各自利益诉求的不同,政治文化理念上的差异开始表现出来。抗战初期和中期曾经呈现过的"国家中心论",服从中央政府的政略和战略决策的局面已不再存在。

《中国学生导报》的内容也经常遭受国民党当局新闻检查制度的打压,许多进步文稿被无理扣杀和任意删改。在第三期,就扣发了时事讲座稿《古城的枪声》,以后删改和扣发稿件的情况越来越严重。这时,《中国学生导报》一方面继续立场坚定地如实报道轰轰烈烈的学生运动,一方面又与反动当局的新闻检查展开了坚决斗争。它起先增补一些稿件,后来索性"开天窗"抗议。1945年6月1日,四个版面中就有三个开了天窗,第四版几乎整版是个大天窗。[2] 这种故意"开天窗"的作法,只保留新闻标题,是一种用"暴检"的方式,把国民党当局禁止言论自由的丑恶面目暴露在学生读者面前。此后,重庆新闻界发起"拒检运动",《中国学生导报》也积极响应,不再送检。

《中共学生导报》在中共中央南方局青年组织领导下,曾多次组织、发动

---

[1] 杜子才等:《〈中国学生导报〉在战斗中发展壮大》,载中国社科院新闻研究所:《抗日战争时期的中国新闻界》,重庆出版社,1987年版,第54页。

[2] 邬鸣飞:《关于〈中国学生导报〉》,《新闻大学》,1982年第4期。

重庆各大、中学校的学生运动。如1945年昆明"一二·一惨案"传到重庆，《中国学生导报》除以全部版面坚决报道学生争取民主、反对内战的运动外，还与重庆另外25家杂志向全国和全世界发出"不要内战"的呼吁。并联合一些学生报刊，像中央大学的《大学新闻》、中华大学的《渝南新闻》及叶圣陶主编的《中学生》等，为援助昆明死伤的师生发表告全国同学、同胞书，愤怒声讨国民党当局的倒行逆施，把重庆的学生运动推向了战后的首次高潮。

抗战胜利后，报社决定把编辑出版中心移往上海。于是，1945年5月中国学生导报社分别建立了重庆分社和上海分社，各自编辑出版《中国学生导报》的"渝版"和"沪版"。《中国学生导报》重庆版在极度艰难中，坚持到了1947年6月被迫停刊，连同前37期，共出版了56期。

三、战时重庆的区县报纸

重庆地方新闻事业早在战前就进入了繁荣时期，这主要基于：一是为适应防区时代的政略需要，由工商界打头，知识界参加，继而引发地方社会各界的办报热潮；二是为服务地方自治，特别是地方资讯和文教发展需要，各县区政府联合本地工商界和知识界知名人士，共同参与办报。① 这种局面，具有城市与区县新闻事业共同发展的特征，在全国其他地方是很少见的。从一定程度上可以这么说，重庆地方新闻事业的繁盛局面，相当程度上是各县区报刊的积极发展推动的。

在当时落后的中国，先进的传播工具和手段大多都集中在大城市，而中小城市，尤其是广大的县区和乡村，因政治、经济和文化的落后，使先进的现代媒介生存的空间相对比较狭窄，因此，自民国以来，各地方的士绅名人、新派文人、青年学生、以及稍识文断字的普通民众，大都喜欢县区小报这种宣教形式，又因为在向普通民众传授知识和宣讲新闻时事时，这种集文艺性与时政性，特别是地方性与资讯实用性为一体的小报，成本低廉、简便易行、灵活多样；不用审批不用抽检，所以早在防区时代就已经遍布重庆周边的县区，的

---

① 张育仁：《重庆抗战新闻与文化传播史》，重庆出版社，2009年版，第148—149页。

第三章 繁荣与全盛：重庆新闻传播事业的繁荣阶段(上) 225

确是传播新思想新文化、新知识和新思潮的一块生机盎然的民间舆论阵地。①

抗战初期，重庆各区县办报形势比较高涨。如万县的《万州日报》、《川东日报》、《民主报》、《川东晚报》、《川东快报》、《中国新闻晚报》、《民众周报》、《群力周报》、《诗前哨》、《中外春秋(万县版)》、《新文摘》；綦江的《新綦江公报》、《綦江周刊》、《綦江县政公报》、《綦江党务月刊》、《綦江青年》、《自强日报》、《綦江潮》、《綦江民众导报》；荣昌的《收音新闻》、《抗敌周刊》、《抗建周刊》、《大众壁报》、《荣昌报》；合川的《合川日报》、《合川商报》、《大声日报》、《合阳晚报》、《民舆公报》、《动委旬刊》、《明耻》月刊、《叱咤》半月刊等；璧山的《璧山农村》月刊、《社会教育学院院刊》、《社会教育学院校友通讯》、《教育与社会》季刊以及《国民教育》；南川的《南川日报》、《南川民报》、《南川实验简报》；巫溪《谷音》；开县的《开县公报》、《开县新闻》、《新开县报》、《鸡声周刊》、《青友报》；开江的《党政公报》、《梁山日报》、《梁山时报》、《梁山复兴日报》、《呐喊周刊》；永川的《永川县民众日报》、《永川新闻》、《永川民报》；忠县的《忠县报》、《忠报》；丰都的《丰都日报》、《明耻半月刊》；涪陵的《涪陵民报》、《涪陵新闻》；石柱的《血汗周刊》；巫山的《民众导报》；永川的《乡建通讯》；铜梁的《铜梁民报》；大足的《大足通讯社稿》；云阳的《云阳日报》；奉节《大众报》，足见重庆县区报业繁盛景象之一斑。

以綦江为例，全面抗战爆发后綦江掀起了第二次办报高潮，先后出现过8种报纸：②

抗战前夕曾出过一张《新綦江公报》，源于何时，终于何时不详。1936年，县长黎师韩督办过中式式样铅印的《綦江周刊》，以解决"消息不灵，政务前途殊多滞凝"的症结。该刊编辑部设置在县府，编辑由县府一、二、三科和禁烟督察处各指定一人充任，辟有"国际要闻，省县法令、本县纪要"等栏目，发行50期后于翌年10月终刊。

《自强日报》，取"抗日救国，自强不息"之意。经国民党中宣部批准登

---

① 参见张育仁：《重庆地方小报在抗战中的舆论地位》，《新闻导刊》，2009年第1期。
② 参见王正华：《綦江报刊史话》，《綦江县文史资料》(第14辑)，1994年版；綦江县志编纂委员会：《綦江县志》，1991年版；蔡克勋：《綦江报史简况》，《重庆报史资料》，第5期等资料。

记,于1939年2月正式面世,编辑部设在綦江县城外枣子园,经理部设在城区小学。《自强日报》为一张对开四版铅印的新闻、文艺综合报,未久停刊。余适君等负责编务,自办发行;主要转发国内外重要消息,地方新闻为自家采写。不过,文章内容平淡,在群众中影响不大。

同年5月1日,县府又主办《綦江县政公报》,征订发行,不久即因人力、财力交困,诸多舛误而终止。

《綦江潮》创办于1941年9月,国民党綦江县党部宣传委员会主办,初为石印小报,后改铅印。其办报主张为:"勤求民意之伸张与政令之推动","抗战期中,县内应兴应革事体,均作善意之商讨"。① 因此,以大量篇幅刊发辖区内的各色新闻,对国内外重要新闻也给予应有的关注。但是,因经济拮据,该报创办不久,经历中辍、复刊、赠阅、订阅一番折腾后终刊。后者由刘孟加充当发行人,始终未能摆脱经济拮据的窘况,不久遂停。

《綦江民众导报》始办于1941年12月,发行人是刘孟加,编辑有霍正依等8人。刘的另一身份是三青团綦江分团部干事长,所以该报有相当的官方色彩。其宗旨为:"传达政情,沟通民意,发扬地方文化,转移社会风气,灌输科学知识,启发民智民慧。"② 该报为三日刊,每期铅印1000份,分送县内各机关、乡镇公所、乡镇中心学校和"保国民学校",后因经费困难,无以为继,于1944年停办。

《綦江党务月刊》由国民党县党部主办,1943年10月印行,十六开,终刊时间不详。

《綦江青年》是三青团綦江分部主办月刊,1944年创刊,重庆《商务日报》印刷,綦江南州书局代售,不久终刊。

《世皇论坛》是自号"丘八文人"的国民党少校营长张世皇(又名张是非)自办的十六开四版铅印报纸。1941年张世皇在綦江养病期间,创办该报。他在报纸发泄不满,讥讽大后方纸醉金迷的各种乱象。三青团綦江分团部以

---

① 《綦江潮》,1941年10月26日。转引自蔡克勋:《綦江报史简况》,《重庆报史资料》,第5期。
② 《綦江民众导报》,1941年12月20日。转引自蔡克勋:《綦江报史简况》,《重庆报史资料》,第5期。

"言论荒谬,诋毁党团尊严,影响党团威信"为由向綦江地方法院起诉。该刊被勒令停刊。

再以荣昌为例。抗战期间,荣昌出现过《收音新闻》、《抗敌周刊》、《抗建周刊》、《大众壁报》、《荣昌报》,这些报纸,形式多样,有油印性日报、周报、壁报、综合性报纸等。①

《收音新闻》是荣昌县收音室油印的日刊。荣昌收音室在1936年7月2日开始收音。当时只有一台馥玉牌七灯收音机,每天由收音员在早上收听成都广播电台、晚上收听"中央广播电台"的新闻播音并把消息抄录下来刻写蜡纸,油印1000余份,在第二天发送到各机关法团及重要学校,并张贴于县府门口等要道的墙壁上,向群众传达政令和传播信息。《收音新闻》日刊的编印一直都坚持下来。抗日战争开始不久,为躲避日军飞机轰炸,收音室迁到城北观音桥民房,仍继续收音,编印新闻。

《抗敌周刊》约在1937年"七七事变"后出版,每周一期,由肖德勋任发行,刘思德、赵纯文担任编辑,肖、刘均曾在四川日报社工作过。《抗敌周刊》社务组织分总务、编辑、营业三部,资本100元,社址设在荣昌大西街47号。由于目前还未发现出版的周刊实物,创刊、停刊日期还待考证。

《抗建周刊》1938年6月27日创刊,荣昌县抗建周刊社编辑出版。每周二出版。出版至第十一期后停刊,又于次年的6月26日复刊,并扩大版面,从八开两版改成四开四版。复刊第一期载有《复刊词》、《国内外一周大事记》、《国际要闻》、《国内一周战况》和《本县新闻》10则及特讯1则,其中有荣昌纪念九一八盛况、挨户慰问壮丁家属、五四捐款、七七献金之加紧疏散城区的机关和住户、召开扩大妇女座谈会等消息。第四版为副刊《建国之路》第一期,由黛梅主编,刊载了《抗战与妇女》和《抗战期中的忍耐性》两篇短论。复刊第二期刊载有《如何集中人才》的专论和《慰问抗属特写》和各类新闻。副刊刊载《制寒衣》、《抗战中的禁烟问题》等四篇短论和散文。

《大众壁报》是1938年由林锡传、郭锡鸿等邀约当时男、女中学师生32

---

① 参见郭礼淮:《民国时期荣昌出版的报刊》,《重庆报史资料》,第14期。

人，发起组成大众壁报社出版的刊物。办刊的宗旨是"宣传抗日，唤起民众，提高救亡情绪"。当年12月向荣昌动员委员会申请立案。1939年1月20日召开社员大会，推定由林锡传、肖玉芬、郭锡鸿3人负责。接着在1月28日正式成立并出版了第一期。除这一期创刊号是对开石印一大张外，以后都是手抄10多份张贴于当道的街口。《壁报》一般是每周出版一期，在连续出版了20期后，短暂复刊，旋即停刊。

《荣昌报》是荣昌出版的第一张综合性报纸。1945年开始筹备，由国民党荣昌县党部吕君实、县训政所张涛扬、教育科周道望等人筹备。名为招股举办，实由国民党荣昌县党部主办。1946年3月29日《荣昌报》正式创刊，四开四版一中张铅印，零售每份50元，订阅一年1000元。每隔六日出版一期，每期约发行1000份。社址设在昌元镇玉屏街23号，由荣昌文化服务社代理印刷发行。发行人为吕君实，主编由曾在北伐时期的革命军总司令部总政治部工作过的甘白水担任。《荣昌报》以宣扬政令，表达民情疾苦为办报宗旨。创刊号登载有《发刊词》及县中知名人士廖育群、周宝初等人的题词。

永川报业的情况，与荣昌有类似之处。抗战期间，永川先后出现过《永川县民众日报》、《永川新闻》、《永川民报》。①

《永川县民众日报》在1938年1月创刊，由永川县无线电收音室与永川县民众教育馆合办，利用收音机收听的抗日要闻，每日印成四开小报发送各单位，另廉价出售一部分。1940年，收音员、共产党员胡逸被永川县稽查处逮捕，报亦被查封。

《永川新闻》创刊于1942年元旦，由县参议员、民社党永川县党部执行委员唐杠鼎主办，于1944年停刊。次年5月复刊的《永川新闻》已由三青团永川分团主办，为四开有光纸石印，三日一期，每期约500份，经费自筹。

《永川民报》创刊于1943年6月，由国民党永川县党部秘书兼宣传干事范道松负责发行，经费从县党部的宣传事业费中支拨，初为三日刊铅印，后因经费不足改为石印，共出200多期。

---

① 参见重庆报业志编委会主编：《重庆报业志》，重庆出版社，2000年版，第116页；四川省永川县志编修委员会：《永川县志》，1997年版。

抗战时期的重庆各区县的报纸,影响力虽不如重庆市区的大报,却把抗战救亡的声音传递到区县和乡村,并在发动民众、沟通战情、播告政令、唤醒民众等方面发挥了大报无法达到的作用,重庆各区县的报纸也成为重庆抗战时期新闻传播体系中不可或缺的一部分。

第四章　繁荣与全盛：
重庆新闻传播事业的繁荣阶段（下）

第一节　广播事业与新闻摄影事业

抗日战争时期的陪都重庆，有国民党的中央广播电台（呼号 XGOA）和国际广播电台（呼号 XGOY，对北美为 XGOX）。这两座电台均属国民党中央广播事业管理处领导，是国民党的喉舌，同时也是重庆向全国和全世界宣传抗战的重要舆论阵地和传播工具，为中国人民抗日战争和世界反法西斯战争的胜利作出了特殊的巨大贡献。[①]

[①]有关抗战时期重庆的广播事业，参见重庆抗战丛书编纂委员会：《抗战时期重庆的新闻界》，重庆出版社，1995年版，第112—127页；《重庆市志：教育志文化志文艺志广播电视志档案志文物志报业志》（第十卷），西南师范大学出版社，2005年版，第470—480页；汪学起、是翰生：《第四战线——国民党中央广播电台掇实》，中国文史出版社，1988年版；胡耀亭：《抗战时期国民党国际广播电台节目的构成及其特色》，《中国广播》，2005年第11期；李佳佳：《回旋历史的声音——第二次世界大战中的中外广播国民党中央广播电台的抗战宣传》，《中国广播》，2005年第11期；赵玉明：《抗战时期的广播事业》，载中国社科院新闻研究所：《抗日战争时期的中国新闻界》，重庆出版社，1987年版，第187—200页；万宪、李忠禄：《抗战时期的 XGOA 和 XGOY》，载中国社科院新闻研究所：《抗日战争时期的中国新闻界》，重庆出版社，1987年版，第201—204页。

一、广播事业在重庆的恢复

国民党对广播事业的真正重视应当始于卢沟桥事变之后。1937年7月，日本连日用英语向世界各国广播，宣传此次中日冲突原因在于中国，使世界各国深信责任真就在于中国而不在于日本。面对舆论上的被动，蒋介石的德国顾问法肯豪森向军委会办公厅主任刘光提出，并建议说："此种国际宣传战，中国不可忽略。"[1]刘光在7月22日召开的卢沟桥事件第12次会议上对此做了报告。军政部部长何应钦当即指示参谋本部第二厅厅长徐祖贻"与中央宣传部洽商，每晚增加对国际之广播，与日方对抗"[2]。

国民党中央广播电台1938年从南京迁来重庆。中央广播电台初创于1928年，开始设于南京市丁家桥国民党中央党部内，功率仅500瓦，呼号为XKM，后改为XGZ，定名为"中央广播电台"。最初电波所及很是有限，只是东南省份。为了扩大宣传，国民党1930年向德国德律风根公司订购75kW广播机的全部设备，包括两座120米铁塔，在南京西郊江东门外北河口修筑发射台，1932年5月竣工。同年11月12日正式开播。改呼号为XGOA，发射频率为680千赫，1933年改为660千周，在当时，该台成为全国和东南亚最大的一座广播电台。

国民党中央政权迁往武汉，后迁重庆。该台于仓皇之中，只将75kW部分机件拆运迁往重庆。1938年初，重庆还处于一片混乱状态，中央电台即将从南京拆运转移来渝的广播器材，在上清寺中央党部所在地范庄附近聚兴村6号赁下办公室，装配成一部10kW中波发射机，因陋就简，利用距办公室800公尺丘陵上的牛角沱陶瓷职业学校旧房，架设200尺高的简易拉杆天线，于1938年3月10日以1450千赫频率恢复播音（1939年1月改为1200千赫），呼号为XGOA。播音语种有：国语、英语、蒙语、藏语、回语。不久，又征得交通部同意，借用重庆电信局7.5kW电报电话两用机作短波广播，后又增加

---

[1] 丁思泽：《卢沟桥事变后国民党政府军事机关长官会报第一至十五次会议记录》，《民国档案》，1987年第2期。

[2] 丁思泽：《卢沟桥事变后国民党政府军事机关长官会报第一至十五次会议记录》，《民国档案》，1987年第2期。

20kW 机两座，加入联播行列，并增添了厦门语和粤语节目。呼号为 XGKY。1942 年，又增加美制 10kW1200 千赫机一部（原有的 1200 千赫机作备用），每日播音达 13 小时。

国际广播电台原为中央短波广播电台。1936 年，中央短波广播电台开始筹建，由国民党中央广播事业管理处处长吴道一、总工程师冯简担任筹备处正副处长。1936 年国民政府广播事业管理处向英国马可尼无线电公司订购的 35kW 短波发射设备（包括定向与不定向天线、备用 250 千伏安蒸汽发电厂设备等）。整套设备在 1937 年经香港和河内辗转运至重庆。整个安装工程直到 1938 年 10 月完成，发射机和天线装在上清寺国府街临时发射室。经过试播，中央短波广播电台 1939 年 2 月 6 日正式开始播音，呼号为 XGOY。中央短波广播电台的主要任务是开展国际宣传，电台使用 17800、15190、11900、9500 千赫，根据国际时差及不同季节，向本国和北美、欧洲、东亚、南洋、印度等广大区域分段广播。这使得日本方面很为震惊，以致在中国沦陷区内日军采取严厉的政治措施和技术措施，禁止民众收听短波广播。

该台的归属曾数次变动。开始，完全从属于中央电台。称为中央短波广播电台。由中央广播事业管理处处长吴道一兼任台长，冯简任总工程师。1939 年 6 月 1 日，完全合并于中央广播电台。1940 年 1 月 15 日，又划出移交给中央宣传部国际宣传处领导和管理，并派王慎铭任台长，改名为"国际广播电台"，呼号、频率不变，多加一个英文名字"VOC"，意为"中国之声"。但仅过 5 个月，即于同年 6 月 17 日复归中央广播事业管理处管辖，派冯简任台长。国际广播电台的呼号曾用 XGOA，但长期使用的是 XGOY、XGOX（对北美），通常叫做 XGOY。

当时，中央广播电台、国际广播电台以最长时段向全中国、全世界广播。使用的语言有国语，方言有粤语、沪语、闽语、厦门语、客家语、台山语、台湾语，少数民族语言有蒙语、回语、藏语，外语有英、法、德、日、意、俄、荷、印度、阿、马来、韩、泰、缅、越语等十多种语言，定时分别向欧洲、北美、苏联、日本、澳洲、南洋广播。在这些语言中，经常使用国语、粤语和英语广播，其他语种一般每天播送半个小时。全台每天正常播音 12 小时，最长达 16 小时。此外，国际广播电台每天还要转播中央电台国语新闻30分钟。同时，该台还设置有传真机一部，每晚安排有几分钟对美国的传真节目。如在1945年的重庆谈判中，毛泽东从延安到达重庆的情景就是通过当晚的传真节目直接传到美国的。

抗战的最初几年，中央电台和国际广播电台在节目安排与设置上，都比较注意激发民众抵御外侮，保卫民族生存的爱国主义精神。用《中华之光歌》和《义勇军进行曲》作为每天的开始曲，用《满江红歌》和《总理纪念歌》作为每天的结束曲。

在节目设置上，为了配合抗战的宣传，中央电台较长一段时间都开辟有《抗战讲座》(每周四次)、《抗战教育》(每周二次)、《战地通信》(每周一次)、《民族英雄故事》(每周三次)，以及《敌情论述》、《抗战歌曲》等节目。

除有关抗战的节目外，中央电台和国际电台每天还分别辟有《纪录新闻》、《简明新闻》、《新闻类述》、《英语教授》、《国文教授》、《时事谈话》、《儿童节目》、《杂谈》等节目。并辟有《党义研究》(每周三次)、《科学常识》(每周四次)、《自修讲座》(每周三次)、《妇女讲座》(每周一次)、《家庭常识》(每周一次)、《青年讲座》(每周一次)、《学术讲座》(每周三次)等节目。文艺节目除《抗战歌曲》外，每天都安排有一定数量的川剧、"口琴"和"西乐"等文娱节目。

国际广播电台的对外广播，除设有几个英语、泰语、缅语播音员外，其余皆系中宣部国际宣传处人员和各国驻华记者到国际广播电台进行自编自播。如当时的美国国家广播公司NBC，加利福尼亚广播组织CBS，互通广播组织MBC，及英国大英广播公司BBC等组织的外国记者，经过国民党中宣部国际宣传处介绍，就可以到国际广播电台直接播出自己的节目(通过该国电台定时转播)。此外，国际电台每晚并有对美国广播的英语纪录节目一至二小时，由旧金山收录转播。

随着抗战的深入，特别是太平洋战争的爆发，国际广播电台借助国际宣传处与外国广播电台建立的广泛的合作关系，与国外广播机构形成了相互交流广播节目的态势。先后与重庆方面建立联播关系的有美国、英国、加拿大等国家的 10 多个电台,其中有 BBC、CBC、NBC、CBS 等在国际上较有声望的电台。1942 年中国国际电台对美国播送特别节目 151 次,美国全国广播公司、哥伦比亚广播公司、互助广播公司等转播成功 109 次。这些外国电台将重庆方面的节目代为传播,有力地在世界范围内传达了中国抗战的声音。

新闻是国际广播电台的主要内容。据统计,1941 年,国际广播电台共播出 675 小时,其中新闻节目 420 小时,约占 62% 以上。① 国内新闻,主要是采用国民党中央社的电讯稿和中央日报上刊载的新闻。英语新闻,主要由中央社及美国新闻处供给,而其他外国语广播的稿件,主要由国民党中央宣传部国际宣传处供给。国际广播电台的另一个新闻来源是收听各国电台广播的重要新闻。例如 1941 年 6 月 22 日,国际广播电台最先收到德国对苏宣战消息,立即赶播出去。《扫荡报》记者从国际台了解到苏德战争爆发的消息后,随即编发了号外。1941 年 12 月 8 日凌晨 2 点 05 分,日本偷袭美国珍珠港,太平洋战争爆发。国际广播电台于上午 3 时 45 分收到伦敦英国广播公司广播后,即于上午 4 时 15 分在国语和英语广播中播出。《中央日报》根据国际台消息,于 8 日出版的报纸刊出大战爆发消息。

从 1943 年 1 月起,国际广播电台每周播报时事评述,内容由国民党中央宣传部国际宣传处统一撰写。主要的有时事评述有《驳斥敌人侵害我沦陷区土权》、《告日本国民》、《日军阀骗民众到南洋送死》、《日本春秋攻势的失败》、《日本军部与汪伪政权》、《日本不堪长期消耗战之苦》、《敌人已经踏上失败的程途》、《驳斥东条在两院的演说》、《所谓东亚共荣圈的内幕》、《日本国民生活暗淡》、《日寇农村饥饿现状》等等,时事评述的内容相当广泛。特别是其中的对日广播,被称为"卓有成效的心战"。

1943 年 6 月,国民党军中播音总队在重庆成立,总队最先属于原国民党军事委员会政治部,后划给国民政府国防部。该总队经过两年筹备,于 1945 年在重庆遗爱祠建立"军中之声"广播电台,呼号为 XMPA,担负对前线部队和对敌方的广播宣传任务。抗日战争胜利后,该台于 1946 年 5 月分批由重

---

① 胡耀亭:《抗战时期国民党国际广播电台节目的构成及其特色》,《中国广播》,2005 年第 11 期。

庆迁至南京播音,除用汉语和英语播送新闻外,设有《领袖言行》《精神讲话》《步兵操典》等节目。此外,国美的政府为服务美军,还曾于1944年在白市驿为美军设置50瓦广播电台一座,后随美军的撤退而告终。

二、较有影响力的广播活动

在抗日战争和世界反法西斯战争中,重庆的中央电台和国际广播电台,在宣传抗战,揭露敌人,向全世界报道战况,争取世界舆论同情等方面,做了不少工作,同时也成为世界反法西斯战线上的一个重要宣传阵地。许多关心中国抗战的国际友人,一般都从国际电台的广播中收听到一些信息,重庆的中央电台和国际广播电台在国际上被称为"中国之声"。

当时,除"党国"大员外,中国共产党的领袖人物,著名爱国人士及盟国政治家,也通过广播,尤其是国际广播电台"声被全球",除了中国人士,许多国家的来访友人、驻华使节以及新闻记者,都通过它向全世界播讲。①

1939年5月31日,周恩来应中央广播电台邀请,发表《二期抗战的重心》广播讲话。当时,抗日战争进入相持阶段,日本"三个月内灭亡中国"的迷梦已经破产,被迫作战略调整,"尽力把民族矛盾引向主义的对立",对国民党政权加紧诱降活动。周恩来在这次广播中,考虑到复杂的政治形势,以巧妙、委婉的言词,坚定不移的政治立场和对抗战胜利的充分信心,准确地分析了形势,痛斥为虎作伥的汉奸,抨击了以反共代替抗日的反动思潮,宣传了中国共产党关于救亡图存的战略思想:"广泛开展游击战争","深入敌后,争取敌后,到那里去建立根据地,到那里去消灭敌人,以争取二期抗战的胜利"。②在周恩来的倡导和影响下,一些中共领导人如彭德怀、邓颖超、吴玉章以及郭沫若等先后在重庆等地广播电台发表多次广播演讲。

1940年4月18日,宋氏三姐妹应重庆中央广播电台及国际广播电台的邀请,一起发表广播演讲,由美国NBC广播网向美国播放。宋庆龄怒斥敌寇

---

①这些演讲,主要来源于以下记载,汪学起、是翰生:《第四战线——国民党中央广播电台撷实》,中国文史出版社,1988年版;阳武:《桃花映面宋美龄》,湖北人民出版社,2005年版。
②《二期抗战的中心》,《广播周报》,第174期,1939年7月1日。

暴行,谴责缺乏正义和公道的国家,并声明中国人民的抗战决心;宋霭龄告诉世界,中国妇女也活动在抗战的最前线;而宋美龄则主要是针对美国的国会议员和新闻界,她谴责了美国政府在"中立"的幌子下,向日本出口战略物资的可耻行为。她们正义的声音通过电台大功率发射机,越过浩瀚的太平洋,送到大洋彼岸每个有正义之心的美国听众耳中。果然,美国人骚动了,大学生上街进行游行声援,美国国会也重新研究中国问题,各种舆论向正义方倾斜。

1942年6月1日,蒋介石、宋美龄夫妇应美国陆军部之邀,为美国陆军纪念日作特别广播。蒋介石在这次广播中,介绍了中国抗战情况,呼吁美国加速以军备援华。同以往一样,宋美龄以英语译播,并随后以个人名义作简短讲话。为表示友好,这次还邀请在华美军人员参加广播,他们是:美国军事代表团团长史迪威将军的代表、该团空军首席军官比塞尔将军,史迪威部下的技术兵仓得斯白、"飞虎队"无线电技术员雷凯斯特。这次播出时间,重庆是6月1日凌晨2时54分,而美国约为5月31日下午3时左右。美方安排国家广播公司NBC于一次特别节目中向全美转播,收听者甚众。事后,许多听众来信飞向重庆。美国陆军部长马歇尔将军发来电报称:"此次贵台播送之特别节目,在美国转播结果十分良好,引起美国千百万听众之热烈兴趣和好感。"援华问题,在美英等国舆论界得到了重视,许多友好人士为此积极活动。

1942年6月1日深夜,宋美龄以流利的英语又作了一次特别广播。这是为纪念宋女士毕业于美国魏斯里女子学院25周年而特意安排的。收听对象名为该学院师生和校友,实为广大美国听众。她在这次播讲中,回顾历史,批评当年列强坐视日本侵略中国以至酿成全球性灾难,强调中国抗战对盟国的意义,要求美国军事援华。[①]为了转播并收听这次讲话,美方作了细致的准备工作,哥伦比亚广播公司所属全美各广播电台全文收转,向美国公众播发魏斯里女子学院以及该院各地校友,在全美各大城市组织集会收听,许多社会名流参与其事,发起募捐,并联名致电罗斯福总统,发起援华运动。

[①]宋美龄的这次演讲,分三次刊载在1942年6月14日、15日、16日的《中央日报》上。

"美国祈祷日"的广播,是一次别开生面的宣传活动。1942年5月1日,美国天主教联合会主席弗莱根致电国民政府主席林森、行政院长蒋介石,代表百万会员,请求中国教友为全美人民举行一次大规模祝福祈祷。正致力于中美友好、呼吁美国援华的国民政府,对此非常重视,交由于斌主教统筹一切。出现了6月7日大规模的祈祷活动。中央、国际二台对此均作宣传报道。

1942年6月2日,是苏联卫国战争一周年纪念日。为此,广播大厦举行盛大集会。中苏文化协会发起,该会会长孙科具笺,邀集党、政、军、妇女、文化各界代表,以及苏联和各盟国驻渝使节、军事代表团团长,新闻记者参加。邓颖超、郭沫若也应邀出席。宋庆龄、孙科和苏大使潘友新及英美大使相继发表演说。对这次活动,中央、国际二台均作了报道,并播出一些讲话内容。在此前后,还有不少有关苏联的广播演讲,如总参谋长何应钦、中宣部长王世杰曾作苏联英勇作战及其重要性的讲话;还播出孙科致斯大林及苏联全体军民的贺电。22日夜,孙科特地对苏广播15分钟。这座电台长期以来将苏联作为"中共"的"祸根"加以贬斥,所以这次对苏联的友好姿态在社会上引起了强烈反响。

1942年6月14日,"庆祝联合国日"则是更为重要、声势更为浩大的广播宣传活动。这一天本为美国"国旗日"。1942年元旦,26个国家在华盛顿发表联合宣言,结成世界反法西斯联合阵线。在这种形势下,美国罗斯福总统提议将这一年的美国"国旗日"改为"联合国日",同时对各签字国国旗表示敬意。联合阵线各国积极响应,形成环球性庆典。中国结束了一国对日作战的局面,反应尤为热烈。重庆市区到处张灯结彩,同盟国旗帜迎风飘扬。这一天,除了对有关庆祝活动进行广播宣传报道,还有两次重大的现场广播活动。

其一是"新生活运动会"主办的联合国代表讲演会,于上午10时在"新生活运动总会"的忠义纪念堂举行。

重庆市市长吴国桢首致开会词,大意是:"……中国系首遭侵略之国家,以劣势配备,独自抗战四年余;而重庆复为民主国家首都中遭受轰炸最久最剧烈者。今见自由大树为 27 国之旗帜所环绕,并蒙各贵宾莅此,衷心的愉快。此次战争,可称为一具有世界性新生活运动……实系各联合国共具之荣誉。我们最后胜利,已无可疑。"

接着英国大使薛穆爵士、捷克公使米诺夫斯基、印度专员萨福来爵士、苏联大使馆参赞列费诺夫、美大使馆参赞范宝德,比利时大使馆秘书史迈斯等先后讲述各国战时情形及对于联合作战之贡献。"新生活运动总会"副总干事辛楚等四人担任翻译,由中央广播电台实况向全国广播。

其二是嘉陵宾馆晚餐会,由 13 个国际文化团体主办。这是重庆市 1942 年以来最大的国际盛会。

晚上 8:30,开始对世界各国广播。先由中央秘书长吴铁城播讲:"今日为誓死捍卫人类文化的伟大同盟国家致敬之日。中国置身于此赫赫同盟中,殊为荣幸。本人当借此最适当之机会,重申中国必将竭尽其能力,击败轴心国家之决心。虽然过去某一时期为孤军苦战,然而我们仍能抵抗侵略,赓续未辍。现在我们已是同盟国家中之一员,为一共同目标而奋斗,并共以最大信心一致向前击败轴心。敬祝同盟国家万岁!"其后,苏、美、英大使,澳、捷、比公使,荷代办(一说为公使),及印度代表共 8 人,先后各以一至一分半钟的时间发表广播演说。

这一天,中央、国际二台整个白天播送重要广播节目,国民党要员频频而至:林森对各联合国家广播,戴季陶、于右任分别对印、苏广播(华语广播,外语译出),孙科、王宠惠和英大使集体以英语对英国广播,孔祥熙夫妇对美国作英语广播等等。播出时间均根据各收听国时差,交错安排。其中于右任的对苏演讲,敞开胸怀,情真意切,一扫多年来流行于世的对苏偏见,高度评价苏联革命和苏联人民的领袖斯大林。这篇演讲正值苏联欧洲地区最佳收听时间,许多苏联公民收听后反响强烈。

中央电台还加强对日军和日本公众的广播,组织日本战俘作广播讲话,并经常播出缴获的不满日本军阀、反对侵略战争的日军官兵的家信、笔记等,揭露日本帝国主义罪行,将事件真相公诸于世。这对于争取日本公众乃至侵华士兵具有一定成效,特别到抗战中、后期,随着日本人民的觉醒和日军素质的变化,这种"心战"广播就收到更大成效。对此,日本当局非常头痛,日本广播界人士将这座中央广播电台斥之为"重庆之蛙"。

三、重庆广播事业的发展与言论的倒退

在抗战的烽火中,日寇的进攻不但未能摧垮我国的广播事业,而且广播事业在历经挫折后有了一定的发展。

中央广播电台从南京迁来重庆不久,就着手建设"广播大厦"。选址在上清寺聚兴村对面火烧坡地段(即现在的中山三路159号"重庆人民广播电台"所在地)。1938年中开始兴建,1940年底竣工。这座三层"广播大厦"位于高出地面一丈多的小丘上。为防空袭,以块(条)石为墙,底板及上顶为厚约一尺的钢筋混凝土。上层为中央广播管理处办公室,二层及底层,除安排中央,国际二台办公室外,还有大中小七个发音室。"大发音室高2.4丈,可供大规模乐队演奏、平剧彩排,歌咏合唱等特别节目之用,同时可容纳观众350人。底层四间小发音室各高1.2丈,二层两间发音室则高1.7丈。所有发音室都用油毛毡、刨槽杉木板、厚纸板为隔音设备,虽然不甚美观,但隔音效果甚佳"。[①] 在当时的重庆,它不但是广播电台的中心,也成为许多政治、文化活动的集会场所。通过这里发射的电波,中国人民抗日爱国的声音向全国同胞和全世界慷慨传达。

国际广播电台建成开播不久,日机轰炸重庆日趋频繁。对两台正常广播造成很大威胁。1939年9月3日,中央电台沙坪坝短波机房和土湾的备用蒸汽发电厂接连被炸,房屋塌毁殆尽。位于小龙坎国际发射台亦毫无防空设施。因此,国际电台在国际宣传处接管期间,开始修建防空机房。防空机房呈半圆筒形,长100米,宽10余米,高10米左右,用1米厚钢筋混凝土建成,于1940年筑成投入使用。后中央、国际两台主要发射设备移入坚固的防空机房内,使不间断的安全播出有了保障。

据国际广播电台每月工作计划实施报告记载:"1941年7月记载:在敌

[①] 汪学起、是翰生:《第四战线——国民党中央广播电台掇实》,中国文史出版社,1988年版,第106页。

机空袭频繁之威胁下,全力维持广播节目。有时电源中断城内无法发射时,即改机房所在地播出,故中国之声曾无一日中辍。本月二日,敌国《朝日新闻》所称本台"虽在日机空袭威胁之下,仍保持自朝至晚之广播节目,高调抗战必胜的自信心云,殆亦敌人感佩之言乎?"①可以说,冒着敌人的炮火,当时重庆的广播新闻工作者是用生命向全世界及时发送电稿,傲然传播中国人民不屈的声音。

但是,从1940年4月起,中央电台和国际电台改用了新节目时间表,在中央电台的节目表中,原来的"义勇军进行曲"、"抗战教育"、"抗战讲座"和"抗战歌曲"等有关抗战内容的节目都取消了。新设立了"总理遗教"、"总裁言论"、"公民教育"等节目。仅在国际台对外广播的节目表中,还保留有"抗战歌曲"的节目。中央电台和国际电台在抗战前一段,对抗日宣传是积极的,宣传作用也较大,但随着国民党内的顽固派接连掀起的反共高潮,抗战宣传就逐渐削弱了。"从消极方面来说,国民党当局并没有从根本上改变过去压制和摧残抗日进步舆论的作法,国民党电台的抗日广播宣传有着很大的片面性,人民无法从他们的广播中了解到中国共产党领导下八路军、新四军等人民武装英勇杀敌的真实情况。"②相反,由于政治主张的分歧,国民党的广播中仍然充斥着对中国共产党的排挤内容,有些甚至颠倒黑白。此外,借口抗战是"非常"时期,当局禁止开办民营广播电台,在一定程度上造成国民党广播垄断的状况。

抗日战争胜利后,回顾过去这段历史,国民党中央广播事业管理处处长吴道一于1946年5月5日,在南京中央广播电台发表的讲话中说:"广播事业在抗战期中,施展了最大的力量,充分尽到政府喉舌的责任。""至于广播事业的从业人员,在各自岗位上备受艰辛,奋斗牺牲,屹立不摇的精神,即使与前方的战士相比,也毫无逊色。""最近数年,物价高涨,生计日难,广播工作人员还是能够忍饥耐寒,勤奋不辍,毫不懈息……广播事业在获得胜利的进程

---

① 魏仲云:《炸不哑的"重庆之蛙"》,载重庆通俗文艺研究会:《世纪新聊斋》,2010年版。
② 赵玉明:《抗战时期的广播事业》,载中国社科院新闻研究所:《抗日战争时期的中国新闻界》,重庆出版社,1987年版,第200页。

中,是有其不可湮没的贡献的。"①

第二次国共合作的实现和抗日民族统一战线的建立,使得国民党广播宣传中的抗日爱国的进步内容有所增长,对于动员和激励全国军民的抗日斗志和加强世界进步力量的反法西斯斗争起了积极的作用,尤其是抗战初期可歌可泣的救亡宣传,写下了中国广播史上的悲壮篇章,值得人们永远怀念,这是国民党广播历史上颇有光彩的一页。不过,"令人遗憾的是,由于国民党一些主要当权者没有放弃反共方针,致使反共反人民的广播宣传屡屡发生,某些时候甚至还相当嚣张,就在很大程度上削弱了前述积极作用的发挥。"②

1945年9月,抗战胜利以后,中央广播电台随国民党政府迁回南京,国际广播电台仍留重庆播音,到重庆解放前夕,每日仅晚上播音一次(约四小时),播音语言亦减为只有国语、粤语、英语和越语四种。国际广播电台所有的机器设备于1949年11月28日被撤退的国民党军队全部炸毁,至此抗战时曾誉满中外的国际广播电台就此结束了。

四、新闻摄影事业的停滞与发展

新闻摄影是战时新闻报道的重要组成部分,③对战争的发展起着特殊意义。它在战争中反映和纪录战斗实况,是鼓舞士气、打击敌人,争取胜利的手段之一。抗日战争时期,新闻摄影承担着宣传同仇敌忾、团结抗战的重要作用。

早在抗日战争爆发前,中国的新闻工作者就开始用新闻摄影的形式来揭露侵华日军的罪行,如戈公振主编的《生活国难惨象画报》、《生活周刊双十特别画报》,撷选了多幅日军在东北的照片,将东北日本人治下的惨象生动地

---

①《广播周报》复刊第一期,1946年。转引自万宪、李忠禄:《抗战时期的 XGOA 和 XGOY》,载中国社科院新闻研究所:《抗日战争时期的中国新闻界》,重庆出版社,1987年版,第202页。
②赵玉明:《抗战时期的广播事业》,载中国社科院新闻研究所:《抗日战争时期的中国新闻界》,重庆出版社,1987年版,第200页。
③有关抗战时期的新闻摄影事业,参见舒宗侨:《抗日战争与反法西斯战争中的新闻摄影》,载中国社科院新闻研究所:《抗日战争时期的中国新闻界》,重庆出版社,1987年版,第201—218页;重庆抗战丛书编纂委员会:《抗战时期重庆的新闻界》,重庆出版社,1995年版,第122—127页;甘险峰:《中国新闻摄影史》,中国摄影出版社,2008年版,第55—85页。

展示在全国人民面前。"从'七七'事变到上海失陷的四个月里,是抗战时期新闻摄影工作最为活跃的阶段。"①抗日战争开始的时候,作为全国当时新闻出版中心城市的上海,在三四个月时间,就有20种画报出版。这些画报的题材内容,全部都是抗日救国的,一扫过去有的画报那种风花雪月,甚至黄色下流的低级趣味。

南京沦陷以后,武汉成为战时政治、经济和文化的中心。当时中外记者和摄影师,都以武汉作为采访战地新闻的集散地,同时也有国民党中宣部国际宣传处摄影科、中央通讯社摄影部、军事委员会政治部第三厅的摄影宣传部门,励志社的电影科,共产党支持的全民通讯社,私人组织的武汉新闻摄影社、中国新闻摄影社等新闻摄影机构相继成立。几家大的报纸,如《武汉日报》、《扫荡报》、《大公报》、《新华日报》等,都出有画刊和新闻照片。摄影编辑叶浅予在国民政府军事委员会政治部第三厅工作时,专门主编了一本具有文献价值的《日寇暴行实录》,内刊日军暴行照片140余幅,分别以"烧、杀、炸、奸、劫"为题,揭露日本侵略军在中国所犯的种种罪恶行为。这些照片,大部分来自于中国军队从战场上和日军俘虏身上搜缴而来,特别具有真实性,其中很多是日军1937年12月13日进入南京实施南京大屠杀的照片。

1938年10月,抗战中心转移到了大后方的重庆,其后由于敌机不断轰炸重庆及后方各地,物质条件越来越困难,报纸改用土纸印刷,印刷材料和照相材料都很缺乏,使得摄影宣传受到严重影响。从武汉迁到重庆的摄影机构,几乎陷入停顿状态,画报全部停刊,仅偶有不多几次摄影展览会举行。1941年太平洋战争爆发后,抗战形势对中国逐渐好转,新闻摄影工作的情况也大为改观。

从1942年起,各国在重庆及大后方各大城市,分别成立新闻处。中国为配合盟国的摄影宣传,也作了一些工作。除原有各新闻摄影机构外,又有中、英、美三方联合举办的"联合国影闻宣传处"、重庆《联合画报》社、《大战画集》社、《星岛画报》社等12个新闻摄影机构,其中有官方的,有民营的,有中

---

① 方汉奇:《中国新闻事业通史》(第2卷),中国人民大学出版社,1996年版,第711页。

国的,有同盟国的,或中外合办的。

全民通讯社是接受中国共产党领导的通讯社。从武汉迁至重庆后,曾发表《重庆血屠》等新闻照片,反映1939年5月日军空袭重庆造成7000平民伤亡的事件,照片被香港《东方画刊》等报刊采用。

中央通讯社摄影部于1938年6月在汉口成立的,同年底迁至重庆,担任部主任的仍然是罗寄梅,魏守忠、俞创硕、顾廷鹏、蔡述文、宣文杰等负责新闻摄影的工作。他们拍摄的新闻照片供给国内外新闻媒体,同时作为资料保存。后来随着战争的进程,大后方的物资匮乏日趋严重,报纸因进口纸来源断绝,不得不改用土纸印刷,但是土纸达不到印刷照片的要求,无法使用新闻照片,中央通讯社摄影部的工作人员大多无事可做,纷纷离去,摄影业务处于停顿状态。

国民党中央宣传部国际宣传处摄影科是一个负责对外摄影宣传的机构,所摄照片主要供应香港和国外的新闻媒体使用。一般用"邝光"或"邝光社"以及英文名字"ThomasKwang"发表。比如,1940年5月,发表在《良友》第154期的整版照片《三个伟大的女性》就署名"邝光"。

联合国影闻宣传处的前身,是1942年夏成立的"联合国幻灯供应社",由中、美、英三方联合组成,主要任务是发行放映电影和幻灯片、举办照片展览以及出版画报,借此传播盟军胜利的消息。联合国幻灯供应社在1943年正式更名为"联合国影闻宣传处",处长由前齐鲁大学生物系教授、美国人温福立博士担任。内部机构包括编译、摄影、美术、组织四个科。影闻宣传处的工作是从各盟国征集新闻照片,制作成幻灯片供各放映点放映之用,同时举办新闻摄影展览,目的仍然是宣扬盟军在各条战线上取得的胜利。

美国新闻处于1942年冬在重庆设立了专门负责新闻摄影宣传的摄影部,有工作人员10余人,有中国人也有美国人。摄影名家魏守忠就曾经担任美国新闻处摄影部主任,直至抗战胜利。最初,美国新闻处摄影部是通过军用航空来传递新闻照片的,1942年底中美之间试验无线电照片传真获得成功后,重庆与华盛顿之间实现了新闻照片的无线电传真,新闻摄影的时效性得到更加充分的保证。美国新闻处在收到新闻照片后,会很快加以复制,然后把照片和底片分发各地分处。更为难得的是,他们不仅提供可供展览的新闻照片,还提供照片胶版,这样新闻媒体就可以直接用于印刷,省去了制版的时间和费用。此外,美国新闻处摄影部还负责提供相关的宣传设备和其他宣传上的便利。在美国新闻处摄影部提供的新闻照片中,既有来自美国本土和欧洲战场的,也有来自中国国内的,内容非常丰富。这些新闻照片及时传递了世界各国人民反法西斯战争取得的胜利,有效地声援了中国人民的抗日战争。[①]

同盟国家为了加强宣传,纷纷从本国经过印度、缅甸,或从"驼峰航线"运进大批照相器材、放映器材、还有已制好的照片胶版、纸版、新闻照片和底片,为开展摄影宣传提供了有利的物质条件。

战时重庆的条件异常艰苦,但新闻摄影活动仍然顽强地活跃着,并在重庆战时新闻传播体系中发挥不可替代的作用。联合国影闻宣传处和各国新闻处,经常发行展览照片,供各地文教馆、学校等展出,还建立起流通网络。美国新闻处时常放映电影,并有流动放映车在外巡回放映,同时还举办新闻照片展览。这些影展都是以中国抗战和世界反法西斯战争,以及盟国的战时生活、工农业建设、科学文化事业等材料为内容,其中有:苏联生活影展、重庆抗建影展、西康影展、重庆劳军影展、同盟国抗战胜利照片展览、苏联建国25周年影展、英国战时照片展览、美国战时照片展览、苏联三大名城保卫战照片展览、莫斯科照片展览、美国战时国防展览等。属于艺术摄影家的还有郎静山影展、杨春洲影展等,其中,中国举办的有7次,苏联、美国各4次,英国1次。中国先后还在英国、美国、苏联、荷兰和欧洲不少国家,举办过中国抗战摄影展览。

需要强调的是,当时国人已经注意到利用新闻照片进行对外宣传的重要性。国民党中央宣传部国际宣传处在这方面做了相当多的工作。抗日战争期间,国际宣传处先后在国外设立了12个办事处,分布在美国、加拿大、英国、法国、墨西哥、澳大利亚、印度等国,通过这些办事处与所在地政府、社会

---

①有关抗战时期重庆新闻摄影机构的介绍,参见甘险峰:《中国新闻摄影史》,中国摄影出版社,2008年版,第65—69页。

团体和新闻媒介发生联系。1942年1月6日,国民党中宣部副部长董显光和国际宣传处处长曾虚白发起成立了"反侵略国家联合宣传委员会",此后的对外新闻摄影宣传明显加强。他们通过设在国外的办事处把中国抗战新闻照片提供给外国的新闻媒体来放大中国的声音,或者通过在国外举办照片展览的方式来扩大中国抗战的影响。莫斯科、伦敦、纽约等地都举办过这种新闻摄影展览。"这些展览用直观、真实、无需翻译的画面语言,为中国抗日战争赢得了世界人民的同情与援助"。①

在相关国家的协助下,舒宗侨还先后在重庆创办了三个摄影宣传机构,即影闻宣传处、《联合画报》(周刊)、《大战画集》社。此外,大后方还有《田家画报》(成都)、《新世界画报》(广东)、《星岛画报》(重庆)等其他几家画报。其中,《星岛画报》时间最短,在重庆只出了一期。

《联合画报》由美国新闻处主办,是在战时重庆出版的时间最长,发行量最大的一份画报。《联合画报》1942年9月在重庆创刊。最初为半月报,后改为周报。从1942年到1949年,先后坚持八个年头。重庆出版到1945年10月第154期停刊。《联合画报》每周出版四开张两张八版。第一张1—4版全部都是照片,其中1版刊登时效性较强的新闻照片,其中主要是反映盟国联合作战的新闻照片,中美之间的无线电照片传真试验成功后,它的国际照片尽量选用传真照片,以充分保证时效;2版主要刊登新闻性相对较差的照片;3版是"联画摄影旅行"专栏;4版用于刊登其他摄影作品,也包括非新闻照片。第二张5—8版则是文艺稿件,有文字(通讯、评论、小品)、漫画、地图等,其中文字漫画部分,特别邀请老舍、茅盾、孙伏园、丁聪等名家为画报撰文作画。

《联合画报》采用特制的洁白土纸印刷,当时几乎是大后方唯一可以看见新闻照片的报纸。《联合画报》在后方各大小城市设有100多个代销处,最高发行量达4万余份。为了对敌宣传,画报每期都有一定数量的图画版,由盟国飞机带到沿海城市,从空中散发,对敌人震动较大,对沦陷区民众则起到鼓

---

①甘险峰:《中国新闻摄影史》,中国摄影出版社,2008年版,第69页。

舞作用,这项工作持续进行了两年多。"有次安徽某地一日本兵,看到画报上盟机轰炸日本的照片,手指着照片,表示日军回不去了"。[①]

在重庆的三年时间里,《联合画报》一直坚持自己的办刊宗旨:"用我们的'开麦拉'(英文'照相机'camera 的音译),将联合国英勇奋斗的情况与战绩,留驻永恒。"[②]《联合画报》是以独立经营、销售的形式出版的,把中国读者的需求作为取材、编辑的主要依据。报纸虽是由盟国创办,却尽量结合中国战场的特点,搜集中国的新闻照片发表。根据第二次世界大战的形势发展,《联合画报》也第一时间向中国读者传递盟军战场的声音。1943 年盟军在意大利登陆、1944 年盟军在诺曼底登陆、1945 年美军从太平洋诸岛进入日本本土、苏军攻克柏林、中国军队收复桂林进入越南,《联合画报》对这些历史事件都做了图文并重的报道,为世界反法西斯战争进行了成功的舆论宣传。

此外,舒宗侨创办的《大战画集》社,不定期地把图片资料汇编成集,从 1943 年到 1945 年,共出版 5 集,成为西方媒体发表中国战时状况的重要来源。

必须提出的是,在华的外国摄影师也积极参与到新闻摄影工作中。抗战时期,美国《生活》杂志在重庆还专门派驻摄影记者,先后有卡尔·曼德斯、阿瑟·麦肯、帕尔默·霍伊特、芭芭拉·斯蒂芬斯、玛格丽特·伯克-怀特、杰克·威尔克斯等人,卡尔·曼德斯拍摄的有关重庆的内容有许多,被侵华日军飞机轰炸后的纪实图片,触目惊心,迄今令人过目不忘,其中还有部分为彩色照片。阿瑟·麦肯流传下来的作品不多,但他有关重庆大轰炸的照片很是深入人心。玛格丽特·伯克-怀特是一名令人称道的女性摄影记者。她在第二次世界大战中曾几经出生入死,被委任为美国空军官方摄影师。她拍的照片由美国空军和《生活》杂志共同使用。她拍摄过著名的宋庆龄与宋美龄

[①] 舒宗侨:《抗日战争与反法西斯战争中的新闻摄影》,载中国社科院新闻研究所:《抗日战争时期的中国新闻界》,重庆出版社,1987 年版,第 213 页。

[②] 甘险峰:《中国新闻摄影史》,中国摄影出版社,2008 年版,第 67 页。

的合照。① 为美国《生活》杂志担任战地摄影记者的杰克·威尔克斯,于1945年来到中国,他的足迹遍及重庆、桂林、汉口、汉阳、北京等地,在两年时间里,威尔克斯发表了数百张反映中国军民抗战的珍贵图片。在国共重庆谈判期间,威尔克斯拍摄和发表的十几张毛泽东个人及毛泽东和蒋介石会面照片,是目前所能看到美国记者拍摄纪录这一历史事件最多的照片。

1941年美国摄影师雷伊·斯科特在没有得到美国政府的任何财力资助的情况下,进入战火漫天的中国,拍摄了大量抗日战争时期"中国战争场面"新闻照片,这些为当时斯科特所在美国联合艺术家专门提供媒体使用的原始新闻照片,每张尺寸20cm×26cm,照片画面主要有"重庆大轰炸"、"战争中的儿童"、"中国军队整装待发"、"军民抗战""百姓生产自救"、"蒋介石与宋美龄"等等,成为不可多得的战时史料。而从没用过摄影机雷伊·斯科特在艰苦环境下用一部16毫米摄像机拍摄下的中国抗战纪录片《苦干——中国的战斗号角》,②则获得1942年第14届奥斯卡奖特别奖,这也是历史上第一部获得奥斯卡奖的纪录片。

---

①在世界职业女性中,玛格丽特·伯克-怀特是最杰出的一位新闻摄影师。她还经历过著名的"莫斯科保卫战",是采访过斯大林的唯一西方记者。在中国抗战时期的重庆、在战败国日本、在冷战时期的朝鲜等国家,她都拍摄了大量的新闻与人物图片,她所表现的主题是人道主义的。另外她还是美国工业题材摄影中的第一位女摄影师。战后她还受《生活》杂志委派到印度,拍摄了圣雄甘地,并且在甘地被刺之前,曾采访了他几个小时。她的最重要的成果是拍摄了印度和巴基斯坦两国间的教徒大迁移,并完成了《通往自由的途中》的作品集,具有很高的社会学价值,为纪实摄影添上了亮丽的一笔。她的一生充满传奇般的经历,执意追求轰轰烈烈的生活。在纪录历史的同时,她自己也成为一个历史人物。美国的"好莱坞"曾以她个人的经历为素材摄制了故事片《救生艇》。西方曾有多部记载她传奇生涯的著作,如 Christopher C. L. Anderson. *Margaret Bourke - White*: *Adventurous Photographer*; Catherine A. Welch. *Margaret Bourke - White*: *Racing With a Dream*; Stephen Benett Phillips. *Margaret Bourke - White*; Vicki Goldberg. *MargaretBourke - White*。

②富兰克林·D. 罗斯福总统曾在白宫的私人影院观看了《苦干——中国的战斗号角》,当时美国各大报纸都曾报导此事,一般认为,该片对罗斯福总统也可能产生影响。这部影片也被许多支持和援助中国的团体用来筹款的最好宣传工具。《时代》杂志的老板 Henry Luce 甚至还为他的员工开了一个私人电影招待会专门放映这部影片。美国电影艺术与科学学院(AMPAS)在给雷伊·斯科特颁发荣誉奥斯卡奖是此奖是用来表彰"他在用电影'苦干'来记录中国人民的苦难和斗争而作出的非凡成绩,尤其是其在最困难和危险的条件下用16毫米摄影机拍摄"。Steven Gu. *NACA sponsored documentary film 'Finding Kukan'*, http://www. naca - atlanta. org/? naca - sponsored - documentary - film - finding - kukan - 129. html

第二节　外国驻华新闻机构及在渝外国记者

抗日战争爆发前,欧美老牌通讯社在上海基本上都设有分社,在其他重要城市派有记者或通讯员。其中,规模最大的应属英、法、美三国。抗战爆发后,随着国民政府的政治中心远迁重庆,外国通讯社也随之来渝。[①] 在此之前,重庆尚无外国常驻记者。

一、外国驻华新闻机构及在渝外国记者概述

1938年8月中旬,德国海通社最早从汉口西撤来到重庆,建立"海通社重庆分社",负责人为艾格纳,中方职员有刘宗岳、陈云阁二人。这是最早来到重庆的外国通讯社。

海通社抵重庆后,通过德国领事馆介绍,租住在市区大梁子公园路后街德籍医生毕希德诊所楼上,作为分社社址和艾格纳住宿地,并与中央社迁渝工作组和由董显光用中宣部副部长名义直接领导指挥的国际宣传处恢复了业务联系。不久,重庆报界召开"九一"记者节纪念大会,特别邀请艾格纳。重庆报界代表、《新蜀报》总经理周钦岳,致词欢迎,并对艾格纳作了介绍。会上,艾格纳发言说:"我到过世界许多地方,像重庆这样山水环抱,气势雄伟的山城还不多见。海通社是国际主要通讯机构之一,它以柏林为中心,用多种语言向世界各地播发它所采集的消息,它重视新闻时效和新闻职业道德。此

[①] 有关抗战时期来渝的外国通讯社及外国记者,参见重庆抗战丛书编纂委员会:《抗战时期重庆的新闻界》,重庆出版社,1995年版,第91—111页;张育仁:《重庆抗战新闻与文化传播史》,重庆出版社,2009年版,第188—200页;孙源:《在陪都的外国记者》;张志渊:《遥远的回忆——记我与几个外国记者的交往》;沈剑虹:《抗战后期重庆外国记者群》;冀伯祥:《战时国际宣传处简况》,《重庆报史资料》,第17期;方土人:《重庆苏联塔斯通讯社杂忆》,《重庆报史资料》,第19辑;张功臣:《外国记者在战时重庆的报道活动记略》,《现代传播》,1996年第6期;陈云阁:《抗战初期外国记者在重庆的活动》,《重庆文史资料》,第31辑;武燕军等:《抗战期间外国记者在渝活动纪略》,《重庆文史资料》,第31辑;张威:《抗战时期的国民党对外宣传及美国记者群》,《杭州师范大学学报》,2009年第5期。

来能与山城同行见面,就彼此最关心的时事问题沟通信息,极为快慰,希望各位不吝指教并惠赐协助。"[①]会后,周钦岳还以朋友身份,便宴招待艾格纳,并邀请艾格纳和《新蜀报》的主要编采人员漆鲁鱼、杨丙初等座谈。

海通社在渝的采访报道,最初有声有色,向德国受众报道了中国抗日战场和后方民众的真实情况。1941年,因采写国共两党矛盾内幕,陈云阁和海通社负责人意见不合,请假离职。不久,中德断交,海通社也被迫关门撤走。

随着战局转移,英国的路透社、美国的合众社、美联社、法国的哈瓦斯社、法新社、苏联的塔斯社和《纽约时报》等在汉口的原班人马,也随武汉前线战局的转移,先后来到重庆。这些外国通讯社,立即与国民党中央宣传部的国际宣传处取得了业务联系,并定期参加星期五下午由国宣处组织召开的新闻发布会。

外国通讯社中,以英国路透社资格最老,势力最大。当时,英国路透社中国分社兼重庆分社社长是国际知名记者赵敏恒。赵敏恒早年公费在美留学,先后在科罗拉多大学文学院、密苏里大学新闻学院、哥伦比亚大学新闻研究生院读书,获硕士学位。后任路透社驻南京、汉口特派员,他最早向世界报道"九一八"事变、国际联盟旅顺调查团东北秘密调查报告、西安事变和开罗会议消息。

路透社重庆分社设在两路口中山三路重庆村内,赵敏恒就住外国记者招待所楼上左翼二间,办公室则设在国宣处每周召开新闻发布会的那间厅堂侧的房内。他常常口授英语电讯,由打字员打出电稿。他除发电至纽约外,每夜还写广播约900字发往伦敦,伦敦抄收后,作专电发稿。赵敏恒在重庆期间,与国民党中央宣传部副部长董显光、国际宣传处处长曾虚白、以及国民党中央一些要人,乃至宋美龄经常接触,因此获取信息较多,深悉抗日前线及国内各地情况,每天电话联系,即可获得重要消息,而且是秘闻。因此,路透社发过不少独家新闻。1943年,因为开罗会议报道的特殊成绩,赵敏恒获得了路透社内的最高奖项金烟盒奖。同时,也因这个报道,赵敏恒被提升为路透

[①] 重庆抗战丛书编纂委员会:《抗战时期重庆的新闻界》,重庆出版社,1995年版,第93页。

社远东司司长。①

  1944年,英国当局组织一批记者到非洲去写英军统帅蒙哥马利的胜利。但赵敏恒看到的是英国在非洲的殖民统治,非常气愤,他没有去写歌颂蒙哥马利的文章,却写了不少揭露英国在非洲殖民统治的通讯。这些通讯原是寄给他的夫人谢兰郁的信件,后来被他的学生陆铿看到了。陆铿觉得这些通讯写得很好,就把它交给重庆《新民报》发表,总题为《伦敦去来》。这些揭露殖民主义的文章触怒了英国政府,他们要路透社开除赵敏恒,并不准将这些报道汇编成书出版。但路透社是民营机构,政府不能直接管理。社方顶住不办,赵敏恒则表示:如果我写的不符合事实,你们可以处分我、开除我,如果我写的是事实,则这属于新闻自由,他们无权干涉。后来官方对路透社董事会施压,要赵敏恒写检讨。但赵敏恒为了维护记者的尊严,严辞拒绝,并毅然辞去路透社的工作,也拒领退职金。②

  1938年1月19日,新任苏联驻华大使奥莱斯基偕塔斯社通讯总社社长罗果夫及秘书梅拉美德等由汉口飞抵重庆。21日,罗果夫访晤重庆行营主任贺国光,畅谈抗战对四川的影响及四川在抗战中的作用。10月20日,新任苏联驻华大使卢干滋偕夫人、秘书及塔斯社社长罗果夫等6人乘车抵渝。

  抗战时期的塔斯社重庆分社,社址设在市区枣子岚垭99号,并备有自己的交通工具。这在当时重庆的新闻媒体都是望尘莫及的。他们有时也邀请中国记者或其他通讯社记者共同乘车采访。有时,如果有记者去早了,他们还要邀请一起便餐。一同吃了才走。③

  当时,苏联籍的记者有:罗果夫(社长)、诺米诺兹基(副社长)、叶夏明、司克渥策夫、沙曼诺夫。由于中苏有军事协作关系,苏联在重庆还成立了军

---

  ①吴中杰:《一代名记赵敏恒》,http://www.douban.com/group/topic/2004626/。
  ②另一说是赵敏恒在1944年重庆大地出版社出版了个人自传《采访十五年》引起外国记者群的不满,白修德等十六名外国记者认为赵敏恒所写的《采访十五年》"败坏外国记者名义",路透社总社要求赵敏恒收回《采访十五年》一书,赵不同意并辞职,参见武燕军等:《抗战时期在渝外国记者活动纪事》,重庆文史资料选辑(第30辑)。也有一说是赵敏恒在专栏上揭发某些外国记者制造新闻,报假账,引起全体外国记者公愤,一方面要求国际宣传处对赵加以惩处,同时去电路透社总社提出抗议,参见沈剑虹:《抗战后期重庆外国记者群》,《重庆报史资料》,第19辑。
  ③张志渊:《遥远的回忆——记我与几个外国记者的交往》,《重庆报史资料》,第19辑。

事顾问团,在塔斯社内还配备了一批战地记者:谷宾斯基、查格拉斯基、勃海金、亚可勃夫、亚理叶夫、葛勃金等(这些记者都轮流回国)。中国记者方面有:舒宗侨、①苏达夫、安世祥、方世人、张郁廉、王玉飞(女)。②还有一个白俄打字员和三个工友。

罗果夫是工人出身,学过汉语,可以进行一般对话。但在较多的场合下,还是用不十分规范的英语,通过中国记者翻译或直接用英语和人对话。他平易近人,喜欢和人开玩笑。他虽然住在外国记者招待所外面,但每周参加国际宣传处的新闻发布会时,他总喜欢和《新华日报》的章汉夫亲切交谈。合众社的王公达与专为美国报刊写通讯并利用这些时机为他们自己搜集写书资料的爱泼斯坦、白修德等人都成了罗、章二夫交往较密的朋友。

塔斯社在重庆时期的工作内容有:(一)每天向总社发新闻电报,提供中国的消息,一般译成俄文,通过国际电台发出;(二)翻译中国报刊文章和通讯,用电报发出多;(三)译发苏联总社的英文电报稿,先译成英文新闻稿,然后又译成中文稿;(四)拍摄少量新闻照片。

塔斯社与其他外国通讯社不同的是,他们对于群众的爱国运动、国共关系、游击战争、民主党派等更感兴趣。罗果夫和其他苏联记者,时常到各战区和内地去采访,对新闻人物也不失时机进行访问。据舒宗侨回忆,"1938年2月,我和塔斯社社长罗果夫、军事记者谷宾斯基同到徐州访问了五战区司令长官李宗仁和其他军事将领张自忠、于学忠等人"。"1938年12月,塔斯社记者罗果夫、司克渥策夫和我同去成都、雅安、康定,了解大后方的情况。"③塔斯社还及时将重庆报纸中有关苏德战争中亲苏的消息、评论发回苏联,以鼓舞斗志。由于苏联在中国抗战和世界反法西斯斗争中所处的地位,苏联记者

---

① 舒宗侨是1937年10月在上海参加塔斯社工作的,也是该社第一个随同迁入内地的中国记者。有关舒宗侨在塔斯社的活动,参见舒宗侨:《战时我在国统区当新闻记者和办画报、编画史》,《摄影文史》,1995年第4期。

② 陈云阁:《抗战初期外国记者在重庆的活动》,《重庆文史资料》,第31辑。

③ 舒宗侨:《战时我在国统区当新闻记者和办画报、编画史》,《摄影文史》,1995年第4期。符拉基米尔·尼古拉耶维奇·罗果夫(1909—1985),俄罗斯人,苏联共产党员,从1937年起任塔斯社驻中国记者,抗战期间采访多名中国政要。1949年,罗果夫还曾以外国记者的身份被邀旁听中国人民政治协商会议。

在抗战中、后期和二次国共合作中,很受重视和欢迎,也得到各方人士的热情支持。当时,塔斯社在渝所接触的人当中,以进步、民主人士最多。

塔斯社在中国发布的消息,主要是以反映苏联国内政治经济情况为多,有的是介绍民主阵营反法西斯斗争的,其他国家的新闻很少。塔斯社的新闻在写作、传递速度、重要性与兴趣方面,不如英美通讯社。重庆报纸中以《新华日报》采用率为较高。

外国新闻通讯社在中国发中文稿的不多,至多发行英文稿,如路透社。不少通讯社是和中央社签约,由中央社发中文稿。而塔斯社从上海到重庆,一直是直接译发中文新闻稿。这样做的好处是自己有主动权,要发什么就发什么,多少与长短均不受外界限制,稿子可以更多在报刊上刊用。塔斯社的新闻稿,由莫斯科发来的是英文稿,发回去的是俄文稿,来回均通过国际电台传递,电报在送发之前要经过国际宣传处的检查。

另外,塔斯社与英美各国通讯社有一点不同之处是,它和本国大使馆的关系比较密切,有事随时和大使馆有关参赞联系。塔斯社与国宣处关系也很密切,1940年5月27日,罗果夫提出,如果塔斯社和海通社发出相同内容的新闻,希望国民党中宣部所办的英文报纸《自由西报》能优先采用塔斯社的消息。国宣处表示同意。[①]

抗战时期的重庆,少有法国记者出现,主要原因是当时法国维希政府的绥靖政策,使得真正抗击德国的政府流亡在外。1944年底,法新社曾派来一名负责人卢庚,比利时人,资深新闻工作者,原是哈瓦斯社驻上海的分社社长,老牌的"中国通"。这位比利时籍的首任法新社驻华分社负责人兼记者,来到重庆并不讲什么排场,立即住进国民政府建在两路口的竹楼招待所开展工作。另外,法国共产党机关报《人道报》记者达纳和社长杜克洛也短暂来渝采访。

1941年12月8日,"珍珠港事件"后,美国对日宣战,支持中国抗日。1942年夏,美国政府为了协调在华通讯事务,在重庆上清寺设立美国新闻处,

---

[①] 武燕军等:《抗战时期在渝外国记者活动纪事》,重庆文史资料选辑(第30辑),第155页。

年底在两路口建立办公楼,美籍工作人员有数十人之多,美国的《纽约时报》、《洛杉矶时报》、《纽约先驱论坛报》、《基督教科学箴言报》、《芝加哥日报》、美国全国广播公司,以及《时代》、《生活》、《幸福》、《读者文摘》等杂志十余家单位都派有驻渝记者。

美国新闻处门前设有玻璃箱,箱内摆着美国的新闻电讯,引得不少过路人驻足观看。内容每隔一周换一次。这里最初的负责人是合众社驻重庆记者费许、副处长为美联社记者司徒华。1942年底,贺兰任美国处长,有美籍人士数十人参加工作,中国职员连各地分处达百人之多。新闻处设立了中文部、摄影部、画报部、无线电部、总务处、发行部等。中文部发行新闻稿(通讯),画报部从1942年起接办了以舒宗侨为首的《联合画报》周刊,摄影部负责编辑发行新闻照片(包括无线电传真),无线电部参加了当时中央广播电台的英文新闻广播,由美新处派人播音,收听日语广播。

抗战时期参加美国新闻处工作的中国著名新闻记者有刘尊棋、金仲华、舒宗侨、曹未风、于友等人。该处除发稿、出版画报、发行新闻照片,并办流动图片外,也组织电影放映。1945年8月,日本投降,该处立即将中心由重庆转移到上海,其主要负责人也随同回沪。8月下旬,在上海南京路办公,由康乐斯任上海美国新闻处处长,其整个机构随着美国战时情报局的取消,将一切新闻宣传工作改归美国驻华大使馆系统。原已出版的《联合日报》也予停办。《联合画报》则收归舒宗侨私人经营。原来的新闻出版工作也转移给独立的出版社经营。

英国新闻处的规模比起美国新闻处小得多,人很少,活动范围也很有限。当时,英国新闻处设在市区的武库街,有英、澳、中三方人士在内工作。该处有人参加南岸中、英、美三方合办的"新闻宣传处",用图片、幻灯等方式共同从事图片宣传工作,英方参加者系一澳洲人。另外,英国新闻处还设有图书馆,可以借阅英国所出的战时宣传图书。英国新闻处属于英国宣传部。抗战胜利后,划归英国驻华大使馆。

活跃于当时重庆新闻界的通讯社还有:合众社、美联社、哈瓦斯社、法新社、德新社以及许多报社的派驻记者。有的是以作家身份到重庆参加记者行列的,如斯特朗、史沫特莱、苏艾士,这三位女性,姓氏均系英文字母 S 起头,且都对中国共产党持有同情的态度,国际宣传处了解他们的背景,但出于声誉的考虑,只能无可奈何同意她们随同其他记者参加各种活动。

重庆当时还成立了一个驻华外国记者协会,拥有会员 30 多人。由《纽约时报》特派员艾金森任会长,《时代》周刊记者白修德、塔斯社记者叶夏明、路透社记者赵敏恒任副会长,慕沙为秘书。这个俱乐部经常联合全体外国记者对国宣处提出各种要求,对国民政府施加压力,这使国民党中宣部大伤脑筋。时任国宣处编撰科科长沈剑虹回忆说,"此时成立的外国记者协会有纠合全体外国记者对国民党施加压力之意"。① 1943 年 5 月 21 日,英美记者向中宣部长张道藩提出放宽新闻检查标准的要求,张道藩明确表示不同意。1944 年 2 月,重庆国民政府发言人在每周新闻例会中回答中外记者的问题时,否认对共产党边区的全面封锁。20 余名外国驻重庆记者立刻抓住这个机会,联名写信给蒋介石,要求到延安和八路军防地参观访问。国民政府在国内外进步舆论的压力下和美、英政府的一再要求下,被迫于 5 月 10 日答应组织中外记者去陕甘宁边区访问。② 1944 年 4 月 18 日,以艾金森为首的 15 名英美记者联名上书蒋介石,重申放宽新闻检查标准的要求,蒋介石拒不作答,使用拖延政策来回避这一问题。

为了方便外国记者在渝采访,国宣处通过各种渠道予以帮助,如各种新闻会议、协助采访、举办茶话会、引见当局要人、以私人名义与外国记者个别

---

① 转引自敖枫、赵婷:《抗战时期重庆国民政府对外国记者的管理刍议》,《东南传播》,2010 年第 11 期。

② 1944 年 6 月 9 日,记者访问团到达延安。外国记者 6 人:爱泼斯坦(时代杂志、纽约时报)、福尔曼(合众社、英国《泰晤士报》)、斯坦因(美联社、《基督教科学箴言报》)、武道(路透社、《巴尔的摩太阳报》)、普金科(苏联塔斯社)、夏南汗神甫(美国天主教信号杂志、《中国通讯》)。他们在陕甘宁边区访问考察了 43 天,除夏南汗神甫提前返渝外,其余 5 人还到了晋西北敌后根据地,实地观察了我军夜袭日寇战略据点汾阳,并与日本俘虏进行了交谈。在延安,他们会见了中共领导人和一批知名人士,搜集了大量鲜为人知的材料,写出了轰动世界的新闻报道,披露了"封锁线内部事情的真相"。如 1944 年 7 月 1 日,在毛泽东接见中外记者参观团后不到 20 天,伦敦《泰晤士报》就刊载了这次毛泽东对记者的谈话内容;8 月 3 日,美国之呼声电台广播了《纽约时报》记者从延安发出的通讯,称赞陕甘宁边区的军民自力更生、广泛实行民主等。外国记者延安之行,冲破了国民政府的欺骗政策和新闻封锁,将解放区和八路军的真实情况,向大后方和世界许多国家作了公正的报道,对世界人民以及美、英、法盟国对中国共产党重新认识和评价,起到了积极作用。参见董谦:《重庆:远东反法西斯战场的新闻中心》,《红岩春秋》,2009 年第 1 期。

谈话等。从1937年12月至1945年4月,国际宣传处平均每年接待外国记者访问当局要人及社会名流达360余次;1937年12月至1941年4月,仅记者招待会就举行过600余次,当局要人先后出席演讲者达100余人次。① 另据统计:1940年,中国当局举办外国记者新闻会议54次,外国记者访问中国党政军官员312人次;1939年1月1日到10月15日,国宣处介绍外国记者与有关部门负责人谈话约170人次,每月举办外国记者联欢会一次。② 1941年10月和1943年6月,国民政府还先后组织中外记者赴湘北前线和鄂西前线采访。通过战地采访,各外国记者纷纷拍发颂扬中国军队英勇作战的电讯,并拍有配发的新闻照片。国宣处也认为两次收到了预期的宣传效果。由于外国记者战地采访比较敏感,两次采访均得到蒋介石的同意。鄂西前线采访后,蒋介石还提出,"以后外国记者赴各地采访,必须得到军委会批准,最后决定权在他本人"。③

国际宣传处每周五下午2:00至5:00,会举行例行的新闻发布会,一般称新闻记者招待会(Press Conference)。每到此时,不论常驻重庆或临时过境的外国记者,都不约而同地来到国宣处会议厅,等待最高统帅部指派的军事发言人和其他部会的预约汇报。新闻发布会通常由国宣处处长曾虚白先作简单介绍,而后分别邀请军事发言人和其他部会代表,先就预约题目来讲,然后各就记者的提问分别作答。充当军事发言人的,有好几位将级军官,其中历时较久的是日本士官校出身的吴某,较受欢迎的是曾在德国陆大学习的徐培根(两人都是少将级军衔),多次代表行政院部会出来发言的,一般是行政院秘书陈秉章和张平群。他们的谈话内容,大都涉及财经和民食问题。外交问题则由外交部高级官员来解答。孔祥熙和吴国桢也来过,与外国记者见过面,但非专为论及财经和外交问题而来。如有特殊问题提出,只要经过国宣处事先联系,也可分别约谈。

1939年初,国民党政府的国际宣传处为了适应本身工作的需要,给外国

---

① 苏光文:《抗战时期重庆的对外交往》,重庆出版社,1995年版,第237页。
② 武燕军等:《抗战时期在渝外国记者活动纪事》,重庆文史资料选辑(第30辑),第158页。
③ 武燕军等:《抗战时期在渝外国记者活动纪事》,重庆文史资料选辑(第30辑),第191页。

记者提供生活上的方便,就在两路口巴县中学内修起了一座简易的竹楼——外国记者招待所。重庆"五三""五四"大轰炸后,驻渝外国记者大都居于此处。招待所尽最大的努力使外国记者过得舒适,每月饭费每人只有1美元多,供应牛奶、咖啡、西餐;房费每人每月仅3美元。很多外国记者都认为重庆记者招待所是国际新闻史上的一个传奇故事,并将它亲切地称为"Holly Hostel"。"Holly"是董显光的英文昵称,外国记者这样称呼,无非是表达了他们对董的敬意。

首先搬进此招待所的有合众社、美联社、《纽约时报》、《泰晤士报》、德意志通讯社、美国时事周刊等记者。他们分别是国际宣传处雇员丁普莱、武道、路透社的赵敏恒、合众社的王公达、费思尔、美联社的慕沙、在美国报刊投稿换取稿费收入的爱泼斯坦、德新社的沈克、姜本恭。哈瓦斯社的潘韵昂一直住在外面,办公地点设在招待所草棚内。海通社在两路口另外租了一幢,办公楼起先未迁入招待所内,只因"五三""五四"前几天的一次大轰炸,两路口办公楼全部被炸毁,才搬进去的。艾格纳在离招待所不远的德国商人处寄宿,陈云阁即住在合众社右侧一间楼房里,办公、印刷、发稿都在招待所草棚里。太平洋战争爆发后,美、英、法、苏来渝采访的记者日益增多,于是在招待所又添造房屋十四间。1943年,又再加筑楼房七间。1944年,国民党中央宣传部又聘请新闻专家来渝,住地更加不够分配。

1941年底太平洋战争爆发后,为配合同盟国家的战时合作,国宣处对宣传工作做了若干改进,积极为驻渝记者发布新闻提供便利。主要措施有:与交通部联系发电(讯)中转站;国际电台发电(讯)免费;为美国驻渝记者播放特稿;自设电台供外国记者发电(讯);积极搜集外国情报,供记者参考。新闻电讯的检查工作指定专人办理,为外国记者送检、发电、邮寄提供方便。

据统计,1941年3月到9月底,在渝常设的外国新闻机构有16家,包括美联社、合众社、国际新闻社、《纽约时报》、《时代》、《生活》、《幸福》、美国全国广播公司、路透社、《泰晤士报》、哈瓦斯社、塔斯社、澳洲《澳亚报》、德新社和海通社(中德断交后撤走)。加上《悉尼晨报》的一名特派记者,总计驻渝记者19人。太平洋战争爆发后,重庆共有外国记者17人,代表23家通讯机构,而到抗战末期,长驻重庆的外国记者约有 34 人,且每月总有 10 到 20 人左右的穿梭过往的流动记者。[①]

这时期的外国记者大致可以分成两类。第一类是职业记者,例如美联社的慕沙霸,路透社的赵敏恒,法新社的马可仕,美国合众社的王公达,塔斯社的叶夏明,《纽约时报》的艾金森,《洛杉矶时报》的艾力根,瑞士《苏利克日报》的鲍士哈特,《芝加哥时报》的毕启、史蒂尔,路透社的包亨利,美国《新闻周刊》马丁,美联社的司徒华,《时代周刊》的白修德等。

第二类是自由记者,他们是为各个通讯社或报社写作的特派记者或自由撰稿人。比如斯特朗、史沫特莱、苏艾士、斯诺、英国伦敦《泰晤士报》的强尔曼、美国《经济周报》的史戴恩、美国《经济周刊》周刊的爱泼斯坦、威尔士、盖因,罗新吉、佩弗等。自由记者一般不在重庆长留,往往是集中一段时间采集新闻。比如撰写《亚洲内幕》的根舍,还有美国《纽约客》记者项美丽。项美丽花了 9 个月的时间在重庆采访宋美龄,最后写成《宋家三姐妹》,成为风靡一时的畅销书。

抗战期间,美国记者是外国记者中人数最多的生力军。据国民党中宣部统计,该处自 1937 年至 1941 年 8 月止,"在武汉,重庆两地接待外国记者 168 人,其中美国占 77 人,几乎与在华苏联、英国、挪威、印度和加拿大记者的总数相等"。[②] 根据学者麦金农的研究,在 20 年代至 40 年代期间来到中国的美国记者多出于"偶然",他们或是通讯社的工作人员,或是自由作家,有些是在太平洋战争爆发后作为美国战时信息办公室的雇员来到中国的。[③] 他们来中国的背景、动机各不相同。其中包括传教士、冒险家激进分子和业余记者。相当一部分人是出于对中国的浓厚兴趣,他们毕业于密苏里大学新闻学院,被称为"密苏里帮"。

在严格的新闻电讯检查制度下,外国记者也经常处于删扣的境地,他们

[①] 武燕军等:《抗战时期在渝外国记者活动纪事》,重庆文史资料选辑(第 30 辑),第 216 页。
[②] 沈琦:《外国记者在中国》,《中国新闻学会年刊》,第 1 期,1942 年。转引自赵玉岗:《抗战时期外国记者在华新闻活动研究》,山西大学 2007 年硕士毕业论文,第 6 页。
[③] StephenRMacKinnon. *China Reporting:Anoral History of American Journalismin the 1930s and 1940s.* University of California Press,1987. p.3.

拍发的电讯按照规定要逐字逐条检查。这里试举一例:国宣处统计数字表明:1939年3月至9月外国记者拍发的电讯,其中路透社送审1346件,被删扣1302字;合众社629件,被删扣6487字;美联社212件,被删扣144字;哈瓦斯社147件,被删扣450字;塔斯社459件;德新社143件,被删扣553字;《纽约时报》188件,被删扣553字;《芝加哥日报》1件,被删扣28字。总计检查电讯3125件,共删扣9521字。① 新闻检查机关常常以种种借口,检扣对政府及官员不利的电讯。如1939年6月26日,战时新闻检查局密电国宣处:"外国记者所发电讯中,凡涉及法籍军事顾问、外国教士援华抗日、中国空军或与空军活动有关的新闻,以及中外经济关系的内容,一概检扣。"②

对涉及中共方面的电讯,国际宣传处的检扣更为严厉。1939年6月,法国记者李蒙夫妇不顾阻拦,前往新四军军部,会见项英、袁国平,并在部队医院作一些服务工作。顾祝同致电国宣处催其返渝。董显光回电顾祝同,对李蒙夫妇行动失控表示歉意。董同时电告新四军军部转促李蒙夫妇返渝。李蒙夫妇直到8月27日才回到重庆,并送检四篇文稿。"国宣处决定严格审查他们所发电讯"。③ 1944年6月,爱泼斯坦、福曼、斯坦因、普金科从延安采访归来,拍发电讯34件,详细报道毛泽东在抗战七周年纪念大会上的讲话,披露国共谈判真相,介绍边区实行的"三三制",发展生产支持抗战以及日本反战同盟的活动等情况,高度评价根据地及根据地军民在抗战中的伟大贡献,坚信国共合作有利抗战。"这些电讯被大段删除,甚至全文检扣"。④

1942年5月20日,18集团军驻渝办事处曾举行过一次美英记者招待会,介绍中国共产党领导下的抗日活动,揭露了国民党围攻游击队的事实。参加这一招待会的记者所发的电讯稿,全部被检扣。

为限制外国记者的采访活动,国民政府采取如拒绝入境,不安排或不能很好地安排会见和采访,限制采访范围、时间和对象,"陪同"、监视采访,删

---

①武燕军等:《抗战时期在渝外国记者活动纪事》,重庆文史资料选辑(第30辑),第157页。原文没有提及对塔斯社的稿件检扣的字数。
②武燕军等:《抗战时期在渝外国记者活动纪事》,重庆文史资料选辑(第30辑),第155页。
③武燕军等:《抗战时期在渝外国记者活动纪事》,重庆文史资料选辑(第30辑),第155—156页。
④武燕军等:《抗战时期在渝外国记者活动纪事》,重庆文史资料选辑(第30辑),第207页。

改、篡改以至全文扣发稿件或"劝发"重写等措施;对严重犯禁进行围攻,吊销记者证、护照,并协同外国政府进行"压迫"。重庆卫戍总司令部甚至提议监听外国记者的长途电话。①

海通社记者艾格纳因为撰写的电文中涉及了国民政府领袖蒋介石的私生活而被驱逐出境;著名自由撰稿人埃德加·斯诺在美国《星期六晚邮报》上报道了"皖南事变"的真相,被取消记者特权,被迫回国;波兰籍记者雷茨因外交部情报司宣称其冒充瑞典记者,行动可疑,被取消在华记者资格;《新闻周刊》记者伊罗生则因多次由渝秘密拍发漏检新闻,且电讯内容涉及军事机密并有批评蒋介石的言论,被取消外国记者享有的权利。太平洋国际学会驻重庆记者斯坦因,因为撰文说中国将分裂成为两个中国,在未返国之前,就被停止使用国宣处电台免费发电。美《时代》杂志记者白修德,由于对国民党的独裁政治持批评态度,并对新闻检查制度提了意见,被取消参加中外记者西北参观和访问延安的安排。爱泼斯坦向外国媒体宣传了中国共产党对抗战的贡献,国宣处就此拒发他返美护照。

此外,1941年5月1日,蒋介石手谕:非经批准不得发表有关中国交通事业和建设的情况。同年12月15日,交通部通知各地邮局,外国记者拍发国际电讯,必须于每份电报注释栏内注明"经重庆送检",由重庆川康藏电政管理局送国宣处检查后转发。1942年2月到5月,国民党中宣部先后制定了《限制政府官吏交换外国记者暨外籍记者办法》、《对于新闻发布统制办法》和《外员及外籍记者谒见我主官办法》等法规,严格限制外国记者私下会见国民党要员。1943年4月20日,军委会办公厅和美军部商定:赴各战区采访的外国记者必须领有随军记者证,有效期限为六个月;美国飞机不得搭载无证记者。同年5月8日,国宣处与军委会特检处商订《控制国际新闻电报和邮寄稿件检查联系办法》,加强对外国记者国际电文的检查。

二、在渝外国记者研究:以白修德为例

根据国际宣传处的安排,外国记者发回本国的中国抗战消息,来源主要

---

① 敦枫、赵婷:《抗战时期重庆国民政府对外国记者的管理刍议》,《东南传播》,2010年第11期。

是国际宣传处每周举办一次的记者招待会上当局发言人的发言和国民党中央通讯社综合报道的英文新闻稿。

不过,很多记者对官方发布的新闻并不是特别感兴趣,或者只是将其作为发往本国新闻的一部分。出于职业敏感,外国记者们最注意的是中国后方的政治经济形势,人民生活的苦难,不法商人发国难财,政府要人和社会上层的腐败劣迹等等。此外,外国记者们对国民党和民主党派、民主人士和中国共产党之间或明或暗的斗争很感兴趣。但这一类稿件,很难通过检查。

抗战中、后期在重庆的外国记者,主要的任务是搜集中国的消息向本国报道,而不是向中国报刊发布外国信息。他们报道中国民众的苦难,例如南京惨案、1944年湘桂大撤退时难民爬火车顶的惨状、中国民主势力的希望等真实消息,有力帮助了中国人民的抗战事业。他们当中许多有良心的记者,中国人民是永远不会忘记的。还有许多冒着各种危险,向他们提供真实消息的有良心的中国记者、进步的知识分子,甚至不满黑暗统治的国民党党员,人民也会永远牢记。例如,皖南事变后的一天,美国记者贝尔登在国际宣传处的院子里举行了一个人的示威游行。情况是这样的,不久前,他采访了新四军,离开时,他对新四军的抗日斗争充满了敬意。游行时,他流着愤怒的眼泪大声疾呼:"国民党的将军是刽子手!国民党的新闻机构在撒谎,想要掩盖谋杀的真相。"[1]他游行后还向别的记者们讲述了他所知道的关于新四军的情况。

目前,对外国记者的研究也成为新闻史学研究的重要组成部分。就当下国内的研究状况而言,多注重于对埃德加·斯诺、爱泼斯坦、史沫特莱等与中国共产党关系密切的记者的研究,成果较多。有意无意中忽略了在新闻史上占重要地位的另一类记者,即与中国共产党政见不合的外国记者。他们中的一些人曾对中国的历史产生了一定的影响,但是由于意识形态的原因,国内学者对他们的研究一直较少。在这些记者中,美国记者白修德是比较具有代表性的。

---

[1] 重庆市《新华日报》暨《群众》周刊史学会、四川省《新华日报》暨《群众》周刊史学会:《新华日报史新编》,重庆出版社,1998年版,第334页。

白修德在一生中,其政治思想经历了数次巨大的变化。由于童年时期家庭贫困,他渴望摆脱贫穷,进入精英阶层,哈佛大学给了他这个机会。从哈佛大学毕业后,白修德在导师费正清的推荐下来到中国,时值抗战,白修德起初为国民党宣传部工作,经历了日军对重庆的轰炸后,坚决支持国民党和蒋介石,痛恨法西斯的暴行,但是后来他慢慢发现国民党腐败无能,在访问了中共革命根据地后转而同情共产党。在根据地访问期间,他对共产党产生了好感,认为中国的未来掌握在中国共产党手中。二战结束后,白修德先是写出了《中国的惊雷》一书,深刻剖析了国民党和共产党的区别,认为通往中国未来大门的钥匙掌握在中国共产党手中。但是,来到欧洲后,特别是报道了马歇尔计划的实施情况,白修德深刻感觉到美国的影响力,他对美国的热爱燃烧到顶点。他开始公开宣称自己支持冷战,厌恶和憎恨共产主义。有鉴于此,中国的新闻史研究很少将其作为专门的研究对象。[1]

1938年从哈佛大学毕业后,白修德来到中国战场,狂热的反法西斯热情和对美国价值观的强烈迷恋使他不顾一切支持蒋介石的国民党政权。他最初受雇于国民党宣传部,控制美国记者的对外报道。

在国民党宣传部的特殊工作经历,使得白修德比其他各国驻华记者对国民党的观察更为深刻和仔细。他发现,国民党和国民政府已经完全染成了美国的颜色,而且完全地按照美国的方式行事,"在亚洲或其他地方,任何一个政府都不像重庆的国民政府那样充斥着'同情美国的人'。也许除南越政府外,没有其他政府像国民政府那样彻底地接受美国的思想、援助和意见的有害影响……仿佛美国人知道人生的一切奥秘似的"。[2]

对于蒋介石本人,白修德当时还是有一定的亲切感的,因为蒋介石是一个虔诚的基督徒。但白修德对这个"虔诚的基督徒"并不完全信任,有时候甚

---

[1] 饶有趣味的是,随着电影《1942》的传播,电影中刻画的白修德形象开始被国人认知,两篇有关白修德研究的硕士论文也逐渐进入学界的视野。本文在写作中也借鉴了这两篇成果。这两篇分别是:郑琴琴:《抗日战争时期白修德在华的新闻报道研究(1939—1945年)》,安徽大学2010年硕士论文;张爱杰:《美国记者白修德政治思想轨迹研究》,山东大学2010年硕士论文。此前,还有两本关于白修德的论著,分别是白修德、贾安娜:《中国的惊雷》,端纳译,新华出版社,1988年版;乔伊斯·霍夫曼:《新闻与幻象——白修德传》,胡友珍、马碧英译,新华出版社,2001年版。

[2] Thedore H White. *In Search of Histroy: A Personal Adventure*, p.72.

至感到好笑。他在回忆录中说蒋介石"装的很神圣的样子,他说的话如同清教徒一般诚挚,但是他的凶暴却如耶和华一般"。① 不过,此时的白修德对作为领导中国抗日军队最高领袖的蒋介石,还是保持着崇敬的心情的,认为蒋是中国"团结的象征、人民的偶像"。

白修德在宣传部的工作很简单,就是执行新闻检查条例,用符合国民党宣传要求和美国人阅读习惯的新闻稿作出对外宣传。这样的工作对一个哈佛的毕业生来说,是相当轻松容易。当时担任《时代》周刊的远东编辑约翰·郝西对白修德的工作能力评价颇高,"他充满着激情和活力,办事干净利落,许多年纪比他大一倍的记者在核对稿件时都听从他的意见"。② 但这种工作并没有让白修德获得丝毫的愉快。他说:

"当局不让(外国记者)去采访消息……也不让中国记者去采访消息,中国报纸从来不登载真实情况。……在战报上绝不称日本人为日本人,而经常称之为'接寇';绝不称日本人在'进攻',而是说他们的军队'四处流窜'。1938 年日本人取得了占领汉口的重大胜利,此项消息在重庆被压了一个星期才见诸报纸,所用的措辞是'敌踪在汉口出现'。中国军队的退却总是被称为'重大的战略性迂回运动'。每逢有新的城镇陷落——不管那是什么城镇——最初的报道总是说成'我军已成功诱使敌人陷入罗网'。如果在前线确实获得一次小小的胜利,报道的结尾总要说中国军队虏获'武器无数'。"③

白修德尝试着去理解重庆政府的作法,他理解到"争取美国的支持来反对日本人,是重庆政府求得继续生存下去的希望所在"。那么自己所负责的呢?无非就是"受人雇佣去操纵美国的舆论"。④ 在白修德看来,这种战时宣传策略纯粹是一种自欺欺人。

鉴于白修德在重庆政府宣传部特殊的身份和突出的能力,约翰·郝西决定雇佣白修德为《时代》周刊的记者。应该来说,这是一个正确且有远见的决定。白修德愉快地接受了这份工作,这给颇为无聊的工作带来了许多激情。

---

① 白修德、贾安娜:《中国的惊雷》,端纳译,新华出版社,1988 年版,第 156—157 页。
② 戴维·哈尔伯斯坦:《无冕之王》,新华出版社,1985 年版,第 70 页。
③ Thedore H White. *In Search of Histroy: A Personal Adventure*, p. 77.
④ Thedore H White. *In Search of Histroy: A Personal Adventure*, p. 76.

然而,《时代》周刊的驻华记者和国民政府的宣传人员这两种身份的冲突也让白修德矛盾不已。同时供职于两个宣传机构,不仅违背了新闻准则,也让白修德对于自己的政治角色模糊不清。这种矛盾和冲突在1939年白修德西北访问后进一步加剧。

1939年9月,白修德开始了他的西北之旅。白修德到西安之后,去了250英里之外的抗战前线,一路走下来,他对中国的许多事务有了新的看法。这次旅行中,他接触到了古老的农村文化,看到了不断消灭这种古老文化的战争暴行,而他对解放区五天时间的访问,完全改变了他对政治的理解。

在这次旅行中,白修德在沁河流域目睹了一场战争。他随着中国军队行进,经过一条日本军队撤退的路线,这条路线上所有的村庄都惨遭日本人蹂躏。对于这次随军行进的见闻,他做了记录:

"日本士兵穷极无聊,性情残暴,为了取暖御寒,把房屋都付之一炬。……他们感兴趣的是衣服和食品,不管好坏。如果中国人不幸落到日军小分队手里,女人的绸缎旗袍、农民的棉裤、鞋子、内衣都会被剥去。

"在一些村子里,妇女无一例外被日军强奸。在村民们来不及逃走的村子里,日本人的第一件事就是搜寻妇女,奸污她们。他们在庄稼地里策马来回奔驰,肆意践踏,把藏在绿纱帐里的妇女驱赶出来。"[1]

这些惨象,与他1939年刚到中国经历的重庆大轰炸,成为白修德一生难忘的记忆,也正是这些惨绝人寰的罪行,让他一生都在憎恨日本法西斯主义者,坚定了他揭露日军残暴行径的新闻理想。

行进途中一件很小的事情让白修德陷入了不能自拔的思考中,并开始分化他对国民党的认知。当时,白修德和一小支国民党军队碰到来袭的日军,他们加速逃离后,到当地的一个村子里去寻找马粮。他们并不说自己是国民党军队,而是告知村民说自己是八路军。白修德对此疑惑不解,带队的国民党中尉排长急忙对他说,"别出声!如果你告诉他们我们是国民党军队,他们就不会给我们的马喂草喂水了"。[2] 这件事不断地在白修德脑海里重现,迫使

---

[1] Thedore H White. *In Search of Histroy*: *A Personal Adventure*, pp. 90—91.
[2] Thedore H White. *In Search of Histroy*: *A Personal Adventure*, p. 98.

他思考共产党为什么会这样得到广大人民群众的拥护。

在这次西北报道中,他参观了陕西前线,那里的共产党官兵以他们的精明强干和高昂的士气给白修德留下了深刻的印象。回程途中,白修德开始逐渐对中国共产党及其领导下的解放区抱有同情态度。也正是这次旅行,让他意识到国民党政府新闻通稿中自说自话的"共匪"、"叛匪"形象是多么荒唐,他再也不想赞赏蒋介石政府,而是非常希望同国民党脱离关系。

1939年10月,当白修德结束旅行回到重庆的时候,他已经是一个公认的记者了。同年12月,他向国民党宣传部递交了辞呈,成为《时代》杂志的专职记者。他在这次旅行中所做的一篇报道被罕见地署上了他的名字,并且注明是该杂志的"特派记者",对于白修德这个《时代》杂志的新人来说,是个非常崇高的荣誉。

1940年春夏,《时代》杂志安排白修德去东南亚做了一次旅行,等他回到中国,已经是1941年"皖南事变"之后了。他先设法向蒋介石寻求皖南事变的真相。蒋介石说:"日本人是疥癣之患,共产党是心腹之患"。① 随即,白修德拜访周恩来,周恩来的谈吐举止使他无比钦佩。虽然周恩来对国民党的举动异常气愤,但他并没有把所有的责任都推到蒋介石身上,周恩来认为是国民党军队的某些将领擅自发动这次事变,但是蒋介石默认了行动。这种对比,让白修德认为,他是从周恩来那里充分了解到了事件的真实情况,同时他对周恩来在战争时期顾全大局维护抗战统一战线的思维非常钦佩。

白修德在1939年认识了中共代表周恩来后,深深被他的挥洒自如,思路敏捷和机智过人所吸引。到这个时候,他已经非常了解周恩来了。白修德晚年仍然对周恩来保持着崇高的敬意,他说:

"从本世纪共产主义运动中涌现出来的其他任何人物,没有比他更才华横溢和铁面无私的了。他敢作敢为,具有猫向耗子突然猛扑过去的那种敏捷身手。他刚毅果断,深谋远虑,坚定不移。然而他又是热情满怀、极通人情、举止洒脱、彬彬有礼的人。"②

---

① Thedore H White. *In Search of Histroy: A Personal Adventure*, p.118.
② 罗宣:《在梦想与现实之间——鲁斯与中国》,人民出版社,2005年版,第211页。

到 1940 年底,通过周恩来、董必武、龚澎等共产党人,白修德逐步了解了中国的实际情况和中国共产党的真实面貌。他在报道中提醒《时代》公司,"中国共产党正在利用土地改革大造声势"。[①] 他认为共产主义是扎根于农村,服务于农村的运动。共产党的政策深得人心。他们不主张土地国有化,而是进行减租减息的土地改革。因此许多国民党比怕日本人还怕红军。与中国共产党相反,中国国民党政府拒绝实施任何解救普通群众的措施。这也是他开始向共产党从表达同情向赞扬的重要转型。

白修德是一个具有正义感的记者,当他看到国民党的腐败导致中国军队在战场上节节败退,人民生活异常艰难,他开始反思自己先前所做的赞扬国民党的报道是否恰当。可是对于一个基督徒领导的中国政府,白修德仍然不想完全放弃。他陷入了巨大的矛盾当中。1943 年初,他亲身经历的河南大灾荒后,对蒋介石政府彻底失望了,对蒋介石的态度也彻底转变,试图发出一些揭露真相的报道,但是他在日记中仍然提到有必要确保蒋介石在政治上的生存,因为他认为蒋介石政权是中国唯一能反击日军的力量。此时,他对国民党的矛盾态度达到了顶峰。

1943 年初,白修德从美国大使馆听说河南发生了严重的灾荒。2 月份,《大公报》记者张高峰的报道《豫灾实录》披露了灾荒的真相,主笔王芸生又根据这篇实录写了新闻述评《看重庆,念中原》,这篇述评惹怒了国民政府,《大公报》被国民政府勒令停刊三天。这件事使一些外国记者认识到,对于国民政府来说,河南大灾荒是敏感话题,不能轻易报道,中国记者更是不敢前往灾区采访。白修德和《伦敦时报》的记者哈里森·福尔曼决定冒险去河南采访。

灾区的情况令白修德无比震惊:"这些瘦得不像样的人,应该是眼睛的地方,却是充满着脓水的窟窿;营养不足使他们的头发干枯;饥饿弄得他们的肚子鼓胀起来;天气吹裂了他们的皮肤;他们的声音已经退化为只管要求食物的哀啼。……小贩出售树叶,一块钱一把。挖着坟墓的狗,把人的尸首翻了

---

① 罗宣:《在梦想与现实之间——鲁斯与中国》,人民出版社,2005 年版,第 211 页。

出来……一个母亲带着一个婴孩和两个较大的孩子出来长途跋涉找食物,非常疲倦了,母亲叫两个较大的孩子往前走到下一个村子里找食物,孩子们回来时,母亲死了,那婴孩还在吮吸着那死人的奶。在一阵慌乱中,两个小孩子的父母把孩子们杀死,不愿听他们嚷着要东西吃的声音……一个女人在割掉他死了的丈夫的腿的时候被捕……"①

就在白修德为人吃人的惨象感到恐惧的时候,他发现造成灾荒局面的不仅是自然灾害,更是一场人祸。白修德了解到,1942年年底,蒋介石给灾区拨款两亿元法币,但是没有向灾区调运粮食。到1943年3月,只有八千万元赈灾款到了省政府手中。这些钱下发到村庄的时候,当地官员扣掉了农民所欠的税款,灾民所得寥寥无几。当时的麦子一斤十六元左右,赈灾款都是一百元的面额,但是当地的粮食囤积者拒绝收百元钞票,要求农民去银行兑换成五元和十元的小面额钞票再去购粮;在银行兑换钞票的时候,银行又要扣除17%的费用。这样层层克扣下来,国民政府的赈灾款到了灾民手里所剩无几。灾民为了生存,不得不以超低价卖掉自己祖传的土地,终于变得一无所有。

在数百万灾民挣扎在生存的边缘的时候,白修德却受郑州政府长官的邀请,吃到了一顿美餐:莲子羹、辣子鸡、栗子炖牛肉、炸春卷、热馒头、大米饭、豆腐煎鱼、两道汤、三个撒满白糖的馅饼。白修德说,"这是他平生吃到的最漂亮和最不忍吃的一席菜"。②

愤怒的白修德在洛阳用电报向纽约发了一封稿件,首先在《时代》周刊上传开了。虽然《时代》只登出了电文的片段,并且修改的面目全非,但是仍然透露了河南大灾荒这一消息。具有讽刺意味的是,当时宋美龄正好在美国游说对国民政府的援助,白修德的这篇报道使人们开始怀疑国民政府是不是真的利用了美国的援助。宋美龄看到这篇报道后恼羞成怒,要求卢斯开除白修德,但是卢斯表示,他会因此更加器重白修德。这使得白修德更加尊敬卢斯。

回到重庆后,白修德被恼羞成怒的国民政府指控为共产党员,搞亲共宣

---

① 白修德、贾安娜:《中国的惊雷》,端纳译,新华出版社,1998年版,第189页。
② 白修德、贾安娜:《中国的惊雷》,端纳译,新华出版社,1998年版,第197页。

传。但是白修德没有屈服于他们的压力,而是多方奔走呼告,向各方介绍灾区的情况,希望能争取到一些援助。他在宋庆龄的帮助下见到了蒋介石。蒋介石坚持说不相信河南会有人吃人的事情发生,直到白修德和福尔曼把他们拍的狗把人的尸体从土里扒出来啃食的照片拿出来给他看。蒋介石才开始意识到事情无法隐瞒。

白修德对蒋介石和国民党彻底失望了,他深信,正如史迪威所说的那样,他"不仅对我们毫无用处,而且对他的老百姓也毫无用处"。[1] 这次经历,也彻底消除了白修德对蒋介石保留的一丝好印象,他记述道:

"在他的头脑里……起支配作用的是猪狗不如的背信弃义,军阀式的凶狠残暴,以及对于治理一个现代国家那种不可言喻的愚昧无知。……我初到中国时还认为他是个民族英雄,后来,我的见闻日广,一系列的事件使这个英雄在我的心目中变成了一个讨厌的人物,然后成了个混蛋。"[2]

这段话直接揭示出了白修德对蒋介石态度的转变,这种转变是以白修德对中国事务的深入观察和分析为依据的。

1944年秋天,白修德搭美军司令部的飞机访问了延安。1944年底,白修德到达延安,他把毛泽东与蒋介石相比较:"毛泽东是一位身材伟岸的湖南人,一张圆脸,没有一丝皱纹,特别的爽朗,比起蒋介石那副道貌岸然的样子,他的脸是活泼的多而且堆着更多的笑容。他对于党的无可置疑的支配力,比起蒋介石对他的左右的支配力来说,是更为密切,更难以形容的。这一部分是因为毛泽东身边的人对他的爱戴,另一方面是因为他有无可匹比的杰出的知识。"[3]

同时,他把中国共产党领导下的延安与国民党统治下的重庆作了对比,他"那里的空气和重庆不同,夏天干燥而焕发,冬天严寒而愉快",根据地的共产党员个个"韧如皮革,坚如钢铁……党和党的工作人员赖以为生的不是税收,而是他们自己额头上的汗水……这样一群单纯而忠厚的人,看起来一点

---

[1] Thedore H White. *In Search of Histroy: A Personal Adventure*, p.156.
[2] Thedore H White. *In Search of Histroy: A Personal Adventure*, p.159.
[3] 张建安:《白修德:一位美国记者的中国情结》,《纵横》,2003年第7期。

也不像他们对于重庆和世界安全有什么了不起的威胁"。①

这片祥和宁静的土地迷住了白修德,他在书中毫不隐晦自己的想法:"在国民党是腐化的地方,它保持着洁白。在国民党是愚昧的地方,它是英明的。在国民党压迫人民的地方,它给人民带来了救济。在过去二十年的混乱和纷扰中,他们比世界上任何其他共产党,都更直接和人民大众相处。"②

白修德的这一段段热情洋溢的赞美,并不是毫无根据的。这一切,不仅源于他访问延安时的切身感受,还来源于他对中共领导高层的访谈——当时正值中共七大召开之时,他见到了毛泽东、周恩来等十三位中共高层领导,并采访了其中至少十一位。此外,他还细致地观察了解放区的政治、军队、党群关系。

白修德去延安前,原本计划写一篇关于政治及其压力的报道。在延安逗留的几周内,他发现了共产党的欣欣向荣和充满活力。离开延安的时候,他认为中国共产党掌管着通往中国未来大门的钥匙。

在延安,他用美国人特有的眼光审视了中国共产党领导下的解放区的"三三制"民主,考察了共产党批评与自我批评的作风是,并对延安的一些细节作出描述。

"解放区气氛轻松,虽然上下级之间也存在着物质享受上的差别,但是共产党并不迷信平等主义,领导人也以身作则倡导生产,自食其力。他看到,毛泽东住在离城几里的郊外,比一般人受到更多的尊敬,他爱抽烟,就自己种烟叶,种出来的烟草足够党的总部使用;总司令朱德爱吃蔬菜,就种了大白菜。"③

回到重庆后,他急切地想告诉世人中国到底发生了什么,因为这时揭露国民党内部的腐败已经无法损害同盟国的利益,而在延安,一个掌握中国未来的希望正在成长,并且中国共产党对美国的友谊是真诚的。很快,白修德把延安之行的经历和见闻写成了《置身红色中国》、《延安印象记:共产党对

---

① 白修德、贾安娜:《中国的惊雷》,端纳译,新华出版社,1998年版,第254—257页。
② 白修德、贾安娜:《中国的惊雷》,端纳译,新华出版社,1998年版,第356—357页。
③ Thedore H White. *In Search of Histroy: A Personal Adventure*, p.111.

美国的友谊是真诚的》等一系列的特写报道,向世人展现中国共产党的形象和生活,为中国共产党和西方国家之间架起了一座沟通的桥梁,对中国共产党走向世界并为舆论所接受起了重要作用。

白修德用他的新闻报道和实际行动支持中国的抗战,高度评价了根据地军民在抗战中的伟大贡献,引起了美国人民乃至世界人民对中国抗日战争和中国共产党的关注、同情、理解与支持,为中国抗日战争的胜利发挥了不可磨灭的作用。

第三节 战时重庆新闻学教育的发展

抗战时期,随着重庆"陪都"地位的确立和巩固,重庆这座偏居西南一隅的内陆城市,不仅一跃成为全国新闻传播事业的中心,领导和影响着全国的新闻舆论,同时也成为了全国新闻学教育的中心,盛极一时,而且在量和质的双项标准上,在国内处于领先地位。

一、重庆新闻学教育情况概述

抗战时期,新闻院系纷纷向大后方的重庆迁移。各校经过努力,先后迁抵陪都新址,除内迁的新闻系科,陪都还创办了几个新闻教育机构,培养了众多新闻人才,在我国新闻教育的历史上,书写下浓墨重彩的一页。

1. 复旦大学新闻系

"八一三"上海战事爆发后,复旦大学新闻系[①]于1938年1月辗转迁至重庆,借寓重庆菜园坝的复旦中学,2月开始正式上课,聘请国民党《中央日报》社长程沧波为新闻系代主任。

1939年,重庆"五三""五四"大轰炸后,菜园坝校舍被毁,新闻系被迫搬

---

① 复旦大学新闻系创办于1929年9月,创办人为谢六逸。复旦大学新闻系迁到重庆时,当时新闻系系主任谢六逸仍滞留在上海租界。

至重庆北碚夏坝复旦大学本部①附近的黄桷镇。1941年9月,复旦大学训导长陈望道出任新闻系代理系主任。1942年,新闻系由黄桷镇移至夏坝上课。同年9月,陈望道正式出任新闻系系主任。

尽管办学的困难重重,夏坝时期的复旦新闻系,在课程设置的改进、师资队伍的壮大、办学条件的改善等方面仍然有了长足的进步。据统计,鉴于新闻系的声誉蒸蒸日上,报考复旦新闻系成为了当时学生的积极追求。1944年,仅录取30人的新闻专业,有543人报考。1945年,报考新闻系总计479人,录取仅为57人。当时复旦大学24个系科中,新闻系在校学生200多人,为全校之首。

1946年5月,复旦大学新闻系随学校整体回迁上海,在渝时间为八年零五个月。

2. 中央政治学校②新闻学系

1937年,由于战事吃紧,中央政治学校新闻学系先后迁至庐山牯岭、湘西芷江③等地上课,直到1938年夏,新闻系辗转迁到重庆南泉后才稳定下来,继续新闻教学。同年,因学生人数极少,新闻学系停办。

停办后,新闻学系于1939年改设立新闻事业专修班④(属于政治大学专修部),只办一期,分甲、乙两组,总计115人。甲组学生为各省国民党部科以上、县市党部主任以上的干部和国民党经营的新闻事业机构采编人员,施以半年的在职训练;乙组则招收大学毕业及修满大学三学年或者具有同等学力从事新闻工作两年者,施以一年的专业训练。专修班开始由程沧波任班主任,后由国民党中央宣传部副部长潘公展负责。

---

① 当时位于菜园坝的新闻系属于分部(又称"二部")。当时分部总计800多人。
② 中央政治学校为1927年国民党在南京创办,初始名为"中央党校",全名是中国国民党中央政治学校。后改名为中央政治大学。1948年与中央干部学校合并为国立政治大学。解放后,移至台湾办学,仍以"国立政治大学"为校名。新闻系于1954年复办。
③ 中央政治学校在该地时,曾在马星野、俞颌华的指导下,接办当地《芷江民报》,方汉奇先生主编《中国新闻事业通史》一书中,记载《芷江民报》为《藏江民报》。
④《抗战时期内迁西南的高等院校》一书记载,新闻事业专修班于1940年,国民党中央宣传部在政治大学开办,由潘公展和马星野分别任正副主任,实际由马星野负责。

1941 年,[①]政治大学创办新闻专业科,招收高中毕业生,共办两期,总计 100 多人。学生修业两年。1943 年,国民党宣传部国际宣传处与美国纽约哥伦比亚新闻学院合办重庆新闻学院[②](隶属中央政治学校),这是解放前国民党新闻教育的"最高学府",主要目的是为国民党培养国际宣传和新闻宣传人才。1943 年,政治大学新闻学系恢复招生,同时专修科停止招生。

1946 年,中央政治学校新闻学系迁还南京。

在重庆的将近八年时间里,由于中央政治学校在国民党内部的特殊背景,中央政治大学新闻学系被认为是国民党新闻教育的最典型代表。

3. 中央新闻专业专修班

中央新闻专业专修班为 1938 年创办于重庆,国民党中央宣传部副部长潘公展为负责人。具体内容不详。

4. 中央训练团新闻研究班

中央训练团新闻研究班属于军队性质,由国民党重庆军事委员会政治部于 1939 年秋季开办的。它在中央训练团设立两期新闻研究班,国民党军队政治部副部长张厉生兼任班主任,主要目的是培养军队报纸《阵中日报》的报业人员。后中央训练团后来改名为"军中文化人员训练班",1943 年在"军中文化人员训练班"中,设立新闻系,由曾任国民党四川省政府编译室主任、《国民日报》社社长易君左主持。在此期间,军队中各种类型的新闻训练班,主要都是为了适应军队政工工作和战事宣传的需要,并没有把新闻学作为一门学问来研究和教授。

5. 重庆新闻学院

重庆新闻学院是抗战时期中美文化计划的一个项目,由国民党宣传部国际宣传处与美国纽约哥伦比亚新闻学院合办。学院总计开办两期,每期 30 人,都为精挑细选的英文优秀的学生。学制两年,一年为专业教育,一年要求在国际宣传处实习。

---

①方汉奇主编《中国新闻事业通史》一书以及李建新的《中国新闻教育史论》一书,认为新闻专业科是 1940 年创办,台湾国立政治大学新闻系《系史》记载为 1941 年。

②台湾国立政治大学新闻系将重庆新闻学院纳入《系史》之中,国内学者一般将重庆新闻学院作为新创办的新闻教育机构进行阐述。此处,为突出重庆新闻学院的重要性,下文将单独进行阐述。

国民党宣传部国际宣传处处长董显光、曾虚白兼任学院正、副院长,学院地点设置在重庆上清寺原巴县中学内,与国民党国际宣传处和驻重庆的外国记者招待所同处一处。这里也是战时重庆的新闻中心。该院第一期于1943年10月开学,教学方面实际负责的为哥伦比亚新闻学院派来的美籍教师克罗斯教授。克罗斯一年期满回国后,继任者为吉尔伯特。教学、笔记、实践、考试全用英文,仅《新闻学概论》、《三民主义》、《比较政府》用中文讲授。

相对而言,由于重庆新闻学院的起点比较高,招收学生综合素质的优秀,培养方式完全采用哥伦比亚式,学生实践机会多,实践层次高,使得重庆新闻学院被业内人士称之为解放前我国新闻教育的"最高学府"。

6. 民治新闻专科学校[①]

1942年民治新闻专科学校校长顾执中来到重庆,随之又把民治新闻专科学校迁来。同年秋季,在重庆恢复民治补习学校,内设新闻班。

1943年春天,民治新闻专科学校正式恢复,校长由顾执中担任。顾执中还聘请了一大批有真才实学的人到学校任教,学校第一年招生59人,全年分三个学期上课,晚上上课。1944年,顾执中前往印度加尔各答办报,陆诒被推举为代理校长,陈伯翰为教务长。

抗战胜利后,民治新闻专科学校回迁上海。不过,民治补习学校仍被保留下来,由李维曦、周树之负责。教学上,仍设置一个新闻班。

7. 国立社会教育学院新闻系

抗战胜利前夕的1945年秋,位于重庆璧山的国立社会教育学院筹建新闻系,首任系主任为著名记者、新闻教育学家俞颂华。

1945年9月,第一届学生入学,先在璧山上课,后东迁南京,最后落户苏州。

1949年国立社会教育学院新闻系停办,总共招生四期,人数在100人左右。这些人当中,也诞生了不少在现代新闻传播学界的方家名人。

[①] 民治新闻专科学校是我国第一个新闻专科学校。1928年,著名记者、新闻教育家顾执中在上海创办,初时名为"民治新闻专科学院",1929年开课,下辖编辑、采访、报业管理三个系,分正科和预科。1940年8月停办。

综上所述,在重庆这块特殊的土壤上,抗战时期的新闻学教育有了蓬勃的发展,并展现出以下的特点。

第一,办学数量增加,办学层次增多。虽然当时处在抗日的紧要关头,社会动荡,办学困难,但是重庆的新闻学教育还是有了显著的发展。新闻教学机构从抗战前的两所,即复旦大学新闻系、中央政治学校新闻系发展到上述的七所,而且,这七所新闻教育机构又分成不同的办学层次。学制上,有四年制本科性质的,有两年制专科性质的,也有短期的新闻班等;办学主体上,有国立大学,有私立民办学校,有国民党党派办学的,还有国民党军方办学的。尽管培养学生的总数不是很多,却满足了社会发展对新闻人才的需要,也促进了新闻学自身的发展。

第二,新闻学教育的"本土化"逐渐形成。从我国新闻学教育开端的燕京大学、圣约翰大学到抗战时期的几家新闻教育机构,可以清晰地发现,授课教师、院系负责人逐渐从美籍人员过渡到中国的本土教师,而且在教学思想、课程设置上也逐渐显示出明晰的中国化特点。就历史作用而言,这一时期对于我国新闻学教育构建属于自己的体系起到了至关重要的作用。

第三,政党新闻学教育开始出现。除了国统区许多新闻教育机构的课程中包含《三民主义》的必修内容外,在中央政治学校新闻学系、重庆新闻学院的新闻教育思想中,"党化新闻"、"政党新闻"的思想尤为突出。

二、重庆新闻教育的教育思想

总体而言,重庆时期的新闻学教育思想受美国新闻学教育的影响很大,不仅有教师为美国新闻教育的毕业学生或者曾经赴美留学,而且课程设置上直接以美国新闻学教育为参照,注重人文基础学科,强调新闻实践,要求理论和实务并重。

虽然有外在因素的影响不过由于办学宗旨的差异和新闻教育本土化和时代的局限,几所新闻教育机构又可以分成三个不同的类型。

第一,以中央政治学校新闻学系、重庆新闻学院为代表的政党新闻教育思想。政党新闻教育要以三民主义为宗旨,要求学生树立为国民党党业和新闻事业服务的志向。

中央政治学校的前身是国民党中央党校,以培养党务干部为己任。被时任国民党中央陆军学校教育长的张治中称为,"和中央陆军学校一起是国民党文武两兄弟"。与一般大学不同,中央政治学校在学校设有国民党特别党部,直属国民党中央党部;学校设有训导制度,专管学生思想;学生入学后,必须进行国民党的军事训练和管理。这种特殊的身份决定了中央政治学校新闻学系"政党新闻教育思想"与其他同时代新闻教育机构的差异。

重庆新闻学院因为直接由国民党宣传部国际宣传处参与创办,政党新闻教育方面与其他新闻教育机构的差异更加明显。

另外,为培养军队政工工作和战事宣传人员的国民党中央训练团新闻研究班、中央新闻专业专修班、中央政治学校新闻学系停办时创办的新闻事业班和新闻专修课都体现了同样的政党新闻教育思想。

第二,以复旦大学新闻系为代表进步新闻教育思想。他们的新闻教育思想,主张新闻教育必须讲求坚持和宣扬真理、推动和改革社会。

夏坝时期复旦大学新闻系系主任为陈望道先生,他被称为著名的马克思主义翻译家、报刊活动家和新闻教育家。曾经先后参与上海共产主义小组和共青团的筹建、出版我国第一本全译本《共产党宣言》、担任《新青年》杂志主编等活动。他倡导民主办学,以"宣扬真理、改革社会"作为办系的指导原则。他鼓励学生坚持真理、有胆有识、广泛学习、学有专长,并把"好学力行"作为新闻系的"系铭"。在他的影响和推动下,复旦大学新闻系将培养学生的进步人生观和坚持真理的作风作为重点来抓。

在课程设置上,先后把《哲学原理》和《论理学》(逻辑学)[1]作为必修课程。先后主讲《哲学原理》的张今铎和张志让教授,在讲课时都专门讲授辩证唯物主义和辩证法的内容,让学生接受到马克思主义教育。

新闻系的学生在不断的教育和影响下,于1943年秋开始举办每周一次的"新闻晚会",晚会以时事讨论、学术研究的形式出现,有报告、讨论、辩论,

---

[1]《抗战时期重庆的新闻界》、《中国新闻教育史论》等材料将《论理学》记载为《伦理学》。

气氛热烈、活跃。晚会的主题常常为"新闻与政治"、"我们的出路何在"、"中国将向何处去"等关系国家社会的问题。而这正是中共复旦地下支部以复旦大学新闻学会名义组织的。晚会前后100多次,成为学生寻求真理、渴望进步的真实写照。

利用新闻系新闻馆的收音设备,学生还组织收听延安新华广播电台广播,并且积极传播给学校其他学生,复旦大学新闻系新闻馆也被称为"夏坝的延安"。在新闻馆楼上的新闻系图书馆中,还有相当的马列主义著作,而这些书也成为很多后来成了共产党人的青年第一次接触到马列主义、毛泽东思想的源泉。

第三,以民治新闻专科学校、国立社会教育学院新闻系为代表的实用新闻教育思想。即主张新闻教育以培养新闻实务人才为培养目标。民治新闻专科学校创办之初,就是以为中国报纸培养中国记者为办学目的的,设立的编辑、采访、报业管理三个系都是以培养新闻实务人才为培养目标的。以1943年重庆时期民治新闻专科学校的新闻专业课程为例,在编辑、采访、宣传、广播、摄影、报业管理、新闻学概论中,仅仅只有一门新闻理论课程。

国立社会教育学院新闻系创立的宗旨就是"为推动社会教育的新闻事业而培养人才,着重满足各省区培养能采会编并具有管理理论的新闻工作者"。"能采会编并具有管理理论"直接规划了国立社会教育学院新闻系的新闻教育思想。

当然,这种以培养新闻实务人才为目标的教育思想除了与美国新闻教育的熏陶有关外,联系当时战争的时代背景以及新闻人才紧缺的状况,这种思想就不足为奇。

三、重庆新闻教育的师资配置

抗战时期,重庆作为当时的"陪都",成为了国内的文化中心和新闻传播中心,也云集了形形色色的报纸、刊物和著名的报人、新闻教育家等。得益于这一条件,抗战时期重庆各新闻教育机构的师资力量都非常强大,许多教师都是各家报社的名记者、名编辑,甚至是报社的直接负责人。这里以其中几所教育机构为例分别介绍当时各院系的师资情况。

1. 复旦大学新闻系程沧波担任系主任的时候，就聘请了一大批新闻界的著名人士来学校担任教师。譬如：重庆地方报纸《新蜀报》总经理周钦岳被聘请主讲《评论写作学》、《国民公报》采访部主任傅襄谟被聘请主讲《新闻采访学》、胡健中（后担任国民党《中央日报》社社长）主讲《报业管理》、《中央日报》总编辑刘光炎主讲《新闻编辑》和《报馆实习》、路透社记者赵敏恒主讲《新闻英语写作》、后担任《光明日报》主编的储安平讲授《新闻编辑》，程沧波本人也曾经负责《新闻评论》、《新闻采访》等课程。

陈望道接任系主任后，除亲自讲授《修辞学》、《论理学》等课程外，还与讲师李光诒合开《评论练习》课程。师资方面，专任教授有毕业于伦敦大学的新闻学硕士、《大美晚报》重庆版编辑曹享闻、加尔各答《印度日报》主笔祝秀侠，兼职教授有后来担任上海《申报》副总编辑的赵君豪、《大公报》任采访主任王文彬、后任《南洋商报》总编辑的冯列山等，兼职副教授有曾任苏联塔斯社记者的舒宗侨、《时事新报》总编辑王研石、儿童文学一代宗师陈伯吹。

另外在复旦大学曾经短期任教、作过专题报告、临时讲学、做过座谈的还有于右任、邵力子、周谷成、陶行知、田汉、黄天鹏、潘梓年、王芸生、胡秋原、萧同兹、法国大使馆文化参赞和英国路透社驻华首席记者等。

2. 中央政治学校新闻系中央政治学校新闻系主任马星野毕业于美国密苏里新闻学院，负责讲授《新闻学概论》、《新闻史》、《社论写作》、著名记者俞颂华负责《新闻写作》、东京帝国大学文学院新闻研究室研究员陈固亭讲授《报业管理》、中央通讯社社长萧同兹讲授《通讯社组织和经营》、知名新闻学学者黄天鹏讲授《广告与发行》、王逢幸讲授《报业会计》、陈固亭、许孝炎讲授《新闻法令》、陈博生（中央社总编辑）、王芃生讲授《敌情研究》、中央社英文部主任杨德臣讲授《英文新闻》、国民党教育部电化教育司戴公亮讲授《新闻摄影》、原国民党《中央日报》副刊编辑王平陵讲授《副刊编辑》。

另外，潘公展、董显光、曾虚白、赵敏恒、刘光炎都曾在中央政治学校新闻系担任教师。成舍我、顾执中、萨达姆、彭乐善、储玉坤等许多知名报人、新闻学专家和学者都曾经前往讲演。

3. 民治新闻专科学校 民治新闻专科学校师资上，有冯玉祥将军教授《军事理论》、做过外交使节的虞和端讲授《国际关系》、作家舒舍予主讲《新闻写作》、作家郑振铎讲授《新闻文学》、名记者陆诒、金华亭讲授《新闻采访》、陈伯翰教授《新闻编辑》、《大公报》记者高集教授《新闻编辑》、摄影专家杨需明教授《新闻摄影》、国民党中央广播电台台长彭乐善教授《广播学》、国民党驻伦敦参赞陈尧圣教授《宣传学》。顾执中则负责讲授《新闻学概论》等课程。

综上所述，在当时新闻理论还不是特别发达的情况下，专业的新闻学教师非常有限。如何为教学配备良好的、有效的师资，成为阻碍新闻学教育发展的一个极大困难。为此，几家新闻教育机构不约而同地都做了相当大的努力。

第一，师资的"专职"和"兼职"搭配。以中央政治学校新闻学系为例，当时专职教师只有马星野和俞颂华两人，但是却有一大批兼职教师走进了新闻学教育的课堂。兼职教师不仅能够直接指导学生的实践，而且在自己的领域都有所建树，这符合了师资的配置要求，也与新闻教育专业教育的特征相互吻合。

第二，师资的"理论"和"实践"交叉。从上面列出的一系列名单，我们就可以发现，其中既有理论知识丰富的知名学者，也有实践操作的高手能人，而且许多教师在理论和实践两方面都兼而具备。学生在这样的教育下，理论和实践则可交互相长，理论和实践统一结合。

第三，师资的"长期"和"短期"联系。师资配置上，有教师长期从事教学工作，也有短期任教，更有报告、讲座、座谈等短暂的教育形式。可以说，这是解决师资不足的"无奈之举"，但是，不可否认，这样的师资配置不但解决了师资短缺的燃眉之急，也有效地丰富了学生的知识，扩大了学生的认识层面，这一点，对于我们当今许多新开新闻专业的院系来说，非常值得学习和效仿。

四、新闻教育的课程设置

重庆时期，各个新闻教育机构的必修一般课程和专业课程设置基本差不多，这里以国立社会教育学院新闻系设置的课程为例，介绍一下重庆时期相对比较完整的新闻教育课程设置：

<table>
<tr><td colspan="3" align="center">国立社会教育学院新闻系课程</td><td></td></tr>
<tr><td rowspan="4">必修</td><td>大一</td><td>三民主义、伦理学、国文、外文、中国通史、世界通史、社会学、经济学、政治学、教育学</td><td rowspan="4">学生在学校四年修业期间，必修学分为132—148分</td></tr>
<tr><td>大二</td><td>新闻学概论、新闻采访、新闻编辑、国语速记、中国诗文选读</td></tr>
<tr><td>大三</td><td>新闻事业史、报纸经营和管理、新闻写作、英文选读和翻译、无线电及广播</td></tr>
<tr><td>大四</td><td>新闻学专题研究、摄影电影与印刷、英文写作与编辑、社会心理学、法学通论、毕业论文</td></tr>
<tr><td>选修</td><td colspan="2">国际法与联合国、比较政府、中国政府、新闻文艺、中国文学史、中国政治文化史、世界近代史、经济史、中国经济问题、国际形势研究、亚洲诸国史地、财政学、民法与刑法总则、美术与美学、戏剧概论、图书馆学、中国社会史、民俗学、中国风俗史、音乐欣赏、电讯学、事务行政、社会调查与个案研究、英文打字等</td><td>选修课为学生自选，必须修满24个学分</td></tr>
<tr><td>备注</td><td colspan="3">1. 体育、普通音乐、讲演术、注音符号是当然选修科。学分另记
2. 四年修完后，实习一年，所修课程、毕业论文及格且实习完成才能毕业</td></tr>
</table>

评价：从上面国立社会教育学院新闻系的课程设置，我们可以清楚地得出当时新闻课程设置与之前新闻教育的一些差异和受到的美国新闻教育思想的影响。

（一）必修之中，一般必修课程与专业课程结合。

（二）整理设置，必修课程与选修课程相互结合。

（三）课程设置上注重人文基础学科，人文基础学科在整体课程设置中的比例较大。

（四）专业课程中着重操作性课程，纯粹的新闻理论课程很少，大部分为需要动手的实践性课程，强调学生理论与实践并重的要求。

（五）课程设置上，将军事训练、教育制度、主修、选修制度、实习、实践制度、毕业论文、调查报告等制度纳入整体的教学规划之中。

五、重庆新闻教育的学生实践

抗战时期,尽管新闻学教育的开办非常艰难,但是广大新闻专业学生的学习积极性非常之高。学术氛围浓厚、实践场所充足、实习机会充分是当时新闻学教育的又一个显著特点。

(一)开展学术研究

中央政治学校新闻系有学生社团"新闻学研究会",新闻系学生为若干会员。研究会设立总干事和干事若干,负责资料的收集、研究、出版等各项会务。经常活动为征集各地报纸、组织新闻讲座、出版实习报刊、组织新闻年会等。

1939年,中央政治学校新闻系出版《新闻学季刊》,以新闻学术研究为目的,这是当时唯一的一份新闻学术刊物。每期12万字。第一期负责人为孙如陵。

复旦大学新闻系举办的"新闻晚会"也是新闻系学生开展学术交流的一项经常性活动。

(二)重视校内实践

1. 1941年,中央政治学校新闻专修科创立,为了使学生校内实践制度能够延续下去,新闻系的学生出版了一份名为《南泉新闻》的刊物。

《南泉新闻》每周出刊一次,以南泉地方新闻和学校新闻为主,是重庆南泉唯一的一份新闻性刊物。并且,除了编辑、出版报纸,学生还将报纸拿到社会上销售。这样,在课堂理论学习的同时,《南泉新闻》为学生提供了实践的机会,因此,对于《南泉新闻》,政治大学新闻系的学生投入了极大的热情。

1944年,《南泉新闻》易名为《学生新闻》,正式成为学生实习报刊。

2. 复旦大学新闻系学生的校内实践呈现出形式多、质量高的特点。1943年,为解决学生实习困难,复旦大学新闻系恢复停办的"复新通讯社"(简称"复新社",全名为"复旦新闻通讯社")。陈望道自任社长。复新通讯社出版社刊《复新社通讯稿》李光诒为总编辑,下辖采访、编辑、总务等三部,供新闻系学生轮流实习。每周五发油印稿一次,免费供重庆各大报社采用。编辑从高年级同学中选拔，刊物为十六开单面油印，每期页数不定，印刷数量也不定，视内容和具体情况而定。①

新闻系学生运用自己的专业特长，参与创办"中国学生导报社"的社刊《中国学生导刊》，另外，学生还参与办了多种小报，比如《榴红》、《夏坝风》等20多种小报。这些小报形式多样，有油印的，有石印的，更多则是壁报，但是质量都很高，成为当时复旦校园学生的眼球"关注点"。

3. 相比而言，重庆新闻学院学生的校内实践最富有国际化的特点。重庆新闻学院创办后，学院创办了一份四开英文实习周报《重庆新闻》(*Chongqing Reporter*)，每期4页。报纸主要内容为新闻，主要是国际新闻、国内新闻、本市新闻。国际新闻一般是中央社的英文稿件和外国驻渝通讯社所发新闻。本市新闻有翻译、改写本市报纸如《中央日报》、《大公报》的新闻，也有学生自己采访、编写的新闻。

另外，重庆新闻学院一项重要新闻实习就是参加国民党政府每周两次的外国记者招待会。一次政治、外交记者会，一次军事记者会。招待会上，发言、提问、回答都用英语交流，不用翻译。

4. 民治新闻专科学校当时也成立了"民治新闻通讯社"，在校长顾执中的直接指导下，进行编辑、采访等实习。学生采访的新闻稿件，每天10点前送出一次，民治新闻通讯社每周还向全国各报馆和海外华侨报纸发一次特约稿件。这都反映了民治新闻专科学校培养学以致用新闻人才的教学思想。

(三)注重学生实习

当时重庆地处全国的新闻中心，所以，各个新闻专业的学生实习相对容易。以中央政治大学新闻系为例，学生实习除在当时的"中国文化建设印刷公司"实习检字、排版、印刷外，也分发重庆各大新闻机构。尤以在《中央日报》各部门数量居多。而重庆新闻学院的毕业生，除了大部分留在国际宣传处实习外，有的去中央广播电台实习，有的担任新闻检查员，有的甚至奔赴广西与滇缅前线采访。

---

① 张正宣：《抗战时期的复旦大学》，《重庆报史资料》，第4辑。

在抗日的烽火中,重庆的新闻学教育取得很多巨大的成绩,不仅办学的层次和方式增多了,而且办学质量也得到了相当的提升。尤其值得注意的是,这一阶段还是政党新闻理论、战时新闻理论发展的高峰时期,并且,在完全西方新闻教育模式的基础上逐渐形成了我国新闻教育的传统模式,呈现出本土化的特点。

寻根溯源,在于当时的重庆是抗战的大后方,是国民党的战时陪都,是生产新闻的政治、军事、经济、文化中心,更是新闻传播活动的大本营,正是孕育新闻教育发展的沃土膏壤。众所周知,新闻实际工作是新闻教育的基础,新闻教育源于新闻实际工作,又服务于新闻实际工作。新闻实际工作的发展将给新闻教育的发展提供广阔的前景和壮大的机遇,新闻教育的发展又将为新闻实际工作提供坚实的力量基础和优秀的人才支持。而陪都重庆的抗战新闻实际工作的发展,正好为陪都新闻教育发展提供了难得的机遇,创造了良好的条件。

第四节 战时重庆新闻团体和新闻学研究

一、战时重庆新闻团体

先后出现过重庆市新闻学会(1936年7月13日)、中国青年新闻记者学会(1937年11月8日)、重庆各报联合委员会(1939年5月6日)、中国新闻学会(1941年3月16日)、陪都记者联谊会(1942年1月13日)、驻华外国记者协会(1943年7月16日)、陪都周报联合会(1945年初)等新闻团体。其中,较有影响力的当属中国青年新闻记者学会和中国新闻学会。

(一)中国青年新闻记者学会的光荣历程

1937年卢沟桥事变后,中国人民开始了全面抗击日本侵略者的斗争。紧接着爆发了淞沪会战。为了能够如实报道当时的战争情况,快速向全国人民通报战争进程,同时也为了推进中国新闻事业的积极向前发展,上海的一些先进青年记者恽逸群、夏衍、范长江等感觉到有组织起来的必要，遂决定成立一个统一性的组织。

1937年11月8日晚7时，羊枣、朱明、邵宗汉、袁殊、章丹枫、范长江、恽逸群、彭集新、傅于琛、王纪元、王文彬等15人在上海山西路南京饭店集会，宣告成立"中国青年新闻记者协会"。会议推举范长江、羊枣、碧泉、恽逸群、朱明5人为总干事，夏衍、邵宗汉等人为候补干事。在淞沪会战的炮火中，这次会议开得比较紧急，协会的章程也只是作为草案通过。

"青记"在上海成立后活动尚未展开，淞沪会战即将结束，上海沦陷已成定局。为了扩大会务，迅速展开活动，"青记"遂派范长江前往武汉筹备"青记"武汉分会事宜。经过一个多月的筹备，1938年1月1日，中国青年新闻记者协会武汉分会正式宣告成立。由于国民党中央宣传部坚持让"青记"成为一个学术团体以避免所谓的"麻烦"，所以1938年3月15日在申请备案时，范长江将"中国青年新闻记者协会"改名为"中国青年新闻记者学会"。

此时，上海已经沦陷，虽然一部分记者留在沦陷区，但是工作并不能很好地展开。而国民政府此时已迁到武汉，为了更好适应战争形势的需要，也为了"青记"的发展，1938年3月30日，中国青年新闻记者学会在汉口青年会二楼礼堂召开成立大会，也是"青记"第一次全国代表大会。这次代表大会标志着中国青年记者学会总会迁到武汉。

大会通过了《中国青年新闻记者学会成立宣言》，选举出理事若干，在理事中又选举范长江、钟期森、徐迈进三人为常务理事。在常务理事下面分设总务、组织、学术三个组，各组除由理事兼任正副主任外，另设干事若干。同时，聘请《大公报》张季鸾、《扫荡报》王芸生和邹韬奋等15人为名誉理事。

会议举行期间，"青记"总会的会刊《新闻记者》创刊号的样刊就发到了各与会者的手上。于右任题写了"青记"的招牌和新闻记者的刊头。《新华日报》的张谔为"青记"设计了以笔作枪的徽章，它成为了青年记者抗战、团结、进步的象征。

1938年10月，武汉即将不保。"青记"总会以及一部分会员开始撤退，并于10月底先后辗转撤到长沙，随后范长江和陈侬菲也撤到长沙并准备在长沙建立总会。

在长沙期间,范长江以"青记"会员为骨干,组建了国际通讯社,就是后来名震一时的"国新社"。长沙大火后,范长江又带领"青记"撤到了桂林。

"青记"到达桂林后随即展开工作,和新成立的"国新社"一起开始组织记者进行采访。除抽调该会记者分赴各地,特别是深入到前线战地,甚至是敌占区采访、撰写战地通讯等一批稿件,还通过各种形式,团结、培养年青的新闻工作者,如组织时事座谈,举行记者交谊会,开办新闻讲座和战时新闻工作讲习班,每周定期召开小组会议,交流工作经验和学习心得等。

这一时期的"青记"除了继续出版总会刊物《新闻记者》外,还在桂林出版的主要报刊的副刊,开辟了《新闻记者》专栏。

1939年4月,"青记"总会迁到重庆,范长江负责"青记"总会的领导工作,傅于琛任秘书,会务由徐迈进、庄启东和冯英子负责。此外,厉杰夫、沈舟、吴学文、章茜子、范加祥等也被邀请参加了"青记"的工作。这一时期的"青记"迅速发展,进入了全盛时期。

"青记"成立以后,立即着手发展会务,派得力人手在全国各地建立分会、办事处、通讯处等,使得"青记"的分会等遍布全国各地,会员人数也由刚建会时的50多人迅速增长到2000多人。当时活跃在前线的记者大都是"青记"会员。

"青记"除了在全国建立分会之外,还建立了办事处和通讯处。其中大的办事处有三个:南方办事处、北方办事处和西南办事处,其中西南办事处成立于1949年3月,是"青记"总会被封后成立的。已知的"青记"的通讯处按时间顺序有:"青记"榆林通讯处、"青记"驻渝通讯处、"青记"鄂北通讯处、"青记"洛阳通讯处、"青记"郑州通讯处。此外,除分会、办事处和通讯处外,"青记"还根据当时的情况和当地的需要成立了其他的组织如:"青记"冀鲁青年记者服务团、"青记"八路军战地记者团、"青记"战地服务队华北一支队、"青记"广西学生军通讯处等组织。

1941年1月,国民党制造"皖南事变"后,就开始公开破坏统一战线。作为进步记者组织的"青记"也成了国民党打击取缔的对象。国民党中宣部于

1941年4月28日,下令取缔"青记"。"青记"总会至此消失。

"青记"总会被封后,国统区的一些分会也相继停止活动,但是在解放区的一些分会如:延安分会、晋西分会、苏北分会、晋察冀边区分会、盐阜区分会的活动一直坚持到抗日战争胜利,"青记"一千多名会员继续奋斗在不同的岗位上,一直坚持到全国解放。①

(二)中国新闻学会的发展历程

中国新闻学会于1941年3月16日在重庆上清寺广播大厦举行,共有会员116人。

会议主持人宣读了蒋介石、各方代表和各地新闻界同人的贺词;大会经过认真讨论,一致通过了张季鸾起草的《中国新闻学会宣言》,并选举了学会领导成员。大会推选于右任、戴季陶、居正、陈布雷、王世杰、陈果夫、陈立夫、叶楚伧、吴铁城、张继、朱家骅、邵力子为名誉会员;选举萧同兹(中央社)、陈博生(《中央日报》)、曹谷冰(《大公报》)、胡政之(《大公报》)、马星野(中央政治学校新闻系)、成舍我(《世界日报》)、陈铭德(《新民报》)、赵敏恒(《中央日报》)、周钦岳(《新蜀报》)等十九人为理事;选举杜协民(《国民公报》)、潘梓年(《新华日报》)等七人为候补理事;选举潘公展(中宣部)、张季鸾(《大公报》)、王芸生(《大公报》)、董显光(国民党中宣部)、程沧波(《中央日报》)、谢六逸(复旦大学新闻系)等十一人为监事。大会选举萧同兹为理事长,彭革陈为副理事长,曹谷冰为秘书长。

1941年5月15日,学会与重庆各报联合委员会在国民党中央党部客厅,举行大公报社接受美国密苏里大学新闻学院荣誉奖章庆祝大会。

1942年4月15日,与重庆各报联合委员会在国民党中央党部礼堂联合

---

① 1987年7月4日,中国记协召开了关于中国记协的历史沿革及成立日期的专题研讨座谈会。出席会议的有:吴冷西、李庄、安岗、江牧岳、穆欣、莫艾、杨子才、方汉奇等著名新闻工作者。与会专家根据原"青记"重要成员范长江、徐迈进、陆诒、夏衍、穆欣、方蒙、郁文、石云、恽逸群、莫艾、冯英子、王文彬等同志所写的专题、历史回顾材料和自身的经历及认识,对中国记协的历史沿革和"青记"的成立时间进行了认真地分析研讨。经过与会专家认真分析和论证,确定中国记协的前身就是1937年11月8日在上海成立的中国青年新闻记者学会。2000年1月25日,中国记协正式向国务院请示,要求将中国记协的前身中国青年新闻记者学会的成立日期,即每年的11月8日定为中国的"记者节"。经过国务院法制办公室专家进行科学论证,朱镕基总理于2000年8月1日正式批复中国记协《关于确定"记者节"具体日期的请示》,同意将11月8日确定为中国"记者节"。

召开茶会,欢迎自新加坡、香港、上海等地来渝同业,到会 200 余人,萧同兹任主席。会上,由胡政之报告香港沦陷经过、潘公展、吴倚泉报告太平洋战争爆发后新加坡当局的举措。詹文浒报告上海新闻界与敌人为搏斗概况。4 月 16 日,与重庆各报联合委员会为病逝的大公报总主笔张季鸾举行公祭。8 月 28 日,《中国新闻学会》年刊出版,其中载有重庆各报之沿革。

1942 年 9 月 1 日,学会在重庆广播大厦举行首届年会,潘公展任主席,由国民党中宣部长致词。大会选举萧同兹等 21 人为理事,潘公展等 7 人为监事,决议要求政府中止议订《新闻记者条例》,改颁《新闻记者公会法案》。9 月 4 日,举行第二届理监事就职礼,到职理事曾虚白、张万里、钱昌硕、彭革陈、曹谷冰、周钦岳、杜协民、曹阴稚。赵敏恒、周重光为服务组正副主任,罗承烈、李仲平为出版组正副主任,钱昌硕、徐盈为调查组正副主任。常务理事、主席,改用通信选举。

1943 年 2 月 2 日,学会主办的新闻从业人员篮球赛,在两路口社会服务处康乐部举行,由理事长萧同兹主持开球,于 5 月 1 日结束,大公报社获冠军,中央社获亚军。5 月底,发起排球比赛,中央社获冠军,新华日报社获亚军。

1941 年 12 月,美国《密勒氏评论报》主笔鲍威尔被日军关入监狱后,长达四个多月的折磨导致他的双腿残疾,健康状况也受到严重损害。出狱后,鲍威尔辗转返回美国接受治疗。1943 年 3 月 16 日,中国新闻学会将全国各地捐款兑换成一万一千元美金,托中央社驻华盛顿特派员前往医院,面致鲍威尔,并致慰问电:"阁下不顾一切危险与身受伤害,毅然与中国采取一致立场,吾人仅以此款藉表衷心之同情与慰问。"鲍氏即复函:"中国同业意义极大而最慷慨之惠赠,余甚为感谢。余盼不久后再为中国工作,并拟以此项赠金之大部分用于促进对中美两国特别有利之新闻事业。"[1] 10 月 1 日,在广播大厦举行第二届年会,到会 200 余人,潘公展任主席,戴传贤、张道落、谷正纲致词。大会选举萧同兹等 21 人为下届理事。会上,成舍我等会员建议政府修

---

[1] 转引自庆抗战丛书编纂委员会:《抗战时期重庆的新闻界》,重庆出版社,1995 年版,第 144 页。

订《新闻记者法案》。

1944年9月1日,与重庆各报联合委员会主办记者节纪念大会,到150多人,理事长萧同兹任主席,来宾致词。继而由会员演讲。1945年9月1日与重庆各报联合委员会联合主办记者节纪念会,新任国民党中宣部长吴国桢、副部长许孝炎到会庆贺。

1945年国民政府迁回南京后,中央社总社和各大报纷纷外迁,会所交由重庆报联会总干事陈云阁代管,到1948年底又移交给下届总干事高允斌负责代管,重庆报界的集体活动,仍以此地为中心,直至解放后被接管。

(三)其他新闻团体

重庆市新闻学会 1936年7月13日成立。1937年初召开会员大会进行改选。参加会议的会员有蒲仰峦、刁知愚、周道隆、陈光宇、梁佐华、赵暮归、朱典常、陈志坚、陈伯坚、冯均琏、蒋浓疾、蒋亚浓等50多人。主席冯均琏报告了一年来对新闻学理和新闻技术研究方面的成就。会上还选出理事7人,监事3人。会后还召开了首次监事理事联席会议。

重庆各报联合委员会 1939年5月3日,5月4日。重庆连续遭受日机轰炸,新闻行业损失惨重。5月4日晚,各报主要负责人聚集商议,决定各报于5日停刊一天,由中央日报、新华日报、大公报、时事新报、扫荡报、国民公报、新蜀报、新民报、商务日报、西南日报十家报纸筹备,共同创办《重庆各报联合版》,在6日问世,并成立"各报联合委员会",主持整个联合事务。

各报联合委员会委员由各报的主要负责人担任。他们分别是《中央日报》的程沧波、《新华日报》的潘梓年、《大公报》的曹谷冰、《时事新报》的崔唯吾、《扫荡报》的丁文安、《西南日报》的汪观之、《新民报》的陈铭德、《国民公报》的康心之、《新蜀报》的周钦岳、《商务日报》的高允斌。程沧波为主任委员。委员会下设编撰委员会和经理委员会。编撰委员会委员由各报总编辑担任,王芸生任主委。编撰委员会分两组,每组有5家报社的人员,轮流执行报纸编辑业务。经理委员会由各报经理担任,黄天鹏任主委。

这十家报纸组成的委员会,成员有官方的,也有民间的。有国民党的,也有共产党的,还有无党派的。这么多不同背景的报纸能够紧密团结在一起,休戚相关,同甘共苦,在中外古今新闻史上是罕见的。

《重庆各报联合版》终刊前的8月11日,联合委员会举行全体会议,由主任委员程沧波主持,并由经理委员会主任黄天鹏报告经营情况。程沧波提议,本会结束后,另外筹设一个组织,以资纪念。当即一致同意,推选程沧波、曹谷冰、崔唯吾三人草拟办法。

以后不久,新的"重庆各报联合委员会"宣告成立,重庆各报都加入了这个组织。该联合会对团结全市新闻工作者,商定报纸的零售折扣和广告价格等都做了有益的工作。联合会除每年"九一"记者节举行庆祝活动外,还开展同行间交往,为报界伸张正义。该会直到1949年春才结束。

陪都记者联谊会 1942年1月13日在重庆冠生园成立,国民政府党政要员和许多新闻界名流参加。中央宣传部主任秘书许孝炎代表宣传部部长王世杰致辞,称新闻记者是同前线战士一样的握笔的"文化兵",是站在抗战前线的先锋战士,同时勉励新闻界负起"领导社会"、"宣扬国策"的重任。成立大会主席为陈振纲,会上讨论了会章,选举了陈振纲、赵汶沂、沈善钛、谢爽秋、刘自勤、高集、陆铿、李景芳、张骏、钟荣苍、黄卓明、丁懋德、陈畴甫、鲁明、陈伯奇等15人为执行干事;选举何树元、徐盈、周重光、熊岳兰、张步云、朱经治、杨赓7人为监察干事,刘自勤为秘书;研究组组长徐盈,副组长谢爽秋、赵汶沂;服务组组长陆铿、副组长丁懋德、张仁仲;总务组组长高集、副组长陈振纲、李景芳;财务管理朱经治。该会会员包括各报编辑、外勤、外埠各报驻渝记者、海外各报驻渝记者、广播记者、摄影记者共100多人。陪都记者联谊会是太平洋战争爆发后重庆地区最大的一个新闻记者团体。

驻华外国记者协会 1943年5月18日在渝成立,并向有关国家使馆分发成立宣言。该会会长艾金森、副会长白修德、叶夏明、赵敏恒,秘书摩萨。艾金森要求以会长身份会见国民党中宣部长张道藩。张道藩表示,按照中国政府的规定,记者协会须经合法手续才能取得法人资格,在未取得法人资格以前,只能以私人身份接见。这意味着,当天成立的驻华外国记者协会没有得到重庆当局的批准。

围绕驻华外国记者协会,国民党内部也展开了讨论。6月2日,中宣部副部长曾虚白就驻华外国记者协会成立一事提出两点意见:(一)中国新闻记者公会成立前,能否允许该协会成立,可否准许外国记者参加中国新闻记者公会。若按公会法的规定,至少三十人发起才可组织公会,而在渝外国记者不足此数;(二)如果准许成立协会,应严格规定其性质、范围,避免与中国行政发生抵触。

新闻事业处处长马星野提出,在华外国记者不享受集会结社的自由,参加中国新闻记者团体也有困难,可以允许他们成立一个俱乐部性质的团体,参加者应有资格方面的限制,这个团体应受国宣处的指导和监督,对外无权进行交涉活动。

国宣处有人提出,外国记者只可参加学术性团体或交际性团体,不可参加职业性团体,可暂准其成立,等《新闻记者法》施行后再令其加入记者公会。

董显光认为,为了避免影响新闻统制,不可允许成立这样的协会,并且该会的设立不符合《非常时期人民团体组织法》的规定,要曾虚白把他的意见转告社会部。①

6月5日,国民政府社会部部长谷正纲答复:(一)社会组织法中无明文规定可否成立,现暂驳回,等有关法规订定后再予考虑;(二)希望国宣处搜集国外有关情况,供社会部制订法规时参考;(三)制订该项组织法时,应限制其活动,以不得干涉中国行政为原则。②将问题退还给国民党中宣部。

很快,情形有了改观。6月8日,社会部召集有关部门开会讨论,会议决议:依据国际法的互惠原则,应该允许成立协会,以促进邦交。会议还请外交部了解中国驻外记者有无类似组织,参加国际组织者所受待遇如何。

7月16日,驻华外国记者协会在重庆记者招待所举行成立大会。孔祥熙、孙科、王世杰、张道藩、吴铁城及英国大使薛穆、苏联大使潘友新等百余人出席。董显光把在美国时合众社女记者杨格赠送的黑猫转赠该会,留作纪念。

驻华外国记者协会在维护外国记者利益方面作出了不少努力。如1944

---

① 武燕军等:《抗战期间外国记者在渝活动纪略》,《重庆文史资料》,第31辑,第190页。
② 武燕军等:《抗战期间外国记者在渝活动纪略》,《重庆文史资料》,第31辑,第190—191页。

年2月1日艾金森以驻华外国记者协会会长的身份,要求交通部按照国际惯例,发给外国记者一种在中国后方各地都可凭以发电的新闻执照。同年4月1日艾金森代表在渝外国记者,要求减少出席每周新闻会议的记者人数,主张以在外交部登记的报刊、通讯社的正式代表为限。同年4月18日艾金森等十五名外国记者联名致函蒋介石,认为中国的新起检查办法"过于严苛,且失公允",要求放宽检查标准。

陪都周报联合会　1945年初,在国民党重庆市党部的支持下,由《民间报》王知行、《社会周报》陈兰荪、《数字新闻周报》张克东三人发起了"陪都周报联合会"。[①] 参加联合会的共有《民间报》、《社会周报》、《数字新闻周报》、《天文台》周报、《褒贬周报》、《民权报》、《义声周报》、《人民周报》等18家,数量超过全市周报的三分之一。联合会由《天文台》周报社长陈孝威为理事长,陈兰荪负责是秘书事务,王知行负责总务,张克东负责组织事务。抗战胜利后,许多周报离开重庆,该委员会也在无形中解散。

二、战时重庆新闻学研究

(一)主要的新闻学期刊:以《新闻记者》为例

中国青年新闻记者学会成立之初,总会负责人范长江就要求学会多办理论与实践紧密结合的学术刊物,以便培养更多新闻人才。在这样的背景下,"青记"总会主办的《新闻记者》月刊应运而生。

《新闻记者》1938年4月创刊于汉口,由"青记"学术组主编,国民党监察院院长于右任题写刊名。1938年10月转到桂林出版,直到1941年停办。《新闻记者》原定每月一期,因为战争情况复杂多变,后来成了不定期刊物,其刊登的文章除重要时事新闻、"青记"会务发展情况以及一部分转载的新闻评论外,其他大部分都是在研究新闻学术问题,范长江、邹韬奋、恽逸群等都曾为该刊撰稿。《新闻记者》原由范长江负责编辑,从第二期开始由朱楚辛负责,冯英子审稿,该刊在汉口共出版7期。到1938年10月,武汉即将失守,

---

① 关于陪都周报联合会,可参见陈兰荪:《陪都周报联合会始末》,《重庆报史资料》,第15期。

"青记"总会撤到长沙,在长沙大火前三日又赶出了第八期。长沙大火后"青记"迁往桂林,在桂林出版第九、十期合刊。以上10期为第一卷。第二卷的第一期、第二期出版日期、地点不详,到第三、四、五期合刊的时候已经是"民国28年10月1日",此时"青记"总会已迁至重庆。当前见到的最后一期是第二卷第九期,出版日期是"民国29年12月1日",此后两个多月"青记"总会就被查封了。

该刊虽然在桂林编印,但自"青记"总会移驻重庆之后,就一直是在总会的策划和领导下进行编印工作,每期出版后,除一部分发行到敌后游击区和沦陷区外,大部分是在重庆及大后方各省发行的。《新闻记者》主编为刘尊棋,他的另外两个身份是《中央日报》战地记者和"国际新闻社"社长。另有两个主编分别是傅于琛和戈宝权。编委阵营相当强大,包括了范长江、金仲华、王任叔、王纪元、王达非、陈克寒、邵宗汉、胡愈之、孟秋江、夏衍、陆诒、徐盈、徐迈进、彭子冈、恽逸群、邹韬奋等;范长江为该刊发行人。

同样,撰稿人当中新闻界名家也不少。如张季鸾、成舍我、张友鸾、赵君豪、任毕明、王新常、恽逸群、王克让、田玉振、陈子玉、胡愈之、钟期森、陆诒、马季廉、傅于琛等。他们积极撰稿予以支持,先后发表《新闻与政治》、《"纸弹"亦可歼敌》、《战时新闻纸的几个重要问题》、《舆论界在三期抗战中的两大任务》、《一年来战时宣传政策与工作的检讨》、《抗战建国现阶段中谈谈报纸编辑方针》、《抗战新阶段中新闻记者的任务》、《中国新闻事业今后的展望》等等。

《新闻记者》以发表学术研究心碍、实际工作经验的分析和总结为主,同时比较重视报道"青记"会员的各种活动,包括新闻业务活动和政治文化活动,以及战时新闻传播界的其他活动,很好地把学术探讨与实践探索结合了起来,特别是将学术思考与采写经验有机对接,而且包容性大,没有象牙塔中的学究气息。[1] 从现在查阅的文献史料来看,《新闻记者》其刊登的文章分为:新闻报道、新闻业务、新闻宣传、新闻事业和新闻政策五类。

---

[1] 有关当年《新闻记者》的学术研究,参见段勃、陈娟:《解读70年前的〈新闻记者〉》,《新闻记者》,2011年第7期。

《新闻记者》在当时,不仅是"青记"会员自我学习的教材,也是"青记"在桂林举办"暑期新闻讲座"所用的教材,同时也是《太岳日报》所办的"太岳新闻训练班"的培训教材。《新闻记者》刊登的部分文章经整理后,被收录进《战时新闻工作入门》一书,于1939年由生活书店出版。

正当《新闻记者》发展势头迅猛之时,1941年2月,随着"青记"总会被国民党非法查封,总会的会刊《新闻记者》也随之消失。但是,在"青记"和《新闻记者》的影响下,各分会先后创办了众多的学术报刊,在各地区发挥了重要的思想和业务引导作用。其中重要的是有:香港分会主编的《星岛日报》及所属的《青年记者》周刊;广东分会主会主编的《救亡日报》副刊《新闻战线》;桂林分会主编的《救亡日报》副刊《新闻记者》;《扫荡报》副刊《新闻记者》双周刊;《广西固报》副刊《新闻记者》(以上三刊都是总会《新闻记者》的延伸版);韶关分会主编的《大光报》副刊《记者通讯》周刊;吉安分会主编的《民国图报》副刊《记者通讯》周刊;兰州分会主编的《甘肃民国日报》副刊《兰州记者》周刊;成都分会主编的《新民报》专刊《青年记者》周刊;重庆总会还在《国民公报》开辟了专刊《青年记者》等等。

(二)新闻团体的学术活动:以中国新闻学会为例

《中国新闻学会章程》明确规定,学会"以研究新闻学术,改进中国新闻事业为宗旨"。同时要完成五项任务,"关于新闻事业理论及实际研究事项;关于新闻学书籍报刊之编辑及出版事项;关于国内外新闻团体及文化机关之联络合作及调查事项;关于新闻界同业之知识技能道德感情之促进事项;其他有关新闻界福利事项"[①]等。

中国新闻学会在抗战的大前提下探讨新闻学研究方法,这一点清晰地记载在张季鸾起草的《中国新闻学会宣言》中,"志趋定矣,方法如何?夫新闻学为现代最新之科目,源于北美,而输至中国,虽以学称,非有严正解释之科学也。同人以为中国报人,必须完成中国特有之科学。以应我抗战建国特殊之需要,西洋方法,参考而已。我国之常谚有曰:为政不在多言,吾挤报业,亦

---

① 《中国新闻学会章程》,《中国新闻学年刊(1)》,1942年9月1日。

复如是。惟有于工作实践中求学问,而工作之外,别无学问。今国内扫报或定期刊物应努力改进之点同多,亦惟有在工作实践中,求其改进,空谈新闻学无益也。故同人以为必须在抗战宣传工作中,建设中国之新闻学,集思广益,即知即行,本会愿为全国同业同志互助互勉砥砺之枢纽,至望全国同人一致参加本会,各就其固有之岗位,努力奋斗,同时务必常借本会以交换新知,报告状况,以期吾道之昌明,而裨国事于万一。"①可见,中国新闻学会志向高远,计划庞大,只可惜,计划并没有完全得到落实。

总的说来,中国新闻学会举行的学术活动有三大类型,一是举办新闻讲座,二是举行新闻学年会,三是创办新闻学术刊物。

1.举办新闻讲座。1942年1月15日,中国新闻学会举行各组主任联席会议,决议成立年刊委员会,并筹办学术演讲会。28日,在城区、沙磁区、南温泉三处举办新闻讲座。2月12日,由陈博生在沙磁区中央大学主讲《中央通讯社之过去及将来》,26日由彭革陈在沙磁区主讲《如何作访员》。3月19日,由美国费许(美国新闻处长)在沙磁区主讲《美国在远东的新闻活动》,由黄天鹏在南温泉主讲《四十年来中国新闻学之演进》。3月26日,由美国文摘杂志记者霍塞主讲《美国杂志与报纸里的特写》。4月2日,由彭革陈在沙磁区主讲《新闻战争》。

2.举行新闻年会 中国新闻学会共举办四届新闻学年会。第一年在1942年9月11日举行,会议产生两项成果:一是敦请国民政府中止议定《新闻记者条例》,二是重新制订《新闻记者公会法案》,以替代前述"条例";第二年在1943年10月1日举行,会议继续敦请国民政府尽快修订《新闻记者法案》。第三、四届年会与"重庆各报联合委员会"合办。第三届年会在1944年9月1日举行,邀请了重要会员作主题演讲,引起巨大的轰动,如胡政之的演讲《检讨新闻界的现状与困难》中提出,中国新闻界的现状是"我们还没有充分认识到这种代表国民说话的资格"而"报人的政治意识与实际政治独立。这才是摆脱困难和危机的唯一途径"。成舍我的演讲《对今后中国新闻事业应建立

---

①《中国新闻学会宣言》,《中国新闻学年刊(1)》,1942年9月1日。

何种制度》提出,在坚持抗战办报的原则下,中国新闻事业应该坚持的制度是"资本"与"言论"公开,也就是经济上完全的"市场化"和言论上完全的"自由化"。具体而言就是,资本家出钱按股分得利润,专家办报,人民发言,政府指导,像公司组织一样。第四节年会在1945年9月1日举行,此时抗战已经胜利,会议的主题也集中到战后民主建国过程中"落实宪政"和"新闻自由"的话题上。

3. 创办新闻学术刊物中国新闻学会成立当日,即创办了研究新闻事业与新闻学的《中国新闻学会年刊》。这份刊物虽然出版周期较长,但文献价值很高,其中不少文章代表了当时国统区新闻学研究的最高水平。如王芸生的《新闻的选择与编辑》、黄天鹏的《四十年来中国新闻学之演进》、程沧波的《论新闻教育》、张学远的《中央政治学校的新闻教育》、詹文浒的《培养报业人才管见》、马星野的《ABC三国出版自由之比较研究》。

与"青记"相比,中国新闻学会的政治性不如前者那么浓厚,更类似于一个松散的统一性质的新闻学术团体。1947年11月,中国新闻学会常务理事马星野在接受《新闻学季刊》的采访时曾说,"中国新闻界全国性的组织只有一个名存实亡的中国新闻学会,这个学会,在消极的方面保持相当的纯洁。分子还算严格。在积极方面根本没有做什么事,在重庆时候因为萧理事长的努力,曾于七星岗盖了一所相当漂亮的会址,还都以后连会址都没有了"。[①]不过,公允来说,中国新闻学会在所办活动及学术拓展上还是具有相当的研究价值的,它提出的五项学术任务,既切合当时抗战的需要,又具备长远性的文化意义。年会上的主题演讲和《中国新闻学年刊》上的诸多文章也有着重要的研究意义。

(三)新闻学理论研究:以"战时新闻学"为例

"战时新闻学"是抗日战争全面爆发前后由新闻学界和业界人士共同倡导的一种新闻学研究取向。[②] 这一概念,因新闻学家任毕明1938年7月在汉

[①] 马星野:《当前报业的几个实际问题》,《新闻学季刊》第三卷第2期,1947年12月25日。
[②] 蔡尚伟、庄廷江:《新闻救国:"战时新闻学"研究的兴起?》,人民网传媒频道,http://media.people.com.cn/n/2012/1016/c40628 - 19281700.html

口光明书局推出版《战时新闻学》这部学术著作而来。这一概念的流行,则是当时中国新闻界"新闻救国"理想的生动反映。

在这一时期先后出版的"战时新闻学"著述,比较重要的有郭沫若的《战时宣传工作》、赵超构的《战时各国宣传方策》、陈原的《抗战与国际宣传》、彭乐善的《广播战》、吴成的《非常时期之报纸》、梁士纯的《战时的舆论及其统制》、赵占元的《国防新闻事业之统制》、王新常的《抗战与新闻事业》、任白涛的《抗战期间的新闻宣传》、杜绍文的《中国报人之路》和《战时报学讲话》、张友鸾的《战时新闻纸》、刘光炎的《战时新闻记者的基本训练》、孙义慈的《战时新闻检查的理论与实际》、吴好修的《战时国际新闻读法》、程其恒的《战时中国报业》、田玉振的《战时新闻工作的途径》等。此外,其他的战时新闻学术专著,也有不少内容涉及到与"战时新闻学"相关的内容,如沈颂芳的《国际宣传知识》对新闻媒介如何进行国际宣传作了有益的探讨,既包括平时国际宣传,也涉及战时国际宣传;还有赵君豪《中国近代之报业》里的"战时新闻采访";王文彬《采访讲话》里的"战时新闻采访法",张西林编著的《最新实验新闻学》里的"战时新闻"等。特别是中国青年记者学会编写、生活书店出版的《战时新闻工作入门》,涉及到"战时新闻工作的理论与实践"和"战时新闻记者的修养与学习"等八个方面,其影响也是相当大的。

上述的许多著述都是在重庆出版发行的,如新闻战线社的《新闻事业建设论》(1941年重庆侨声书店出版)、田玉振的《新闻学新论》(1944年重庆新闻出版社出版)、中国青年记者学会编写的《战时新闻工作入门》(1939年重庆生活书店出版)、孙义慈的《战时新闻检查的理论与实际》(1941年军事委员会战时检查局出版)。

这些作者,有的来自新闻教育机构,有的来自新闻实务部门,但是主题都是围绕抗战这一大背景下新闻事业的发展进行展开的,将新闻事业的重要性上升到拯救国难的高度。如杜绍文强调,此次抗战,关系国家民族的兴衰存亡,横于我们眼前的,仅有两途:非"胜利"即"死亡",所以报人须以生花之笔,动人之言,鼓励民众抗战的情绪,提高军队作战的勇气,激励刚正节操,揭破敌人的阴谋,从而使人人有"最后胜利非我莫属"的信心。为此,报人应有三大"神圣任务:确保胜利的信心、倡导同胞的气节、发扬正确的舆论"。① 王新常则在《抗战与新闻事业》更直白地指出:"在抗战期间,新闻事业者应站在比陆海空将士更前的一线。去做保卫民族的先锋。"②

从新闻抗战的高度界定新闻,是最能反映这个时代特色的新闻学研究方式。以张友鸾的《战时新闻纸》为例,张友鸾指出,从前说狗咬人不是新闻,人咬狗才是新闻,是新闻学的金科玉律,现在看来却有些不足,应加深这句话的意思:普通人咬普通狗还不能算新闻,要是中国人咬了日本狗那才是新闻。但是,张友鸾指出,上面的定义是对的,但在战争时期有时却不适用。中国古代有句名言,叫做兵不厌诈。新闻纸要与军事配合,新闻也得不厌诈。我们要对国家民族忠实,我们就得放弃目前不必要的小信用。我不是劝新闻记者去歪曲事实或造谣。我们悲壮慷慨可歌可泣的新闻有的是,不必像敌人那样捏造作伪。"战时新闻……因为宣传上要求发生宏大的力量,我们该使每条新闻都能生动活泼,人人都看得懂,人人看了之后都留一个深刻的印象,伟大的感动。于是有时与新闻学的原则稍有出入,我们不必去顾忌。"③在抗战的大前提下,张友鸾对新闻进行了界定:"新闻是最近发生然为多数读者注意'有利于国家民族'的一件事实。"④这一定义,中心点仍是"事实",但他所说的"事实"与传统新闻学说所说的"事实"已有所区别。一般而言,"事实"是等于客观世界本身的纯粹事实,对这种事实的报道,是不能掺以新闻工作者的价值判断的,新闻工作者只能站在中立的地位。而张友鸾主张对事实要有所选择,即选择"有利于国家民族"的事实,这一"选择",在一定程度上承认了新闻工作者的主观因素的作用。张友鸾也强调新闻的真实性,反对像敌人那样"歪曲事实或造谣",但为了"宣传上"要"发生宏大的力量",他主张新闻报道是可以"与新闻学原则稍有出入的"。由此可见,张友鸾已把新闻报道看作是新闻抗战的有力途径,在他那里,新闻报道"事实"的功能是可以打折扣的,他更关注新闻的"宣传"功能与力量,因为新闻的这一功能更能满足新闻

---

① 杜绍文:《战时报学讲话》,战地图书出版社,1941年版,前言。
② 王新常:《抗战与新闻事业》,商务印书馆,1938年版,第4页。
③ 张友鸾:《战时新闻纸》,中山文化教育馆,1938年版,第14页。
④ 张友鸾:《战时新闻纸》,中山文化教育馆,1938年版,第9页。

抗战的需要。

战时新闻学的兴起与战时新闻政策的制定密切相关。一方面,战时新闻学为战时新闻政策的制定提供了思想基础和学理依据;另一方面,战时新闻政策反过来又为战时新闻学提供了"法理"支持和政治导向。有趣的是,这种密切关系随着战争的进程和时代的发展,产生了阶段性的流变。

如孙义慈在军事委员会战时新闻检查局出版的《战时新闻检查的理论与实际》书中指出,"无论何国,战时宣传政策有积极与消极二种。积极的宣传政策,是领导全国各单位的宣传;消极的宣传政策,是取缔各方面不正常的宣传。新闻检查便是宣传政策的督导者,它具有消极和积极的两重性能。因为消极为积极的基础。没有消极,就没有积极,不能达到消极的目的,便不能发挥积极的力量……新闻检查就是用消极的统制,而达到积极的意义。"[1]可以说,这是战时新闻学者在国家利益高于一切的前提下,做出了牺牲"小我"利益换取国家"大我"利益的正确选择。

然而,这一理想的出发点虽然是好的,新闻学者起初也从新闻行业的角度考虑了新闻工作者如何接受检查与牺牲,并且把这一问题上升到新闻抗战的高度但却忽略了现实中政府调控新闻舆论的具体性和操作性问题。

很快,战时新闻工作者亲身体验了接受战时新闻检查制度所带来的痛苦。"新闻检查在战时,原有其必要,这在每个国家都如此,我们原未可厚非……我们战地新闻工作者,最近所寄的通讯,大都受到严格的检查,这样检法,使我们深受到痛苦!因为这不只是严格,而往往是近乎过度。通讯中连'动员民众'的字样都不能提,连暴露伤兵医院院长的不负责任也不能写。甚至有时连我们原有的标题,也会被修改。如果是国文教员改作文的态度,那我们也表示欢迎。正因为我们的文章太幼稚,斧削斧削也好,实在各人行道不同,经验各异,因此一经剧改,不是腰斩,便是使任何读者读不下去……我们战地记者,冒着枪林弹雨,冒了敌机轰炸到前方去采访,为了什么?是为了争取抗战胜利,是为了报道前方的真实。我们在工作上,比较少得到当局

---

[1] 孙义慈:《战时新闻检查的理论与实际》,军事委员会战时新闻检查局,第7页。

积极的指示(我国新闻政策,向来太偏重于消极一面,而忽略了积极方面)……我们盼望当局对于目前的新闻检查制度,有所改善。"①可以想见,这种苦闷,不只是陆诒一人遇见的,而是当时国统区新闻工作者普遍的困境。

此后,随着国民党通过《国民精神总动员纲领及实施办法》,当局大力开展一个党、一个主义、一个领袖的宣传,政府对言论的控制日趋严密。1939年6月,国民党正式成立战时新闻检查局,在此前后国民党政府曾颁布《抗战时期报纸通讯社声请登记及变更登记暂行办法》(1939年9月)、《战时新闻检查办法》(1939年5月)、《对于新闻发布统制办法》(1938年9月)、《战时新闻违检惩罚办法》(1939年2月)、《战时空军新闻限制事项》(1942年2月)、《战时新闻禁载标准》(1943年10月),还制定了《战时新闻检查局组织大纲》。从1940年开始,国民党政府连续公布了《战时图书杂志原稿审查办法》、《杂志送审须知》、《图书送审须知》、《新闻记者法》等法规与文件。

这些规定,使得新闻检查与控制越来越严厉。"审查机关对于被禁止出版发行的书刊报纸,根本不向编著者说明查扣的理由,人们根本无法掌握审查标准。而且国民党的党部、军队、警察、宪兵、特务,都可以随意进行检查。即使经过审查合格的出版物,也被大量扣留。更有甚者,许多检查人员任意闯入私人住宅,胡乱翻检私人物品,随意拘捕工作人员。"②在这种情况下,国统区的进步报刊不得不采取与检查官进行说理,利用检查官的疏漏使稿件合法刊出,甚至以"开天窗"、"暴检"、"拒检"等形式来应对国民党政府的新闻检查。可见,战时新闻检查制度严重影响了国统区新闻出版工作的顺利进行,这是主张接受新闻检查的战时新闻学者所始料未及的。

战时新闻学者与新闻工作者对战时新闻检查的主动接受,在一定意义上为国民党政府对进步新闻事业施加桎梏作了理论论证。战时新闻学者有关新闻检查的论述,充分表达了他们愿意牺牲的理想,但这一构想因为忽略了当时中国复杂的国情,尤其是政治斗争的实际,而最终流于理论上的空想,甚至产生了种种流弊。当然,随着抗战的进行,国内知识分子和普通民众对自

---

① 陆诒:《我对目前"新闻检查"要说的话》,《新闻记者》,第6、7合期,1938年10月10日。
② 方汉奇:《中国新闻事业通史》(第二卷),中国人民大学出版社,1996年版,第679页。

由民主的诉求开始复苏,由战争初期的"服从统制"到积极进行反统制的斗争。这在抗战时期多次"拒检"、"暴检"和呼吁改革新闻立法的行动中都可以看到。

新闻自由是战时新闻学研究的一个敏感话题。在前期,学者为了完成新闻抗战大业,主动要求服从战时新闻政策,并以牺牲一定的新闻自由为代价,如沈锜指出,"现在是在民族国家生死存亡的关头了……我们出版界在战时牺牲一点言论自由,以增加抗敌的力量,当然是应该的,而且也是必要的";①在后期,新闻学者对新闻自由的功用问题给予了充分关注,发出了要求新闻自由的急切呼吁。这种阶段性流变,与学界对待战时新闻政策的态度相类似。

随着抗战胜利的来临,包括新闻业在内的国统区人民期盼宪政,呼唤自由的愿望越来越强烈。从1944年起,有关"新闻自由运动"的呼吁逐渐取代牺牲新闻自由的论调。当时,美国357家报纸主笔组织的"美国报纸主笔协会"召开大会,研究推广新闻自由问题。大会提倡应将国际的新闻自由定在国际条约上,并规定为签约国家义务。这一倡议,得到了许多国家的新闻团体响应。

美国新闻界的"新闻自由运动"得到了中国学界的响应。马星野号召"研究国际新闻自由以保障世界和平",并阐述其理由:"新闻是国际政治中一个重要因素,是一股极大的力量……在国际政治中,我们可称之为第四武力,海陆空军以外,还有新闻一个武力,这个武力,用之不当,直接可以拨起战争,这个武力好好利用,可以根本消灭了战争。因为:第一,新闻自由可以肃清国与国间之恶意宣传;第二,新闻自由可以防止国与国间之秘密外交;第三,新闻自由可以消除国与国间之误会而养成四海一家的国际意识;第四,新闻自由可以组织形成强有力之网际舆论,以此舆论力来制裁侵略,来抑制战争之企图,保障和平之永固。"②同时,马星野也积极呼吁:"在战事结束以后,

---

① 沈锜:《战时言论出版自由》,《新闻学季刊》创刊号,1939年11月20日。
② 马星野:《新闻自由与世界和平》,《中央日报》,1944年9月21日,载马星野:《新闻自由论》,南京中央日报社,1948年版,第9页。

废除新闻的检查制度,因为我们既决心于抗战以后实现宪政,为宪政基石之新闻自由,要充分实现使大众之事,为大众所共知,为大众所共见,使大众意见有充分表达之机会,在抗战期中,检扣新闻也要严格地限于禁载标准十二条,在军事与社会安全之必要以外,不干涉新闻自由,使报界养成自治自束之习惯,使我国舆论为国际重视。"[①]马星野作为中央政治学校新闻系主任和国民党中央宣传部新闻事业处处长。从他的言论,可以看出,战时新闻学学者已不再论证新闻统制政策的合理性,而是站在世界和平的高度和中国宪政的落实两大角度来主张取消战时新闻检查制度。虽然他的观点夸大了言论自由的作用,但顺应了当时的政治形势。

"战时新闻学"是抗日战争全面爆发前后流行的"学术救国"大背景下的一种新闻学研究取向,不仅由新闻学界倡导,新闻业界人士也积极参与。在这一研究取向下,新闻学者们致力于"新闻武器论"的阐释,认为新闻是民族解放斗争的重要工具,新闻界应该拿起自己手中的武器,突出强调新闻学的工具性价值,以使"新闻"能够更好地为抗战服务。为此,他们愿意自我牺牲新闻自由,并论证了新闻检查等管控制度的合理性,但是,这些理论遭遇了现实无情的扼杀。随着抗战的临近,新闻学界呼唤新闻自由,反对新闻检查的呼声也日趋强烈,这与抗战初期形成了鲜明的对比。

第五节 新闻事业的经营管理创新

抗战时期,重庆成为当时中国的新闻中心。各路记者云集山城,各类媒体风起云涌,开拓出重庆新闻事业大发展大繁荣的局面。特别是全国新闻界的一批领军性人物在重庆的工作经历,大大提高了重庆新闻界的业务水平和经营管理能力,一跃而由原来的相对落后成为处于全国领先的地位。

[①] 马星野:《到世界新闻自由之路》,《扫荡报》,1944年11月9日,载马星野:《新闻自由论》,南京中央日报社,1948年版,第19页。

综观当时的新闻业务与经营管理,可以套用当下"社会效益与经济效益双丰收"的语言来概括。一方面,各家媒体围绕抗战救国的大局,积极发出保家卫国的号召,另一方面,又注重管理,强化经营,配合了战时经济中心地位的巩固。

抗战时期,陪都重庆的报社、通讯社、出版社、书店一度达到了200多家,出现了空前繁荣的局面,也出现了激烈的行业竞争局面,①为此,各家报纸在媒体经营管理方面各显神通。

一、报纸定位差异化

《中央日报》为国民党中央机关报,抗战期间的地位从政党言论机关上升到国家言论机关。作为最重要的官方渠道,《中央日报》是当时中国国家对外传播的权威渠道。

《扫荡报》为国民党军队机关报,在新闻报道和言论引导上都紧密配合"国家总动员"的战略部署,在宣传"统一战线,团结抗战"等方面,做出过许多贡献。

《新华日报》是中国共产党在国民党统治区公开出版的机关报,在团结抗战的同时注重向国统区的军民和国际社会传播中国共产党的抗战主张。

《新民报》从南京迁来,以中下层公职人员、教师、学生及城市市民为主要对象,既大力吸引"下江人",又为四川人服务。

上海迁渝的《时事新报》虽为孔祥熙掌握,但以"学术性的商报纸"自居。

《大公报》为著名民营报纸,强调商业性与"文人论政"的并行不悖,在知识分子群体中极富影响力。

《益世报》自命为"中国公教之言论机关报",重庆期间主张将宗教精神转化为抗战需要的精神力量。

重庆民营的《商务日报》是重庆本地工商金融界代言机关,主要围绕抗战主题,立足经济问题进行报道和评析。《新蜀报》一度是地方报刊中最有进步

---

① 参见王炬:《抗战时期"陪都"重庆的报业竞争及其启示》,《今传媒》,2005年第9期。

色彩的报纸,抗战期间偏重"言论纸"的定位,注重向社会提供思想文化等意见性资讯为主要特色。《国民公报》主要代表本地民族工商业界的利益。

二、编辑方针鲜明化

《新华日报》在周恩来的直接领导下提出:"团结全国抗日力量,巩固民族统一战线,发表正确言论,讨论救亡实际问题,坚持抗战,争取最后胜利,为建立独立自由幸福的新中国而奋斗"。[1] 因此,在内容上注意团结。即使进行斗争,也是有理有节,注意"度"的把握。1942 年,《新华日报》确立了"不仅是中共中央的机关报,同时,要成为人民自己的报纸"[2]的编辑方针,并通过多种渠道与读者建立联系,广泛听取意见,改进报纸版面,使报纸进一步满足读者的阅读需求。

《中央日报》、《扫荡报》在抗日战争的大背景下,坚持抗战救国与"一个政党、一个主义、一个领袖"的立场并存,"反共"与"联共"的手段并存。后期的《扫荡报》在张治中的主持下,开始转向"和平"理念,专心致力抗战报道和宣传,尽量不搞党际之间的摩擦。

抗战时期,《新民报》根据形势将言论编辑方针确定为"居中偏左,遇礁即避"。一方面保持中立,不介入党际纷争,但"在国共两党的尖锐斗争中,报纸必须倾向进步,多少反映人民群众反暴政、争民主的要求",[3]另一方面一旦遭受当局的压力,立即规避风险,保证自身安全。

《大公报》以"不党、不卖、不私、不盲"原则自居,坚持民间自由主义立场。在言论上主张渐进改革,反对暴力政治;主张民族解放,反对妥协投降;呼唤民主自由,反对独裁专制。在版面编辑上,王芸生强调,"选稿要衡量国家利害,社会是非,莫使有害国家利益紊乱社会是非的稿子编到报上"。[4]

《商务日报》抗战前期媚蒋反共,沦为隐性的"党报",后期逐渐回归到

---

[1] 转引自董小玉:《抗战烽火中的报春花——简述周恩来在〈新华日报〉中的贡献》,《新闻界》,2005 年第 5 期。
[2]《为本报革新敬告读者》,《新华日报》,1942 年 9 月 18 日。
[3] 陈铭德、邓季惺:《〈新民报〉春秋》,重庆出版社,1987 年版,第 34 页。
[4] 王芸生:《新闻的选择与编辑》,《中国新闻学会年刊》,1942 年第 1 期。

"在商言商"的方针。

三、新闻报道特色化

抗日战争时期,战地新闻报道大行其道。

《扫荡报》派往各战区和敌后的战地记者,超过任何一家报纸。报社不仅在主要战场派有常驻的随军记者,还特别善于利用军事电讯技术,及时获取新闻电讯。

《新华日报》经常用本报专电、战地通讯等形式报道八路军、新四军对日作战的情况。这些内容,几乎是独家新闻。此外,"乔冠华的国际评论,许涤新的经济评论,石西民、陆诒的新闻报道和通讯,司马牛的杂感等在当时都很有影响。"①

《商务日报》主打专栏是"经济界",注重经济资讯,辟有"上海行情"、"成都行情"、"昆明行情"等专栏,为国内工商界所重视。

《新民报》特别注重社会新闻和副刊,"从正面反映真实、伸张正义既难办到,于是退一步运用社会新闻和副刊从侧面、从背面、从小事务,点点滴滴地揭露和抨击国民党统治的恶政与社会病瘤"。②浦熙修任《新民报》采访部主任后,采写了很多具有影响力的新闻通讯。

《时事新报》主抓经济新闻和国际新闻,并在报社设立电台,收听英美等国广播,翻译后以"本报专讯"发表,国际新闻报道往往比其他报纸迅速,特别是率先披露美国对日宣战和美国空运物资来华的重要消息,成为自己的特色。

《中央日报》的战时国际新闻主要虽多采用中央社的通稿,或合众社、路透社、哈瓦斯社的电讯稿,"但却十分擅长于利用其评论的优势,适时进行有利于中国外交利益和争取国际舆论支持的理性评析"。③报社还派出记者赴欧洲采访,发回战地通讯。

---

① 彭鹏:《浅析抗战时期〈新华日报〉的"群众路线"》,《军事记者》,2005年第12期。
② 陈铭德、邓季惺:《〈新民报〉春秋》,重庆出版社,1987年版,第6页。
③ 张育仁:《重庆抗战新闻与文化传播史》,重庆出版社,2009年版,第60页。

《大公报》的三大特色是社评、星期论文、国内外特派员通信,这些特色深受社会上层和中高级知识分子的喜爱,舆论影响力也日益扩大。

《国民公报》复刊初期辟有"经济专栏",发表了马寅初、朱偰、刘大钧等人的文章,对战时经济政策的制定和解读发挥重要的影响。

四、版面编排丰富化

《新华日报》变化了过去的花边栏线,适当搞一点横排,尽量使版面多样化。当时《新华日报》不能制锌版,为了使版面内容丰富多彩,编辑部的熊复同志就把苏德战场的形势画成地图,然后刻成木版,再把需要用文字标示的地方嵌进铅字,配合有关报道同时见报。[①] 当然,由于纸张质量粗陋,当时重庆的报纸总体上呈呆板的面孔,报纸的颜色有诸色,土黄、麦黄、浅红、浅绿、灰白等。同时,由于印刷的问题,报纸上很少能有新闻照片。

为了改变这种面貌,许多报纸都在字体、标题和漫画上大做文章,融新闻性、艺术性和文学性于一体,丰富了报纸的版面。如《新民报》的日刊和晚刊经常发表漫画,有的是漫画专栏或专版,有的是配合文字的单幅漫画。这些漫画紧密结合当时的政治、经济形势,发人深省却又生动活泼。《商务日报》1937年8月到12月还在报纸上印制《沪战形势略图》、《常熟嵩山形势图》、《南京近郊略图》、《最近晋战势略图》,以直观的手法方便读者阅读和理解战局。

五、聘用人才择优化

人才是报业竞争的根本力量之一。《新华日报》人才济济,如潘梓年、胡绳、章汉夫、乔冠华、夏衍、许涤新、张友渔、石西民、陆诒、胡绳、戈宝权、廖沫沙、李慎之等,大多是在中国革命史和政治文化传播史上产生过一定影响的人物。

《新民报》聘请当时报界知名人士"三张一赵"张恨水、张友鸾、张慧剑、

[①] 彭鹏:《浅析抗战时期〈新华日报〉的"群众路线"》,《军事记者》,2005年第12期。

赵超构的超强阵容。先后担任过副刊主笔或编辑的有夏衍、风子、孙伏园、施白芜、聂绀弩、黄苗子、郁风等人。担任编辑和记者的则有浦熙修、姚江屏、韩辛茹、张西洛等人。

《大公报》的人才阵容也很强大，著名的有记者范长江、孟秋江、萧乾、张高峰、朱启平等，他们的战地通讯非常闻名。另外，还有名记者子冈、高集、徐盈等。抗战胜利后，为了慰劳报社有功人员，《大公报》还向费彝民、萧乾等人每人赠与报社股份二百股，徐盈等人每人赠与报社股份一百股。

《时事新报》1939年聘请张友渔、崔敬伯、孙起孟任主笔，聘请陈翰伯、彭友今等人为编辑，黄卓球任重庆采访部主任。

《新蜀报》亦有邝抱斋、金满成、漆鲁鱼、李开先、高天、刘尊棋、宣谛之、赵铭彝、沈起予、姚蓬子等人才。

六、发行方面结合化

在发行方面，各家报纸都采取了邮局代发与自办发行相结合，各出高招。

《新华日报》经常遭到国民党当局检查扣压，为了与之抗争和扩大销路，除报社工作人员上街搞发行外，《新华日报》还专门组织了自己的发行队伍，招收了一批穷苦出身的报丁、报童，最多时达一百多人，深入山城大街小巷，广为售卖。他们还热忱地为读者服务，报童时常肩扛一根竹竿，上面挂着香烟、肥皂、猪肉等物品——这是为住在远郊的订户在城里代买的日用品。他们还为读者代购书刊。为读者服务是党在特殊环境中办报制定的一项措施。而且，《新华日报》订户的名单对外保密。针对国民党当局的破坏，《新华日报》对外地订户采用伪装和分散邮递。1942年9月创办的《新华副刊》还曾单独预订发行。

1942年，《大公报》对发行也作了明确规定。其"营业处"下设"发行课"，包括"定报股"、"发报股"和"特约分馆分销处"。其中，"特约分馆分销处"的顺畅运作还有严格的财务制度做保证，使用当时新式簿记，账目公开明晰。分馆及分销处以押款与保人并重,缴款一旦逾期报纸立即停止发行。①
《大公报》为了扩大销售,报纸刊登"本报招请分销处"广告,努力推广销路。
为了适应读者的需求,报纸同时采用"西洋纸报"、"中央纸报"、"中国纸报"、
"熟料纸报"、"生料纸报"六种纸张印报,在中国新闻史上前所未有。② 1941
年初,《大公报》日发行量为15000多份,1943年升至6万份左右,最高曾达
近10万份。

　　1937年6月,邓季惺担任《新民报》副经理后,随即建立报社的财务会
计、发行、广告、印刷等业务严格的制度并监督执行。"比如在广告方面要求
每天刊登的广告由专人剪贴,每天做报表,财务科根据报表收钱。现金支付
的全部入账,拖欠的款项要记债权债务;发行方面,也要每天做日报表,要求
现金尽快回笼;在物资供应方面,面临抗日战争,纸张供应紧张而报纸销路激
增,她就专门派人及时购买所需的纸张和木材,并及时把报纸收入换成美元
或黄金,以防贬值"。③《新民报》于1941年11月出版发行晚报,发行量最高
时达4万份,为当时重庆各晚报发行量之最。这些努力,为战后《新民报》创
立了"五社八版"的局面提供充足的资金支持。

七、报纸经营股份化

　　在媒体经营管理方面,民营报人相继建立股份有限公司,注重广告和其
他经营品种多样化。民营报人对广告的重视和经营得法形成了一种良性循
环,广告的增多增加了报馆收入,收入增多又使报馆增强了独立性,实现批判
社会和服务公众的办报目的。

　　1937年7月,《新民报》报社还在南京时就成立了新民报股份有限公司。
后来股东会连续做出增资决定:1944年5月增资为1200万元,1945年3月再
增为2000万元。这得到了四川财团企业的支持,民生实业公司、四川畜产公
司、宝源煤矿公司、轮渡公司、美丰银行、川盐银行等著名的"川帮"工商企业

---

　　①高鹏铭:《试论中国现代民营报人的新闻专业主义思想及实践》,华东师范大学2006年硕士论
文,第72页。
　　②重庆报业志编委会:《重庆市志·报业志》,重庆出版社,2000年版,第230页。
　　③李一晴:《邓季惺:一代女性的职业努力》,《看历史》,2011年6月号。

和公司大都投资于《新民报》。《新民报》还有出版书刊业务,"先后发行的有张恨水的《八十一梦》《大江东去》《偶像》,赵超构的《延安一月》,张慧剑的《辰子说林》,程大千的《重庆客》等。当时印刷出版副业的收入,曾达总营业额30%左右"。①

1937年,"新记"《大公报》成立大公报股份有限公司。考虑到战时物价不断上涨的情绪,《大公报》"经常向中国、交通、金城、上海各银行接洽短期借款,用以购储纸张、油墨,以及业务上需要的各项物资,仓库经常储存足够半年使用的物资"。②

《时事新报》也成立股份有限公司。

在广告经营上,各有所长。由于内容精彩,《新民报》拥有重庆主要影剧院、许多公司和商店的广告。抗战后期广告业务也蒸蒸日上,甚至出现广告客户排队的情况。《时事新报》因为有孔祥熙作后盾,财政部的所有公告都以广告形式刊登于报。报社还因代印各报联合版而赚钱。

广告收入也是《中央日报》的主要财源之一,"当时法院曾明文规定登在《中央日报》上的广告才具有法律效力"。③《新华日报》在重庆附近收购小纸厂,扩大纸源。徐淡庐担任《商务日报》经理后,以钱庄为后台,向中央信证局获得长期低息贷款,大作生意,买卖黄金、美钞和纸张,利用通货膨胀,看准时机,时抛时收,适当赚钱。④

由此可见,重庆媒体的商业化色彩在战争的烽火中并没有消退。从报纸定位、编辑方针、新闻报道、版面编排、聘请人才、出版发行、经营管理等多角度的竞争,推进了各报的发展。

---

① 李一晴:《邓季惺:一代女性的职业努力》,《看历史》,2011年6月号。
② 周雨辑:《关于〈大公报〉》,《重庆报史资料》,第5辑。
③ 重庆报业志编委会:《重庆市志报业志》,重庆出版社,2000年版,第233期。
④ 徐淡庐:《抗日战争结束前后的〈商务日报〉》,《重庆报史资料》,第10期。

第六节 繁荣阶段重庆新闻传播事业述评

抗战期间,重庆的新闻传播事业蒸蒸日上,发展迅速,重庆由一个内陆城市一跃成为当时全国的新闻中心,领导和影响着全国的新闻舆论。同时作为反法西斯战线采访亚洲陆地战场的新闻中心,重庆国际性意义中心城市地位的确定,注定了重庆的新闻传播事业已经超越了"地方性",进入了世界反法西斯的传播网络,传递出的是整个中国官方和民间的声音,为争取中国抗日战争和世界反法西斯战争的胜利作出了杰出的贡献。

一、抗战时期重庆新闻传播事业得到迅猛发展

刘湘主持川政期间,对科学教育事业比较重视,"重庆的报业得到复苏,在社会上的影响日趋增大,基本上形成了现代报纸的模式。这一时期重庆的各种报纸有39种之多。"[①]不过,大多是浮光掠影,旋起旋灭,有影响力的不多,具有代表性的《商务日报》《新蜀报》也基本上属于地方性质(后又迁入《国民公报》)。此间,重庆还出现了广播电台,但设备落后,时断时续。因此,截至抗日战争全面爆发前,重庆新闻传播事业,与南京、武汉、上海、北京、广州等地相比,还是非常滞后的。

抗日战争全面爆发后,国民政府迁往重庆,重庆成为战时陪都,国内外大量新闻机构迁到重庆,重庆的新闻传播事业迅速膨胀,出现了繁荣的局面。据不完全统计,"从1938年到1945年,抗战八年,重庆前后注册的报纸有127种,通讯社共有30家",[②]这也从侧面佐证了重庆新闻传播事业空前发展的盛况。中国新闻史学界的权威方汉奇先生认为:"一部抗日战争时期的重庆新

[①] 重庆抗战丛书编纂委员会:《抗战时期重庆的新闻界》,重庆出版社,1995年版,第2页。
[②] 重庆抗战丛书编纂委员会:《抗战时期重庆的新闻界》,重庆出版社,1995年版,第2页。

闻事业史,顶得上四分之一到三分之一这一时期的中国新闻事业史。"[1]

抗战爆发后,沦陷区的各家大报纷纷迁渝。《大公报》从汉口迁来;《新民报》、《中央日报》、《扫荡报》从南京迁来;《时事新报》从上海迁来;《益世报》由天津而昆明再迁重庆;中国共产党在国统区唯一公开发表的党报《新华日报》也由汉口迁来。加上重庆原有的《商务公报》、《国民公报》、《新蜀报》、《西南日报》,中共中央南方局领导下的《中国学生导报》,以及《新民晚报》、《大公晚报》等20多种,重庆成为了当时中国当之无愧的报业中心。另有一说,重庆原来在京、津、沪、宁、湘等地的新闻工作者及文化名人,也随之来渝,为新闻传播事业发展提供了人才队伍。

有学者曾整理出抗战时期重庆新增报纸的情况:[2]

年份	1937	1938	1939	1940	1941	1942	1943	1944	1945
种数	0	11	8	2	23	6	20	13	27

通过上表可以发现:1937年到1945年重庆新增报纸的种数出现了四个高点:1938年(11),1941年(23),1943年(20),1945年(27),两个低点:1940年(2),1942年(6)。

1938年呈现第一个高点,时值武汉沦陷,各大报刊纷纷从南京,武汉,长沙等地迁渝出版,如:1938年10月25日,《新华日报》从武汉迁重庆,1938年12月1日,《大公报》从汉口迁重庆,1938年1月15日,《新民报》从南京迁重庆,1938年9月《中央日报》从长沙迁重庆,1938年秋,《扫荡报》从武汉迁重庆。这些报刊构成了抗战期间重庆报界的主力军。1940年落入低点,仅新增两家,即《益世报》和《洞庭晚报》,这主要是因为1939—1940年敌机对重庆不断地实施狂轰滥炸,民众多被疏散,局势紧迫,环境恶劣。

---

[1] 方汉奇:《报业志中的一部佳作——〈重庆市志报业志〉读后感》,《史志文汇》,1997年第3—4期。
[2] 参见王旭丽:《抗战时期重庆新闻事业的发展及重庆新闻界在战争中的作用》(第二次修改),未刊稿。

到1941年,日机轰炸已成强弩之末,重庆报刊的数量再次跃上高点,新增报纸高达23种,这时增加的报纸多面向社会以满足不同阶层的需要,以唤起各阶层民众的爱国抗敌热情,巩固抗日民族统一战线,如《卫生日报》、《重庆快报》、《民众小报》、《新民晚报》、《中国夜报》、《新闻导报》、《市民周报》、《法令周报》、《侨声日报》、《正气日报》(军中版)等等,尤其是《国语千字报》,更是从小学教材中选取常用汉字1000个为基本用字,以通俗白话报道新闻,适合识字不多的一般民众阅读。可以说,适应战时环境下的社会需要,成为抗战前期重庆报纸发行的主导趋向。1942年的低谷状态主要是受到国民政府战略与政略调整的影响所致。

1943年重新跃上高点,新增20家,如:《大美晚报》、《世界周报》、《远东周报》《华侨导报》,等等,主要原因是太平洋战争爆发后,世界反法西斯统一战线逐渐形成,重庆成为世界反法西斯战争在远东的军事指挥中心及新闻中心。

1945年出现了抗战以来的最高点,新增27家,如:《民间周报》、《社会报》、《天文台评论报》、《褒贬周报》、《远东周报》、《强者报》、《数字新闻》、《标准周报》等等。此时抗战的前景已日趋明朗,最终的胜利指日可待,此后的舆论重心也逐渐由团结抗日转向民主建国,民主浪潮日渐高涨,各派政治力量急于发表政见。创刊的周报特别多,因为花钱较少,两三个月就可以办起来。还有的是为了组织新党,就要'宣传先行'。"当时重庆周报总数在四五十家以上,进步的也要占几十家",而"属于国民党或党团员个人所办,包括民社党、青年党所办的周报,恐怕达到二十多家到三十家"。[①]通过这一梳理,实际上就可以发现重庆当时报业紧跟潮流的特征。

这一时期重庆也出现了大量的通讯社。国内的有中央通讯社,这是国民党和国民政府最高领导机关直接掌控的权威通讯社,也是向世界各国传播国民政府和军事委员会政令制度、报道各大战区战事进展、报道大后方民众抗战热情和敌占区政治经济情况的主流渠道。国民党中宣部国际宣传处还与

[①] 陈兰荪:《陪都周报联合会始末》,《重庆报史资料》,第15辑。

"益世海外通讯社"(教会通讯社性质)合作建立"中国海外通讯社",专门从事发文宣传品和刊物的编写出版工作,如法文月刊《中国通讯》等。此外,还有国际新闻社、民族革命通讯社、远东通讯社、中国新闻摄影通讯社、群力通讯社等等。

抗战以前,重庆没有外国通讯社的常驻机构,也没有外国常驻记者。国民政府移驻重庆后,重庆成为外国通讯社和外国记者聚集的中心。国际通讯社方面,英国路透社、美国合众社、美联社、法国哈瓦斯社、法新社、苏联塔斯社、德国海通社、德新社也纷纷来到重庆。

国外主要报刊也向重庆特派记者。仅美国就有美国的《纽约时报》、《洛杉矶时报》、《纽约先驱论坛报》、《基督教科学箴言报》、《芝加哥日报》、美国全国广播公司,以及《时代》、《生活》、《幸福》、《读者文摘》等十多家新闻单位,此外,派驻重庆的还有英国的《泰晤士报》、法国的《巴黎日报》、《人道报》、苏联的《消息报》、瑞士的《苏利克日报》和加拿大《新闻报》,另外还有澳大利亚、意大利、波兰等国记者。1941年5月,美国著名作家海明威代表《午报》,其夫人代表《柯立尔》杂志抵渝,蒋介石亲自批准发予随军记者证进行采访,海明威夫妇还密会了周恩来。1941年5月,美国《时代》、《生活》、《幸福》三大杂志的发行人卢斯夫妇到重庆访问,蒋介石亲自为他们举行盛大宴会。5月10日—17日,卢斯夫妇前往成都、西安、宝鸡等地参观后方军训及前线战斗情况,18日周恩来单独宴请卢斯夫妇。① 这种局面的出现,与重庆在整个二次世界大战中所处的地位是相适应的。

国民党中央广播电台1938年初迁渝,3月10日正式复播。国际广播电台1939年2月26日正式建成开播,覆盖中国全境和北美、欧洲、东亚、印度等地。通过无线电波,中国的抗战之声被传递到全世界,缩短了重庆与世界在新闻传播上的距离,并将重庆纳入了世界反法西斯新闻战线的格局,进一步巩固了重庆作为战时新闻中心的地位。

此外,新闻教育事业日趋发达,新闻学研究日益进步,新闻团体建立健

---

① 有关卢斯参与中国抗战报道的内容,可参见罗宣:《在梦想与现实之间——鲁斯与中国》,人民出版社,2005年版。

全,这些都推动者重庆新闻传播事业面向全国,走向世界,使重庆成为全国的新闻中心和世界反法西斯传播的中心之一,在中国新闻事业史上留下光辉的一页。

二、多元繁荣的背后存在着激烈的对抗斗争

抗战期间,重庆新闻传播事业的蓬勃发展,并不能遮蔽国民党政府对新闻事业的残酷迫害。

在进入相持阶段后,国民党当局实行"消极抗日,积极反共"的战略方针,在此方针指导下,国民党当局加强了对新闻出版事业的控制和迫害,尤其是对抗日进步新闻事业横加摧残。主要手段有:(一)实行"原稿审查",迫害进步报刊。(二)强迫收买报纸,排斥"异己"记者。(三)封闭抗日报纸,枪杀抗日记者。(四)封锁抗战消息,钳制进步言论。[1]

有关抗战以来,在"舆论一律"的思想下,一切消息均为"中央社"所统制和垄断,过去它只包办政闻战报,到战时连社会新闻也要包办。国民党强令各报刊载"无战斗的战报",而八路军、新四军的光辉战绩则无论击毙敌伪多少,均一字不提,亦不准后方报纸登载。各地的新闻检查所,除"中央社"稿件外,任何报纸自采稿件,均须送检,评论更需将原稿送检。抗战的进步言论横遭禁止与删改,而汉奸的谬论则可大登特登。连"抗日政权"、"抗日民族统一战线"、"团结"、"解放"、"争取民主"等字样都被一律禁用,"妇女解放"必须改为"妇女复兴"。

实际上,从30年代开始,在抗日民主运动不断高涨的形势下,国民党新闻政策有了若干积极变化,即由对日妥协退让、对内专制独裁向联合抗日方向演变。大致说来,这一过程从1935年11月开始,到1938年3月完成。应该看到,"国民党新闻政策的转变是有积极意义的,有利于全国新闻界团结抗日局面的形成。但是,也应该看到这种转变又是被动的、不彻底的和动摇不定的。这就导致了抗战中后期国民党新闻检查制度的全面建立,埋下了日后

---

[1] 复旦大学新闻系新闻史教研室:《简明中国新闻史》,福建人民出版社,1985年版,第262页。

的祸根。"①1939年春,国民党中央将全国新闻检查权统一起来,成立了"军委会战时新闻检查局",局长例由军委会办公厅主任兼任。重庆因地处陪都,与成都、西南、桂林、昆明五地一起由新闻检查所升级为特级新闻检查处。

1940年夏,石君讷任重庆处总检查。据他回忆,当时因《新华日报》发行份数很多。青年学生、儿童、劳苦大众及其他进步人士多喜读此报,所以"新闻检查工作的大部分力量亦多放在《新华日报》上。……重庆新闻检查机构若发现不遵章,或预料可能不送检而印报时,便由新闻检查局和卫戍司令部派员去《新华日报》,看消息内容,视情节轻重,进行监督或铲版"。②据他透露,这些人员在检查过程中大多都随身携带枪支等凶器,对《新闻日报》的检查也很严厉。

国民党当局的新闻检查行为给当时的记者印象深刻。斯诺回忆说,"最糟糕的事,就是中国的新闻检查完全无章可循。与政府关于禁食鸦片的法律对鸦片军事垄断的管束比起来,新闻检查官所受到的有关条文的管束并不严厉。中国的报刊都心惊胆战,惟恐向当局要求什么权利,因为害怕其主笔会反受其祸。"③外国记者和通讯社的处境比中国媒体稍好,但是也遭遇了严厉的检查。1942年2月5日,国民党中宣部通知国际宣传处,"外国记者的电稿,不能以是否在国内报纸刊载过的内容为标准;凡国内报纸违检刊出,或虽经检查但在国家利益上不宜发布的各种消息,应一律检扣"。④ 在这样的制度要求下,国际宣传部处对经手的电讯开展了重点检查,检扣也成为常态,如数据显示,"1944年1—6月,国宣处检查外国记者新闻电讯,删扣九千四百九十二字,其中一至三月五千五百六十字;四月一千七百三十八字;五月一千二百四十六字;六月九百四十八字"。⑤

新闻检查制度的蛮横无理也激起了重庆新闻界的反对,中外记者都不断地进行了斗争。1941年皖南事变爆发,国民党政府蛮横地禁止《新华日报》

---

① 蔡铭泽:《三十年代国民党新闻政策的演变》,《新闻与传播研究》,1996年第2期。
② 石君讷:《国民党的新闻检查(1934—1945年)》,《新闻与传播研究》,1985年第1期。
③ 斯诺:《中国的新闻检查》,《新闻与传播研究》,1984年第2期。
④ 武燕军等:《抗战时期在渝外国记者活动纪事》,重庆文史资料选辑(第30辑),第175页。
⑤ 武燕军等:《抗战时期在渝外国记者活动纪事》,重庆文史资料选辑(第30辑),第206页。

披露事件真相,报纸总编章汉夫同志就曾为此严词责问新闻检查官:这样做,报纸的"新闻自由权利在哪里?"① 此后,《新华日报》充分利用统战优势,联合各报,向国民党当局开展争取新闻自由、反对新闻检查的斗争,取得一定的胜利。"青记"1938年由汉口迁渝后,针对国民政府当局的新闻检查,借国民参政会开幕之机,邀集各方国民参政员进行座谈,并起草了《拥护抗战建国纲领,迅立战时新闻政策,促进新闻事业发展》提案交国民参政会,要求官方取消新闻检查法案,得到了许多国民参政员的普遍支持,最终得以通过。一些报纸面对新闻检查,则以"开天窗"的方式表达无声地抗议。

外国记者也参与到抵制国民政府的新闻钳制的斗争中。1941年6月27日,蒋介石收到美联社记者摩萨等七名英美记者请求调整国际宣传的意见书。意见书中提出四点要求:"(一)集中邮电检查;(二)放宽检查政策;(三)政府发言人多提供与外国记者接触的机会,并给予较大自由;(四)给外国记者摄影等便利。"② 为了团结更多力量,外国驻渝记者于1943年发起组织了"驻华外国新闻记者协会",进行了一系列争取新闻自由的斗争。当年5月21日,多名外国记者向国民党中宣部长张道藩提出4点要求:(1)重开政府发言人的新闻会议;(2)放宽新闻检查标准;(3)军事发言人应备详细地图;(4)(当日)战讯提前在下午6时发布。③ 1943年4月18日会长艾金森等十五名外国记者联名致函蒋介石,认为中国的新起检查办法"过于严苛,且失公允",要求放宽检查标准。

不过,针对中外新闻界的抗议,当局置若罔闻,甚至故意颠倒黑白,混淆是非。1941年7月19日国宣处向外国记者转达中宣部副部长公展关于十八集团所谓"不法"活动的通报。其主要内容有:"(一)皖南事变以来,'不法'活动未曾间断;(二)由于国际形势的转变,各国共产党都改变态度,拥护民主国家,而中共依然如故;(三)中央政府始终希望中共能'改过自新',屡次电告朱德,促其约束部队"。④ 在这里不仅可以看到国民党积极反共的明确主

---

① 《新华日报的回忆(续集)》,四川人民出版社,1983年版,第101页。
② 武燕军等:《抗战时期在渝外国记者活动纪事》,重庆文史资料选辑(第30辑),第168页。
③ 萧燕雄:《我国近代新闻法规的变迁》,《二十一世纪》,1998年第6期,第48页。
④ 武燕军等:《抗战时期在渝外国记者活动纪事》,重庆文史资料选辑(第30辑),第168—169页。

张,更为过分的是,国宣处明确要求外国媒体发动舆论力促中共停止"不法"活动,当时许多外国记者都拍发了相关电讯,抹杀了真相。

三、围绕抗战大局显示出极强的战斗性

抗日战争的爆发,民族矛盾上升为国内主要矛盾,国内政局发生了根本的变化,国共第二次合作迎来了全国团结抗战的新形势。为此,国民政府按照"国民精神总动员纲领"提出了"国家至上、民族至上、军事第一、胜利第一"的共同目标。针对这一目标的实现,各家媒体虽然编辑方针和媒体定位不同,但都能摒弃成见,围绕抗战大局显示出极强的战斗性。

《新华日报》在《发刊词》中明确宣布,"本报愿在争取民族生存独立的伟大斗争中作一个鼓励前进的号角,为完成这个神圣的使命,本报愿为前方将士在浴血的苦斗中,一切可歌可泣的伟大的史迹之忠实的报道者记载者;本报愿为一切受残暴的寇贼蹂躏的同胞之痛苦的呼吁者描述者,本报愿为后方民众支持抗战参加抗战之鼓动者倡导者","于今团结初成之时,本报更将尽其所能为巩固与扩大抗日民族统一战线而效力"。[①]《新华日报》以本报专电、战地通讯等形式,大量报道了八路军、新四军对日作战的真实情况,深受读者欢迎,极大地鼓舞了大后方军民的抗敌斗志。

1939年5月,重庆大轰炸最惨烈的时刻,《新华日报》发表评论《用战争回答敌寇轰炸》社评,号召人民与日军作激烈的斗争。"敌寇的残暴绝对破坏不了我后方抗战根据地,绝对沮丧不了我勃勃焕发的士气与良心。敌人的每次兽行,只能更加强我军民奋斗的决心,鼓励我全国抗战的勇气,加强我上下一致的团结,把日寇葬送在我全国四万万五千万同胞的血火交流的愤怒中"。指出"只是痛恨和愤怒是不够的。必须更有组织,并有准备的来抵抗敌人的轰炸……这需要政府的努力领导,这时更需要民众的积极参加。发挥民众组织和力量,是完成这些工作最主要的条件。更积极的更紧张的抗战工作,这是我们对于日寇惨无人道的轰炸的回答。我们要以工作和战斗,来把日寇消

[①]《发刊词》,《新华日报》,1938年1月11日。

灭在它垂死前的疯狂挣扎中！"①

《新民报》在迁往重庆后的《复刊词》中宣布："目前任何工作莫急于救亡图存,任何意见莫先于一致对外,凡无背于此原则者,皆应相谅相助,协力共处,本报以南京之旧姿态,出重庆之地方版,相信抗战既无前方后方之分,救亡安有中央地方之别。战局虽促,但我们必须坚定最后胜利之信心,社会虽不免有摩擦,但吾人则认定民族统一战线实高于一切。"②

1938年12月1日,《大公报》迁渝出版。在第一天的社评中称："我们自誓绝对效忠国家,以文字并以其生命献诸国家,听国家作最有效率的使用,……我们永远与全国抗战军民的灵魂在一起。"③次日发表社评《抗战大局》,高呼："我们要彻底觉悟,现在中国只有战斗求生的一条路,绝对绝对没有和平！"接着又发表社评《国际大势》,指出国际黩武主义的猖獗,主张各民族大团结,组成民主阵线,对抗国际黩武主义。之后多又发表多篇宣传"吃苦抗战"的文章。1939年4月15日在所刊社论《报人宣誓》一文中所说的："我们誓本国家至上民族至上之旨,为国效忠,为族行孝,在暴敌凭凌之际,绝对效忠于抗战。我们对国家的敌人必诛伐,对民族的败类必摘击,伐敌谋,揭奸计,是我们不敢后人的任务。"④《大公报》还专门创建了以"战斗的文学"为指导方针的《战线》副刊,张季鸾说："时代变了,一切在战时,我们的副刊也应该随着时代变,再不能刊载一些风花雪月与时代无关的东西,每篇文章必须是战斗的,合乎时代意识。"⑤《大公报》在张季鸾的主持下,主张坚持抗战,反对投降,关注国计民生,并且还不断派出大批特派记者奔赴前线敌后及世界各地,写出了大量战地通讯。

1938年9月1日记者节,重庆各报记者隆重集会庆祝并发表联合宣言：坚持拥护抗战到底,表示"作为战斗员之一的新闻记者无疑要战斗在最前

---

①《用战争回答敌寇轰炸》,《新华日报》,1939年5月4日。
②重庆抗战丛书编纂委员会：《抗战时期重庆的新闻界》,重庆出版社,1995年版,第197页。
③《大公报》(重庆版),1938年12月1日。
④《报人宣誓》,《大公报》(重庆版),1939年4月15日。
⑤陈纪滢：《三十年代作家记》,(台湾)成文出版社有限公司,1980年版,第285页。

线"。① 中国青年记者协会1939年迁到重庆后。协会在成立宣言中称,"抗战一定能胜利,同时抗战一定会将中国腐败的成分扔掉,而在抗战过程中逐渐产生出崭新的力量,这是我们的信念……无疑的,新闻宣传工作的影响,对于抗战有非常重大的作用,新闻舆论可以坚定抗战胜利的信心,可以鼓舞抗战的勇气,可以打击败北主义的倾向,可以激励英勇的士气。"②

抗战期间,中国青年记者协会涌现出一大批可歌可泣的战地记者,他们活跃在战斗的第一线,冒着枪林弹雨,以笔为枪,发回了大量的报道。在八年抗战中,"青记"理事陆诒约有四年在战地奔波采访。他足不停步,手不辍笔,写下了众多记录战争的篇章,如《傅作义热泪盈眶》、《马兰村访萧克》、《朱老总胸有成竹》、《周恩来派我见陈诚、访叶挺》等;战地纪实《娘子关激战》、《踏进台儿庄》、《热河失陷目击记》等。南口战役时,"青记"干事孟秋江亲临南口山上,与最前线战士共生死,写出了《南口迂回线上》的动人文章。保定战争时,战地记者方大曾为了写《永定河上游的战争》一文,冒险北进,后保定失守,逃至蠡线,仍向后方来信说:仍当继续北上,以达成最初的决定。大公报记者邱溪映报道了平型关大战。女记者胡兰畦报道了上海保卫战,写出了《大战东林寺》一文,表现了守军坚强的战斗精神。南京会战中,最后退出南京的记者萧韩渠牺牲了。徐州会战中,全国三四十个记者布满了以台儿庄为中心的战场,厦门《星光日报》记者赵家欣,暹罗《华侨日报》记者蔡学余,新加坡《星中日报》记者黄薇,华侨记者团纪志文、庄明崇、龙炎川等,菲律宾华侨记者组成记者团,活跃在泰山、运河之间的战场上。徐州突围时,数十位记者经百般艰难,分头突出重围,回到武汉。中央社记者刘尊棋、范世勤始终坚持在淮河流域和大别山之间,不离岗位一步。《新华日报》记者陈克寒遍历山西战场,考察了晋察冀边区,写成轰动一时的《晋察冀边区模范根据地》小册子,这本书大大坚定了民众抗战的信心。九江战役中,菲律宾《华侨商报》记者张幼庭被炸死在江中……

---

①转引自重庆抗战丛书编纂委员会:《抗战时期重庆的新闻界》,重庆出版社,1995年版,第8页。
②《中国青年新闻记者学会成立宣言》,新华网,http://news.xinhuanet.com/zgjx/2007 - 01/19/content_5624885.htm

《重庆各报联合版》虽然时间短暂,却可称为抗战史上的奇迹。面对敌人经年累月的轰炸,面对报社设备人员的损失,重庆新闻界站到了一起,他们在发刊词中申述了自己的主张:

"敌人对我的各种残酷手段,我们的回答是加紧我们的组织,我们要拿组织的力量,去粉碎敌人的一切阴谋诡计……重庆这几天的环境太悲壮了!重庆的新闻界,在各种悲壮的经历中,更谋加紧我们的组织,展开我们奋斗的阵容,联合版是这种精神的一个表现。"[1]

《重庆各报联合版》同时也把这种战斗性作为动员的力量鼓励全国人民,5月8日的评论《仇恨愈深,奋斗愈勇》写道:"暴日给我们仇恨愈深,我们奋斗愈勇!惟有英勇奋斗,才能算清我们的新仇旧恨,争取抗战的最后胜利!"[2]

1938年10月23日,载运《新华日报》工作人员和设备的"新升隆"号专轮遭敌机袭击,编辑记者和职工16人牺牲;1939年5月3日,《大公报》编辑部和印刷厂被炸,工友王凤山遇难;1939年5月4日,中央通讯社总社被炸,战区电台主任刘柏生殉难,当天《中央日报》记者张慕云被炸弹击中牺牲;1939年6月7日,《新民报》总部被焚,文件账册和多年合订本全部化为灰烬;1939年8月13日,《益世报》报社被炸毁;1939年30日,《新民报》印刷厂被炸,财物资产毁于一旦……

敌人的暴行没有击垮重庆新闻人的意志,反而激发了大家努力工作的热情。《益世报》在社址被炸后发表讯息,"本馆虽屡轰炸,职工虽处在破壁斜墙漏瓦之中,仍淬励精神,继续出版。"[3]《新民报》在总社被轰炸后第二天发表社论,"我们自今日起益加奋发,益加咬紧牙关苦斗,不但要保图复兴,还要迅速发展,不使敌人快意,不使爱我者沮丧"。[4] 1941年7月12日,《新华日报》发表短评《陪都报业的精神》,高度赞扬重庆新闻界的这种战斗精神,"我陪都同业如时事、新民、新蜀、大公、扫荡等馆先后受许多物质上的损失。但

---

[1]《发刊词》,《重庆各报联合版》,1939年5月6日。
[2]《仇恨愈深,奋斗愈勇》,《重庆各报联合版》,1939年5月8日。
[3] 转引自重庆抗战丛书编纂委员会:《抗战时期重庆的新闻界》,重庆出版社,1995年版,第226页。
[4]《为本报被毁告国人》,《新民报》,1941年6月8日。

是这种兽行,所得的结果只是更高度发挥我愈炸愈勇的大无畏精神……我们陪都同业这种坚守岗位,不惧暴力的光荣奋斗,有力地显示了中华民族的伟大,深愿同业继续发扬这种大无畏的奋斗力量,顽强地战斗下去!"①

战时新闻界显示出的这种战斗性,可以说,不独是重庆这个战时中心特有的,应该说是流淌着每一个有爱国热情的新闻工作者血液中的。这种战斗性实际上是一种政治上的觉悟,"一个正确的报纸,还应有它的国家性或民族性。一个国家或者民族在一定时间之内,有那一个国家或民族内各阶级各党派的共同利益,为了全国共同的利益,各种态度及各种范畴的报纸,都应修正其原有态度,一致为此共同利益而奋斗,违反国家或者民族的要求,固执狭义的党派的成见,这是落伍的或幼稚的报纸,不是时代的报纸"。②

面对战争,无论是后方的编辑,还是前线的记者,无论是民间的报人,还是政党的媒体,他们都为伟大的抗日战争奉献自己的力量,努力为抗战将士的浴血战斗大唱赞歌,为抗战可歌可泣的史迹忠实报道,为受到日寇残暴蹂躏的同胞详细记录。他们的作品朴实无华、真切翔实并且具有感染力,极大的鼓舞了军民斗志,也为中华民族的反侵略战争留下了一个个生动感人的镜头和一页页珍贵的史料。

四、呈现出初步的国际交流发展形势

中国抗战作为世界反法西斯战争的一个重要部分,受到国际上广泛的关注。因此,加强国际联系与对外新闻交流,也是抗战时期重庆新闻事业在战争中变化的一个表现。

1937年11月,国际宣传处成立,这是为适应抗战需要而设立的一个"特殊的机构"。它的活动方式、活动内容、人员成分、组织编制很独特,所有工作人员均享受军人待遇,实行军事化管理,人员授予军衔,足见其特殊地位。国际宣传处是国民党政府战时对外宣传政策的执行机构。

1937年11月,国际宣传处西迁武汉,建立了以武汉为总部,以上海、香

---

① 《陪都报业的精神》,《新华日报》,1941年7月12日。
② 范长江:《范长江新闻文集(下)》,新华出版社,2001年版,第823页。

港、伦敦、纽约、日内瓦、柏林、莫斯科七个支部为附属机构的严密的组织系统。武汉总部内设有四科一会一室,即(英文)编撰科、外事科、对敌科、总务科、对敌宣传研究委员会和一个新闻摄影室。附属的支部(办事处)完全听从总部指挥,一切宣传材料都由总部供给。各支部(办事处)负责人都是经总部严格考核筛选的,早期的负责人因秘密工作需要而遴选可靠的外籍人士担任。此外,该处在国外还有一支"别动队",其人员在国外进行独立的个人宣传活动,如演说、游说、募捐以及搜集情报等,直接受命于国际宣传处而不与该处的驻外机构发生联系。该处曾创办多种中外文刊物如:《战时中国》(China at War)、《中国通讯》(China Communication)、《现代中国》(Contemporary China)等,并出版宣传中国抗日的书籍,向海内外新闻广播等。其职能就是文字宣传、活动宣传、广播宣传、对敌宣传和艺术宣传五大任务,还负责检查外文新闻电讯。[①]

国际宣传处长期由董显光主持工作,负责抗战时期整个中国政府对外宣传工作。在他的协调下,国际宣传处制订出"不露痕迹"的宣传策略,即"利用外国人在各国推进宣传"的工作方针,在迅速扩充国际宣传组织机构和业务职能的同时,努力联络和争取国际友人,特别是外国记者。一些外国记者还接受董显光的聘请,或在国际宣传处任职,或分赴欧美筹设办事处,在各国发起抗日援华运动。在董显光的主持之下,国际宣传处在反击日本对华歪曲宣传,澄清事实真相,争取国际舆论对中国抗战事业的同情和支持等方面,开展了卓有成效的工作,取得了显著成效。

1938年2月,国际宣传处又改为隶属于国民党中央宣传部,但编制仍以军事委员会为标准,该处经费亦由军委会款项下拨出。1939年1月27日,国民党政府五届五中全会通过《改进国际宣传实施方案》。1月29日又通过《对于党务报告之决议案》,确定今后的党务发展应特别注重于海外,"而于宣传方面尤应特别注意",足见国名政府对对外宣传的重视。

国民党中央通讯社在新加坡、马德里、香港建有分社,在华盛顿、纽约、伦

[①] 董显光:《1938年国际宣传处工作报告》,中国第二历史档案馆藏国民党政府中央宣传部档案,718(5)宗63卷。

敦、马赛克派驻特派员,在中缅战区司令部有常驻记者,大大增强了海外采访力量,扩大了对外发稿数量,《中央日报》也加强了国际新闻。《大公报》则通过萧乾、马廷栋、黎秀石、杨刚、朱启平、严仁颖、张鸿增、郭史翼、吕德润等一批优秀的记者,来到欧洲战场、太平洋战场和美国大陆,采写在当地反法西斯战争中的所见所闻,他们发回的《国际通讯》也成为报纸的一大特色。《新华日报》努力开辟国外新闻来源,除了有莫斯科专电外,还与纽约、加尔各答等地以及美英等国的进步通讯社建立了联系。该报乔冠华执笔的"国际述评"是最具特色的栏目之一,高屋建瓴地为中国人民解读和分析了国际形势的发展。针对海外华侨亟须了解中国战局的需要,国际新闻社应运而生,并做了大量的工作,创办了《远东通讯》、《祖国通讯》、《国际通讯》和特约撰稿承担着对外舆论宣传的任务。从1938年10月20日正式成立,到1941年初被国民党当局查封的两年多时间里,向海内外报刊发去数以千计的新闻通讯和国际评论稿件。

  外国记者也成为当时重庆新闻界对外交流的主要渠道。1942年1月14日,国民党中宣部国宣处统计:太平洋战争爆发后,重庆共有外国记者十七人,代表二十三家通讯机构,堪称抗战以来"最景气时期"。计有美联社(摩萨)、合众社(费许、王公达)、国际新闻社(葛兰痕)、《基督教科学箴言报》(斯坦因)、《时代》和美国海外通讯社(司徒华)、全国广播公司、《纽约时报》、《纽约先驱论坛报》(福曼兼)、美国《青年中国》杂志、路透社(赵敏恒)、伦敦《泰晤士报》(麦克唐纳和史密斯)、英国广播公司(史密斯)、伦敦《每日邮报》和《每日先驱报》(贝尔登)、伦敦《每日快报》和《悉尼电讯报》(蒲纪德)、伦敦《每日电讯报》(福曼)、塔斯社(诺蒙洛茨基、莫宁、叶夏明等)。① 而到抗战末期,常驻重庆的外国记者约有34人,且每月总有10到20人左右的穿梭过往的流动记者。② 国民政府对这些记者也比较关心,除提供生活方便之外,还积极给予采访方便。

  一些由外国机构和外国人主办的报刊也在重庆出版发行。1941年10

---

① 武燕军等:《抗战时期在渝外国记者活动纪事》,重庆文史资料选辑(第30辑),第174页。
② 武燕军等:《抗战时期在渝外国记者活动纪事》,重庆文史资料选辑(第30辑),第216页。

月,苏联大使馆新闻处在中山二路出版日报《新闻类编》,直至1946年3月;1944年9月,卫诺德在枇杷山苏联大使馆内出版《苏联公报》;1943年3月,美国大使馆在神仙洞后街出版周刊《大美晚报》;1945年6月,美国人在两浮支路开办的新闻快讯社出版《英文新闻稿》;1945年,欧德伦在顺城街加拿大使馆出版《加拿大新闻报》。

新闻广播在抗战时期的重庆也呈现出了国际化。太平洋战争爆发后,美英中决定成立反侵略国家联合宣传委员会,以重庆国民政府国际宣传处为会址,开放国际广播电台部分时段,供各国记者对外广播新闻通讯,并建电台供外国记者发稿。如美国国家广播公司(NBC)、加利福尼亚广播公司(CBS)、互通广播公司(MBC)、英国大英广播公司(BBC)等机构的记者,经国民党中宣部介绍,可以到中国中央国际广播电台(XGOY)直接播出自己的节目,并通过本国电台定时转播交换XGOY的外国语抗战节目。美国新闻处无线电部还派人参加了国民政府中央广播电台(XGOA)的英文广播和节目制作,并监听日本电台广播。

1941年美国密苏里新闻学院鉴于《大公报》的表现,授予该报年度荣誉奖章。张季鸾在重庆同仁举行的庆祝会上发表《本社同人的声明》表示感谢,"今天的庆祝会,其意义应当不是庆祝本报,而是庆祝中国报界在国际上得到同情的认识,及将来在国际上可以增进与各国报界尤其美国报界的合作……国际友谊,靠报人维持;世界文化,靠报人流通;今天为保卫人类自由、建设世界和平,尤其靠报人合作……中国报界,愿代表四万万人民的公意,声明在美国人民为自由正义奋斗的过程之中,中国定能尽互助合作的责任。我们乘今天的机会,邀请美国报人及各国爱自由的报人,不嫌中国报业的落后,而与我们随时增进合作,相互传达友谊,鼓吹真理,动员人民,抵抗侵略。"[①]

1942年1月6日,"反侵略国家联合宣传委员会"在重庆召开成立会议。中、英、美、澳、荷等国派代表参加,由董显光代行主席之职。该委员会每周开一次例会,其主要任务有三项:一是联系各国的宣传工作,二是交换意见与情

---

① 《本社同人的声明》,《大公报》(重庆版),1941年5月15日。

报,三是研究能够增进各国关系、取得最大宣传效果的方法。① 因为同盟国之间相互合作的关系融洽,国民党政府国外宣传据点的宣传活动非常活跃。

太平洋战争爆发后,战时重庆已经纳入世界反法西斯的新闻传播网络,重庆新闻界和各国记者群体紧密结合在一起,不仅为中国民众提供了大量的世界各国反法西斯战线的信息,也为国际反法西斯战线传播提供了中国抗日的讯息,这些面向世界的通讯渠道,让重庆更具开放性。许多外国记者采访了中国战场,有些还访问过延安和其他敌后抗日根据地,客观真实地了解了八路军和新四军的战斗实绩,他们向全世界介绍中国人民英勇抗战和抗日根据地实行民主政治的成果,从精神上巩固了反法西斯同盟的胜利决心,具有重大的特殊传播意义,他们的贡献同样载入了中国新闻事业的史册。

五、为国际反法西斯战线的建立和胜利作出了贡献

抗战初期,国民政府仍寄希望于国际社会的调停,并热衷于策动国际社会对日本施加压力,以迟滞日本军队的侵略行为。然而,国民政府在这方面的行动与努力,大多徒劳无功,除了社会主义的苏联于战争初期在舆论、道义与物质上给予中国抗战以较大支持外,其他的如英美法诸列强,均站在维护自身利益的立场,不愿卷入其中,更不愿采取强硬措施,以制裁日本,援助中国。

在此历史条件与国际环境下,国民政府不得不在军事战略上采取消耗战、持久战、全面战的战略方针,企图用"以空间换时间,积小胜为大胜"的战略,逐步抵御日本军队的进攻,消耗日本的实力,争取最后的胜利,在外交上于继续积极寻求外援的同时,又主要采用了驻美大使胡适 1938 年 7 月提出的"苦撑待变"的方略,即:以独立自主、积极勇敢的抗战及其逐步胜利,在逐步赢得国际社会同情、支持的同时,等待世界局势的变化,也等待敌我内部力量的变化。

在严峻的国际形势面前,中国新闻界紧紧抓住每一次机会,号召英美等

---

①《中国国民党历次代表大会及中央全会资料》(下),光明日报出版社,1985 年版,749 页。

国关注中国。1939年2月10日,日军占领海南岛,蒋介石在次日的外国记者招待会上说:"日军占领该岛实为完全控制太平洋海权之发轫。该岛若归日军掌握,则日本海军向西可由印度洋以窥地中海,而在东面,即可以断绝新加坡、夏威夷岛、珍珠港英美海军根据地之联络……日军之进窥海南岛等于1931年9月18日之占领沈阳;换言之,日之进攻海南岛,无异造成太平洋上之'九一八'"。① 同时,《中央日报》也配合蒋的讲话发表社论,声称日本此举是对美国的直接挑衅,是与美国争夺太平洋霸权,日本如在太平洋上发动战争,必首先攻击关岛、檀香山。"日本征服欧亚的凶锋,决不会避开太平洋上直接最大的海军主敌。"②诸如此类的宣传一而再、再而三,使英美等国的注意力聚焦于太平洋,使他们认识到其在太平洋的切身利益正在受到威胁,从而放弃中立政策,制日援华。英美为自身利益起见开始加强太平洋防务,准备对日作战。

经过国民党的新闻宣传和外交的努力,1939年6月,美国首批援华物资卡车510辆、军布300吨到达海防内运。与援华的同时,美国亦开始采取制日措施,于7月25日宣布对日禁运汽油与废铁,次日废除了《美日友好通商航海条约》。

实际上,中国的国家利益与英美法等国利益是一致性,英国重新开放了滇缅公路,美国派出了军事代表来中国视察抗战实情,派出了陈纳德的第14航空队,但是,反法西斯战线还未明确的宣称建立。

1941年12月7日清晨,日本海军的航空母舰舰载飞机和微型潜艇突然袭击美国海军太平洋舰队。重庆各大报纸纷纷刊载,发表评论、社论与专论,对日本的侵略行为表示愤慨,并抓住契机畅言建立世界反法西斯统一战线的重要性。

12月9日,《新华日报》发表题为《太平洋大战爆发》的社论。指出:"太平洋战争爆发了,今后全世界侵略与反侵略两大阵线,从此更见鲜明。欧洲

---

① 《大公报》,1939年2月12日。转引自王晓岚:《喉舌之战:抗战中的新闻对垒》,广西师范大学出版社,2001年版,第279页。
② 《中央日报》,1939年2月14日。转引自王晓岚:《喉舌之战:抗战中的新闻对垒》,广西师范大学出版社,2001年版,第279页。

的、亚洲的、大西洋和太平洋的战争,现在已经联成一体,血肉相关,不分彼此,胜则俱胜,败则俱败。每个反侵略的国家和民族,再不能将战争看成局部的战争,利害得失应该从整个打算。"①

同一天,作为国民党中央机关报的《中央日报》也发表题为《太平洋战局的关键》的社论,明确指出两点:第一,侵略集团是按个的,无论其侵略的区域在哪里,也无论其侵略的方法是哪种,但彼此"都是有连贯性,有互相响应,互相声援的作用"。因此,"无论侵略集团中哪一个分子攻击我们反侵略阵线中任何一国,我们整个阵线应该认为共同敌人,用共同的力量来谋彻底的解决。我们绝对不可旁观,绝对不可犹豫,绝对不可顾惜,只有牺牲,才能得到整个世界的正义和平,才能保障每一民族永远生存。我们无论环境如何困难,必须根据这基本的认识,不顾一切,与我们的共同敌人作最后的肉搏"。第二,同盟各国当务之急,就是迅速完成反侵略的统一战线。"不但在政略上需要统一,在战略上也需要统一","不但在设计上需要统一,在行动上也需要统一","不但在外交军事上需要统一,在政治经济上也需要统一。统一可以增强我们的力量,统一可以增强我们的信心。现在是我们树立切实的统一战线的唯一时机,也是最后时机,万万不可将这稍纵即逝的时机轻轻放过。我们果能即日促成统一战线,一切难题皆可解决。我们有共同的战线,有共同的兵力,有共同的资源,有共同的财力,还怕打不倒这区区的小丑么!"②

12月11日的《新华日报》刊登了陪都外交团体共同发表的《反侵略宣言》称:"在此烽火弥漫之大陆与波涛汹涌之海洋上,显出黑白分明之两条战线,一为诡诈无耻残暴喷血同恶共济之轴心集团,一为人类公理与国际和平而英勇奋斗之民主国家,今后世界人类之前途,为光明抑或黑暗,为文明抑或野蛮,为自由抑或奴役,为幸福抑或毁灭,均有待于此次战争之决定……除震愤日寇之罪恶暴行,愿本至挚之心,遥向太平洋上受难之友邦人士致慰。凡我民主国家,昔为良友,今本同仇,风雨同舟,互援互助,当欢迎所有反侵略国

---

① 《太平洋大战爆发》,《新华日报》,1941年12月9日。
② 《中央日报》,《太平洋战局的关键》,1941年12月9日。

家加入共同阵线,并肩作战到底,决不单独言和。"①14 日,《新华日报》又发表了周恩来亲笔署名的《太平洋战争与世界格局》,"东西法西斯早已勾结在一起,我们反法西斯侵略的国家,更应该联成一体,休戚相关,要知太平洋之胜利,亦即大西洋之胜利,欧洲的失败,亦即亚洲的失败。今天的战争,应经是世界人类绝续存亡的战争,亦即是侵略者与反侵略着你死我活的斗争。今天的世界正处在光明与黑暗的分野,文明与野蛮的对立,民主与强权的斗争,和平与暴力的对抗。我们坚信:只要全世界万众一心,胜利一定是属于正义一方的。"②他从战争双方的正义与非正义,双方的意识形态,经济资源,军事力量,人心向背及当时世界的战局等各方面全方位,多角度地进行比较分析,进而得出反法西斯同盟必胜的结论。并进一步指出:"懂得了以上的目前世界战局的规律,我们便能正确地认识太平洋战争在世界反法西斯阵线中的任务,同时,也必须从世界反法西斯的任务的分担上来解决太平洋战争的问题。这样就必须从作战任务的分担上,从国际交通的建立与维护上,经过太平洋各国的会议和决定,以确定共同的计划。只有这样,太平洋的反日战争,才能有组织的,有配合的,有把握的进行。然而,欲实现这一计划,必须以我们中国来推动英美荷澳及太平洋上其他国家民族的联合,并密切与世界所有反侵略国家和民族的联系。"③

12 月 13 日,《中央日报》又以德、意、日三国于 12 日已在柏林签订三国协定,再次发表《速缔反侵略公约》的社论。指出,德、意、日三国签订协定后,必将以整个力量推行其恶毒的侵略。在此情形下,"假使反侵略阵线不速采纳对付方法,或恐有后将无及之侮。……基于事实的需要,基于作战的必要,凡站在同一战线上的国家必须有共同的约束,始能尽量发挥共同的力量。……我们今日必须以反侵略阵线的全力来推动战争,争取胜利"。④

大量的新闻舆论宣传,通过外国驻华使领馆和外国新闻机构的电讯,对英美等国家领导层的决策产生影响,有利于他们清醒认识整个局势,审时度

---

① 《反侵略宣言》,《新华日报》,1941 年 12 月 11 日。
② 《太平洋战争与世界格局》,《新华日报》,1941 年 12 月 14 日。
③ 《太平洋战争与世界格局》,《新华日报》,1941 年 12 月 14 日。
④ 《速缔反侵略公约》,《中央日报》,1941 年 12 月 13 日。

势,作出正确的判断与决断,推动了世界反法西斯统一战线的建立。很快,重庆成为世界反法西斯战争的中国统帅部所在地,重庆也因此"突出四川的范围,成为号召全国的大都市,同时亦在政治上成为国际城市,而与伦敦、华盛顿、莫斯科等相提并论"。①

中国军民浴血奋战五年,拖住日军100多万,成为了太平洋地区的主战场,但在中、英、美、苏四大国中,仍备受歧视。太平洋战争爆发后,重庆迅速成为世界反法西斯战争远东的军事政治指挥中心。美国、英国却出于自己国家利益,决定实施"先欧后亚"的战略,在世界战场上将击败希特勒为"当务之急"。

为改变这种态势,呼吁同盟国重视亚洲战场。1942年1月11日的《扫荡报》发表了题为《同盟军应该及时展开太平洋上之攻势》的文章,敦促英美等国尽快履行大西洋宪章之共同对法西斯作战的使命,尽快在太平洋对日展开强大攻势,使盟军尽快取得主动。② 13日,接着发表了题为《增援荷印与长期作战》的社论,写道:"吾人检讨马来亚战局之各方面,仅获一个结论,即吾人必须立即增援马来西亚,及荷印之实力,且增援办法之实施,决不可如一般政客及英伦当局之泛泛了事。一言蔽之,举凡澳洲、美洲、加拿大、印度、中东各地,倘有军队可调,即应调往。伊朗、叙利亚、利比亚、缅甸,以及英伦各地倘有战斗机、轰炸机、大炮及坦克等武器,用以应付尚未发生之危机者,亦应立即调往该两地带"。③ 16日又发表了题为《世界战局的重心何在》的社论,指出目前世界格局的重心,毫无疑问的是在太平洋,要击败希特勒,只有先解决帮凶日本,"从目前的世界战争的发展上估量,日军已在执行轴心强盗的命令,企图囊括英美在太平洋上原料富足的产地,根本打击英美的作战力量。尤其是打击美国成为世界民主国家大兵工厂的计划,这个发展已使日寇对于英美及各民主国家的威胁超过了德意,无论从英美本身的利益着想及从民主国家争取胜利的必需上着眼,英美绝无听任日寇在太平洋上猖獗的理由,更

---

① 张国镛等:《为了忘却的记念:中国抗战重庆历史地位研究》,西南师范大学出版社,2005年版,第273页。
② 《同盟军应该及时展开太平洋上之攻势》,《扫荡报》,1942年1月11日。
③ 《增援荷印与长期作战》,《扫荡报》,1942年1月13日。

无先败希特勒后解决日寇的余裕"。①

此处再以《大公报》为例,1月14日的《大公报》中有一篇题为《世界战局,南洋欧洲同等重要》的报道,行政院蒋廷黻处长招待中外记者时谈道:"舆论界互好辩论南洋之战与欧洲之战之孰轻孰重问题,其实此问题毋庸多辩,第一,南洋之战关系南洋地区之资源。第二,南洋之战关系印度洋之交通,因此,南洋之战与各民主国家均有重大关系"。② 当天配发的社评则称:"先打倒希特勒,再解决日本,恰如俟河之清,况且日本也绝不会那么呆,而坐待被解决。要知道同盟国若把轴心区分先后,轴心就一定不分先后而一齐逞凶。暴日也知道它与希特勒共命运,所以它除了为自己争得能够长期作战的地位而外,也可能对希特勒作些较大的贡献。它对苏联下手是巩固了自己的战略地位,同时也是帮助了希特勒。假使新加坡与印荷有失,日本势力达到了印度洋,暴日很有可能进兵印度,而与希特勒夹击中东,到那时,世界战局变成轴心的绝对优势,同盟国要区分德日谁先谁后,也不可能了"。③ 文章结尾告诫同盟国要绝对注意太平洋战局的危机,不可轻易放弃新加坡,同时要警戒日本进攻苏联的可能,须在太平洋上先发制敌。

重庆新闻界关于战争动态的言论,虽显书生意气,却是卓有远见的。在当时南洋战场告急的形势下,这类新闻报道对扭转太平洋战局,使战争向着对同盟国有利的方向推进无疑是起了重大作用的。后来的历史也验证了这些言论的正确。

抗日战争时期,重庆新闻界的热情号召使远离战区的老百姓从浑浑噩噩的生活中觉醒,投入到大后方的各项建设中;他们的激扬文字鼓舞着国防前线百万将士忍受艰难困苦而英勇杀敌;在八年抗战极其艰苦的条件下,大后方的重庆新闻媒体,通过报刊、广播迅速快捷地将新闻报告传递给人们,让世界各国了解中国的抗日战争,了解陪都重庆的状况,也反映了解放区及敌后的艰苦斗争。

---

① 《世界战局的重心何在》,《扫荡报》,1942年1月16日。
② 《世界战局,南洋欧洲同等重要》,《大公报》,1941年1月14日。
③ 《太平洋战争与世界格局》,《大公报》,1941年1月14日。

昨天的新闻,就是今天的历史。抗日战争时期,重庆的新闻传播事业进入了辉煌的顶峰时期,是当之无愧的全国新闻中心,也是远东地区新闻传播的中心,在国家生死存亡的关键时刻向全世界传达出中国的声音。这里对重庆抗战时期新闻传播活动只能算是一种全景式的掠影,其中的点点滴滴,与抗战时期重庆的政治、文化、积极、军事、外交等领域紧密相连,与中国近现代政治史,特别是中国现代新闻思想史密切相关,不仅值得在中国新闻传播史上大书特书,而且更催促着当下的研究者细细品味,拓宽研究视野,调整研究的角度,进一步挖掘史料,与时俱进,以史鉴今。

第五章　收缩与转型：
重庆新闻传播事业的调整阶段

　　经历了抗战时期的繁荣阶段,重庆新闻传播事业在抗战后逐渐步入调整阶段。许多新闻机构迁离重庆,如国外通讯社、中央通讯社、中央广播电台、美国新闻处、中央政治学校、复旦大学,它们的离开,标志着重庆新闻传播事业在通讯社、广播事业、国际传播和新闻教育等领域的收缩;一些新闻机构尽管主体迁离重庆但仍在重庆设有分支机构,如《中央日报》、《大公报》、《新民报》、《时事新报》、《南京晚报》、《中国学生导报》、《世界日报》都设有重庆版,重庆本地的《商务日报》、《新蜀报》、《国民公报》继续出版,《西南日报》很快复刊,这在前述收缩的基础上保留了重庆新闻事业的基础力量。

　　值得注意的是,在以报业为主体的新闻传播事业中,国统区反对新闻检查运动风起云涌,《民主报》、《大中日报》、《新华时报》、《重庆日报》等各党派报纸先后创刊,《新华日报》被迫停刊,《挺进报》秘密创刊,《陪都晚报》、《新蜀夜报》、《国民公报晚刊》、《重庆夜报》等大量晚报出现,休闲性内容出现在报纸上,呈现出一边是激烈的政治斗争,一边是放松的休闲文化的外松内紧局面。

　　这些都构成了战后重庆新闻传播事业的重要内容,而这些变化,也从正面生动地展示了重庆新闻传播事业的调整。

第一节　重庆新闻界进行的斗争与受到的迫害

一、重庆新闻界争取和平民主自由的斗争

国统区新闻界长期遭受新闻检查的迫害,抗战胜利后,他们立即要求取消新闻检查制度,面向宪政落实新闻自由。在争取民主、反对内战独裁的斗争中,以重庆为代表的国统区新闻界一次又一次地掀起争取新闻自由的浪潮。抗战胜利前后,重庆进步新闻工作者开展的"拒检"运动,就是其中声势浩大的一幕。

（一）"拒检"运动的过程

1945年7月1日,黄炎培、冷遹、褚辅成、章伯钧、左舜生、傅斯年等6位国民政府参政员,应中共中央和毛泽东主席的邀请,为推动国共团结商谈,飞赴延安访问。7月4日下午,毛泽东邀请黄炎培到他住的窑洞里作客,整整长谈了一个下午,这次谈话促使黄炎培撰写成《延安归来》一书。1945年8月,重庆国讯书店不送国民党当局审查自行出版该书,这是国统区第一本拒检出版的书,从此拉开了拒检运动的序幕。

接着,张志让、杨卫玉、傅彬然三人起草了一份重庆杂志界拒检联合声明,《宪政》月刊、《国讯》周刊、《中华论坛》(章伯钧主编)、《民主世界》(孙科等主办)、《民宪》半月刊(左舜生主编)、《民主与科学》(张西曼主编)、《中学生》(叶圣陶主编)、《中苏文化》(侯外庐主编)、《现代妇女》(曹孟君主编)、《再生》、《新中华》、《东方杂志》、《文汇周报》、《战时教育》、《国论》、《学生杂志》等16家不同背景的杂志,都在声明上签字表明支持态度。8月17日,就在《延安归来》一书被当局搜禁后,拒检声明也公开发表,郑重宣布自9月1日起,所有参与签名的杂志不再送检,并将这一决定函告国民党中宣部、宪政实施协进会和国民参政会,将"拒检"运动进一步推向深入。

当时整个战时首都重庆的杂志也不过是三四十家而已,这么多不同政治倾向、不同专业的刊物联合拒绝恶劣的检查制度确乎是一次空前的壮举。其中《宪政》《国讯》《中华论坛》《民主世界》《民宪》《中学生》《再生》《新中华》《东方杂志》《文汇周报》等十大杂志同时决定出版一份不向政府办理登记手续、全部稿件都不送检的《联合增刊》。由生活书店、新知书店、读书出版社、国讯书店等19家出版社组成的新出版业联合总处，也立即宣布坚决支持拒检声明。8月27日，重庆杂志社联谊会集会，在拒检声明上签字的杂志增至33家。

9月1日是记者节，《新华日报》发表激情四溢的评论《为笔的解放而斗争》，抨击了国民党臭名昭著的原稿审查制度，热切地呼喊"八年来紧紧束缚着新闻记者的手，从今天开始有了自由，大家的呼吸开始可以透出一点气来了！"[1]

随后，重庆出版界发起的拒检运动扩展到成都昆明等地，并由出版界扩展到新闻界。9月8日，成都《新中国日报》《华西晚报》《成都快报》《大学月刊》《天风周刊》《开明少年》《现代周刊》《大义周刊》及川康通讯社、自强通讯社、国讯社等16家报刊、通讯社隆重集会，联名发表由叶圣陶执笔的《致重庆杂志界联谊会公开信》，声援拒检运动，指出"八年来以战时为借口的检查制度，严重践踏了中国人民的言论自由，损害了中国新闻文化界的尊严和信誉。现在战争已经结束，一切钳制言论自由的战时法令完全失去了存在的根据。政府既无意及时采取措施，我们为了中国人民的言论自由，当然有理由自动宣布检查制度的死亡"，郑重表示"共同高举起言论自由的大旗，宣告检查制度的死亡，宣告一切压迫言论自由的法令与制度的死亡！"[2]

9月15日，重庆10家杂志的《联合增刊》第一期由国讯书店出版发行。重庆20家杂志以及响应它们的成都同行通知国民党中央宣传部，从即日起稿件不再送审。同一天，昆明《民主周刊》《大路》周刊、北门出版社、进修教育出版社等11个新闻出版机构集会响应重庆、成都的"拒检"运动，成立"昆

---

[1]《为笔的解放而斗争》，《新华日报》，1945年9月1日。
[2] 傅国涌：《笔底波澜：百年中国言论史的一种读法》，广西师范大学出版社，2006年版，第237页。

明杂志界出版界联谊会"。

9月17日,成都27家新闻文化机构举行联谊座谈会,当场成立永久性组织"成都文化新闻界联谊会",推选叶圣陶、黎澍、沈志远等7人为执行委员。为争取发表的自由,提出了"取消一切出版发行的特许制度,实行备案办法,取消新闻和图书杂志的审查制度,保障文化人的人身自由"[①]等七项主张,把这场联署运动正式命名为"拒检"运动。桂林、西安等地新闻出版界相继成立联谊会,响应"拒检运动"。四川大学、南京大学、复旦大学等高校也响应拒检。形形色色正式和非正式的出版单位,甚至学校的黑板报和学生组织的文学团体都纷纷通知国民党中宣部,不再接受战时检查制度的束缚。在国民党政府正式废除新闻和出版检查制度之前,各种非政府报刊和出版社已纷起争取言论、出版自由。

9月22日,民间"拒检"运动已成燎原之势时,国民党中常会才通过决议,宣布自10月1日起取消对新闻和图书杂志的审查。次日,国民党中央社发表消息,除收复区和戒严区,战时新闻检查制度和出版业审查制度都将于10月1日废止。9月28日,国防委员会公布《废止出版检查制度办法》。9月30日,国民党《中央日报》发布了《出版检查明日废除》的消息。

"拒检"运动,起源于重庆新闻出版界,鼓舞了国统区新闻界争取新闻自由的斗争,这也成为国统区民主运动的组成部分。

然而,就在这时,重庆又发生了《自由导报》被查禁一事。[②]《自由导报》创刊于1945年11月17日,是在中国共产党领导下的进步报刊。1946年初,民建重庆分会成立,《自由导报》从第6期改为分会的机关报,这是民建历史上最早的机关报纸。因此,《自由导报》才出版就被查封在重庆激起了轩然大波。

1945年12月27日针对该报被国民党重庆市党部非法查禁一事,特别召

[①]黎澍:《早岁哪知世事艰——记在成都华西晚报的经历》,载中共成都市委党史研究室:《八年抗战在蓉城》,成都出版社,1994年版,第705页。
[②]有关《自由导报》的史实,可参见张林冬:《〈自由导报〉始末》,《重庆文史资料选辑》,第21辑;王文彬:《中国现代报史资料汇辑》,重庆出版社,1996年版;章回:《重庆自由导报被查禁事件始末》,《文萃》,第15期。

开新闻发布会,邀请重庆文化、新闻界广大人士参与,除新闻文化界多人参加以外,还有《中原》、《中学生》、《民主教育》、《现代妇女》、《东方杂志》、《民主与科学》、《职业妇女》、《文汇周报》、《民主星期刊》、《中国学生导报》、《木刻家》、《中国农村》等十余大杂志社代表出席。

《自由导报》的负责人报告该报被查禁经过,"本报自改组革新后,现已出至第六期,系代表一般人民说话,内容比较偏重经济方面。自信消息确实,言论公正,本期(第六期)载有民主建国会消息与文件多种,乃于出版之(23)日,本报代售处生活、读书、新知三联书店,突来警察局第四分局警士一名、户籍两名,声称奉市党部之命,前来查禁本报,并警告三联书店,以后不得售卖。先是本报出至第三期时,寄出之件,曾在邮局无故被压几周之久,本市订户均未按时收到。此次公开查禁后,本报同人即多方调查,始悉查禁令系由中国国民党重庆市党部执行委员会所发。26日上午苏东赶至市党部报告事实经过,同时重申了我们坚决的态度,虽然这次遭了查禁,可是无论如何还要继续出版下去,因为这不仅是争《自由导报》自由的问题,而是整个文化界的自由、民主的问题,并提出四项主张,希望文化新闻界一致声援。"[1]《民主与科学》主编张西曼,《新蜀报》总经理王白与、陈白尘等,对《自由导报》的立场表示赞同,并主动愿意做《自由导报》的后援,认为查禁《自由导报》是当局摧残言论的非法举动,这绝不是《自由导报》一报的问题,而是所有报章杂志共同有关的问题。

《自由导报》为此发表四项主张:(一)应请政治协商会议,决议并保证立即在全国实现结社、集会、言论、出版、通讯之绝对自由;(二)应请政治协商会议,根据双十协定第四条"现行出版法令应予废止或修正"之诺言,决议立即废止民国二十六年颁布之出版法及二十八年非常时期报纸杂志通讯社登记管制暂行办法;(三)停止国民党中宣部及各级党部,对报章杂志、通讯、电台之审核特权,并废止现行登记办法,今后一切报刊,通讯社之设立及变更等,应完全自由;(四)建议全国文化、出版、新闻、杂志各界,继拒检运动之后,即

---

[1] 章回:《重庆自由导报被查禁事件始末》,《文萃》,第15期,1946年1月17日。

日起实行拒绝登记运动,径自出版发行,以促提早取消束缚言论自由之一切管制及法令。①

1945年12月28日《新华日报》刊登了这四项主张。《商务日报》、《新民晚报》、《新蜀报》等报刊都刊登抗议消息。重庆市杂志联谊社于26日下午举行会议,侯外庐、杜国庠、邵荃麟、李公朴、邓初民等出席会议,会上一致认为查禁《自由导报》是重庆没有言论自由的又一次事实暴露,决定对《自由导报》作"共存共亡"之有力声援,起草向国民党当局的抗议书。同时决定在《自由导报》提出的四项主张基础上,向政治协商会议和全国人民提出了五大主张。黄炎培先生抱病发表意见,谴责国民党当局查禁《自由导报》是破坏民主的行径。民主建国会发言人除发表声明谴责当局言与行背道而驰外,并致函慰问《自由导报》,誓作后援。

1946年1月10日,蒋介石在政治协商会议上表示开放言论自由和释放政治犯。政协会议也通过《和平建国纲领》规定废止战时实施的新闻出版检查办法,修正《出版法》,扶助报刊、通讯社发展。就在大众看到和平民主自由的一线曙光时,国民党政府不仅没有兑现上述承诺,反而加紧了对新闻界的迫害和摧残。在政协开幕的第二天,国民党顽固派就杀害了著名记者、军事评论家、国际问题专家羊枣,史称"羊枣事件"。

1946年2月10日,重庆各界人民在较场口举行庆祝政协成功大会,早有预谋的国民党特务,却捣乱会场,殴打参加大会的民主人士郭沫若、马寅初、李公朴等,在场采访的新闻记者《商务日报》的梁柯平、《新民报》的姚江屏和邓蜀生及《大公报》的高学揆也被打伤,制造了一场流血惨案。国民党的中央通讯社在新闻报道中,竟把特务行凶说成"民众互相殴打",是"共产党分子捣乱",把现场指挥这次破坏活动的特务头目写成"临时推举出来的大会主席"。这种恶意造谣的卑劣手段激怒了重庆各报记者,《新华日报》、《新民报》、《时事新报》、《世界日报》等9家报社42名记者,在2月11日和13日两次联名发表致中央社公开信,指出新闻记者应以真实为原则,揭露和批驳它

---

①章回:《重庆自由导报被查禁事件始末》,《文萃》,第15期,1946年1月17日。

制造的谣言。国民党《中央日报》发表社论为中央社辩护,《新华日报》坚决批驳了《中央日报》和中央社。接着,重庆新闻从业人员221人,联名发表《保障人权,忠实报道》的意见书,重申前两封公开信的观点,并加以着重阐述,要求国民党当局开放言论自由。

"较场口事件"后,国统区各地报刊遭到特务破坏的事件不断发生。如重庆《新华日报》营业部和民盟中央机关报《民主报》同时被国民党特务捣毁,成都《华西晚报》和《秦风工商日报联合版》也遭到特务袭击,西安《民众导报》主编李敷仁被特务绑架,险遭暗杀,等等。国民党当局查禁报刊的消息,更不绝于耳。

(二)重庆新闻界受到的种种迫害

1946年2月22日,重庆爆发反苏游行。在国民党重庆市党部的策划下,一伙暴徒冲进了位于民生路的《新华日报》营业部,从一楼打砸到四楼,捣毁楼内所有设施,将书刊撕碎撒得满地,并将杨黎原、徐君曼和职员管佑民打伤。同一天,民主同盟的民主报馆也被暴徒捣毁。当晚,周恩来举行记者招待会表示抗议。

1946年8月10日,《国民公报》化龙桥报社遭国民党第十兵工厂捣毁,报社员工8人受伤,编辑胡孝侃及工人5人被厂方拘捕,《国民日报》损失惨重,被迫停刊,只得托请《大公报》和《商务日报》临时代印日报和晚刊,直至几日后复刊。

1946年10月1日,重庆市社会局禁止《民主生活日报》、《民主星期刊》、《民主教育》、《联合特刊》、《新华分社》、《新声社》、《新闻导报》、《经济日报》、《重庆人报晚报》、《光复报》等20家报刊发行,声称理由是上述报刊未行登记或登记手续不完备,并通知警察局执行取缔。次年2月,重庆市杂志联谊会发表声明,指出各杂志会员均未逾越民主国家言论自由之范围,愿政府尊重言论自由之承诺和政协精神,取消禁令。

1947年2月7日,北碚乡村建设学院院长、美国复兴中国农村委员会委员晏阳初和美国委员贝克用美援专款二百多万美元,在换成国民党金圆钞后,为"买货保值",用这笔巨款抢购大量棉纱、金银,导致重庆物价疯狂飞涨。

《商务日报》首先发表了以上事实,并发表社论《与农复会算账》为题。国民党当局深恐影响了"美援",遂向《商务日报》董事长何北衡施加压力,最后董事长何北衡和社长高允斌应引咎辞职,并在各报刊出辞职启事。当时,《商务日报》全体同人非常不满,认为启事中所说"采访不实"、"社评亦欠妥当"、"幼稚错误"等,都是不可忍受的诬蔑,议决全体员工总辞职,并函请重庆市记者公会大力声援,以维正义。后来,经人调解,才和平了结。

1947年2月28日,京、沪、渝三地国民党卫戍警备机关,分别通知驻当地中共办事处,限于3日前撤退。当日,重庆警备司令部、重庆警察总局、重庆宪兵司令部及国民党特务机关查封《新华日报》,并胁迫中共四川省委、八路军办事处撤回延安。

1947年3月17日,重庆警备司令部声称《新民报》副刊《呼吸》所载《无题》一文"侮辱了全国国军",派遣大批官兵到报社施加压力,要求报社交出该文编者和作者,并将重庆警备司令部起草的"道歉启事"在全国报纸上连续刊登三个月。经报社主持人多方交涉,坚决抵制后,才改为在重庆几家报纸上连载三天,本报登载半月。迫使《呼吸》副刊停刊,主编聂绀弩离社避难后,该部仍派一连士兵轮番盘踞报社,骚扰报社达一个月之久。不久,副刊刊登《唐诗新解》,揭露了国民党在战场上的连续惨败,说:"春眠不觉晓,一觉醒来又惨败了。"编辑张白山为此被迫离职。1949年10月31日,因曾刊登一篇《鬼重庆》,次日副刊主编蒋阆仙被抓起来关在重庆市警察局刑警处。3日后才由经理刘正华设法接回。

1947年6月1日,重庆警备司令部秉承其最高当局在全国镇压学生爱国运动的旨意,在全市戒严大肆逮捕学生、教师及其他民主人士,一夜抓去关押200余名,其中新闻界35名。在各方营救及社会舆论声援下多才陆续由各报保释出狱。事件发生后,全国震动,各地纷纷致电,表示声援和慰问。最为典型的是,《大公报》外勤记者全体被捕,《大公报》成为几乎没有本市新闻的报纸。

……

1949年5月27日,国民党警备司令部以"泄露军机"和"通匪"罪,逮捕

《大公报》编辑主任顾建平,在中美合作所的白公馆监狱关押140多天,经多方营救才获释。

1949年7月19日,《新民报》译载其收报机抄收的法新社上海英文电讯,内容略称:"上海市长陈毅将军昨向军队演说,他们可以克服国民党和帝国主义封锁引起的困难。他主张节约,把上海难民遣送回乡,将进军西南。"重庆警备司令部于21日上午,派遣特务打手30多人冲社,质问为何称呼陈毅为将军,并迎头打人,捣毁排字房,使当天的《新民报》晚刊不能出版,第二天的日刊也只好暂出半张。

7月25日,《世界日报》发表《请西南执政诸公拿话来说》一文,被重庆警备司令部以诋毁政府,触犯戒严法令为由查封。

从这些事例,我们可以清晰地看到国民党政府对重庆新闻传播界的迫害有增无减,国民党并没有放弃专制主义的新闻政策,这也充分暴露了国民党当局允诺言论自由的虚伪性。

二、国民党新闻事业的掠夺与扩张

抗战胜利后,蒋介石集团"接收"了全部敌伪报刊、通讯社、广播电台及其他新闻机构,并以此为基础迅速扩充了国民党的新闻事业网。1945年9月10日,《中央日报》在南京复刊。上海著名的汉奸报纸《平报》被"接收"后,成为国民党上海市党部的机关报《正言报》。汉口著名的汉奸报纸《大楚报》,也变成了国民党汉口市党部的机关报《华中日报》。历来以反共为唯一使命的蒋介石集团的军报《扫荡报》,于1945年11月12日改名为《和平日报》,除在重庆、昆明、兰州等地刊行外,这时又在南京、上海、汉口等地出版……

因此,当国民党政府在1946年5月宣布"还都"南京时,"收复区"和国统区已连成一片,国民党已经建立起一个从"中央"到地方的包括报刊、通讯社和广播电台等传播工具的新闻事业网。

在重庆,国民党在对新闻事业进行压迫专制统治的同时,也没有忘记对其他新闻机构的掠夺,并通过种种手段打压其他新闻机构,以扩张自己的势力。

（一）掠夺《世界日报》的资产

抗日战争爆发后，北平《世界日报》停刊。1944年成舍我自桂林到重庆，与程沧波合办"中国新闻公司"，公司的股东和董事有国民党的党政要人陈诚、陈果夫、陈立夫、于右任、邵力子等，金融界巨子钱新之、刘鸿生、康心如和杜月笙等人。"中国新闻公司"集资旧法币1000万元，在重庆办起《世界日报》，并计划以后陆续在全国各重要城市办十家《世界日报》。

重庆《世界日报》诞生后，社长成舍我负责全社的工作，程沧波则以"中国新闻公司"董事的身份为总主笔，并聘请赵敏恒为总编辑。由于在特定的环境，又有CC系的新闻人物程沧波的特殊身份，该报曾替国民党政权作一些宣传，事实上已不纯是民营的报纸。

抗战胜利后，成舍我回到华北，复刊北平《世界日报》。重庆《世界日报》则交由重庆市参议会秘书长陈云阁负责。为改变成舍我离任后《世界日报》业务下滑的局面，同时为避免政治风险，陈云阁征得中国新闻公司董事会同意，进行增资改组。明确提出报纸应走"第三条路线"，即中间道路的主张，并发表《中国需要新革命运动》的社论，号召中国的自由主义分子团结起来，进行政治革新。表明其超然于国共两党之外的中间立场，既反对共产党的武装斗争，也反对国民党政府的专制独裁、贪污腐化。

由于全国大规模的内战，以及通货膨胀、物价上涨，《世界日报》经济再度陷于困境，1948年，进行了第二次增资改组。主要由重庆通惠银行董事长、立法委员邓华民投入大量资金，邓华民系西南地方实力派邓锡侯的长子，地方实力派与国民党中央政权之间存在着分歧与矛盾，邓欲取得舆论的支持。此后，报纸的言论、主要内容已是要求当局"正视现实、坦率认输"。在新闻方面，主要是报道群众生活、青年心理、经济财政、社会动态，从而揭示了当时国民党统治区风雨飘摇、怨声载道、末日将临的真实状况。这段时期，先后发表过《赶快停战谈和》、《迎接伟大的时代》、《时代要求和平》、《识时务、收人心》等文，意图策动并实现西南和平解放。特别是1949年起，该报曾转载了北平《人民日报》的《发刊词》，《上海商报》刊登的《吴晗报告共区见闻》，以及上海密勒氏评论文章《北平的新面貌》，特别是毛泽东关于工商业政策的报告及《论人民民主专政》，改变了社会观感，使报纸营业大有起色。

1949年7月，《世界日报》发表了一篇指名向四川省主席王陵基、重庆市长杨森的《请西南执政诸公拿话来说》的文章，其内容就是直接指责和抨击四川、重庆的"应变措施，是在妄图作垂死挣扎的防共部署。此时恰逢王陵基25日来渝出席重要会议，王、杨密商决定后，当日深夜派武装军警将该报查封，出刊4年又3个月的重庆《世界日报》从此终结，报社资产被国民党重庆市党部掠夺和侵占。

为继续利用《世界日报》这块招牌，杨森等查封报社后，将报社的全部资财交给国民党市党部宣传处长吴熙祖接管，吴熙祖自任社长，又以宣传处科长王蕴卿为总编，将报纸改组为事实上的党报，仍以原报名继续出版。

(二)《新华时报》的闹剧

重庆《新华时报》是国民党重庆市警察局办的特务报纸，发行人就是该局刑事警探处处长谭荣章①的妻子薛树华。该报创刊于1946年8月13日，社址在较场口石灰市17号，后迁民生路33号。

《新华时报》创办的目的，主要就是抵制《新华日报》的影响。在这种情势下，军统特务想到了以"日报"与"时报"的一字之差来鱼目混珠，试图以报纸对报纸的办法打倒《新华日报》。谭荣章将办报计划上报保密局后，得到毛人凤全力支持。除拨给房屋外，还把原四一印刷厂的印刷机、工人全部拨给该社。初创时，报社董事长为重庆市督察局局长唐毅，谭荣章任常务董事，副社长兼总主笔为张客公。《新华时报》自称是"反共尖刀"，版面上特辟《尖刀》副刊。谭荣章要求每篇文章，都要反共。为了诬蔑中国共产党，谭荣章挖空心思地献演了惊人"杰作"——特别派人到川西红军长征时经过的地方去搜集材料，把过去国民党军队追击红军时集体屠杀的大批无辜人民，连小孩也在内的坟墓掘开，将一堆堆的白骨摄成照片，颠倒黑白地指为红军屠杀人民的证据。

---

① 有资料将"谭荣章"记载为"谈荣章"，如陈兰苏:《反共尖兵〈新华时报〉出笼前后》,《重庆报史资料》，第10辑。

但是，这样的编造谎言、污蔑造谣并没有给报纸带来销量。谭荣章不得不改变策略，他从高龙生连载的漫画《新济公传》得到启发，改变宣传方式，推出"反腐败"为陪衬的宣传方案，其原则是"除了蒋介石，什么都可以骂"。于是，该报出现了大批批评性文章，对象包括四川省主席邓锡侯、重庆市市长张笃伦、重庆市议长胡子昂、孔祥熙的二小姐等。果然，《新华时报》销售量一下子就上去了。借助这个机会，张客公出面，组织了王平陵、黄卓球、刘觉民等十多人的"主笔团"，每天推出专门文章，如社论、社评、新闻、文艺等，来进行全面的反共。

1947年，《新华日报》撤离采取后，全部资产被《新华时报》劫收。出刊从日出四开纸一张，后来改为对开纸一大张。内容更加反动，鼓吹"戡乱"，甚至公开造谣。1947年"六一"大逮捕中，谭荣章领队去中央工校捕人发生流血惨案，被市长张笃伦撤职，该报改由行辕二处处长徐远举经管，徐自兼董事长，二处情报股长左志良任经理，张客公任主笔，陈兰荪任采访部主任。

《新华时报》发行时，"除了在各报大吹大擂一番之外，并由刑警大队的队员，分途到各商店去强迫商人、市民订阅"。①随着该报"反共抗俄"调门升高，报纸销路也急剧下降。至1948年夏，张树良接任社长，发行量已不足百份，仍苟延残喘，勉强撑持。

1949年8月，国民党保密局在西南特区在泸县（现泸州市）设组，并将《新华时报》从重庆迁往泸州继续出版发行，由当时任四川省第七行政督察专员公署专员，保安司令兼该军统泸县组长罗国熙主办。《新华时报》出版三个多月，直至泸县解放前一天才停刊，内容基本上是重庆《新华时报》的翻版。1950年1月24日，中共川南区党委机关报《川南日报》接管《新华时报》。

（三）短暂的《民主日报》

1946年初，中国民主同盟准备公开创办一份名为《民主日报》的报纸，当时已备好刊头，即将出版。

获悉这一消息后，国民党重庆市党部利用国民党元老孔庚的牌子，出面

---

① 沈醉：《关于〈新华时报〉》，《重庆报史资料》，第10辑。

组织"民主自由大同盟"创办《民主日报》,与《民主报》唱对台戏。

《民主日报》社长为重庆国民党市党部主任委员龙文治,总主笔为市党部宣传处处长吴熙祖,总编辑为市党部宣传处编审科科长王蕴卿,采访主任毛普东,记者马俊良、陈钟灵等。报社社址最初设在巴县县政府内,后迁往中华路249号。

中国民主同盟为应付这一突发事件,报纸改名为《民主报》,按原计划出版。相比之下,那份号称"民主"的《民主日报》,内容上以反民主为主,前后也只办了很短的时间,到1947年6月,就退出了历史的舞台。

三、《新华日报》的战斗与撤离

在全面内战爆发之前,国共两党报刊展开了激烈的论战。论战的挑起者是国民党的《中央日报》、《和平日报》和标榜"不党不私"的《大公报》。

重庆谈判结束不久,国民党的报刊就公然提出"没有内战,只有内乱",宣传"戡乱"。《大公报》于1945年11月20日发表题为《质中共》的社评,把内战责任推给中国共产党。社评鼓吹"要政争不要兵争"、"只有国家有兵,人民不得有兵",认为只有中国共产党交出军队,"销为日月光",才是"国家民族的大幸"。① 第二天,《新华日报》发表社论《与大公报论国是》,指出《大公报》是"借大公之名掩大私之实,借人民之名掩权贵之实"。社论列举事实说明,蒋介石勾结敌伪,对人民军队大张挞伐,破坏国共双方协议,挑动内战的责任完全在国民党方面,社论认为,"军队国家化本是跟着政治民主化来的,现在连《大公报》也承认我们的国家还没有民主化,怎么能把人民军队交给封建独裁的党国呢?《大公报》既隐瞒了国民党发动内战的事实,又配合国民党在火线上的进攻,制造共产党要'兵争'的舆论,这是大公,还是大私?"②《新华日报》社论最后指出:"在若干次要的问题上批评当局,因而建筑了自己的地位的《大公报》,在一切首要的问题上却不能不拥护当局。这正是大公报的

---

① 《质中共》,《大公报》,1945年11月20日。
② 《与大公报论国是》,《新华日报》,1946年11月21日。

基本立场,昨天的社评当然不是例外。"①

在论战中,《新华日报》得到广大人民群众和很多进步报刊的支持。如民主同盟的《民主星期刊》(主编邓初民)采用同时转载两篇社论的办法,加上富于启发的编者按语,把《与大公报论国是》排在令人注目的显著地位,而《质中共》却偏在一个角落里。

相反,持"戡乱"论调的《和平日报》却公然指出,"国家对此乱臣乱民,最后平之以兵,则谓之戡乱"。针对这种鼓噪,《新华日报》在1945年12月14日发表题为《异哉所谓"戡乱"》的社论,指出:"国民党的政权本是由于篡窃而来",它"抗战无功,建国无能,残民有勇,毁国有余",在中国造成一片乱象。只是由于人民的宽大,还不主张对国民党政权"平之以兵",而希望产生人民自由选择的政府。②此外,在1946年3月,《新华日报》还先后发表了《先生此言差矣》、《谁把国民党办坏了?》、《出尔反尔》等社论,针锋相对地批驳了国民党的反动政策和《中央日报》的谬论。

1946年4月1日,蒋介石亲自出面在国民党包办的国民参政会上,公开撕毁东北停战协定和政协决议,重新向全国宣布实行内战、独裁的方针。7日,延安《解放日报》发表题为《驳蒋介石》的长篇社论。8日,《新华日报》全文转载这篇社论,一时间轰动山城重庆,很快传播开去。

可是,《大公报》却在几天之后,发表恶意攻击中国共产党和人民军队的社评《可耻的长春之战》,称东北民主联军"在进攻中用徒手老百姓打先锋"。这是《大公报》在东北问题上拥蒋反共言论中最为露骨的文章。这篇社评于4月16日、17日分别刊登在重庆和上海《大公报》上。4月18日《新华日报》发表社论,题为《可耻的大公报社论》,"这篇社论,承认东北问题有内政问题,承认东北的内战令人伤心,承认停战令和政治协商会议决议没有实行。但是谁不承认东北问题有内政问题?谁破坏停战令和政治协商会议决议?中国人民,中外人士,都知道这就是由于马歇尔将军所说的国民党'顽固分子'作祟。大众报不但不敢说出这种浅显的真理,反而借长春战争为题,含沙

---

① 《与大公报论国是》,《新华日报》,1945年11月21日。
② 《异哉所谓"戡乱"》,《新华日报》,1945年12月14日。

射影,归罪于中共和中国人民。这样来替顽固派开脱罪名,并替顽固派帮凶,真是可耻极了!"①社论还说,国民党反动派公开破坏和平协议,攻占了东北许多城市,《大公报》不说"可耻",而当人民还一还手,就说"可耻",由此可见该报社论反对人民的立场。《大公报》还说,东北民主联军"进攻的战术,常常是用徒手的老百姓打先锋"。更是公然搬用国民党特务制造的谣言,可耻至极。《新华日报》的社论,有理有据,义正词严,又留有余地,顾及到同行之间的关系。

1946年5月5日,国民政府在南京举行还都典礼。在此前后,中共代表团、各党派领导机关及社会贤达也相继离开重庆。中共代表团离开重庆以后,中国共产党在中国南部国统区的指挥中心移到了南京,中共中央重庆局即改称为中共中央南京局,重庆设中共代表团驻渝联络办事处,与中共四川省委合署办公。

中共四川省委4月1日经中共中央批准成立。四川省委领导整个西南地区包括四川、西康、云南、贵州四省党的组织。按照中共机关报的传统,《新华日报》成为中共四川省委的机关报。但是,由于重庆《新华日报》暂时还是中共在国统区唯一的公开发行的大型日报,实际上仍然承担着中共代表团的宣传任务。广大国统区的读者也是这样看待《新华日报》的。

4月22日,中共四川省委在重庆召开成立大会,宣布吴玉章任省委书记,王维舟任副书记。省委委员中有两人在《新华日报》任职,一位是省委宣传部长傅钟兼任《新华日报》代社长,一位是《新华日报》总支书记梁华。4月30日,周恩来举行中外记者招待会,宣布中共四川省委成立,介绍吴玉章、王维舟、傅钟及《新华日报》副社长周文等与记者们见面。周恩来这样做,是为了表明中共代表团迁往南京以后,重庆仍然设有中共的公开组织,这也是在政协召开以后的新形势下为争取党派合法地位所采取的一个战略行动。

不久,组织上安排张友渔接任四川省委副书记兼《新华日报》代社长,熊复为总编辑,于刚为经理。由于中共代表团和新华日报总馆分别迁往南京、

---

① 《可耻的大公报社论》,《新华日报》,1946年4月18日。

上海，《新华日报》的言论工作随之产生变化，最显著变化是转载《解放日报》的社论增多，《新华日报》本身的社论较之前的也更加深刻和泼辣。

这段时间，《新华日报》增辟了"南京通讯"和"南京一周"两个栏目。两个栏目的作者时常以天气变化喻时局风云，描写谈谈打打、打打谈谈的暗淡局面和人心向背，反映国统区人民反对内战的情绪。如 8 月 4 日刊出的"南京一周"说，"今天庐山气候变化特别大，忽晴忽雨，司徒大使病了，蒋主席也伤了风。从南京实际的政治观点来看，庐山的气象台一时也作不出'天气良好'的报告。因为几股飓风吹向庐山，使庐山一时不易晴明。"①接着，作者指出有三股飓风，一股是以苏北为中心的内战之风，逐步吹向华中、华北和东北；二是以昆明李公朴、闻一多惨案为标志，刮起了疯狂的暗杀之风；三是从美国吹来的无助于澄清中国天气的歪风。8 月 13 日的"南京通讯"则是以炎热喻时局："烈日燃炽着整个南京城，空气的流动似乎完全停止了，酷热使人们窒息地喘着气。"作者说，与热浪同样窒息人的是沉闷的时局，人们盼望停止内战，祈祷和平降临，而轮番出现的却是"失望跟着希望，希望跟着失望。"②

随着内战扩大，两党关系恶化，解放战争节节推进，《新华日报》对待蒋介石的态度变得越来越强硬。抗战时期，"蒋委员长告全国同胞书"一出，《新华日报》与其他报纸一样，全文刊登，并放在显著位置。1946 年 8 月 13 日，蒋介石在庐山发表《告全国同胞书》，《新华日报》干脆一字不登，而是采用罗隆基发表谈话的方式，在消息中透露蒋介石发表了文告。消息的内容则是批评蒋介石的文告不符事实，指责他不执行政协决议和停战协定。

随着解放战争的进程，军事新闻的报道也逐渐成为《新华日报》的重点。1946 年 8 月 14 日，《新华日报》转载《解放日报》社论《粉碎国民党反动派的进攻》，"如果国民党当局过去经过十年内战也没有替他打出个结果，今天，他要想打出结果是更加不可能了。""事实上，从皖南事变以来，反动派就没有消灭过八路军、新四军一营一团，相反地，进攻解放区的国民党军队过去是，现

---

① 《渺茫的庐山》，《新华日报》，1946 年 8 月 13 日。
② 《落了空的希望》，《新华日报》，1946 年 8 月 13 日。

在是,将来也还是解放区军队的人员、武器的经常补充来源。"①解放战争中,"蒋介石是运输大队长"的笑话就是从这里传开的。

1946年11月15日,国民党召开"国大",关闭了和平谈判的大门。周恩来当即决定离开南京返回延安。不久,张友渔接到南京中共代表团指示,说形势恶化,要提高警惕,作好应变准备。"国大"召开之后,《新华日报》按照四川省委部署,已经疏散一批老弱妇孺。张友渔还主持召开了由总编辑熊复、总支书记田家英及经理于刚参加的管理委员会,专门讨论应变的具体工作。并通知昆明、成都两地营业分处及北碚发行站作好应变准备。

1947年2月27日晚上,《新华日报》收到莱芜大捷活捉国军绥靖公署第二绥靖区副司令李仙洲的消息,这是内战开始以来俘获的国民党军职位最高的一位军事将领。大家奔走相告,准备召开祝捷大会。夜班编辑还计划着将这条捷报与刚收到的《解放日报》社论《剥开皮来看》配合发表。当晚凌晨三点钟,报社收到了重庆警备司令部的紧急命令,限令《新华日报》社2月28日三时起停止一切活动。当天的报纸因报馆被军警包围印的数量很少,也未能向外发行。大约就在同一时间,曾家岩23号中共四川省委也接到了限定3月5日前撤走的通知。

作为党在国统区唯一公开长期出版的日报,《新华日报》对抗日战争初期至解放战争初期的一系列重大事件作了忠实的报道,是中国现代史的记录者和见证者。重庆期间,《新华日报》多少次遇到风险准备国民党查封,多少次在紧要关头化险为夷又继续出版,这一回形势恶化非同往常,显然不会再有转机。1947年2月28日,《新华日报》在重庆出了最后一期——3231期,历时9年1个月18天,完成了自己的历史使命。

四、《挺进报》与"《挺进报》事件"

1947年3月,公开的四川省委和《新华日报》被迫从重庆撤回延安,重庆消息闭塞,白色恐怖加剧。在此情况下,《挺进报》诞生。

---

①《粉碎国民党反动派的进攻》,《新华日报》,1946年8月14日。

《挺进报》的前身叫《彷徨》，是由南方局四川省委领导下，在重庆市出版的"灰皮红心"的一份杂志，主要的编辑和有关工作人员有蒋一苇、刘镕铸、陈然、吴子见等。与地下党组织接上关系后，《彷徨》发展成为地下中共重庆市委的机关报，遂取名《挺进报》，以刊登新华社电讯稿为主。正式的《挺进报》于1947年7月开始出刊，到1948年4月被破坏，前后9个多月，共3期。1948年7月，中共川东特为决定《挺进报》重新恢复，参加工作的有李累、唐祖美、程谦谋等人，李累为支部书记，直至1947年1月程谦谋被捕，李累转移，唐祖美转到璧山读书后方才停刊。

　　《挺进报》作为地下中共重庆市委的机关报后，市委分工领导《挺进报》的是时任市委委员的彭咏梧。1947年11月，彭咏梧改任下川东地工委副书记，《挺进报》改由市委常委李维嘉领导。该报由蒋一苇负责主编和刻写，陈然负责印刷，刘镕铸负责发行。《挺进报》内部建有党的特别支部，刘镕铸为特支书记，恢复党籍的陈然任组织委员，新入党的蒋一苇任宣传委员。1948年3月，刘镕铸奉命转移，陈然代理特支书记。此外，地下市委还建有主要为《挺进报》提供信息的电台支部，电台支部将收听到的新华社电讯记录下来，供《挺进报》使用。

　　《挺进报》社址设在重庆南岸野猫溪陈然家中，开始主要在党内和进步群众中发行。发行的方式一部分为邮寄，但主要的发行渠道则是通过各级党组织的地下交通传递。由于党组织的不断扩大，《挺进报》的发行网也越来越大，每期的印数，也从最初的100多份扩大到1000多份。

　　当时不仅在重庆市内，川东各地的地下党组织和进步群众也能看到《挺进报》。在白色恐怖下，《挺进报》像一面战旗，起到了传递信息、宣传人民、教育人民、鼓舞斗志的作用。当时的川东临委和重庆市委很重视《挺进报》这一斗争武器。《挺进报》在地下党和进步群众中享有很高威信。很多人把《挺进报》看成是"小《新华日报》"。有的地区，如合川、垫江等地，还专门组织力量油印再版。但是，总的范围"主要是在党内和可靠的外围群众、积极分子中传看"。①

当时,重庆市委领导的还有一个地下油印刊物叫《反攻》,②由赵隆侃、苏心韬、向洛新、张亚滨、王大昭、黄冶、文履平等参加工作。它和《挺进报》有分工,《反攻》主要登政论性文章,《挺进报》主要登新闻消息,配小评论。1947年底,赵隆侃等另有任务,市委决定把《反攻》也交《挺进报》接办。但未再继续出版。

《挺进报》的主要内容有:一是战局综述,编辑人员根据收听到的新华社播发的新闻,将人民解放军各个战场的战况进行综合报道;二是评论,反映川东临委和重庆市委对地下斗争的指导思想;三是特载,即全文或节录转载重要文告。如第十四期《挺进报》,就节录转载了苏联领导人日丹诺夫1947年9月在波兰举行的共产党情报会议上发表的《论当前国际局势》;四是新闻简报,刊发的是一些国内发生的政治性新闻;五是开导、警告敌特的文章。如第十九期就刊载了《重庆市战犯特务调查委员会严重警告蒋方人员》等文章,用以瓦解和动摇敌人。此外,还增出了《目前的形势和我们的任务》、《论大反攻》、《耕者有其田》、《被俘人物志》四种特刊。

1948年初,负责领导川、康、云、贵地下党活动的中共中央南京局上海分局指示,川康地下党组织要加强统一战线工作,开展对敌攻心斗争。为了有效地开展此项斗争,《挺进报》改变发行方针,大量地寄给敌方人员。

这些大胆的邮寄行为也引起敌人对《挺进报》的注意。国民党从侦破《挺进报》入手,在以重庆为中心,遍及川东20多个县的范围内,展开了对重庆和川东地下党的疯狂破坏活动,终于酿成大批地下党员被逮捕、川东及重庆地下党组织遭受严重破坏的"挺进报事件"。

据解放初期的统计,受"挺进报事件"直接或间接影响而被捕的共133人,"其中重庆67人,上下川东41人,川康17人,沪宁8人。133人中,被直接杀害的有58人,下落不明(一般是秘密杀害)的38人,脱险和释放的仅25

---

① 蒋真:《〈挺进报〉二三事》,《重庆报史资料》,第17辑。
② 关于《反攻》,可参见赵隆侃:《关于〈反攻〉》,《巴渝文化》,重庆出版社,1986年版;文履平:《从〈反攻〉到〈挺近〉——怀蒋一苇》,《重庆报史资料》,第14辑。

人,自首变节后仍被杀害的4人,叛变后参加特务组织的8人"。① "挺进报事件"中,大批同志被捕,大量组织被破坏,并出了少数危害深重的叛徒,但大多数共产党人和革命志士面对死亡,临危不惧,宁死不屈,表现了共产主义者的坚定信念,显示了无产阶级的浩然正气。

因"挺进报事件",川东和重庆地区的地下党组织遭受到极大的破坏,但很快又重新投入战斗。1948年9月,在《挺进报》被敌人查获不到5个月后,新的《挺进报》又出现在重庆。新的《挺进报》由李累负责编辑,吴宇同、廖伯康负责刻印,然后通过党的各个系统内部发行。

第二节 调整阶段重点媒体概况

抗战胜利后,重庆新闻传播事业进入调整阶段。在以报业为主的业态中,也出现了许多发人深省的变化。1945年5月,张骏勾结特务,武装劫夺《新蜀报》,周钦岳被迫离职,《新蜀报》彻底终结民间报纸主持社会正义的立场,沦为国民党的喉舌。《国民公报》进过多项革新,"到1948年底,报纸发行量大增,不但扭亏为盈,而且有了充分的物资储备"。② 在"在商言商"的口号下,《商务日报》显示出两面性,一方面成为中国共产党团结民族资产阶级,反对"四大家族"统治的重要舆论力量。但是因为报纸特殊的商会背景,支配权仍在官方手中,在重要的历史转折关头,仍要遵命发表官方言论,表现出官方的立场。由于战后新闻管控政策的放松,重庆市面还出现了大批新办报纸,但影响力都不算太大,且寿命不长,但也呈现出报界活跃的场景。

其中,晚报的大量出现和流行成为当时报界最引人注目的现象,这是在全国范围内很少见到的;《世界日报》在抗战后至解放前不断调整言论和新闻

---

①何建明、厉华:《忠诚与背叛——告诉你一个真实的红岩》,重庆出版社,2011年版,第216—217页。

②勾一平:《〈国民公报〉改善经营管理简述》,《重庆报史资料》,第13辑。

策略,倾向进步,直至被当局查封;中国民主同盟的机关报《民主报》从发行到查封、人员被捕,前后只有一年多,但它为民主呼号,为黎明呐喊,尽到了历史的责任。此外,中外通讯社离渝之后,中央通讯社在重庆建立分社,成为中央通讯社在西南地区的重要核心。广播事业也有一定的发展。

一、兴盛时期的重庆晚报

1945年—1949年期间,重庆市约有人口100多万,但每天出版的大小报纸多达20多家。仅就晚报统计,先后出版过14家之多。这在当时许多全国大城市中是前所未有的突出现象。①

1.《南京晚报》 1929年5月16日创刊于南京,抗日战争爆发后停刊。1938年在重庆复刊,发行人张友鹤,日出四开纸一张。1939年"五三""五四"日机轰炸时,该报一度停刊,后再度复刊。

抗战胜利后,该报在南京复刊,重庆版仍继续出版。《南京晚报》在近20年的存在,在国民党统治下的首都南京和陪都重庆,都有一定的影响力。"若从中国新闻史研讨的角度看,这家始终坚持民营独立性的小型晚报,其历史背景、办报方向、编写特色、社会影响、报业贡献,自有其全面、详实、公正研讨的价值"。②

2.《新民报》晚刊 《新民报》创刊于1941年11月1日,日出四开纸一张,是陈铭德、邓季惺夫妇主持的报纸。最初由崔心一任总编辑。社会新闻版由张友鸾主编,副刊《西方夜谭》由张慧剑主编。

《新民报》晚刊在发刊词中称,"早报消息虽多,但转眼便成往史,且目前陪都并无任何晚报之发行,本报今以晚刊补此缺憾,自为事实上所必要。惟晚报消息来源,比较缺乏,本刊自当尽力,以求充实;同时并着重于副刊之趣味化,借使首都人士每日工作疲劳之余,得以焕发其精神。"③后来,陈翰伯曾任该报副总编辑,夏衍曾主编副刊《西方夜谭》,发表过许多进步作家的作品,

---

① 参见王文彬:《中国现代报史资料汇辑》,重庆出版社,1996年版,第397—404页。
② 王孚庆:《〈南京晚报〉史略》,《重庆报史资料》,第16辑。
③ 《发刊词》,《新民报》,1941年11月1日。

引起文化、教育界人士的重视。该报销数最多的，曾达到四万份，超出《新民报》日刊的发行量很多。

3.《大公晚报》 《大公晚报》是《大公报》的晚刊，创刊于1944年9月1日，日出四开纸一张。社址设在李子坝建设新村3号，营业处在中华路118号。在《本报发刊旨趣》一文中，主要说："《大公晚报》是抗战时代的产物。它于民国二十六年在上海创刊。上海沦陷以后，二十七年在香港发行。后来，香港沦陷，乃在桂林出版。现在移到重庆，重整旗鼓，为国努力。"①

该报"新闻活泼，副刊泼辣，其风格一如桂林的《大公晚报》"。② 重庆《大公晚报》曾最早刊登"蒋介石邀请毛泽东来重庆进行谈判"的消息。③ 报纸设有副刊《小公园》，还有《青年界》、《妇女界》、《影剧界》、《医药界》、《工商界》等周刊及《儿童》、《民间文艺》双周刊等，曾连载过陈慎言的小说《还乡梦》。新闻版除刊有军事、政治、经济等要闻外，还有《巴山蜀水》、《文化圈》、《学宫汇报》、《特写》等专栏。短评时有时无，有时一天刊登四篇之多。

4.《新蜀夜报》 《新蜀夜报》为重庆《新蜀报》的晚刊，何时创刊不详。1946年4月复刊，发行人由《新蜀报》总编辑杨丙初担任，日出四开纸一张。

此时，《新蜀报》已经落入国民党人之手，《新蜀夜报》的政治立场和《新蜀报》一样，也成为国民党的喉舌，大肆鼓吹"戡乱"。较场口事件发生后，"《新蜀夜报》当天抢先刊登了市农会、市教育会、市商会等团体的声明，诬指中国劳动协会、育才学校是凶犯"。④《新蜀夜报》没有社论和短评，却有以"金刚钻"为名的小言论。这实际上假借此前金满成主持的《新蜀报》"金刚钻"专刊来混淆视听。《新蜀夜报》后来维持不下去，便出版《新蜀报·新蜀夜报联合版》，实际上是两张报纸变成了一张报。

5.《陪都晚报》 重庆《陪都晚报》1946年5月12日创刊，日出四开纸一张。发行人胡林，社址设于民生路上安乐洞51号，1949年12月30日终刊。第一版是要闻版，每日刊有"今日金融气"，不定期发表"陪都人语"（即短

---

① 《本报发刊旨趣》，《大公晚报》，1944年9月1日。
② 周雨辑：《关于〈大公报〉》，《重庆报史资料》，第5辑。
③ 周雨辑：《关于〈大公报〉》，《重庆报史资料》，第5辑。
④ 叶维民、范振声：《"较场口血案"中的劳协》，《文史资料选辑》，第150辑。

评)、"陪都花絮";第二版副刊《夜花园》,每期均有"丁蓝信箱"。第三版《读者的话》,标明"有话大家来说,有事大家商量。不分男女老幼,一律可以投稿"。第四版是本市新闻版。该报还附有《新闻天地》等专刊。

《陪都晚报》总经理胡中逵,总编辑鲁炯,编辑主任单本善(单爱)都是在重庆渣滓洞殉难的革命烈士。

6.《国民公报晚刊》 1946年6月1日创刊,日出四开纸一张。发行人:曾通一。"报纸的新闻,主要刊用通讯社下午发稿,省市新闻大部分由日报采访部提供,外地在上海由原日报驻沪特派记者黄冰(女)写稿,南京、北平也有特派记者供稿"。① 要闻版除发表军事、政治等之外,没有什么评论,经常刊有"上海行情"、"渝市行情"等金融消息。

该报创刊时的自我介绍是"以报纸杂志化,新闻趣味化"为奋斗目标。内容"包罗万象,图文并茂"。主要有"四大副刊":《艺海》、《海外风》、《山城》、《锦囊》;"四大长篇":文艺小说《林檎沟》、侦探小说《法城血案》、新闻小说《浮尸记》、言情小说《春闺怨》;四大专栏:"幕后新闻"、"滴滴之音"、"山城小夜曲"、"今日行情"等。

为活跃版面,《国民公报晚刊》尽可能做到图文并茂,报纸还约请一些画家,如汪子美、高龙生为报纸配发漫画。该报出版到同年12月后即因故停刊。②

7.《民治晚报》 重庆《民治晚报》1946年7月10日创刊,③日出四开纸一张,发行人陈攸序。社址在太平门征收巷四号。

该报《发刊献词》中说:"吾人之态度,一、本报以民众力量创办,同人以道义结合,完全代表民意;二、效忠国家民族,以尽言责,不作任何私人利害的考虑。以上为本报同人之主张。"

《民治晚报》的发行人陈攸序是重庆袍哥"仁"字辈身份,所以报纸也被

---

① 杨正南:《〈国民公报晚刊〉始末》,《重庆报史资料》,第5辑。
② 另有一说是出到1947年"双十国庆"前停下来的,参见杨正南:《〈国民公报晚刊〉始末》,《重庆报史资料》,第5辑。
③ 另有一说是1946年7月20日,参见杨元善:《重庆有过一家〈民治晚报〉》,《重庆报史资料》,第20辑。

称为袍哥报纸。陈攸序在报纸上辟有"说说而已"专栏,揭露各种政治流弊,如"建议参政会——设置调解所,以便调解会议中的争吵纠纷;建议参政会——设立急救所,准备担架,以便救护回忆中打架斗殴负伤人员……"[①]《民治晚报》最初发行两千到三千份,后因销路不畅,经费拮据,每天只能印刷五六百份,还不能每天出版,遂于1947年秋停刊。

8.《中央晚报》 重庆《中央晚报》是国民党《中央日报》的晚刊,1946年10月10日创刊,社址设于中一路239号。发行人就是《中央日报》发行人刘觉民。创刊号上没有发刊词,以后也没有社论和短评。

该报第一版上半是新闻报道,下半版是《生意经》专栏,报道"昨日上海商情"等。副刊有《集纳》、《文艺》、《不夜城》几种,专栏较多;计有:"大局动向"、"世界风云"、"去年今日"、"陪都特写"、"重庆二十四小时"、"新闻侧面"、"娱乐推荐"、"影剧评介"、"古人风趣"、"名人趣事"、"海外风俗志"等。

该报出版到1946年12月16日起即存停刊,仅有两个多月寿命。

9.《重庆人报晚刊》 《重庆人报晚刊》创刊日期不详,复刊于1946年10月10日,日出四开纸一张。发行人宣战。

该报复刊词中说:"我们想以诚恳的态度表示意见,我们想以客观的态度传送新闻。我们要鼓吹的是人的自由平等,要保障的是人的权利。"

10.《重庆夜报》 《重庆夜报》创刊于1947年7月6日,日出四开纸一张。发行人是"重庆夜报股份有限公司",没有标明具体负责人。另有一说《重庆夜报》的社长为军统特务李樵逸。[②] 发刊词只是说,在此经济极端不景气的情况之下,报业万分困难的今日创刊本报。"本报来自民间"、"站在人民立场说话"。

副刊《夜市》先后刊有长篇连载:《落花飞絮》、《长江春梦》、《奇异随录》、《奇趣文章双夫记》、《女学生随笔》、《重庆女人》、《重庆福尔摩斯》、《重庆杂志》、《巴渝春秋》、《巴渝剑侠传》、《放牛娃门记》等等。

[①]《民治晚报》,1947年2月11日,转引自杨元善:《重庆有过一家〈民治晚报〉》,《重庆报史资料》,第20辑。

[②]欧阳平:《昙花一现的黄粱梦——抗日胜利后的一些寿命不长的报刊》,《重庆报史资料》,第5辑;丁孟牧:《如此党报——会议巴渝晚报创办始末》,《重庆报史资料》,第7辑。

1947年8月5日,《重庆夜报》公开宣布接办了由国民党"重庆警备司令"孙元良主持的报纸《大中日报》。

11.《中国夜报》 重庆《中国夜报》创刊于1947年6月5日,发行人罗逸芳,社长龚曼华,总编辑谭慧浓。社址设在五四路江家巷6号。

1948年4月14日该报改组,发行人改为刘同楷,系重庆毛纺厂的老板,报纸"原出对开一张,改组后出四开一张,编号另起日出"。① 改版后的《中国夜报》是重庆第一张对开晚报。② 最初还有社论短评,后来越来越少。副刊《小夜曲》,除连载小说《刘草鞋与李铁匠》以外,大都刊登"小说家和妻子"、"段祺瑞的皮鞋"、"闲话和尚"、"论吃豆腐"一类东西。另有《夕奏》专栏,经常刊有不署名的杂感,反映国民党统治区的一些实际情况。

《服务版》刊有"法律问答"、"医药问答"、"大众信箱"等。《家庭、妇女、儿童》栏设些"女性与美容"、"太太应该管家务"、"怎样做个好媳妇"、"家事一得"等。《娱乐圈》专栏专谈电影和戏剧。

该报改组后不到半年,"国民党重庆警备司令部想把这张报纸用更多的金条买回去,利用它在读者中的信誉作反共宣传,该报发行人刘同楷坚决不干,最后被加上'为共匪张目'的罪名,把《中国夜报》查封了"。③

12.《大众报晚刊》 重庆《大众报晚刊》创刊于1947年11月12日,日出四开纸一张。发行人是"大众报股份有限公司",在发刊词中说,是"报人之报"、"陪都职业报人业余大组合"。并说:"除读者大众之外无立场,除办报之外无目的"、"既无官僚资本为支柱,更无后台老板给撑腰"。该报第一版上的显著地位,刊有国民党《中央日报》重庆版总编辑王能掀撰写的《重庆市长张笃伦和民盟前任秘书长梁漱溟的会谈秘记》一文。

该报自我介绍有"六大特色":1.经济绝对独立,不受任何外援;2.消息迅速正确;3.采取综合编辑,图文并茂;生动活泼;4.正视社会新闻,不厌求详;5.注意计划新闻,注意人物介绍;6.副刊《大观园》,包罗万象;《七人谈》,约

---

① 黄贤虞:《纵观民国时期本市晚报》,《重庆地方志》,1987年,第435页。
② 艾白水:《重庆第一张对开晚报》,《重庆报史资料》,第7辑。
③ 艾白水:《重庆第一张对开晚报》,《重庆报史资料》,第7辑。

集专家七人轮流执笔。"十大专栏"分别是:1."世界一日";2."重庆 24 小时",3."仕林杂志",4."通讯拔萃";5."重庆掌故";6."重庆人物";7."新书精华";8."文艺情报";9."人间猎奇";10."艺人访问"。

后来《大众报晚刊》由重庆《中央日报》总编辑王能掀任发行人、社长、总编辑,原《新民报》记者施白芜任总主笔。1948 年 4 月 1 日,施白芜针对当时的群众心理,编造出一条"内幕新闻",说"蒋介石杀孔宋以谢天下",当时引起重庆社会轰动,影响黄金,美钞市场交易。许多人向该报追问这条消息来源。施白芜说:"今天是愚人节,世界各国的报纸都可以编造愚人新闻,不受法律约束。如果当局把我关起来,《大众报晚刊》更可打开销路"。次日,该报刊出启事,说明 4 月 1 日是愚人节,读者可作笑话对待。王能掀因受有关方面严加责难,被迫脱离该报社。

《大众报晚刊》,1949 年 1 月 3 日宣布改组,由解宗元、王能掀、淦康成、熊克勤、汪定符等人任董事,王能掀任发行人,解宗元任总经理,淦康成任经理兼采访部主任。

13.《巴渝晚报》 重庆《巴渝晚报》1948 年 11 月 24 日创刊,日出四开纸一张。发行人国民党重庆市党部宣传处处长吴熙祖,社长为何兴隆,李治夫两人。社址设正阳街 46 号,编辑部在和平路 28 号。

该报"短评"和"傀儡人物丑史"多是反共、反人民、反民主的专栏。副刊有《巴山》、《巴渝儿童》。其中,报纸第一、二版侧重"戡乱"反共宣传和黄色社会新闻,《巴山》副刊头条是小言论"剪烛谈",由共产党叛徒王蕴卿、游鸿钧两人轮流撰写批驳马列主义和诬蔑共产党的极端反共文章"。[①] 此外,报纸还连载丁孟牧撰写的章回体长篇小说《二月黄鹂满院飞》。

《巴渝晚报》1949 年 10 月 20 日曾发表了广西全州已被人民解放军解放的消息。国民党重庆警备司令部以企图迷惑人民群众,认为与事实不符,给予《巴渝晚报》停刊一日处分。

14.《西南风晚报》 重庆《西南风晚报》1949 年 1 月 17 日创刊,日出四

---

① 丁孟牧:《如此党报——会议巴渝晚报创办始末》,《重庆报史资料》,第 7 期。

开纸一张。发行人曹儒森,社址设于枣子岚垭雪庐,5月10日迁中山一路156号,10月12日迁七星岗德兴里26号,营业处在中一路143号。

该报第一版专辟"散兵线"专栏,主要内容是攻击共产党。最初每天有短文章发表,有时有几篇之多。后来,国内形势大变,这个"散兵线"就自行消失了。

该报副刊是《上下古今》,还有长篇连载:《女县长的故事》、《广播员日记》、《大河藏龙记》等。

红岩烈士黄细亚曾以《西南风晚报》记者的身份作掩护,开展斗争。

除此之外,重庆当时还短暂出现过《大明报晚刊》、《重庆夜报》(与前述同名)等晚报。① 《大明报晚刊》,1946年5月9日创刊,现四川省图书馆保存有1947年1月17日(第253号)至同年2月的报纸。《重庆夜报》,由大庆新闻股份有限公司发行,1947年4月5日创刊,社址设于临江路200号,四开,1949年3月1日起改为立式版面,终刊日期不详。

二、《世界日报》的"一波三折"

重庆《世界日报》复刊于1945年5月1日,此时已临近抗战胜利。当年9月1日,成舍我将报纸交给陈云阁,自己则前往恢复上海《立报》和北平《世界日报》。从复刊到1949年7月25日被国民党重庆市党部接管,《世界日报》大致经历了以下三个阶段:②

从1945年5月1日复刊之日起到1946年6月左右第一次增资改组为第一阶段。在这段时间里,尽管报纸的主持人变成了陈云阁,但这一时期报纸反共反苏的言论新闻方针却是极其鲜明的。这不仅因为编辑部主要仍是成舍我时期的旧人,主持报纸言论的程沧波仍留在重庆活动。在这个阶段,《世界日报》的言论与新闻报道的倾向性也有转向,如曾经比较集中突出的报道了"较场口事件",在本市头条刊发了陪都各界追悼王若飞大会的消息。

---

① 黄贤虞:《纵观民国时期本市晚报》,《重庆地方志》,1987年。
② 参见王国华、李良政、刘迪明、皮钧陶:《回忆重庆〈世界日报〉》,载张友鸾:《世界日报兴衰史》,重庆出版社,1982年版,第256—275页。

从 1946 年 6 月左右报社第一次增资改组到 1948 年春报社第二次增资改组为重庆世界日报发展变化的第二阶段。当时陈云阁鉴于报纸言论反共和销售数量急剧降低的情况，决定邀请川帮金融、实业界人士入股，并提出在言论方面提出了"走第三条路线"的论调。这一时期，报纸有关重庆人民群众生活困难、学生运动此起彼伏的新闻大为增多，《明珠》副刊被迫停刊后，报社先后出刊了"饮河"、"积极评论"、"中华法学"、"体育园地"和"图书副刊"等五个周刊或半月刊。

从 1948 年春报社第二次增资改组到 1949 年 7 月 25 日报社被反动派查封，为世界日报发展变化的第三阶段。当时的陈云阁已经看到了国民党反动派悍然发动内战，加紧搜刮镇压，军事节节溃败导致的民怨沸腾，毅然要求："言论不再为国民党反动政府打气，而是要求它'正视现实，坦率认输'。在新闻方面，主要是报道群众生活、青年心理、经济财政、社会动态，从而揭露了国民党统治区风雨飘摇、怨声载道、末日将临的真情实景。"

1949 年以后，陈云阁有意推动重庆和平解放，《世界日报》先后发表了《赶快停战谈和》(1 月 21 日社评)、《停战言和》(2 月 3 日"人民公论")[①]、《迎接伟大的时代》(2 月 28 日专论)、《时代要求和平》(3 月 3 日社评)、《识时务、收人心》(3 月 22 日社评)、《和谈之症结——应承认失败》(4 月 3 日"人民公论")、《暗潮与逆流》(4 月 14 日社评)、《不可太爱面子》(4 月 18 日社评)、《不要把大西南拿来殉葬》(4 月 25 日"来论")等文章。同时，《世界日报》大量采用外电，收听并刊登延安广播，转载香港报纸文章。2 月 5 日转载了北平《人民日报创刊词》。2 月 18 日转发了《上海商报》刊登的《吴晗报告共区见闻》。以后，又陆续转载了新华社社论、评论，以及上海密勒氏评论报文章《北平的新面貌》等等。在专栏地位，还专门转载了《毛泽东主席关于工商业政策的报告》及《论人民民主专政》，受到读者群众的欢迎，从而改变了社会群众对报纸的观感，使报纸发行和营业大有起色。

1949 年 7 月，《世界日报》发表了一篇指名向四川省主席王陵基、重庆市

[①] 同日刊登新闻《主战分子破坏和平李代总统力予制止》，《世界日报》，1949 年 2 月 3 日。

长杨森的《请西南执政诸公拿话来说》的文章,引起了国民党顽固派的极端仇视,终于在7月25日夜被悍然查封。重庆《世界日报》自复刊到被查封,历时四年零三个月,度过了一个复杂而曲折的历程,是谓"一波三折"。

三、民主同盟的机关报《民主报》

1946年2月1日,中国民主同盟在重庆创办了《民主报》。每天出版4开4版一张,为"重庆临时版"。发行人张澜,社长罗隆基,总编辑马哲民,编辑部由叶丁易主持,社论委员会有郭沫若、章伯钧、张东荪、梁漱溟、张申府、陶行知、马寅初、邓初民等。社址最初设在重庆民生路178号,后迁往国府路300号民盟总部。

该报创刊号刊登《民盟代表要求释放张学良、杨虎城》的消息,第三版刊登了茅盾《祝民主》的六点希望:(1)不做调和派,(2)明辨真假民主,(3)开放读者信箱,(4)文字语体浅近,(5)少登大人先生官样文章,(6)副刊不怕曲高和寡。① 这些宝贵意见也成为《民主报》的编辑原则。

《民主报》作为民盟的机关报,旨在加强民主舆论,表达民盟和其他民主党派、人民团体的政治主张。在抗战胜利后全国民众呼吁民主自由的口号下,《民主报》顺应时代,陆续发表了诸如《人权保障必须兑现》《打倒官僚资本》《联合政府如何成立》《不要把人民作炮灰》《还像不像一个政府》和《取消特务组织,保护爱国运动》《法治·宪法·特务》等一系列立场鲜明社论、消息、文章,被誉为"民主号角"。

不久,较场口事件发生,《民主报》鲜明指出,这是反动派对民主的进攻,是对政协决议的血洗。2月10日,《民主报》出版较场口事件的号外,大标题"今日较场口庆祝会上暴徒捣乱,演成血案"。2月11日,民主报头版头条的新闻标题是"野兽横行,蹂躏人权,昨晨庆祝政协会上暴徒惨演血案",并配发《民主的耻辱》的社论,随后又大量报道了各方对郭沫若等的慰问,驳斥了中央社和其他反动报刊的造谣污蔑,连续发表《要求真实,不许歪曲》的评论。

---

① 《祝民主》,《民主报》,1946年2月1日。

1946年2月22日,也就是《民主报》发刊的第22天,国民党指使特务暴徒捣毁了《新华日报》和《民主报》,当局以为通过暴力手段可以扼杀民主同盟的声音。但就在当天,《民主报》仍照常出版,并大字刊登了民主同盟张澜主席要求"严惩较场口血案及捣毁本报与《新华日报》的主使人,并解散特务组织"的公开信。在国民党的迫害中,《民主报》没有退缩。2月26日还旗帜鲜明刊登了致中共代表团的慰问信。

此后,又接连发表《东北应即停内战》(4月10日)、《政府应对工潮负责》(4月13日)、《警管区!特务团!》(5月17日)、《各地行营立即撤销》(5月18日)、《反法西斯细菌》(5月20日)、《剜肉补疮的粮食政策》(5月23日)等。

1946年7月,李公朴和闻一多先后在昆明惨遭杀害。当时的重庆也危机四伏,民主同盟也面临着前所未有的危机。《民主报》则岿然不动,发表了《抗议!抗议!抗议!》、《杀的教育》、《血债》、《最严重的关头》、《正告国民政府》、《等待政府答复》、《取消特务机关》等社论。

1946年8月1日,《民主报》扩版,由原来的每天四开一张扩大为对开一张。在扩版第一天的《民主报》上,报社在一则启事中说:"本刊创刊半年,备荷读者爱护,惟以版面狭小,内容不克增强。……兹应各方瞩望,经同人于万端困难中,艰辛筹备两月,完成印厂设备,于8月1日改出对开大张,仍本人民立场,推进和平民主。"[①]扩版后的《民主报》,增加专论、时评、通讯、特写等栏目。第四版为副刊,周一到周六上半版为《呐喊》,下半版依次为《现代史萃》、《民主青年》(与《民主妇女》单双周轮流刊出)、《漫画》(与《音乐》单双周轮流刊出)、《大家说》、《社会服务》、《舞台》,周日为全版的《呐喊文艺》。

扩版的第三天,8月3日,《民主报》在头版登了《威武不屈,富贵不移》的社论,痛斥国民党对民盟的威胁打击与利诱分化。接着,又写了:《联合政府如何成立》(8月5日)、《内战决无出路》(8月11日)等社论,义正词严,语铮意切。8月18日,民盟张澜主席在成都主持李、闻追悼大会,甫出会场,即遭

[①]《本报启事》,《民主报》,1946年8月1日。

特务突然袭击,横加殴辱。同时,大会筹备负责人、民盟四川省支部委员张松涛同志亦遭特务围打,身受重伤。《民主报》在第二天,8月19日发表了《还像不像一个政府?》的社论和《我们要质问政府,究竟还有没有法纪？还要不要法纪？》的文章。

1946年秋天以后,《民主报》对国民党的内战行为开始集中抨击。《不要把人民做炮灰》(9月8日)、《战场火炽,谈判无声》(9月21日)、《政府决心要打》(9月20日)、《拿出人民的力量,制止祸国殃民的内战》(9月28日)、《法统与地盘》(12月2日)等文章都是那段时间内在《民主报》上发表的颇得读者好评的社论和专论。① 这里以1947年1月5日《民主报》的社论《不要做历史的罪人》为例,开头的"一部假宪法颁布以后,国民党这几天正得意洋洋：左手捧着宪法,大吹'还政于民'的理论,右手则紧抠着美式武器的扳机向苏北冀南发动猛烈的进攻、高唱一年之内消灭共军的调子。这种两面作法从表面上看来是矛盾的,事实上,国民党一直便是口是心非,用假民主掩饰真独裁,用假和平掩饰内战的丑面孔"②直接揭示出当局的两面性。中间"即使美国帝国主义再积极帮助国民党反动派一年,或一年以上,中国的问题还是没有解决。这时欧洲的问题解决了,国际形势不容许中国继续内战下去以威胁远东和世界的和平,中国还是非走和谈的路不可"③则从民主团体的立场号召国民党放下武器,重新回到和谈的桌子上,结尾以"我们相信国民党当局如不幡然悔悟,重走政协道路,内战固然将拖得中国老百姓痛苦不堪,但最后吃亏的还是国民党自己,国民党一定会被断送在内战中,国民党最高当局一定会是五十年代的中国历史上的大罪人,永远遭人民唾骂"④来正告国民党当局发动内战的沉重后果。在这一篇社论中,还可以发现一个细节,即身处国统区的《民主报》直呼"国民党"为"国民党反动派"。实际上,这种直言抨击的现象对《民主报》来说,是很普遍的。

《民主报》与《新华日报》关系密切。1946年1月10日,《新华日报》在报

---

① 冯克熙:《回忆〈民主报〉》,《新闻研究资料》,1983年第2期。冯克熙为《民主报》时任经理。
② 《不要做历史的罪人》,《民主报》,1947年1月5日。
③ 《不要做历史的罪人》,《民主报》,1947年1月5日。
④ 《不要做历史的罪人》,《民主报》,1947年1月5日。

道会议的要闻版上,刊发了一则框边消息,标题是:《民主号角》,"民主报日内发刊","社长决定为罗隆基,社论委员会由罗隆基、章伯钧、梁漱溟、郭沫若、马寅初、陶行知、邓初民等担任"。《新华日报》的广告是在为《民主报》的出场鸣锣开道。其后,民盟所发表的主张、声明和开展的主要活动,《新华日报》均全文刊载。《民主报》对中国的重要文件、声明、主张,同样也刊登在显著位置。当时,"国民党把《民主报》和中国共产党一视同仁,对《民主报》的监视、监听,甚至纳入了'中共代表团电话动态'的范围之内"。[①] 这在后期发现的多份"中共代表团电话动态"都有详细的记载。

通过《民主报》与《新华日报》的配合,重庆新闻界形成了壁垒分明的两边,一边是以《新华日报》为首,包括《民主报》和《大公报》、《新民报》、《国民公报》、《商务日报》、《西南日报》中的一群进步记者;一边是《中央日报》、《和平日报》以及《新华时报》、《民主日报》等另一派记者。《民主报》与《新华日报》因为并肩战斗,反对内战,反对独裁,要求民主,被誉为国统区的两大火炬之一。

1947年3月1日,《新华日报》被迫停刊后,国民党当局也要求《民主报》停刊。国民党市党部还派出大批军警到国府路300号查封《民主报》编辑部和工厂,限令报社三天内撤出。《民主报》只能被迫停刊,前后共出版409号。

《民主报》在问世第一天的发刊词中,公开表明:它是"民主同盟的言论机关……但不限于只发表民盟这一政团的意见……是一切民主信徒的工具"。[②]《民主报》在其短短存在的一年多时间里,没有一天背离过这一宗旨:宣传民主,反对专制;主张和平,反对内战;要求进步,反对倒退。

四、国共两党在渝通讯社简况

抗战胜利后,重庆又新增了一批通讯社,如重庆大华通讯社、重庆经济通讯社、建国通讯社、华东通讯社、日日通讯社、军事通讯社、长江通讯社等近30家。这些通讯社,大都是民营或个人创办,与中国共产党领导下的新华通讯

[①]民盟重庆市委文史委员会:《〈民主报〉史初稿》,《重庆报史资料》,第8期。
[②]《发刊词》,《民主报》,1946年2月1日。

社重庆分社及国民党领导下的中央通讯社重庆分社相比,影响力显然不足。

(一)新华通讯社重庆分社简况

1946年2月1日,新华通讯社重庆分社成立。2月2日开始发稿。2月3日的《新华日报》专门刊登启事介绍。重庆分社,是继新华社西安分社之后,新华总社在国统区建立的第二个分社。

成立初期,重庆分社在出席旧政协的中共代表团驻地办公,后迁至《新华日报》社内,与报社一起办公。筹建时期的社长是傅钟,后为陈文。初建的重庆分社,除抄收总社的每日电讯,向重庆各报发稿外,还由陈文积极将重庆人民争取和平民主斗争的情况,变成新闻,发回总社,供延安《解放日报》和各根据地报纸使用。迁往《新华日报》社后,重庆分社专门成立队伍,逐日抄收新华总社的全部电文、口语广播,使《新华日报》能够打破国民党中央社的封锁,直接沟通国统区人民和解放前人民的联系。

据中共四川省委书记吴玉章写给中共中央的报告《在重庆工作的概况》说,"新华分社发出的电讯,国民党当局不让各报登,《大公报》等,就改头换面,作为本报的'专电'登出来。其他如:《民主报》、《新民报》、《国民公报》、《商务日报》,甚至《世界日报》等,也常直接采用分社转发的电稿。从此,新华社慢慢发挥了威力,各报公认它的消息可靠,非国民党的造谣社可比。"[①]

新华社重庆分社的一些消息,如鲁南大捷活捉国民党鲁中前线总指挥李仙洲的新闻,中央社不能如实报道,各报只能依照新华社的电稿,改编登出。重庆分社还根据延安新华总社播报的国民党被俘军官的姓名、官阶、部队番号和现在生活状况,每天记录下来送《新华日报》辟专栏刊登,并嘱托家属亲人如有信件物品,报馆和新华分社可以代转,这在国统区引起极大的震动。

1947年2月,《新华日报》被迫撤回延安,新华通讯社重庆分社也停止活动。

(二)中央通讯社重庆分社简况

中央通讯社早在1935年就设立了重庆分社电讯台,1936年安装200瓦

[①] 廖永祥:《几个不同时期的重庆新华社》,《重庆报史资料》,第19辑。

收报机6架、发报机8架。抗战全面爆发后,中央社总社被日机轰炸,后迁往汉口,1938年10月迁往战时陪都重庆,社址设在铁板街。

抗日战争时期的中央通讯社,是我国最大的新闻机构,员工达到1250人,直接服务大小报刊200家。每日收电约3万字,发电约1.5万字。并在国内的长沙、兰州、桂林、昆明、洛阳、福州、迪化、宁夏、恩施、连县、屯溪、赣州等12处增设分社,在国外新加坡、纽约、伦敦等地增设分社,并在仰光、里斯本、华盛顿、莫斯科、柏林等地设特派员或者通讯员。

抗日战争胜利后,国民党中央通讯社从重庆迁回南京,但随即成立重庆分社。[①] 分社由潘邵昂任主任,下设编辑、采访、报务、事务四个组。社址在市区两路口,另在枣子岚垭设有发报台。

重庆分社由总社直接管理,工作人员的工资和各项经费开支,按月由南京汇来。分社采写的稿件,凡是有全国意义的重要新闻,由分社所设电台播发总社,再由总社电台向全国播发。凡设有中央社分社的各省、市,收到电讯后,即油印转发当地出版发行的报社采用。一般无全国性意义的稿件,分社即以"中央社讯"的形式直接印发给重庆各报。这种稿件被称为"本市讯",总社播发的稿件被称为"CAP"(总社电台的呼号)。

分社对新闻稿件没有规定具体的审稿制度,但记者采写的稿送编辑组时,编辑负有删改责任。一般都是全部发出,不会扣下不发。因为总社每月都有宣传要点寄给分社,有时还转发国民党中央宣传部所发的宣传要点,各公职人员也是按部就班按照这些要点的要求来编采稿件的。另外,分社还向总社播送"参考消息",这类稿件都是没有必要公开见报,但又必须向总社报告的新闻,如1948年英国在印度与西藏接壤的地方新修一条公路。张学良将军由重庆飞去台湾等事件,就是用"参考消息"的形式由分社发给总社的。

重庆分社电台,每天从上午九时开始与南京总台通报。直至次日凌晨二时。电台还负有向成都、昆明、贵阳三个中央分社电台,转发总社所播全部新闻电讯的任务。这三个电台的电讯稿也是通过重庆分社电台转给总社。分

[①] 参见阳子寿:《中央通讯社重庆分社简况》,《重庆报史资料》,第7辑。

社每天将抄收总社所发的新闻稿译好后即油印送给各报,发稿时间每天四次。

中央通讯社重庆分社业务在1949年11月底重庆解放后,全部结束,随即移交重庆军事管制委员会,并在原基础上成立"新华社西南分社"。

五、民营广播事业得到发展

抗战期间,国民政府对广播事业进行了严厉的控制,甚至直接以非常时期为借口,禁止开设民营广播电台。抗战胜利后,这一政策逐渐松动,出现了多家民营广播电台。

1. 谷声广播电台 1947年5月8日在重庆开办,前身为谷声无线电社,创办人王小谷;谷声广播电台的频率为1340千赫,输出功率500瓦,后扩大为1000瓦,呼号BEF—24,使用机器系谷声无线电公司自己设计安装,并向国民政府交通部登记。电台每日播音10小时以上。经营业务以商业广告为主,播送金融市场行情和商业广告,并播放川戏,京剧和歌曲唱片,设新闻节目,播送国民党中央社和重庆各家报纸消息。还办有《重庆掌故》、《听众点播》、《无线电常识问答》等节目。备有两台钢丝录音机,录制各影院上演的剧目播放。还定时转播"美国之音"华语节目。重庆解放后,转播西南、重庆人民广播电台节目,播送广告,还自办少数节目。

2. 陪都广播电台 1947年10月10日开播,由重庆恒义兴百货行开办,[①] 频率1100千赫,输出功率300瓦,呼号BEP—33,每日播音8—9小时,设新闻、评论、歌曲、曲艺、川剧院、京剧等节目,内容上以广告为主。定期转播国民党政府中央广播电台节目和"美国之音"华语节目。重庆解放后,转播西南、重庆人民广播电台节目,播送广告,自办少量节目。

3. 万国广播电台 1948年5月30日开办,前身系重庆万国无线电股份有限公司,创办人李作黎。电台频率910千赫,输出功率300瓦,后增为750瓦,每日播音10小时以上,设广告、新闻、评论、歌曲、曲艺、川戏、京剧等节

[①] 另有一说是重庆互利兴袜衫厂老板张银洲创办,参见《重庆市志:教育志文化志文艺志广播电视志档案志文物志报业志》(第十卷),西南师范大学出版社,2005年版,第470页。

目。重庆解放后,转播西南、重庆人民广播电台节目,播送广告,自办少量节目。1952年9月撤销。

第三节　调整阶段重庆新闻传播事业述评

这一阶段的重庆新闻传播事业,是历史比较微妙的一段时期。抗战胜利前后,国共还在进行谈判,1945年11月16日的《新华日报》就发表了《国民党调动二百万大军发动全面内战真相》的长文,表明局势已到严重关头,全面内战一触即发。从10月份起,《新华日报》就在新闻报道中,不断揭露国民党军队向解放区发动进攻、挑起国内战争的事实。

1945年底,国共恢复谈判。1946年初,政治协商会议召开。这让重庆人民看到了和平的一丝曙光。特别是政协会议中允诺的言论自由让重庆新闻界的同行倍感鼓舞。但是很快,2月10日的"较场口事件"击碎了人们的梦想,《大公报》、《新民报》、《商务日报》等报的记者4人遭受打伤,这也拉开了新闻界血雨腥风的序幕。

一、新闻传播事业在收缩后得到一定发展

抗战胜利后,随着国民政府回迁南京,许多新闻机构纷纷南撤离开重庆。特别是海外媒体的驻华机构,因重庆不再是中国的政治中心,也先后离开重庆。这对重庆新闻传播事业的国际地位造成了巨大的影响。

从新闻传播的规律上来讲,这种现象是正常的。新闻作为对新近发生事实的报道。基于重大性的新闻价值元素,新闻往往偏重追求重大的政治、经济、军事、文化新闻。在这种情况下,重庆一旦不再是战时中国的中心,新闻机构的撤离也是符合新闻传播规律的。另外,由于许多新闻机构,如中央通讯社、中央广播电台、《中央日报》等媒体的性质,决定了它们必然要随着国民政府的南迁而回归的。同理,随着战后短暂和平的到来,复旦大学新闻系、中

央政治学校新闻系等新闻教育机构的撤离也是必然的。从这个角度来讲,战时重庆新闻传播事业的繁荣,得益于战时中心地位的确立;战后重庆新闻传播事业的调整,也来源于战后中心地位的丧失。

不过,获益于战时重庆阶段事业的发展,一些新闻机构尽管主体迁离重庆但仍办在重庆设有分支机构,如《中央日报》、《大公报》、《新民报》、《时事新报》、《南京晚报》、《中国学生导报》、《世界日报》都设有重庆版,重庆本地的《商务日报》、《新蜀报》、《国民公报》继续出版,《西南日报》很快复刊,这在前述收缩的基础上保留了重庆新闻事业的基础力量。

实际上,民国时期许多新闻人是有着新闻实业的梦想的,如成舍我、陈铭德、张友鹤等,他们希望通过报纸形成一个巨大的新闻体系,因此,他们不会轻易放弃报纸在重庆经营发展的基础,更不会放弃重庆版。如陈铭德、邓季惺夫妇在抗战胜利后,除保留重庆、成都两社四报继续出版外,还由邓作开路先锋,飞赴南京,恢复南京社,出版日、晚两报。南京社的基础初定后,她又转往北平、上海,在这两大城市建社,各出日报晚报一份。于是,《新民报》成为了拥有"五社八报"的民营报系。

在这段时间中,新闻传播事业有所收缩,但是不久后,又取得了一定的发展,如重庆的新闻传播学教育。抗战期间,随着中央政治学校、复旦大学、重庆新闻学院、民治新闻专科学校等机构的迁渝,重庆成为国内新闻学教育的中心。抗战胜利后,这些机构先后离渝,重庆的国内新闻学教育的中心不复存在。但是,却先后出现了重庆社会大学新闻系、重庆建国新闻专科学校、西南学院新闻系、南泉新闻专科学校等新闻学教育机构,这些机构的出现,让新闻学教育更加本土化,具备了"重庆特色"。

以设在重庆市渝中区和平路管家巷14号的"建国新闻专科学校"为例,该校在1946年12月底由陪都《中央日报》总编辑王抡楦提出,得到重庆各报支持,即时组成校务委员会,进行筹办。参加筹组的有:《大公报》、《国民公报》、《世界日报》、《中央日报》、《和平日报》、重庆中央通讯社、重庆市政府新闻处等单位。学校聘请《大公报》编辑主任顾建平、《世界日报》总编辑王国华,讲授新闻编辑学。《国民公报》总编辑曾俊修和王抡楦,讲授新闻采访和新闻写作。《大众晚报》主笔施白芜,讲授新闻评论学和修辞学。并邀请老作家曹禺讲授副刊文艺写作。高龙生教新闻漫画,美国新闻处翻译教新闻英语,以及老报人杨中慎讲授新闻史、陪都《中央日报》营业主任解宗元讲报业管理与经营和广告学。每周还临时聘请重庆新闻名家主持"时事评论"、"世界新闻思潮",如:《大公报》王文彬、《世界日报》陈云阁、《时事新报》王研石。这种由新闻机构来创办新闻教育的形式,改变了战时重庆的新闻学主要由高等主持的教育模式,是新闻教育和新闻实践紧密结合的典范。

此外,在调整阶段,重庆创办了不少新的报纸和通讯社,晚报大量流行,各区县又重新掀起了办报高潮,谷声广播电台、陪都广播电台、万国广播电台先后创办广播,还成立了重庆市记者公会,[①]这些都是新闻传播事业的发展之处。

二、新闻界的生存环境日趋恶劣

1945年下半年掀起的"拒检"运动没有维持多久,国民党反动派就撕下了政协会议上伪善的面具,开始对新闻界进行迫害,新闻界的生存环境也日趋恶劣。

1946年2月10日"较场口事件"爆发后,当天下午出版了两张完全对立的晚报。一张是《新民晚报》,发表了记者廖毓泉、胡星原所写的长篇报道,指明这是有人蓄意破政协成果;另一张是停刊已久当天方才复出的《新蜀夜报》,不但发了消息,还发了评论,指责大会主持不公,指使暴徒打人,还把被打说成是打人的。当晚的"中央社"所发通稿则把这种情况说成是"群众互殴",意图推卸主使人的责任。这则新闻是由国民党中央宣传部部长吴国桢亲自到中央社去坐镇执笔编写的,而且还向各报发了必须编发此稿的"通知"。

不过,各报的处理却多有不同,《新民报》和《国民公报》两报,都是以版面上的显著位置编发了本报记者所写报道事实真相的新闻,同时也编排了

[①] 重庆市记者公会1947年9月20日成立,公会常务理事为刘觉民、陈云阁、高允斌、黄卓球、曾俊修等人。参见重庆报业志编委会主编:《重庆报业志》,重庆出版社,2000年版,第164页。

"中央社"所发的通稿。《新华日报》在《较场口暴行》的社论中质问:"这些有指使有组织的暴徒,竟敢利用特殊势力,在众目睽睽之下,公开破坏一般民主国家人民应享受之自由权利,大打出手,这置政府之诺言何地!且置政治协商会议之协议何地!"《大公报》在以《民主的习惯》为题的社论中说:"沧白堂的石块和较场口的贴条,打不了四亿人民,更打不退世界的潮流。"《新民报》社论《民主自由的考验》提出必须惩办破坏分子,慰问被殴打人士,并发表了受重伤的民主人士施复亮的专文《愤怒的抗议》。《民主报》赶在当天发表了《较场口惨案》的号外,次日又刊发了以《快发动保障人民自由运动》为题的社论。

"较场口事件"后的这段历史,只是重庆新闻传播事业调整阶段的一段插曲。此后,以《民主日报》冒充《民主报》,以《新华时报》冒充《新华日报》这样鱼目混珠的丑闻更是让人发笑。在这场斗争中,《中央日报》和《新华日报》作为维护各自政党利益的机关报,其斗争是相当尖锐和复杂的。1947年2月28日,《新华日报》被查封,中共四川省委、八路军驻渝办事处撤回延安。其后,民主同盟的机关报《民主报》也遭到查封。

民间报纸遭到的迫害也是相当惨重的。如1949年7月,《世界日报》因《请西南执政诸公拿话来说》,被国民党重庆市党部接管,罪名则是所谓的"言论反动,为匪张目"。《新民报》抢在当局出手之前抢先找到国民党四川党部主任曾扩情,邀请其担任发行人兼社长,宣布报纸与南京总管处脱离关系,并刊登总主笔罗承烈"辞职修养"的消息后才幸免于难;《大公报》在1949年受到国民政府西南长官公署的逼迫,原中宣部副部长彭革陈和中央社编辑主任唐际清入驻报社,主持编务,对外则宣称"改组",并刊出《本报紧要启事》,宣布报纸与总管处脱离关系;《国民公报》的康心之试图走中间路线,不违反三民主义,也不骂共产主义为方针,力求办成金融界的报纸,也遭受国民党当局的迫害,只能请出国民党元老李伯申担任社长,才得以支撑下去。

此外,由于全面内战时期财政金融政策的极度混乱,重庆新闻界也陷入了严重的经济困窘中。1949年4月9日《新华时报》曾刊登一则《新闻界走上末路》的诉苦报道。"报纸本身收入,只够支出的十分之一。《和平日报》

靠卖吉普车维持同人生活,《中央日报》卖发电机发薪水。一般认为收入好一点的《大公报》《新民报》,都随时闹恐慌"。"国民公报同人为着薪水太少,闹了一回总辞职。其余的民间报更不堪设想了,随时都有关门的可能。"①《西南日报》作为国民党三青团重庆支部的机关,也遭受到经济上的压力,曾专门刊登《谈新闻贷款》的社论,指出"在经济的压迫下,我们报业比战时更加紧迫更艰难了。假如说战时的报业是贫血的,则今天大多数的报纸简直已干枯到无血的地步"。②

在这样残酷的斗争环境下,中国共产党的新闻战士没有退缩。在《新华日报》撤退后,办起了中共重庆市委机关报《挺进报》。在白色恐怖下,《挺进报》像一面旗帜,起到了传递信息、宣传人民、教育人民、鼓舞斗志的作用。后来,由于"挺进报事件",重庆和川东地区的地下党组织遭受严重破坏,许多仁人志士牺牲在迎接重庆解放的枪炮声中。不过,他们的鲜血没有白流,一个属于人民的崭新时代就要到来了。

---

① 《新闻界走上末路》,《新华时报》,1949年4月9日。
② 转引自王文彬:《中国现代报史资料汇辑》,重庆出版社,1996年版,第977页。

附 录

一 近代重庆报纸名录（1897—1949）

上篇：清末至抗战前

报社名称	负责人	报社地址	创办时间	停刊时间
渝报（旬报）	宋育仁	白象街	1897.10	1898.3
渝州新闻（日报）	潘清荫	来龙巷	1898.5	1898.9
广益丛报	朱蕴章、杨庶堪	上都邮街	1903.4.16	1912.1
渝城日报	商办		1903	
重庆日报	卞小吾	方家什字、韦家院坝	1904.10	1905.4
崇实报（周报）	古洛东、雷龙山	曾家岩	1905	1933.9.8
开智白话报	杨某		1905.6	
重庆商会公报	重庆总商会	王忠祠	1905.8.15	1909.12.26
川东日报			1909	
求实报			1911	
商报	郭又生		1911.3	1911.11
光复报	郭又生		1911.11	

续表

报社名称	负责人	报社地址	创办时间	停刊时间
皇汉大事记（国民报）	周文钦、燕子才	重庆演武厅侧	1911.11.25	1913.9
益报	统一党在渝机关报		1911.12	
中华报		陕西街	1912.1	1913
正论日报	向执中	大阳沟	1912.1	1916.4
重庆新中华报	郑雨笠		1912.1	1916.9
天民报（周报）			1912.3	
国是报	夏鸿儒	长安寺半边街	1912.3.22	
社会党日报	重庆中国社会党机关报		1912.4.29	
国民共济报	国民共济会		1912.3	
西方报	黄籀青	半边街关庙内	1912.6	
重庆日报	陈禅生		1912.11	1915年秋
普通白话报（晚报）	汪述平	文化街文昌宫内	1914.4.20	1915.9
商务日报	周文钦	商业场	1914.4.25	1951.1.16
危言报			1914	1915
繁华报			1914	1915.2
民苏日报	孙铁安		1916.8.1	1931.5
渝州日报	李克峰		1916.8	1931.5
女铎报	程悲娲	重庆妇女界	1916.12	
民鸣日报	四川盐运使公署		1917	
民信日报	曹笃等	商业场西三街楹字5号	1918.10.15	1920.5
重庆中校旅外同学总会会报	北京重庆中校旅外同学总会编辑部		1919	
场期白话报	朱近之	江津	1919.7	1919.8
民隐日报			1919.8	1920.4
川东学生周刊	川东学生联合会		1919.12.21	
江州雅报（晚报）	金鸣远	陕西街铜元局巷	1919	1919.12

续表

报社名称	负责人	报社地址	创办时间	停刊时间
平民日报	田书府	大梁子	1920.2	
民治日报	李晃文	纯化街	1920	
西方日报	张进德	存心堂街	1920.3	
川东新报	留日学生	万县	1920.6	1922
万州工商日报	留日学生	万县	1921	1924
涪陵旅外学会会报		涪陵	1921	1926
新蜀报	陈愚生	莲花池3号	1921.2.1	1950.1
西方报		二府衙巷	1921	
军事日报	谢雨农		1921	
渝江评论	重庆联中学生团体益社		1921.4	
商务报		重庆商业场	1921	
国语进化报	吕锡良		1921.1	
忠县报	秦伯卿	忠县	1921	
工务日报	重庆工界	都邮街关庙内	1922.11	
大中华日报	王陵基		1922	1930
巴子日报			1923	1923
四川日报	吴自伟、牟炼先	国民党莲花池省党部（左派）	1923.8	1927.3.31后停刊
新民朝日报		总土地巷	1923.3	
蜀声日报		总土地巷	1923	
江州日报	李春雅	老鼓楼	1924	1926.12
长江日报	卢作孚		1924年初	
合力周报		重庆老街	1924.1	
万县日报	鲁静渊	万县	1924.4.30	1928.6.14
四川公民日报	陈云章		1924.5	
甲子报			1924.5	
晨钟报			1924.5	
渝报	金振声	米亭子	1924.9	1929

续表

报社名称	负责人	报社地址	创办时间	停刊时间
重庆民报	谭治安		1924.10	
公益晚报	重庆公益联合会	大梁子山王庙口	1924.11	1927.1
团治周报	何北衡	道观井3号	1924.5	
民联周报	李正谊		1925.1	
长江航业周报	王行		1925.2	
工商业白话报	钟伯泉		1925.3	
渝市晚报	肖荣爵	千厮门行街	1925	1925
正伦周报	李鸿谋		1925.5	
綦评报	邹进贤	綦江青年砥砺会	1925.8	
新涪声报		涪陵	1925（出至7期被迫停刊）	
四川国民	邓刚、刘成详	莲花池	1926.1	
团悟日报	邓各充、李特生	二府衙	1926.3	1929.10
重庆新报	肖荣爵、刘星拱	千厮门行街	1926.1	1926.2
公论日报	李纯熙		1926	
重庆正言报	陈独至	大梁子44号	1926	
重庆新新日报	杨立三	下陕西街万寿宫内	1926.4.10	1927.3.3
重庆时报	喻育之	学院街第4号	1926.8.25	1926.10.12
重庆日报	刘翌叔	左营街	1926.11.6	
公联日报	燕子才	陕西街公益联合会内	1926.11	
中山日报	石青阳	国民党总土地省党部（右派）	1926.11.6	1926.12.5
渝报	江子惠	商业场	1926.11.1	1929
迺延日报	戴子	存心里15号	1926.11	
壁报	朱德	万县	1926.9	
快刀报	国家主义派	万县	1926.10	1926.12
新涪陵报（周刊）		涪陵	1926.9	1927年初
通俗教育觉报育	刘海青		1926.2	
新渝报	潘仲三	商埠督办公署	1926.12	

续表

报社名称	负责人	报社地址	创办时间	停刊时间
香槟报			1927	
梁山时报	蒋子仪	梁平	1927.2	
锁闲日报	张轮	上十八梯	1927.5	
重庆民报	刘翌叔	商业场	1927.5	1930.10.5
新民日报	何小鲁		1927.7	1928.6
夜光新闻	郑佑之		1927.7	
四川新闻报	王蕃	冉家巷	1927.10	
梁平三日刊		梁平	1927	1929
梁山时报		梁平	1927.2	
潼南民报	廖维新	潼南	1928	1938
梁山市报	陈克农	梁平	1928	
万县商埠日报	童锡祥	万县	1928.6	1928.11
重庆晚报	赖建军	米花街	1928.10.20	1939.5.3
万县市日报	王寄伟	万县	1928.12	1929.2.6
涪陵建设日报		涪陵	1928	
涪陵市政周报		涪陵	1928	
重庆快报（晚报）	王白与	商业场西大街25号	1929.12.1	1930.4
嘉陵江日报	卢作孚	北碚	1928.3.4	1949.12.15
渝江日报	毛百年	走马街9号	1928.3	1928.9
渝报	李翰丞	鸡街	1929.1	1929.6
万州日报	何北衡等	万县	1929.2.6	1949.12.30
蜀光日报	许学彬	通院门外	1929.2	1929.6
商民日报	市商民协会	三王庙内	1929.3	
新四川日报	林升安	打铁街6号	1929.4	
新社会日报	罗承烈、陈志坚、赖建君	商业场新大街1号	1929.4.1	1929.6.26
重庆晚报	傅用平、赖建君	三牌坊米花街	1928.10.12	1939.5.3
国民快报	李子谦	天主堂街	1929.4.15	1929.7.3
建设日报	杨一言、张君鼎	来龙巷	1929.4.15	1931.1.20

续表

报社名称	负责人	报社地址	创办时间	停刊时间
商联日报	陈国栋		1929.5	1929.11.2
新时代报	傅渊希、吴新影	新丰街43号	1929.7.11	1929.8.6
重庆晨报	刘某	蜈蚣岭15号	1929.7.28	1929.11
民众日报	杨某		1929.8	
四川快报	彭汉卿	冉家巷	1929.8.16	1929.10
渝江晚报	杨季达	售珠市街	1929	1937
新开县报		开县	1929	
重庆宣报		西四街12号	1929.9	
巴蜀日报	王缵绪	杨柳街70号	1929.11.21	1934.2
巴县日报	曾吉芝		1929.11	
民权报	王某		1929.11	
青天白日报			1929	
川康日报	周敬儒、董蜀舫	较场老街139号	1929.3.11	1931.9
建设日报	蓝文彬		1929	1931
西蜀晚报	黎纯一	培德堂街	1929.5	1932
平民晚报	唐生民	至诚巷23巷	1929.2.24	1929年秋
快活林游艺报（巴蜀晚报）	慕均石	定无碑	1929.12	
万州日报	21军第三师	万县	1929.2.6	1949.12.5
铜梁民报	张开运	铜梁	1929.1	1931
市民日报	康泽、康心之	国民党重庆市党委指导委员会	1930.1.15	1932.6
宣　报	吴惑	商业场西三街52号	1929.9.6	
民治日报	王岳生	商业场西三街	1930.2.18	1932.4.1
团务日报	王汝梅	白象街	1930	1935
碗报（晚报）	江石			1930.2
时事日报		商业场	1930.3	
英文快报	黎某	至圣宫巷18号	1930.4	
西蜀晚报	黎纯一	白象街	1930.5.11	1934

续表

报社名称	负责人	报社地址	创办时间	停刊时间
东方晚报	梁泽宣	上陕西街双火墙顺泉第1号	1930.6.12	1930.11
西方时报	李寅谷	北接圣街18号	1930.10.10	1931.3
大声日报	朱之、李炜章	十八梯清真寺巷16号	1930.9.17	1934.2
工商晚报	冯什竹	公园路	1930.11	1931.11
四川盐务日报	盐业公会	陕西街余家巷内	1930.11.30	1931.4
国民新报(晚报)	罗伟章、江励成	公园路16号	1930.10.9	1933.7
涪陵政务日报		涪陵	1930	
商渝捷报	傅希圣	文化街文昌官	1930.10.20	1931.3
市声午报	张兴良	夫子池	1930	1932
世界晚报	董家冀	后嗣坡街38号	1930.12.20	1931.4
长江时报		商业场西三街30号	1930.12.9	1931.9
渝州日报		方家什字景新东街楼上	1931年春	
四川晚报	傅希圣、叶楚材	文华街	1931.1.18	1939.5.4
济川公报	刘光瑜、郭澄坞	公园路	1931.1.11	1939.3
四川晨报	周开庆	西三街20号	1931.1.22	1935
国难日报		商业场	1931	1932
新中华晚报	汪肇修、姜中楹	大梁子三圣殿	1931.1.19	1933.11
工商时报	冯什竹	民生路	1931	1933
群众日报	丁司农		1931.5	
新渠县		渠县	1931.5.4	
民国晚报	李之谦	天主堂街	1931.9	1934
现实报	胡天农		1931.9	
新川康日报				
万源平声五日报		万源	1931.10.10	
新新新报(新新午报)	何某		1931.1	
重庆体育报	肖鸿章		1931.1	

续表

报社名称	负责人	报社地址	创办时间	停刊时间
重庆午报	吴惑	桂花街	1931.12	
商务快报	高承修		1932.1	
新中国日报	徐中齐		1932	
渝江晚报	杨季达	机房街	1932.2	1934.6 还在出版
市民日报	龚一雄、江疑九	商业场西三街	1932.3.26	
国难日报	宋亮叔	重庆商会内	1932.4.16	1932.7
新西南日报	何绍先	售珠市街	1932.4	
民强日报	毛畅熙	商业场西二街售珠市48号	1932.6.1	1934.8.1
人民快报	李东轮	龙王庙街	1932.5	1934
小报	朱典常	米花街	1932.6	
新中国日报	刘幼甫	商业场	1932.7初	1932.11
渝北快报	邓介民	江北县	1932.8	
西南时报	李雅髯	二王庙马路口	1932.8.1	1932.11
巴报（晚报）	李炜章、李樵逸		1932.9	1934.10.16
江津民报	龚秉仁、龚灿滨	江津文庙	1932.10	1936
四川午报	傅衡山、张高薰	九尺坎	1932.11.5	1933.4
国难画报	黄慕啸	二牌坊街	1932.11	
大江日报	李星枢	公园路19号	1932.12.21	1940.6.28
权舆日报	李根固	杨柳街	1933.11	1935.1
丰都日报		丰都	1933	
光华日报		西大街	1933	1934.10.6
新报	刘受之	道门口	1933	1934
快报	陈伯坚	后嗣坡仓坝子	1933	1936
国民公报	李澄波	售珠市街31号	1933.4.26	
人民快报		龙王庙街	1933	1936
大众报	林青石	龙王庙街	1933.3	1933.9
新晚报	田炳		1933	

续表

报社名称	负责人	报社地址	创办时间	停刊时间
重庆时报	牟珊鹤		1933.6.10	年内停刊
重庆白话报	白哗、周坚密	公园路侧	1933.6	
重庆平报	张子黎		1933.7	
新民日报	吴毅侯、吴秋影	商业场西四街	1933.7	1934.8
云阳日报		云阳	1933.11	
重庆华报（午报）	钟曼斯	老街李家院	1933.12	
公正报		梁平	1934	1935
合川日报	易朝珠、蒋树勋	合川县	1934.2	1935.10
新新晚报（新生晚报）	王醒余		1934.2	1934.3
扬子江晚报	铁华峰、郑清士		1934.5.16	
朝报	刘伸	莲花池街3号	1934.11.17	1935.9
新闻夜报	张宗礼	打铜街	1934.7.25	
北报	刘受三	江北红会内	1934.3.22	
新生活晚报	陶治民、王醒余	杂粮市3号	1934.5	1934.7
鸣报	王某		1934.11	
四川时报	铁华峰		1935.2	
新西南日报	王影松	天主堂街	1935.2	
商报	李某	合川	1935.4	1935.12
白沙声	邓少琴	江津白沙	1935.3	1936.6
枳江日报	梁佐华、任廉儒	方家什字街	1935.5.21	1936
民生医报	龚霖菲	黄桷垭9号	1935.8	
新四川晨报	余子立	商业场	1935.8	
工商夜报	李樵逸	小梁子街3号	1934.7.28	1936.5
中报	丁孟牧	方家什字	1935	1936
川东日报	陈德明	万县国民党机关报	1935.9.9	1949.12
儿童周报	万县教委	万县	1935.9.9	1937年秋
竞报	胡庶德、丁孟牧	滴水岩3号	1935.3	
钟报	蒋浓疾	接圣街	1936	1937

续表

报社名称	负责人	报社地址	创办时间	停刊时间
镜报	孙蓉镜	商业场	1936	1936
新西南报	张宗礼	民生路	1936	1936
报报报	李樵逸		1936.1	1936.5
新报		鲁祖庙街5号	1936.1.10	1936.5
小快报			1936	1936.5
复兴日报	余效武	小较场37号	1936.3	1936.5
银艺报			1936	1936.5
齐报	李裕生	西三街	1936.6.1	
人民日报	雷清尘、冯均琏	苍坪街	1936	1938
妇女时报	陈国华		1936	
缩影报	孙宪斌		1936	
星渝日报	吴顺清	西三街	1936.1.9	1938.8
民声日报	陈均国		1936	
国民公报	康心之	民生路	1936.8.1	1950.2.26
服务报	任崇德		1936	
四川日报	杜桴生、毛畅熙	售珠市街21号	1936.8.7	1937.3
新川晚报	蒲仰峦		1936.12	
涪陵民报		涪陵	1936.3.12	1949
精报		万县	1936.9	1937年春
云阳公报	汪保之	云阳	1936.1.1	1939.12
梁山时报	曾敏之	梁平	1936.6	1937
川东晚报	刘孟航等	万县	1936.11.12	1939.12
梁山复兴日报		梁平	1937.1.19	1937.11
梁山复兴时报	赵章明	梁平	1937.11	1939
社会晚报		西三街	1937.5	
新蜀晚报	杨丙初	白象街	1937.12	1947.12
权衡报			1937.12	1947.12
星夜报	马俊良	胜利路142号	1937.12	1947.12
佛化新闻报	重庆佛化社	长安寺	1937.6	1945.6

下篇:抗战至解放前

报社名称	负责人	报社地址	创办时间	停刊时间
新华日报	潘梓年	化龙桥	1938.1.11在武汉创刊,同年10.25迁来重庆出版	1947.2.28
大公报	王芸生、曹谷冰	李子坝	1902.6.17在天津创刊,1938.12由汉口迁渝复刊	1952.8.5
时事新报	张万里	中正路	1907年创刊于上海,抗战中迁渝	1948.12
西南日报	杨平章	燕喜洞街	1938.5.21	1948
大陆晚报	李琢仁	较场口黄土坡2号	1938.8.10	1939.5
大汉晚报	黄祖炎	中二路221号	1938.6.11	只登记未出报
扫荡报(和平日报)	何联奎	小较场特17号	1938.10.1	1949.11.30
荣昌大众壁报	林锡传、郭锡坞	荣昌	1938	1938
新民报	陈铭德	中一路49号	1929.9.9在南京创刊,1938.1迁渝复刊	1952.1.11
南京晚报	张友鹤	苍坪街58号	1938.8.1	1949.11.22
中国晚报	熊明宣、彭集新	左营街	1938	
星渝日报	吴顺清	西三街	1938.2	1938.8
武汉时报	戴震	模范市场30号	1938.11.8	只登记未出报
中央日报	陈博生	中正路	1938.9.15	1949.11.30
青年风(三日刊)			1938.12.9	1939.2
彭水日报		彭水县政府	1939年秋	
石柱日报		石柱	1939	
合川日报		合川	1939	1948
合阳晚报		合川	1939	1948

续表

报社名称	负责人	报社地址	创办时间	停刊时间
自由西报（英文）	邵毓麟	武库街	1939.5.1	1940.4.22
重庆各报联合版	曹谷冰、张万里、陈铭德、陈云周、高先斌		1939.5.6	1939.8.12
西南导报	张国瑞	黄荆桥24号	1939.8.28	只登记未出报
自强日报	余君适	綦江	1939.2	
时代日报			1939.3	只登记未出报
祖国时代时报	胡林厚	中一路178号附1号	1939.8.3	只登记未出报
西南日报晚刊	杨平章	康宁路	1939.9.18	1940.3
民众导报	巫山县民众教育馆	巫山	1939年初	1939年末
津报	刁之鲜	江津民众教育馆	1939.11	1941.1
中国新星报	马伯超		1940.2.29	只登记未出报
益世报	于斌	中华路138号	（1915年10月创刊于天津）1940.3.24迁渝	1948.2.29
洞庭晚报	谢永夫		1940.10.30	只登记未出报
大声、合川日报联合版		合川	1940.5.13	1940.12.4
葛城壁报		城口	1940.5	1946
川东快报	万县三青团	万县	1941.9.18	1945.8
民情旬报		垫江	1941	
新涪陵月报		涪陵	1941	
晶报	罗承烈	丰都	1941	
侨声报（三日刊）	朱培璜	中二路231号	1941.8	1942.2
全民周报	戴文忠	白象街88号	1941.4.4	
正气日报（军中版、三日刊）	黄寄慈	复兴关	1941.10.1	
天下周报			1941.3.7	只登记未出报

续表

报社名称	负责人	报社地址	创办时间	停刊时间
卫生周报	薛映辉	汪家巷69号	1941.4.16	
重庆快报			1941.2.24	只登记未出报
千字报	郭登敖	九道门7号	1941.3.12	
民众小报	肖家霖	磁器街	1941.2.8	只登记未出报
东亚周报	纪凯夫		1941.2.24	只登记未出报
新闻类编（日报）	苏联大使馆新闻处	中山二路	1941.1	1946.3
建国晚报	邹晋夫	仁爱堂街4号	1941.1.30	只登记未出报
渝州晚报			1941.3.1	只登记未出报
中国夜报	罗逸芳	民生路72号	1941.5.20	
新闻导报			1941.11.7	
市民周报	赵太培	陕西街沙井湾9号	1941.11.10	
綦江朝报	国民党綦江县党部	綦江	1941.9	
新报			1941.12	只登记未出报
中国新闻	马伯超	中一路35号	1941	
致公报			1941.6	只登记未出报
长寿周报		长寿	1941.7	
江津日报	刁之鲜、张西洛	江津	1941.12.18	1948.2
新民报晚刊	陈铭德	中一路57号	1941.11.1	1951.4.30
商务日报	高允斌	重庆商会	1941.8.15	1951.1.16
川东快报	帅学富	万县二马路79号	1941.9.18	1945.8
涪陵青年		涪陵	1942	
强者之报	程登科	民国路	1942.12.19	
合阳、民兴、商报联合版		合川	1942.5	1946.1

续表

报社名称	负责人	报社地址	创办时间	停刊时间
编事日报			1942.5	
大学报			1942.5	
新学日报			1942.5	只登记未出报
戏报	刘菊禅		1942.7.1	1949.10.19
联合画报（周报）	温福生、舒宗侨		1942.9.25	
社会服务（周报）	王克	两路口5号	1943.3.1	
新声周报	黄雍		1943.12.9	
大华周报	王庆孙	学田湾14-1号	1943.11.18	
社会周报	王一士		1943.3.28	只登记未出报
中国评论报（晚刊）	王乃昌		1943.2	1945.1
战士日报	谢永炎	纯阳洞55号	1943.3	只登记未出报
大美晚报（渝版）（周报）	美国人经理 C. V. STAKR	神仙洞后街	1943.3	
石柱旬报	何代生、黎道湘	石柱县	1943	1944
文汇周报	孙伏园	上清寺美专	1943.3.25	
昌州公报	甘白水	荣昌校街106号	1943	1945.1
世界周报			1943.6	只登记未出报
中国工人报	朱学范	九道门7号	1943.8	
文化周报			1943.9	只登记未出报
工商新闻（日刊）	张常人	李子坝三江村	1943.9	1945.10
明星晚报	周洁	临江路村24号	1943.1	
益世报	杨慕时		1943.11.13	
华侨导报	余俊贤	山洞新开寺19号	1943.12.9	只登记未出报
夔光报	曹葆章	奉节	1944.1.1	1949.3
世事周报	周平渊	中华路165号	1944.1.6	
新开县报	国民党县党部	开县	1944.2.17	1949.12.4

续表

报社名称	负责人	报社地址	创办时间	停刊时间
国垒报		奉节	1944春	
盟军日报	程树芬	万县西山公园盟军联谊会内	1944	1945
渝北日报		璧山	1944	
正义报			1944.3	只登记未出报
重庆风(周刊)	李鲁子	东华观巷50号	1944.4	只登记未出报
中国农村生活周报	张继志	民族路	1944.5.1	
大众晚报	曹谷冰	建设新村3号	1944.9.1	1949.12.31
小旬报	黄锡琪		1944.9.23	
苏联公报	卫诺德(苏联大使馆)	枇杷山苏联大使馆内	1944.9.29	
新闻周报	顾锡章		1944.9	
金融导报	何伊仁		1944.9	
渝风旬报	陈经辉	中二路193号	1944.10.30	
妇女导报(周刊)	段吉亭	牛角沱	1944.10.5	
胜利周报	方治		1944.11.29	
中国学生导报	杜子才、戴文葆	北碚	1944.12.22	1947.6
中国新闻晚报		万县	1945.1.1	1945.8
东方周报	唐贤龙	林森路627号	1945.1.1	只登记未出报
奉节青年报	三青团	奉节	1945.1.1	1946.3
扫荡简报	李希纳	捍卫新村14号	1945.1.4	
强者报	吴太威	中华路夫子池新范区村1号	1945.1.19	
国际新闻(画报)	李鹤鸣	民权路大华饭店	1945.2	1946.1
褒贬周报	韦晓萍	中正路老街7号	1945.2.12	只登记未出报
新闻快报	包直	复兴路8号	1945.2.15	1947.5

续表

报社名称	负责人	报社地址	创办时间	停刊时间
中国午报	刘俊三	民生路271号	1945.3.22	1946
民间周报	王知行	文化街88号	1945.3.28	
中国工商日报	周烈勋	中山二路229号	1945.4.1	只登记未出报
时论周报	曾思五	石板新街2号	1945.4.3	
大中日报	郑能	临江路200号	1945.4.15	
星期快报（英文版）	赵敏恒		1945.4.19	
渝工导报（周刊）	胡森霖	下陕西街37号	1945.4.24	
中国星期报			1945.5.6	只登记未出报
香槟周刊	张钟灵		1945.5	1946.5
经济日报	郑惠人	民生路274号	1945.5.7	只登记未出报
世界日报	成舍我、陈云阁	中一路159号	（1925年2月1日创刊于北京，抗战中迁渝）1945.5	1949.12
星报	龚惠青	德兴里34号	1945.6.8	只登记未出报
长江周报	纪凯夫		1945.6.10	只登记未出报
大地报	张弦	南岸玄坛庙聚福巷22号	1945.6.20	只登记未出报
宇宙报	王栋	姚家巷41号	1945.6	只登记未出报
人渝风报	陈经辉		1945.6.22	只登记未出报
科学时报	孟宪章	中山路15号	1945.7.20	
加拿大新闻报	欧德伦（加拿大人）	加拿大大使馆	1945	
民锋报	三青团县分团	开县	1945	1947
新丰报		丰都	1945	
正风报		丰都	1945	
中央日报（重庆版）	刘觉民	中一路	1945.9.11	1949.11.30
远东周报	陈继明		1945.9.24	

续表

报社名称	负责人	报社地址	创办时间	停刊时间
民主日报	孔庚	中华路249号	1945.10.5	
农会导报（周刊）			1945.10.16	
民力报（周刊）	秦松园	储奇门羊子坝123号	1945.10.23	
人民周报	马义		1945.10.23	1946.1
童军周报	张正亚	中央公园7号	1945.11.7	1946.12
国兴周报			1945.11	
民主导报	刘曼华	陕西路63号	1945.11.22	
云阳周报	三青团	云阳	1945.12.1	1946年秋
铜梁民报	铜梁县参议会	铜梁	1945.12	1947.7
自由导报（周刊）	苏东	民生路73号	1945.12.10	
新潼南报		潼南	1945	1948.8
重庆人报（晚刊）	宣战	青年路7号	1946.1	1947.1
民言日报	任应秋	江津	1946.1.1	1948.12
中央边报（周刊）	凌纯声	川东师范内	1946.1.16	
民主报	张澜	民生路	1946.2.1	1947.3.3
罗宾汉报	夏国宾	中华路6号	1946.2.10	只登记未出报
中国时报	邓文仪	民生路	1946.3.1	只登记未出报
中国民主报		万县	1946.3.12	1950.5
民主晚报	辛自强	万县二马路	1946.3.12	1950.5
荣昌报	林昌瑶、曾采予	荣昌	1946.3	1947.7
文化新报	蒋岱荣	遗爱祠26号	1946.3.18	
四川新闻	何子健	万县岔于子何宅	1946.4	1948.8
联合三日刊	重庆杂志联谊会		1946.4.8	
剧影周报	胡天涯	冉家巷13号附6号	1946.4.29	
大明晚报			1946.5.9	只登记未出报

续表

报社名称	负责人	报社地址	创办时间	停刊时间
大同报(周刊)	金国瑞	保安路17号	1946.5.10	
陪都晚报	胡林	民生路256号	1946.5.12	1949.12.30
重庆工商导报	肖丽光	苍坝子村1号	1946.5.18	只登记未出报
三民时报	肖筱仙	文华路99号	1946.5.19	只登记未出报
新儿童报	魏志清	大同路32号	1946.5	1947.2
义声报(周刊)	吴小康、杨立达	国府路14号	1946.6.24	
白沙日报	夏仲实、冷维翰	白沙	1946.6	1949年冬
新华时报(周刊)	薛树华	石灰市17号	1946.8.3	1949.12.3
春秋新闻		万县	1946.8.27	1947年冬
醒华报	李向荣	中华路三教堂街3号	1946.8.28	只登记未出报
万州晚报	陈笃	万县	1946.9	1946.11
青年周报	汪易生	万县民社党内	1946年秋	1949年冬
大民周报	俞汀	江北	1946.9	
戏剧周报	马膏如	太平门王家花园14号	1946.9.16	只登记未出报
民呼周报	周天寿	南岸上浩新街45号	1946.9.18	只登记未出报
文建周报	李亚敏		1946.9.18	只登记未出报
正声报	王增琪	奉节	1946.10.1	1948.11.5
中央日报(晚刊)	刘觉民	中一路239号	1946.10.10	1946.12.16
晓报		开县	1946.10.10	1947.1
大风报	熊本生	万县	1946.10.10	1948.3
凯旋报(三日刊)	张锡君	临江路	1946.10.10	1947
新闻杂志报	彭华甫	罗汉寺街41号	1946.10.12	
万方周报	肖特	大田湾90号附1号	1946.10.16	只登记未出报
蜀东报		云阳	1946.10.20	1949.1
农工日报	刘镇武	上清寺街73号	1946.1	1947.7
猛旭周报	李孟玖	民生路德兴里29号	1946.1	只登记未出报

续表

报社名称	负责人	报社地址	创办时间	停刊时间
万川报		万县	1946.11.17	1947.3.26
新闻正报	李治州	中一路349号	1946.12.4	只登记未出报
学习周报	苏松	民生路227号	1946.12.14	
大重庆民报			1946.12.21	只登记未出报
重庆立报(周刊)	张政之	南岸马鞍山	1946.12	
经济日报	郑惠人	复兴路6-2号	1946	只登记未出报
儿童生活报	邓朝俊	神仙洞街109号	1947.1.1	1949
全力日报	陈元凡	中山路232号	1947.1.15	
南海新闻		万县	1947年春	
劳生报	熊其侠	万县北山观熊宅	1947年春	1948年秋
世界青年(周报)			1947.3.21	
大众报	黄寿材	嘉陵新村1号	1947.3	只登记未出报
小刚报(周刊)	穆痴珊	磁器街22号	1947.3	
正风报	吴训南	上清寺31-5号	1947.3	只登记未出报
学府导报	周佐源	沙坪坝	1947.3	
重庆夜报	大庆新闻股份有限公司	临江路200号	1947.4.5	1949.4
天下日报	李卫民	临江顺城街39号	1947.4.11	
全民周报	罗心量	民生路134号	1947.4	
西南快报	谭征辉	万县中正街16号	1947.4	1948
中工报(周刊)	许传经	沙坪坝中央工校	1947.5.4	
达人报	陆中铎	枣子岚垭136号	1947.5.31	只登记未出报
大刚周报	丁健民	国府路建国村	1947.6.11	
重庆嘉陵潮周报	鲁文瀚	至诚巷4号	1947.6.12	只登记未出报
正声报(三日刊)	张元良	学田湾29号	1947.6.16	1949.2.28
挺进报	刘镕铸		1947.7	1949.8

续表

报社名称	负责人	报社地址	创办时间	停刊时间
东亚周报	千贯江	千厮门行街25号	1947.8.8	只登记未出报
垫江导报		垫江	1947.8	
长虹报		潼南	1947.8	
大同报晚刊	金国瑞	保安路17号	1947.9.18	1948.1
綦江日报	池锡礼	綦江	1947.10.1	1948.1.25
恒报		万县	1947.10.15	1948.4
劳声周报	邓发清	仓坝子总工会内	1947.11.10	
社会时报	刘野樵	林森路9号	1947.11.11	
大众报晚刊	解宗元、淦康成	中一路53号	1947.11.12	1949.11
天地报（戏剧报改组）	朱典常	邹容路128号	1947.12.12	1949.8
前声周报	何耀星	万县	1947	1948.5
南川民日报		南川	1947	
蜀东快报	何朝俊	万县	1948.1.1	
新江津日报联合版			1948.3.2	
经济时报	诸仁知	沧白路	1949.3.15	只登记未出报
立言晚报	李其维	万县	1948.3	1949.12.15
汽工报	汽车工会	中一路7号	1948.4.10	
文化导报（周刊）	乔诚		1948.5	
前声晚报	张再	万县	1948.5.8	1950.2
中国夜报	刘同楷	林森路	1948.6	1949
群力时报	何文征	万县	1948年夏	1949.4
大宁报	何鉴秋	巫溪	1948.8.16	1949.11.25
北碚日报		北碚	1948.9.1	1949.12.15
重庆日报	向廷瑞	中山一路143号	1948.9.10	1949.11.28

续表

报社名称	负责人	报社地址	创办时间	停刊时间
重庆文化新报	尹培根	临江路233号	1948.9.18	只登记未出报
幸福周报（渝版）	沈天冰	中正路	1948.10.2	
瞿塘导报	孙明义	奉节	1948.10	1948.12
川东日报	陈德明		1948.11	
巴渝晚报	吴熙祖、李文治	中正路237号	1948.11.24	1949.11
工商导报		梁平	1948	
南泉新闻（周刊）	唐先光	南温泉	1949.3.29	1949.1
工商晚报	吴永才		1949.4.7	只登记未出报
民导报	邓荣儒	万县	1949.4.28	1949.12
正诚日报	杨肇崇	江津	1949.7	1949.11
每日晚报	罗明德	江津	1949.8.1	
黎明日报	张砚田		1949.10.16	1949.11.25
酉阳电讯版	新华社酉阳分社	酉阳	1949.11.6	
万县新闻	万县市军管会	万县	1949.12.30	1950.4.30
文学新报（周刊）	黄芝岗			
学生导报（周刊）	何鲁			
文艺周报	大众文化社主编			
小时报（周刊）	黄锡琪			
戏剧月报	熊佛西			

二 近代重庆通讯社名录(1920—1949)

名称	创刊情况、发稿或立案时间及刊载	社长或负责人	备注
新四川通信社	1920年创办	李光斗	大梁子道冠井
新民通信社	1920年创办	龚一维	莲花池五鹰院
扬子江通信社	1922年12月24日成都《国民公报》6版刊载：该社为渝界俱进会会员		
大同通信社	同上。曾停办,刘接手后于1924年秋再次发稿	刘汝弼	
西方通信社	1924年创办,约半年停稿	涂知白	回水沟44号
醒蜀通信社	1924年创办,当年8月17日停稿	关庙内	
治平通信社	1924年创办	同上	
渝州通信社	同上		
平民通信社	1924年8月1日发稿	肖荣爵	千厮门行街
济川通信社	1924年9月18日成都《国民公报》6版刊载：该社为重庆现有之通信社		
宇通通信社	同上		
民治通信社	同上		
振蜀通信社	同上		
大江通信社	同上		
粉江通信社	同上		
东川通信社	同上		
川藏通信社	同上		
新闻通信社	同上	傅超空	小较场傅家祠堂

续表

名称	创刊情况、发稿或立案时间及刊载	社长或负责人	备注
巴江通信社	1924年10月创办,1929年初停办,12月5日恢复发稿	徐栋材等	蔡家湾
渝江通信社	同上	杨鼎卿	
福星通信社	1925年2月立案	肖荣爵	千厮门行街
川鄂通信社	1925年3月1日发稿,1929年7月4日改为三日发稿一次	邓镛	临江门定远碑26号
中华通信社	1925年4月立案	胡倬章	
四家通信社	同上	王孔新	
川江通信社	同上	王孔新	
快闻通信社	同上	李克歧	
新潮通信社	1925年4月立案	蒲璧华	
四川通信社	同上	程大培等	商业场西四街25号
国刊社	同上,1928年6月停办	刘哲群	
国民通信社	1925年9月创办,1930年5月19日停办	田乃耕	白龙池街雷祖庙
启民通信社	1925年9月立案	裴次明	老街太掖池
福民通信社	1925年12月立案	张厚村	冉家巷10号
平南通信社	同上	谢裕康	方家什字
联治通信社	同上	邓有光	
蜀东通信社	同上	张恩圃	千厮门天桥街
四川文化促进社	同上,1928年6月前停办	程大培	
西蜀通信社	1925年立案	刘效愚	
克社	同上	1928年6月前停办	周贵德
民治通信社	1926年1月立案	田维周	大梁子半边街

续表

名称	创刊情况、发稿或立案时间及刊载	社长或负责人	备注
渝北通信社	1926年2月创办	兰子居	后伺坡新街24号
通俗教育觉育社	1926年2月立案，1928年6月前停办	刘海书	机房街鸭毛院内
峡江通信社	1926年2月立案	项体乾	北碚
民生通信社	1926年3月立案	杨有为	白果巷
共和通信社	1926年3月30日成都《国民公报》6版刊载：近来有人组织该社		
福川通信社	1926年4月立案	白骊	石板街
群生通信社	1926年5月立案	郭其书	浩池街44号
新蜀通信社	1926年6月立案	甘树声	储奇门正街
维新通信社	同上	陈际昌	同上
新世纪通信社	1926年7月立案	肖云伯	千厮门行街64号
新文化通信社	1926年9月立案	肖小仙	鹿嵩号内
嘉陵通信社	同上	张厚村	
川声通信社	同上	袁锦	
川康新闻编译社	同上	杨小林	左营街30号
团务通信社	同上	尹慰农	武库街19号
华洋通信社	1926年9月创办	周泽厚	苍坪街35号
渝汉通信社	1926年立案	胡恺	后伺坡50号
觉民通信社		杨希颜	回水沟董家院
四川三民通信社	同上	黄卧樵	山王庙口
国际电讯社	1926年发稿	黎纯一	领事巷
四川国民通信社	1927年2月立案		莲花池积厚里9号

续表

名称	创刊情况、发稿或立案时间及刊载	社长或负责人	备注
益民通信社	同上，1928年6月前停办	曾耀先	白龙池雷祖庙内
峡声通信社	1927年8月立案	胡南光	北碚天上宫
江声通信社	1927年4月筹办，1932年11月停办	李用诚等	
涂山新闻编译社	1927年5月28日发稿	龚劲雄等	
群声通信社	1927年7月2日成都《国民公报》5版《渝警方函请新闻界》中刊载该社郭其书参加会议		浩池街44号
三民通信社	1927年7月立案	陈文诏	大梁子道冠井
新秀山社	1927年8月立案	杨静轩	
毅进渝社	同上，1928年6月前停办	高涪延	
华西通信社	1927年8月创办，1933年11月28日何国俊被重庆警备部迫缴执照，勒令停办		临江门横街42号
民铎通信社	1927年8月创办	胡文光	
革新通信社	1927年9月1日发稿	李佛航	体心堂街15号
重庆通信社	1927年9月2日成都《国民公报》6版刊载：该社为近日出现	陈畴甫	小校场31号，1938年12月注册
西南通信社	同上报刊载：该社为重庆之通信社。1932年11月停办		
华声通信社	同上报刊载：该社为重庆之通信社		
犀燃通信社	同上		
川东南新闻社	1927年9月立案	卢光荣	
中国通信社	1928年1月立案。曾停办，转与蒋某于1929年9月29日再次发稿，1930年4月23日又停办	文郁周	朝阳街
新时代通信社	同上立案，同年7月停办，后改创"新生命通信社"	杨一言	江北横街12号

续表

名称	创刊情况、发稿或立案时间及刊载	社长或负责人	备注
西南新闻社	1928年2月立案	高渔祥	
中华通信社	同上	刘国华	书帮公所董家院
西蜀新闻社	1928年5月立案	刘泽周	
嘉陵江通信社	同上	刘熙浓	大梁子九进街永寿药室
四川崇实通信社	1928年3月立案	李克显	
福民通信社	同上	张熙隆	米花街
时事新闻社	同上	吴克勋	
民众新闻社	1928年7月18日发稿，称以纯粹站在民众的立场，忠实报导省内外新闻为宗旨。曾两次停稿，1929年冬改组，社名前冠"重庆"二字	吴似竹等	方家什字街30号
新生命通信社	1928年7月22日发稿		莲花池
国悟新闻社	1928年创办，1931年2月1日改组更名为"平鸣新闻"	鲁秉治	大梁子山王庙
新川康通信社	1929年1月7日《大中华日报》7版刊载：该社为重庆三十二家通信社之一	廿一军政训部	
东亚新闻社	同上		
重庆国际电讯社	1929年2月24日发稿，专以传达有线无线电报、发行中文、英文稿件、灌输国际新闻、灵通本省消息	李庸	冉家巷21号
中央通讯社西南分社	1929年3月创办，将各方面重要消息汇齐后传布全国	国民党中宣部	
巴铎新闻社	1929年4月27日发稿，1929年9月19日被查封	秦啸夫	药王庙街82号
渝钟通信社	1929年6月创办		
民铎快讯社	1929年8月16日发稿	江勖	药王庙街
民光通信社	1929年9月12日立案批准，以宣传党义，阐发三民，促进革命成功，期我民族精神，发扬光大为宗旨	唐庄	上大梁子32号
巴宁通讯社	1929年9月	吴秋影	

续表

名称	创刊情况、发稿或立案时间及刊载	社长或负责人	备注
大陆通讯社	1929年秋创办		
持平通信社	1929年11月8日		杨家什字曾氏宗祠内
三民通信社	1929年至1930年	何敬敷	
人声通信社	1929年11月12日，以宣传三民主义，抒发人民痛苦为宗旨	林某、肖某合办	
秋阳通信社	1929年11月25日，以发扬三民主义，代表民众利益为宗旨		白象街57号
我们新闻	1929年11月底发稿。以发扬三民主义，宣传国民革命灵通省内外消息为宗旨	程寿伯等	
一闻新闻社	1929年12月16日发稿。1931年4月25日被查封		商业场西三街9号
一间通信社	1929年12月23日	黄骥等	
日新通信社	1929年12月创办		重庆新闻学研究所学生主办
东北通信社	1929年创办		
革命通信社	同上		
巴江通信社	1929年12月5日。每三日发稿一次	赵聿修	蔡家湾
中孚通信社	1930年1月11日	张簑簑等	鸡街21号中和院内
新西南通信社	1939年1月23日成都《国民公报》5版《渝市共有三十三家通信社》中刊载有该社		
四川通讯社	1930年	陈文渊	
川黔通信社	同上		
世界通信社	同上		
长江通信社	同上		
民福通信社	同上		
民众通信社	同上		
人道通信社	同上		

续表

名称	创刊情况、发稿或立案时间及刊载	社长或负责人	备注
民国新闻社	1930年2月25日，专门宣传国民党之党政重要消息	周伯村	该社系国民党巴县指导委员会主办。
新生命通讯社	1930至1939年	姜仲楹、邵天真	
日闻通信社	1930年3月28日	周辉雄	
青年通信社	1930年5月3日	王白与、杨丙初	
商舆通信社	1930年6月立案		
西谷新闻社	同上		
大亚洲新闻编译社	同上		
人权通信社	同上		
环球通信社	1930年7月创办		
统一通信社	同上	龚一维	
大同新闻社	同上		
南舆通信社	同上		
中国通信社	1930年9月29日发稿，1931年4月23日停办	蒋某、李某等	
一闻通讯社	1931年	江疑九	
二口通信社	1931年5月21日《商务日报》采用该社稿		
事实通信社	1931年7月2日发稿，1932年11月停办	田倬之	二府衙12号
导民通信社	1931年7月25日	王佐	通远门外崇真镶牙馆内
秋阳通讯社	1931年前后，兼发本市和外地消息	李武阳	
东方新闻社	1931年8月5日发稿，以阐扬三民主义之真谛，传播国内外及本市重要消息，促进地方自治之工作为宗旨		
新声通信社	1931年8月创办，以专件及普通新闻各半	夏白尧	
民国通讯社	1931年	周开庆	
人民通信社	1931年10月10日	李东伦	龙王庙内

续表

名称	创刊情况、发稿或立案时间及刊载	社长或负责人	备注
励商通信社	同上发稿,特别趋重工商消息	穆放	四牌坊街
联合通信社	1931年10月创办	朱典常	
民权通信社	1931年11月创办,1933年11月28日被重庆警备部追缴执照,勒令停办	毛畅熙等	
蜀声通讯社	1931年创办,1934年10月改组,11月再次发稿	李星枢	廿一军财政讲习班同学主办
东北通讯社	1931年前后发稿,兼有本市和外地消息	吕翰初	
阆声通信社	1931年12月创办,为阆中县人士发言喉舌,对军阀之一切强征暴敛求实申诉向社会呼吁	阆中旅渝蒲某、李某等办	
江巴通信社	1932年1月1日	陈拱北	
蜀川通信社	1932年4月创办,为阐扬三民主义,力求新闻进步为宗旨	谢涤生	
生活通信社	1932年7月26日	刁骏图	三门洞街
华西电讯社	1932年11月12日	李某等	
华西通信社	1933年4月17日立案,同年12月1日被重庆警备部饬令停办	廖国章	
合作通讯社	创办时间不详。1933年11月8日《新蜀报》刊载:该社出版尚久,惟目前因经济困难而停办	郭贤枢	
江北通信社	同上报刊载:该社因无人负责,宣布停办		
时闻电讯社	1933年2月	渝正衡	大梁子
新兴通信社	1933年5月创办,同年11月28日被重庆警备部追缴执照,勒令停办	刘寿彭	
新江通信社	1933年5月22日	林有文	
交通通讯社	1933年7月21日《新蜀报》7版刊载:本市有该社	张宇桃	
和平通讯社	同上。同年11月28日被重庆警备部追缴执照,勒令停办		

续表

名称	创刊情况、发稿或立案时间及刊载	社长或负责人	备注
渝声新闻社	同上。同年12月因停刊已久，被追回执照注销		
新闻编译社	同交通通讯社		
光亚新闻社	同上		
国难新闻社	同上		
重庆广播电讯社	1933年8月31日	罗西等	都邮街11号院内
长江新闻社	1933年8月31日发稿	赵慕归	公园路经济报内
重庆新闻编译社	1933年9月9日		
重庆电讯社	1933年12月创办	李时辅	小梁子街8号附1号
民族通信社	1934年10月创办，本三民主义立场以代之舆论，改进社会，传载新闻为宗旨	王政行	水巷子106号
新兴通信社	1934年11月10日发稿，以传播生产建设施政纲领，及一切社会经济文化军事之要闻	邹曙曛	至诚巷15号
社会新闻社	1935年1月9日	李樵逸	保安路12号
中央通讯社	1935年4月18日	何树元	铁板街2号
新四川通讯社	1935年12月	陈昌	下左营街
震旦通讯社	1936年4月17日该社参加重庆新闻协会会议	骆彬	
群力新闻社	1938年6月10日		
新四川通信社	1938年8月立案批准	重庆军商各界人士主办	新街口美丰银行内
南京通讯社	1938年8月迁渝，从20日起继续发稿		小梁子中西英年会内
全民通讯社	1938年8月创办	李公朴	罗家湾38号
致中通讯社	1938年10月创办	潘学周	新街32号口三楼

续表

名称	创刊情况、发稿或立案时间及刊载	社长或负责人	备注
安徽教育通讯社	1939年1月9日	方治	
汉口每日新闻社	1939年2月1日	万克哉	米亭子27号
中国新闻摄影社	1939年3月18日	马伯超	白象街9号
西北通讯社重庆分社	1939年3月创办	朱绍良	关庙街38号
群力通讯社	1939年10月	周文	
民族革命通讯社	1939年10月迁渝	梁延武	张家花园36号
民革社重庆分社	1939年11月创办	阎云溪	同上
武汉新闻摄影通讯社	1939年12月	舒少甫	南泉仙女洞征宇36号
西南实业通讯社	1940年4月11日	张群	曾家岩求精中学内
劳军通讯社	1940年10月22日	梁钰	中正路161号
中国童子军通讯社	1940年11月22日		
励商新闻社	1941年3月31日	周文	三牌坊12号
华侨通讯社	1941年夏创办	余俊贤	山洞新开寺16号，该社为行院侨务委员主办。
盟利通讯社	1942年6月20日发稿		
中国工业新闻通讯社	1943年2月13日注册	张常人	
东北通讯社	1943年2月28日注册	赵雨时	川盐三里8号
泗阳通讯社	1943年6月28日注册	吴耀	国府路261号

续表

名称	创刊情况、发稿或立案时间及刊载	社长或负责人	备注
青年通讯社	1943年7月18日发稿	三青团主办	
国际新闻摄影通讯社	1943年11月25日注册	李鸿鸣	九尺坎2号
大中通讯社	1943年12月11日注册	张学古	
远东新闻通讯社	1943年12月13日注册	许超	江北头塘
工业通讯社	1944年3月3日注册	潘仰山	江家巷15号
农场经营指导通讯社	同上	越葆全	上清寺31号
铁风通讯社	1944年10月17日	简朴	菜园坝
太平洋通讯社	1945年3月25日	褚一飞	中一路嘉庐1号
美国新闻处电讯稿	1945年3月	美国驻华大使馆	两路口
新闻快讯稿	1945年6月	何兰	两凉支路
英文新闻稿	1945年6月	美国人	两凉支路
褒贬新闻重庆分社	1945年8月	史伯英	民生路93号
征信新闻	1945年11月15日	刁民仁	林森路下簧学巷4号
重庆民治新闻通讯社	1946年1月	李维曦、项扬惠	保安路启明小学内
新华通讯社重庆分社	1946年2月2日	周文	化龙桥新村76号
重庆大华通讯社	1946年5月24日	钟善美	白象街23号
新政通讯社	1946年8月7日	杨桂馨	下罗家湾75号
重庆经济通讯社	1946年8月28日	邱盛铎	文华街19号
民意新闻社	1946年10月	邓兹禄	民国路55号

续表

名称	创刊情况、发稿或立案时间及刊载	社长或负责人	备注
征信新闻通讯社	1946年11月3日		
建国新闻社	1947年2月	吴人初	大同路13号
华东新闻社	1947年3月3日	江嗣芬	太华街3号
中国工农商新闻通讯社	1947年3月	丁优	芭蕉园街19号
宇宙新闻社	1947年4月创办,同年9月4日改组为文化公司,内有新闻通讯、摄影通讯	何瑜	林森路328号
中国时事新闻社	1947年4月5日	李昌茂	
长江新闻社	1947年5月3日	范弘先	大井巷3号
建国通讯社	1947年6月2日发稿	建国新闻专科学校办	神仙洞街
中国新闻社	1947年6月26日	袁健之	民生路265号
日日通讯社	1947年7月7日发稿	王能掀	神仙洞街98号,该社原名长江通讯社。
蜀声新闻社重庆分社	1948年3月1日	胡弗	百子巷114号
武汉新闻摄影通讯社	1948年3月20日	过志杰	青年路25号
长江通讯社	同上	屈义林	中央公园3号
中华通讯社	1948年5月创办	黄应乾	火药局街38号
时论通讯社	1948年8月26日发稿,每周星期三发稿一次	万子霖	
中国童子军通讯社重庆分社	1948年9月30日	张正亚	大同路24号
华光通讯社	1949年1月16日发稿	张立为	
军事通讯社	1949年2月由南京迁渝,国民党国防部新闻局内部通讯社,年底由蓉迁台	杨先凯	
公正新闻社	1949年5月18日	冯勤文	江家巷66号
励新新闻社	1949年7月10日	王广铎	保安路158号

三 现当代重庆新闻传播的体系与实践

地方新闻传播史,是中国新闻传播史学的重要内容,也是地方史的重要组成部分。研究1949年以来的重庆新闻传播体系演变与实践的历史,对于拓展重庆城市史的研究范围具有填补意义,同时对我们加深了解重庆城市及其结构、功能、地位和作用的演变有特别的推动价值。这不光是因为"今天的新闻就是明天的历史",更重要的是,新闻传播体系的建构与实践本身反映出整个城市政治、社会、经济和文化等格局的变迁。

本文将1949年以来的重庆新闻传播活动划分为(1)1949—1966年、(2)1966—1978年、(3)1978年以来三大历史时期。这种按时间划分的方式,沿袭了新闻传播史研究的传统时段划分,是新闻学界一种公认的划分方式。

第一节 1949—1966年:现当代重庆新闻传播体系的建立阶段

1949年11月30日,重庆解放。当时重庆市面上发行的报纸尚有《重庆日报》《新蜀报》《大公报》《新民报》《大公晚报》《世界日报》《大众晚报》《国民公报》等诸家。这些报纸大抵有两类:一是国民党地方政府或党派控制的报纸,如《重庆日报》《新蜀报》《世界日报》,二是私营或者民营的报纸,如《大公报》《新民报》《国民公报》。

一、改造旧有新闻传播体系

根据中共中央《关于新解放城市中外报刊通讯社处理办法的决定》,重庆军管会对重庆报业采取了几点措施。

首先是由军管会对《重庆日报》《新蜀报》《世界日报》实施接管。《重庆日报》是四川军阀杨森于1948年由贵州省主席调任重庆市市长后创办的,人员、设备多为杨森在贵州所办《贵阳日报》的班底。重庆解放后,杨森出逃,报社顿失靠山,完全瘫痪。重庆军管会接管报社后,大部分人员自行离开自谋生路,少部分由政府安排工作。《新蜀报》和《世界日报》都是有优秀历史传统的民营报纸;《新蜀报》创刊于1921年,陈毅、萧楚女等人都参与报纸的建设,但1945年特务武装劫夺,《新蜀报》落入国民党之手,大肆鼓吹"戡乱"。《世界日报》为著名报人成舍我1925年在北京独资创办,1945年在重庆复刊,1949年7月因刊登《请西南执政诸公拿话来说》被军警接管,后成为国民党重庆市党部的报纸。除这两份报纸外,国民党万县(现重庆万州)党部机关报《川东日报》亦被军管会接管。

军管会采取的另外措施是,同意《大公报》、《新民报》、《商务日报》等报纸继续出版。《大公报》(重庆版)、《新民报》(重庆版)都是抗战时期迁渝报纸,《商务日报》则是重庆市商会创办的报纸,抗战后期曾受中共南方局秘密领导,是中国共产党团结民族资产阶级的一支重要舆论力量。从解放后,军管会先后发给登记证,同意出版,并采取有效措施,给予扶持。比如西南《新华日报》慷慨借给纸张、西南新闻出版局拨出专门经费等。

二、创建新的新闻传播体系

新生的人民政权在对重庆旧有新闻传播体系进行改造的同时,建立了属于自己的新闻传播体系,其中最突出的就是西南《新华日报》和《重庆日报》的建立。

西南《新华日报》是中共中央西南局机关报,1949年12月10日创刊,报道方面城市以重庆为主,农村以川东为主,随着西南全区的解放和社会秩序的恢复,先后在四川省内的川东、川南、川西、川北四个行署和贵州、云南等地建立记者站,并逐步建设通讯员网络。

《重庆日报》是重庆市委机关报,1952年8月5日创办。当时上海大公报总管理处无暇兼顾且无力支援《大公报》(重庆版),亦有全力办好《大公报》(上海版)、《大公报》(香港版),停办《大公报》(重庆版)之意。此时重庆市委恰有创办机关报的意思,后经双方协商,以《大公报》(重庆版)为基础创办了《重庆日报》,《大公报》(上海版)于1952年8月4日停刊。

1950年4月1日,中共酉阳地方委员会和酉阳行政专员公署机关报《群众报》创刊。1952年酉阳专区和涪陵专区合并,《群众报》迁至涪陵,报名不变,这就是后来的《涪陵日报》。

1950年5月15日,中共万县地委机关报《万县日报》创刊。

1956年4月5日,中共合川县委机关报《合川报》创刊。1956年6月1日,中国酉阳土家族苗族自治县县委机关报《酉阳报》创刊。

此外,江津、铜梁、潼南、綦江等地也建立起地方党委机关报。重庆市总工会机关报《重庆工人报》1950年2月创刊,后改名为《西南工人日报》,成为全国总工会西南办事处机关报。

至此,以西南《新华日报》为代表,新生政权建立起以报业为主体的新闻传播体系。这一体系,先后以西南《新华日报》和《重庆日报》为代表,涵盖当时重庆比较重要的区县党委机关报。1954年西南大区撤销后,西南《新华日报》和《西南工人日报》停刊。重庆由直辖市改为四川省辖市,直至1966年"文革"开始,面向全市公开发行的报纸,就只有《重庆日报》一家。

三、私营报业的消亡等新闻现象

第一,由于解放战争末期重庆各家私营报纸原本经济上就无法维持,重庆《商务日报》、《大公晚报》、《大众晚报》、《南京晚报》(重庆版)、《陪都晚报》相继1950年1月前后停刊,《国民公报》则向军管会申请捐献物质器材,停办报纸。军管会接受这一请求后,派员接管报社,该报于1950年2月宣告停刊。[①] 此前1个月,《新民报》管理委员会为集中力量办好《新民报》(上海版)、《新民报》(北京版),经董事会核准,新闻总署和西南新闻出版局同意,《新民报》(重庆版)宣告终刊。

第二,1950年1月和5月,重庆人民广播电台和西南人民广播电台相继成立,台址设在上清寺原国际广播电台处。1960年12月重庆实验电视台成立并开始试播。广播事业和电视事业的起步,为新生政权的新闻传播体系增加了重要的组成部分,也改变了报业为主的单一局面。

[①] 重庆解放初期,由于市外交通不便,《国民公报》社与重庆市区以外的专县分销处失去联系,报纸不能按日发出,市外销售逐渐中止,报纸销量锐减。西南《新华日报》创刊后,《国民公报》销售量日益下降。1950年初,报纸每天的发行额不足千份,报社很难维持。董事会决定"停刊捐献"。参见勾一平:《〈国民公报〉停刊前后》,《重庆报史资料》,第9辑。

第三，新华社西南总分社在重庆解放后即挂牌成立，12月4日即向重庆市内各报转发新华社每日新闻，地址为原国民党中央社重庆分社。1954年，新华社西南总分社撤销，重庆分社保留，继续担负重庆市各项报道任务。

第四，重庆解放后不久，市内若干高等院校和大中型企业即创办有校报、厂报，如《重庆大学报》(1954)、《重庆大学报》(1955)、《西南兵工报》(1950)、《重钢报》(1950)。这些报纸在当时有一定规模，但只是内部发行，社会影响力不大，但从新闻传播事业的角度来看，它们都属于组织传播的重要方式，所以一并提出。

第二节 1966—1978年：现当代重庆新闻传播事业的停滞阶段

1966年，"文革"爆发，重庆成为重灾区，武斗全面升级，重庆新闻传播事业随之受到影响，全面进入停滞阶段。"文革"期间，重庆新闻传播史上最突出的两个标志性事件：一是《重庆日报》受到多次冲击；二是重庆"文革"小报的泛滥。这在全国都属罕见。

一、《重庆日报》受到多次冲击

邓小平一生与报刊结下了不解之缘，仅就他为报纸题写的报名就有几十种，但1978年之前省级机关报报名就只有《重庆日报》。十年"文革"动乱中，《重庆日报》的报头也随邓小平的沉浮，变易8次之多。其中4次与邓小平的"起落"直接相关。[①]

1966年12月22日，重庆日报社内造反派和北航进驻报社的造反纵队，砸烂由邓小平题写的《重庆日报》报头，次日报头改用黑体字。

1967年1月1日，造反派改《重庆日报》为《新闻报道》，专门刊登《人民日报》、《红旗》、《解放军报》的社论、文章，以及新华社电讯；2月1日，《新闻

[①]1952年8月5日，中共重庆市委机关报《重庆日报》创刊。他亲笔题写了"发展生产，交流城乡，是城市工作的中心任务"的题词。耐人寻味的是，邓小平为《重庆日报》题写的报头，就像他的人生一样，也经历了多次磨难。1966年"文化大革命"开始，邓小平被打倒，随即12月22日该报头也被砸烂禁用；1975年初邓小平复出，4月18日该报头随之启用；1976年"四人帮"借"反击右倾翻案风"再次打倒邓小平，2月19日该报头又被砸掉；粉碎"四人帮"后邓小平再次复出，该报头也于1978年3月1日再次恢复。小小报头，紧随题写人的命运一起沉浮，屡经大难而重生，也堪称报界之奇迹。参见孟红：《邓小平的报刊情缘》，《党建》，2009年第6期。

报道》改为《新重庆报》,报头采用鲁迅体;3月15日实现军事管制;6月2日,恢复《重庆日报》报名,但报头采用毛泽东手写体。

1972年4月1日,《重庆日报》报头改成印刷体。

1975年4月18日,《重庆日报》恢复邓小平题写的报头。这与邓小平高调复出有关。

1976年2月19日,《重庆日报》报头再次被造反派砸掉,报纸又再次使用黑体字。

1978年3月1日,《重庆日报》再次恢复邓小平题写的报头。

"文革"期间的《重庆日报》,多次收到冲击,如1976年8月,社内造反派与社会上的帮派势力拼凑了一篇《警惕走资派挑动群众斗群众》,要求在头版头条刊登。报刊核心小组没有同意,被迫停刊三天。直至市委决定"文字不登、报纸要出"才恢复出版。① 这在当时全国范围内都是比较罕见的。此前,受中共九大影响,《重庆日报》从1969年11月18日起,就没有本报自采新闻,均刊用"两报一刊"文章,至1971年5月,一年9个月后,始有本报讯。再之前,1967年7月2日起,《重庆日报》每日出半张。1968年4月11日至5月16日,曾因纸张紧张停刊35天。1968年5月17日至6月1日,只出电讯版。②

二、重庆"文革"小报泛滥

据重庆市档案馆的初步统计,"文革"期间,各造反派在重庆市内编辑发行和流传的"文革"小报有1639种。其中,"8·15"派办的有313种,"反到底"派办的有195种,是两个最大的小报群。③ 其种类之多、发行量之大,全国少见。

重庆"文革"小报大致有如下几种:一是以工厂、学校等为单位的造反派独家主办的报纸,如重庆建工学院8·18战斗团《8.18战报》、四川美术学院红色尖兵团《飞雪迎春》、重庆大学井冈山公社《井冈山》;二是以行业或地区

---

① 赵孝慈等:《重庆日报简史》,《重庆报史资料》,第三辑。
② 关于"文革"期间的《重庆日报》,可参见司马金城:《重庆日报"文革"中8换报头》,《新闻研究导刊》,2011年第6期。
③ 数据来源参阅重庆报业志编委会主编:《重庆报业志》,重庆出版社,2000年版,第143页。

为单位的造反派组织主办的,如重庆文艺界延安兵团总部的《文艺反到底》、造反军总部街道反修兵团的《群众风暴》、潘家坪地区"8·15"派的《穷寇》;三是跨行业、跨地区造反派主办的,如重庆市无产阶级工人造反军总部的《造反军战报》;四是本是造反派和外地来渝造反派合办的,如重庆"反到底"和北京红代会合办的《山城怒火》;五是本是若干造反派合办的专刊,如《×××血案专刊》、《八三特刊》等。

重庆"文革"小报内容上具有浓厚的"革命造反"色彩,着力宣传在无产阶级专政下继续革命,批判资产阶级反动路线等内容。形式上以四开四版为主,也有四开二版,对开四版。大部分是铅印,少部分油印。一般自办发行,也有邮局征订发行。不过,这些小报一般寿命较短。但必须指出的是,"文革"小报的出现和泛滥,是对整个新闻传播事业的摧残,报纸蜕变为帮报,成为"四人帮"的附庸,这是永以为戒的教训。

三、重庆"文革"广播成灾

"文革"期间,重庆的广播事业也受到很大冲击。1966年"文革"开始后,重庆人民广播电台撤销《简明新闻》等节目,增设《无产阶级文化大革命专题》。以后,重庆两排群众斗争激烈,电台处于动乱之中。1967年1月14日,重庆人民广播电台红色造反派夺权接管电台,曾一度以"红色造反广播电台"的呼号向全市广播。同年夏,因武斗升级,停止自办节目,全天转播中央人民广播电台节目。1968年6月重庆市革命委员会成立后,重庆人民广播电台恢复自办节目,但主要播送"革命大联合"和"抓革命、促生产"一类的内容。1968年8月5日,重庆警备区对电台实行军事接管,电台开始全天转播中央人民广播电台节目。1969年开始恢复自办新闻节目,同时播送《对无产阶级革命派广播》专题,宣传斗批改清阶级队伍。[①] 此后受国家政策和重庆地方形式的影响,重庆人民广播电台始终处于不正常的状态之中,这一情况一致延续到"四人帮"方面集团的垮台。

"文革"期间,许多造反派纷纷建立了自己的广播站,有的还配置了广播

[①] 有关"文革"期间的重庆人民广播电台,可参见《重庆市志:教育志文化志文艺志广播电视志档案志文物志报业志》(第十卷),西南师范大学出版社,2005年版。

宣传车,安装高音喇叭,日夜不停地在街头巷尾进行广播宣传,声明造反主张,有时候也用来喊话,播放革命歌曲和毛主席语录则是常态性内容。为了获得最新的新闻信息,一些造反派还派人前往北京,通过长途电话发来"北京专电"。①

当时的广播和小报一样,无须申请,无须批准,创办极其容易,因此也是五花八门。如"砸烂革联会"当时有一个很出名的广播站,叫"完蛋就完蛋",就取自林彪的语录。

为了加强宣传,广播站也成为造反组织的争夺对象和抄砸目标。1967年2月26日,革联会组织上千人围攻反革联会的大型国防企业江陵机器厂,发生流血冲突。这是"文革"以来重庆第一次冲击国防工厂事件,其目标就是军工造反兵团广播站。1967年4月24日,"八一五"派晚上出动二百多辆汽车满载人员冲击设于市中心民族路餐厅楼上的首都红代会赴渝战斗兵团广播站,后因在街头听广播的群众阻拦而未果。同年8月11日至13日,"八一五"派攻打设于市中心解放碑西北侧市交电公司大楼"砸烂革联会"的"完蛋就完蛋"广播站,13日深夜大楼被燃烧弹击中烧毁,附近数十家民房也遭火灾。②

四、电视事业开始逐渐起步

1960年12月重庆实验电视台成立并开始试播,重庆的电视事业并没有真正起步,这在很大程度上受制于当时的技术水平,特别是电视机信号接收端的稀少,1961年,"全市只有一台电视接收机收看电视"。③不久,因物资匮乏等技术原因,重庆实验电视台停播。

1969年,为了响应中央提出的大力宣传毛主席的光辉形象,全国各大城市纷纷建立转播台,转播中央电视台的一套节目。重庆市委决定重建电视

---

① 重庆"文革"广播情况来自重庆文革研究史专家的口述,时间:2012年6月16日,地点:重庆市九龙坡区珠江花园小区。
② 参见《重庆文革武斗大事记(1967年)》,重庆市档案信息网,http://jda.cq.gov.cn/byrw/bysj/cqdsj/20834.htm。
③ 段吉禄:《几项重要电视技术工程的历史回顾》,《历史的追思——重庆电视台回忆文集》,重庆电视台台史办编,第28页。

台,并在渝中区佛图关建设电视转播铁塔和发射机组。选址佛图关,主要是因为佛图关当时属于军管,征地好办,且是荒地,开发成本较低,加之佛图关在市中心海拔较高,有利于电视信号的传播,于是就成立理性的选址。在政治高于一切的时代语境下,173米高的现代化天线铁塔和正规的发射机组在一年后建成。次年10月1日,重庆人民通过电视屏幕看到了天安门国庆游行的实况电视转播,重庆市民从此开始固定收看电视节目。重庆电视事业的逐渐起步直接缘于"文革"期间政治宣传的迫切需要。

"文革"期间,新闻界是重灾区。新闻传播事业完全走向无序,报纸、广播、电视成为发号令、造舆论、搞批判、判是非的"全面思想专政的阶级斗争工具",基本丧失了新闻传播媒体应有的社会功能。在新闻传播事业全面瘫痪,陷入停滞的时期,电视事业则因特殊的政治时机得以开始起步,在客观上为日后建设电视中心台奠定了技术基础。

第三节 1978年以来:现当代重庆新闻传播事业的发展阶段

1976年"文革"结束之后,《重庆日报》开始逐步恢复生机活力。1978年底召开的中共十一届三中全会提出停止使用"以阶级斗争为纲"的口号,把全党工作重点转移到社会主义现代化建设上来。随即,中宣部主持召开全国新闻座谈会,要求各地报纸积极行动起来。重庆新闻传播事业恰逢机遇,也进入了高速发展阶段。

一、报业媒体的极大丰富

重庆,目前被新闻传播界公认为"中国报业的第四城",现有26份面向社会公开发行的报纸。[①] 除目前市面上广为接受的《重庆日报》、《重庆晨报》、《重庆晚报》、《重庆商报》、《重庆时报》外,各地区县还有公开或内部发行的党报,还有《重庆广播电视报》、《少年先锋报》、《电脑报》、《新女报》等专业性报刊。重庆报业的广告收入在2008年已超越重庆广电集团。

除党报外,重庆报业呈现出三大特征:1.都市报竞争中重庆日报报业集

[①] 这一称谓来自于朱学东、喻乐等:《报业第四城》,《传媒》,2004年第9期。所谓"第四城",是指在北京、广州和成都之后,重庆成为报业发展和发达的第四座城市。

团"一家独大",《重庆晨报》、《重庆晚报》、《重庆商报》挤压着《重庆时报》的生存空间;2.生活服务类周报中,《新女报》高居榜首,势头压过此前的《渝州服务导报》和《旅游新报》;3.专业类的周报市场,《电脑报》独占鳌头,在全国有着广泛影响。其中,《新女报》和《电脑报》的成功,填补了市场空白,抢占了市场先机。

当然,重庆报业作为新时期重庆新闻传播事业最重要的基础,其生态格局值得商榷。最大的问题就是重庆都市报的同质化问题。同质化不但让四家都市报看起来相似,就连板块结构、印刷时间、发行时间、发行量、广告客户也非常趋同,此外,重庆日报集团的"一家独大"、《重庆经济报》的休刊、《重庆青年报》的起伏、《重庆法制报》的步履维艰都是值得认真反思的问题。

二、广电媒体的迅猛发展

按照中央、国家广电总局和重庆市委、市政府关于深化文化体制改革的要求,经重庆市委、市政府批准,重庆广播电视集团(总台)于2004年11月18日正式挂牌运行。

集团(总台)由原重庆人民广播电台、重庆电视台、重庆经济广播电台、重庆交通广播电台、重庆音乐广播电台、重庆都市广播电台、重庆教育广播电台、北京广播学院重庆函授站、重庆音像资料馆9个事业单位撤销独立建制后合并组建,保留重庆人民广播电台、重庆电视台的呼号。集团(总台)的任务是负责办好广播频率、电视频道和有线数字电视、移动电视业务;负责全市广播电视有线传输骨干网、无线广播电视传输网和主城区有线电视用户网的建设;负责广播电视节目的传输覆盖;负责全市广播电视实体的业务指导。

其中,重庆电视台在全国有较大的影响力,该台提出的口号是"国际知名、中国一流、西部第一"。

三、网络媒体的异军突起

随着传媒科技的发展,网络新媒体成为新闻传播体系中新兴的组成部分。目前,重庆市内较有影响力的网络新媒体有如下几类:

1.以华龙网为代表的官方网站。华龙网以"主流媒体,重庆门户"为自我定位,是2000年经国务院新闻办批准的首批省级重点新闻网站。由中共重庆市委宣传部主管,重庆日报报业集团主办。华龙网以发布和传播新闻为主要职能,以地方新闻和互动社区为主要特色,是集信息、娱乐、服务等为一体的新闻门户网站。作为重庆唯一拥有新闻采访权的网络新闻媒体,华龙网目前设有13个新闻频道,10个资讯类频道,以及论坛、博客、播客、微博四大自媒体互动平台。此外,网站还开设了英语、日语、俄语、法语、韩语、西班牙语等六个外语频道,面向全球报道重庆。

2. 以腾讯·大渝网为代表的商业网站。腾讯·大渝网是由腾讯科技(深圳)有限公司和重庆日报报业集团联合打造,由腾讯网和重庆商报具体运营的项目。2007年7月,双方正式组建了新的合资公司——重庆腾汇科技有限公司全面负责腾讯·大渝网的运营。腾讯·大渝网依托IP定位技术,通过QQ终端直接到达用户的独有传播方式,形成即时通信传播+互联网传播+平面传播的优势组合,使传播形式更加立体,到达范围更加广泛,已成为重庆市民获取本地资讯最有效的网络平台。目前,腾讯·大渝网已成为腾讯"大字系"网站的典范。

3. 以新浪重庆频道、搜狐重庆为代表的垂直频道。如新浪重庆频道、搜狐重庆频道、新华网重庆频道、人民网重庆频道、凤凰网重庆频道,这里网站一方面依托总部资源,一方面立足重庆市场,目前正处于上升阶段。

四、新兴媒体前途广阔

包括手机报、车载电视、楼宇电视、LED等新媒体在内的新媒体,目前已经成为重庆新闻传播体系中不可忽视的一股力量。特别需要指出的是,新媒体的发展一方面适应了科技时代的发展要求,另一方面其资本运作方式更加多样,通过风险资本注入、上市融资等途径,民营资本再次进入新闻传播体系。应该说,这是市场和时代发展下一种开放的进步性表现。

特别需要指出的,随着"两微一端"的影响性日益重大,不少传统媒体也走上了媒体融合的道路。可以预判,新兴媒体将会成为重庆新闻传播事业发展的重要方向。

第四节　初步的总结与期待

综观1949年以来重庆新闻传播的体系与实践,1949—1966年,可称为建立阶段;1966—1978年,可称为停滞阶段;1978年以来,可称为发展阶段。当然,还可以进一步细分,如第一阶段可以以1952年私营报刊的消亡、1954年西南地区的撤销、1956年全国新闻工作改革来细分,第二阶段以1976年粉碎"四人帮"为分水岭,第三阶段以重庆1997年直辖为标志,前后的新闻传播体系都存在着差别。另外,由于中国新闻传播事业属于中国共产党绝对领导下这一因素,重庆新闻传播事业有时甚至会因地方主政者的政治性格差异显示不同。

根据观察,文章认为1978年之前重庆新闻传播事业可称为新闻宣传期,主要是按照政治要求进行布局和调整。1978年之后重庆新闻传播事业可称为新闻回归期,主要按照新闻传播的规律进行改革和发展。不过,这种划分不是绝对的,期间都有不断的波折和反复。

必须澄清的是,限于篇幅,关于现当代重庆新闻传播体系与实践在此仅是一个初步的轮廓梳理,新闻团体、新闻院校、新闻管理、新闻改革、新闻业务、媒体经营管理等诸多内容都没有涉及。另外,文章重在一个历史的简单梳理,对于新闻传播体系的特点没有作出更多的讨论,实际上,将这一实践置于"政党、国家、社会与市场"等专业术语的语境下,特别是新闻与政治的密切关联中,就会发现更多的有趣现象。当然,重庆新闻传播事业还有其地域的特殊性,与区域社会文化紧紧相连,这些都可以成为下一步研讨的对象,也可以成为管窥重庆城市气质的窗口。